《蘇州全書》編纂出版委員會 編

蘇州全書

·尚書集注音疏

甲編

蘇州大學出版社
古吳軒出版社

圖書在版編目（CIP）數據

尚書集注音疏 /（清）江聲撰 . -- 蘇州 : 蘇州大學出版社 : 古吳軒出版社 , 2023.11
（蘇州全書）
ISBN 978-7-5672-4542-6

Ⅰ. ①尚… Ⅱ. ①江… Ⅲ. ①《尚書》—注釋 Ⅳ. ① K221.04

中國國家版本館 CIP 數據核字（2023）第 171086 號

責任編輯 劉　冉
助理編輯 朱雪斐
裝幀設計 周　晨　李　璇
責任校對 汝碩碩

書　　名 尚書集注音疏
撰　　者 〔清〕江　聲
出版發行 蘇州大學出版社
地址：蘇州市十梓街1號　電話：0512-67480030
古吳軒出版社
地址：蘇州市八達街118號蘇州新聞大厦30F　電話：0512-65233679
印　　刷 常州市金壇古籍印刷廠有限公司
開　　本 889 × 1194　1/16
印　　張 90
版　　次 2023 年 11 月第 1 版
印　　次 2023 年 11 月第 1 次印刷
書　　號 ISBN 978-7-5672-4542-6
定　　價 620.00 元（全二册）

《蘇州全書》編纂工程

總主編

劉小濤　吳慶文

學術顧問（按姓名筆畫爲序）

王　芳　王　宏　王　堯　王　鍔　王紅蕾　王華寶　王爲松　王衛平
王餘光　王鍾陵　朱棟霖　朱誠如　任　平　全　勤　江慶柏　江澄波
汝　信　阮儀三　杜澤遜　李　捷　吳　格　吳永發　何建明　言恭達
沈坤榮　沈燮元　武秀成　范小青　范金民　茅家琦　周　秦　周少川
周國林　周勛初　周新國　胡可先　胡曉明　姜　濤　姜小青　韋　力
姚伯岳　馬亞中　袁行霈　華人德　莫礪鋒　徐　俊　徐　海　徐　雁
徐惠泉　徐興無　唐力行　陸振嶽　陸儉明　陳子善　陳正宏　陳尚君
陳紅彥　陳廣宏　黃愛平　黃顯功　崔之清　張乃格　張志清　張伯偉
張海鵬　葉繼元　葛劍雄　單霽翔　程章燦　程毅中　喬治忠　鄔書林
賀雲翱　詹福瑞　趙生群　廖可斌　熊月之　樊和平　劉　石　劉躍進
閻曉宏　錢小萍　戴　逸　韓天衡　嚴佐之　顧　薌

《蘇州全書》編纂出版委員會

前言

中華文明源遠流長，文獻典籍浩如烟海。這些世代累積傳承的文獻典籍，是中華民族生生不息的文脉和根基。蘇州作爲首批國家歷史文化名城，素有『人間天堂』之美譽。自古以來，這裏的人民憑藉勤勞和才智，創造了極爲豐厚的物質財富和精神文化財富，使蘇州不僅成爲令人嚮往的『魚米之鄉』，更是實至名歸的『文獻之邦』，爲中華文明的傳承和發展作出了重要貢獻。

蘇州被稱爲『文獻之邦』由來已久，早在南宋時期，就有『吴門文獻之邦』的記載。宋代朱熹云：『文，典籍也；獻，賢也。』蘇州文獻之邦的地位，是歷代先賢積學修養、劬勤著述的結果。明人歸有光《送王汝康會試序》云：『吴爲人材淵藪，文字之盛，甲於天下。』朱希周《長洲縣重修儒學記》亦云：『吴中素稱文獻之邦，蓋子游之遺風在焉，士之嚮學，固其所也。』《江蘇藝文志·蘇州卷》收録自先秦至民國蘇州作者一萬餘人，著述達三萬二千餘種，均占江蘇全省三分之一强。古往今來，蘇州曾引來無數文人墨客駐足流連，留下了大量與蘇州相關的文獻。時至今日，蘇州仍有約百萬册的古籍留存，入選『國家珍貴古籍名録』的善本已達三百一十九種，位居全國同類城市前列。其中的蘇州鄉邦文獻，歷宋元明清，涵經史子集，寫本刻本，交相輝映。此外，散見於海内外公私藏家的蘇州文獻更是不可勝數。它們載録了數千年傳統文化的精華，也見證了蘇州曾經作爲中國文化中心城市的輝煌。

蘇州文獻之盛得益於崇文重教的社會風尚。春秋時代，常熟人言偃就北上問學，成爲孔子唯一的南方弟子。歸來之後，言偃講學授道，文開吴會，道啓東南，被後人尊爲『南方夫子』。西漢時期，蘇州人朱買臣負薪讀書，穹窿山中至今留有其『讀書臺』遺迹。兩晉六朝，以『顧陸朱張』爲代表的吳郡四姓涌現出大批文士，在不少學科領域都貢獻卓著。及至隋唐，蘇州大儒輩出，《隋書·儒林傳》十四人入傳，其中籍貫吳郡者二人；《舊唐書·儒學傳》三十四人入正傳，其中籍貫吳郡（蘇州）者五人。文風之盛可見一斑。北宋時期，范仲淹在家鄉蘇州首創州學，並延名師胡瑗等人教授生徒，此後縣學、書院、社學、義學等不斷興建，蘇州文化教育日益發展。故明人徐有貞云：『論者謂吾蘇也，郡甲天下之郡，學甲天下之學，人才甲天下之人才，偉哉！』在科舉考試方面，蘇州以鼎甲萃集爲世人矚目，清初汪琬曾自豪地將狀元稱爲蘇州的土產之一，有清一代蘇州狀元多達二十六位，占全國的近四分之一，由此而被譽爲『狀元之鄉』。近現代以來，蘇州在全國較早開辦新學，發展現代教育，涌現出顧頡剛、葉聖陶、費孝通等一批大師巨匠。中華人民共和國成立後，社會主義文化教育事業蓬勃發展，蘇州英才輩出、人文昌盛，文獻著述之富更勝於前。

蘇州文獻之盛受益於藏書文化的發達。蘇州藏書之風舉世聞名，千百年來盛行不衰，具有傳承歷史長、收藏品質高、學術貢獻大的特點，無論是卷帙浩繁的圖書還是各具特色的藏書樓，以及延綿不絕的藏書傳統，都成爲中華文化重要的組成部分。據統計，蘇州歷代藏書家的總數，高居全國城市之首。南朝時期，蘇州就出現了藏書家陸澄，藏書多達萬餘卷。明清兩代，蘇州藏書鼎盛，絳雲樓、汲古閣、傳是樓、百宋一廛、藝芸書舍、鐵琴銅劍樓、過雲樓等藏書樓譽滿海内外，彙聚了大量的珍貴文獻，對古代典籍的收藏保護厥功至偉，亦於文獻校勘、整理裨益甚巨。《舊唐書》自宋至明四百多年間已難以考覓，直至明嘉靖十七年（一五三八），聞人詮在蘇州爲官，搜討舊籍，方從吳縣王延喆家得《舊唐書》『紀』和『志』部分，從長洲張汴家得《舊唐書》『列傳』部分，『遺籍俱出宋時模板，旬月之間，二美璧合』，于是在蘇州府學中槧刊，《舊唐書》自此得以彙而成帙，復行於世。清代嘉道年間，蘇州黄丕烈和顧廣圻均爲當時藏書名家，且善校書，『黄跋顧校』在中國文獻史上影響深遠。

蘇州文獻之盛也獲益於刻書業的繁榮。蘇州是我國刻書業的發祥地之一，早在宋代，蘇州的刻書業已經發展到了相當高的水平，至今流傳的杜甫、李白、韋應物等文學大家的詩文集均以宋代蘇州官刻本爲祖本。宋元之際，蘇州磧砂延聖院還主持刊刻了中國佛教史上著名的《磧砂藏》。明清時期，蘇州成爲全國的刻書中心，所刻典籍以精善享譽四海，明人胡應麟有言：『凡刻之地有三，吴也、越也、閩也。』他認爲『其精，吴爲最』，『其直重，吴爲最』。又云：『余所見當今刻本，蘇常爲上，金陵次之，杭又次之。』清人金埴論及刻書，仍以胡氏所言三地爲主，則謂『吴門爲上，西泠次之，白門爲下』。明代私家刻書最多的汲古閣、清代坊間刻書最多的掃葉山房均爲蘇州人創辦，晚清時期頗有影響的江蘇官書局也設於蘇州。據清人朱彝尊記述，汲古閣主人毛晉『力搜秘册，經史而外，百家九流，下至傳奇小説，廣爲鏤版，由是毛氏鋟本走天下』。由於書坊衆多，蘇州還産生了書坊業的行會組織崇德公所。明清時期，蘇州刻書數量龐大，品質最優，裝幀最爲精良，爲世所公認，國内其他地區不少刊本也都冠以『姑蘇原本』，其傳播遠及海外。

蘇州傳世文獻既積澱着深厚的歷史文化底藴，又具有穿越時空的永恒魅力。從范仲淹的『先天下之憂而憂，後天下之樂而樂』，到顧炎武的『天下興亡，匹夫有責』，這種胸懷天下的家國情懷，早已成爲中華民族精神的重要組成部分，傳世留芳，激勵後人。南朝顧野王的《玉篇》，隋唐陸德明的《經典釋文》、陸淳的《春秋集傳纂例》等均以實證明辨著稱，對後世影響深遠。明清時期，馮夢龍的《喻世明言》《警世通言》《醒世恒言》，在中國文學史上掀起市民文學的熱潮，具有開創之功。吴有性的《温疫論》、葉桂的《温熱論》，開温病學研究之先河。蘇州文獻中藴含的求真求實的嚴謹學風、勇開風氣之先的創新精神，已經成爲一種文化基因，融入了蘇州城市的血脉。不少蘇州文獻仍具有鮮明的現實意義。明代費信的《星槎勝覽》，是記載歷史上中國和海上絲綢之路相關國家交往的重要文獻。鄭若曾的《籌海圖編》和徐葆光的《中山傳信録》，爲釣魚島及其附屬島嶼屬於中國固有領土提供了有力證據。魏良輔的《南詞引正》、嚴澂的《松絃館琴譜》、計成的《園冶》，分别是崑曲、古琴及園林營造的標志性成果，這些藝術形式如今得以名列世界文化遺産，與上述名著的嘉惠滋養密不可分。

維桑與梓，必恭敬止；文獻流傳，後生之責。蘇州先賢向有重視鄉邦文獻整理保護的傳統。方志編修方面，范成大《吴郡志》爲方志創體，其後名志迭出，蘇州府縣志、鄉鎮志、山水志、寺觀志、人物志等數量龐大，構成相對完備的志書系統。地方總集方面，南宋鄭虎臣輯《吴都文粹》、明錢穀輯《吴都文粹續集》、清顧沅輯《吴郡文編》先後相繼，收羅宏富，皇皇可觀。常熟、太倉、崑山、吴江諸邑，周莊、支塘、木瀆、甪直、沙溪、平望、盛澤等鎮，均有地方總集之編。及至近現代，丁祖蔭彙輯《虞山叢刻》《虞陽説苑》，柳亞子等組織『吴江文獻保存會』，爲搜集鄉邦文獻不遺餘力。江蘇省立蘇州圖書館於一九三七年二月舉行的『吴中文獻展覽會』規模空前，展品達四千多件，並彙編出版吴中文獻叢書。然而，由於時代滄桑，圖書保藏不易，蘇州鄉邦文獻中『有目無書』者不在少數。同時，囿於多重因素，蘇州尚未開展過整體性、系統性的文獻整理編纂工作，許多文獻典籍仍處於塵封或散落狀態，没有得到應有的保護與利用，不免令人引以爲憾。

進入新時代，黨和國家大力推動中華優秀傳統文化的創造性轉化和創新性發展。習近平總書記强調，要讓收藏在博物館裏的文物、陳列在廣闊大地上的遺産、書寫在古籍裏的文字都活起來。二〇二二年四月，中共中央辦公廳、國務院辦公廳印發《關於推進新時代古籍工作的意見》，確定了新時代古籍工作的目標方向和主要任務，其中明確要求『加强傳世文獻系統性整理出版』。盛世修典，賡續文脉，蘇州文獻典籍整理編纂正逢其時。二〇二二年七月，中共蘇州市委、蘇州市人民政府作出編纂《蘇州全書》的重大決策，擬通過持續不斷努力，全面系統整理蘇州傳世典籍，着力開拓研究江南歷史文化，編纂出版大型文獻叢書，同步建設全文數據庫及共享平臺，將其打造爲彰顯蘇州優秀傳統文化精神的新陣地，傳承蘇州文明的新標識，展示蘇州形象的新窗口。

『睹喬木而思故家，考文獻而愛舊邦。』編纂出版《蘇州全書》，是蘇州前所未有的大規模文獻整理工程，是不負先賢、澤惠後世的文化盛事。希望藉此系統保存蘇州歷史記憶，讓散落在海内外的蘇州文獻得到挖掘利用，讓珍稀典籍化身千百，成爲認識和瞭解蘇州發展變遷的津梁，並使其中藴含的積極精神得到傳承弘揚。

觀照歷史，明鑒未來。我們沿着來自歷史的川流，承荷各方的期待，自應負起使命，砥礪前行，至誠奉獻，讓文化薪火代代相傳，並在守正創新中發揚光大，爲推進文化自信自强、豐富中國式現代化文化内涵貢獻蘇州力量。

《蘇州全書》編纂出版委員會

二〇二二年十二月

凡例

一、《蘇州全書》(以下簡稱『全書』)旨在全面系統收集整理和保護利用蘇州地方文獻典籍,傳播弘揚蘇州歷史文化,推動中華優秀傳統文化傳承發展。

二、全書收録文獻地域範圍依據蘇州市現有行政區劃,包含蘇州市各區及張家港市、常熟市、太倉市、崑山市。

三、全書着重收録歷代蘇州籍作者的代表性著述,同時適當收録流寓蘇州的人物著述,以及其他以蘇州爲研究對象的專門著述。

四、全書按收録文獻内容分甲、乙、丙三編。每編酌分細類,按類編排。

(一)甲編收録一九一一年及以前的著述。一九一二年至一九四九年間具有傳統裝幀形式的文獻,亦收入此編。按經、史、子、集四部分類編排。

(二)乙編收録一九一二年至二〇二一年間的著述。按哲學社會科學、自然科學、綜合三類編排。

(三)丙編收録就蘇州特定選題而研究編著的原創書籍。按專題研究、文獻輯編、書目整理三類編排。

五、全書出版形式分影印、排印兩種。甲編書籍全部采用繁體竪排;乙編影印類書籍,字體版式與原書一致;乙編排印類書籍和丙編書籍,均采用簡體横排。

六、全書影印文獻每種均撰寫提要或出版説明一篇,介紹作者生平、文獻内容、版本源流、文獻價值等情況。影印底本原有批校、題跋、印鑒等,均予保留。底本有漫漶不清或缺頁者,酌情予以配補。

七、全書所收文獻根據篇幅編排分册，篇幅適中者單獨成册，篇幅較大者分爲序號相連的若干册，篇幅較小者按類型相近原則數種合編一册。數種文獻合編一册以及一種文獻分成若干册的，頁碼均連排。各册按所在各編下屬細類及全書編目順序編排序號。

尚書集注音疏

〔清〕江聲 撰

據吴江區圖書館藏清乾隆五十八年（一七九三）近市居刻篆字本影印。

提要

《尚書集注音疏》十二卷末一卷外編一卷，清江聲撰。

江聲（一七二一—一七九九），本字鱷濤，後改字叔澐，晚號艮庭。清元和人。幼聰慧，後師事惠棟。曾爲畢沅審正《釋名》，爲之疏證。與孫星衍善。嘉慶元年（一七九六）舉孝廉方正。能填詞，善尺牘，工書。著有《尚書集注音疏》《尚書逸文》《六書説》等。

江聲年三十餘始從惠棟學，精研《尚書》。讀惠棟《古文尚書考》、閻若璩《尚書古文疏證》，知古文及《孔傳》爲僞作，遂依惠棟《周易述》之例，輯鄭玄殘注及漢儒逸説，附以己見而爲之疏。凡四易稿，積十餘年而成《尚書集注音疏》。此書十二卷末一卷外編一卷，前十二卷爲《尚書》疏解及音注；末卷爲《補誼》九條，附《識譌字》一條、《續補誼》五條、《尚書集注音疏述》、《尚書集注音疏後述》；外編一卷爲《尚書經師系表》。

《尚書集注音疏》問世後頗受好評，道光初年即被收入《皇清經解》。江藩《國朝經師經義目録》收録清代注《尚書》著作六種，《尚書集注音疏》位列其中。李慈銘《越縵堂讀書記》評價此書云：『自注自疏，古所罕見，江氏蓋用其師惠定宇氏《周易述》家法。惠氏以荀、鄭、虞等《易》注既亡，掇拾奇零，非有一家之學可據，故不得不爲變例。江氏亦以馬、鄭之注，由於輯集，故用其師法。巨儒著述，皆有本原，不得以井管拘墟，輕相訾議也。』劉師培《經學教科書》中《近儒之〈書〉學》稱：『惠棟作《古文尚書考》，江聲從棟受業，作《尚書集注音疏》，江南學者皆遵之。』葉德輝《書林清話》卷九稱《尚書集注音疏》以江聲自書篆字付刻，『爲刻版中别樹一幟』。可見本書在清代經學史、版刻史上均有重要意義。

本次影印以吴江區圖書館藏清乾隆五十八年（一七九三）近市居刻篆字本爲底本，原書框高十七·三厘米，廣十三·五厘米。

尚書集注音疏

近市居藏版

募刻尚書小引

竊惟典謨訓誥帝王垂萬世之經刪定贊修文宣述作之業乃自暴秦肆虐載籍隨煙燼而銷洎乎炎漢旁求遺文啟宮牆而出伏生所得止二十九篇孔氏滋多爲五十八冊或寫以漢字或仍其舊文繇爲今古殊偁實則原流茲貫今文列于國學歐陽大小夏侯分列三家古文軼在民間庸胡徐王涂絫僅延一綫劉歆欲立古文之學博士謂改先帝之規羣起而攻交不果立是以遺編殘闕師說絕聯猶幸孔書之篇目尚存鄭君之注解具

杜斯則頎果之不合鏞羊之猶藝也隸書於嘉以與聲而學足樂至唐貞觀棄周鼎而寶康瓠先儒之大誼胥亡羣聲之謬說斯偏繇來以論尸勢安他奚啻百家皆苗茅之不分豈詮理之參闡才者參疑其僞不得與錢以洞徹根專喋翁所識非眞乃其書錄仍奉爲圭臬致使續貂之僞籀交林久而橫於阩藝之庸流且代興而益熾簧鼓于笞誤詒于今矣昔夫元之艸廬吳公明之京山郝氏皆知二十五篇之僞他不知二十八字之得加乃吳辨序夫二十四篇而郝致疑于六十七敘是其品

隱伏於紛繆之異解說究難發明

聖朝右文文賢才雍運則於太原閻氏先師惠君各開戶而著書（閻若璩著尚書古文疏證　惠先生著古文尚書攷）如諸車之合轍

皆以據逸篇之目顯僞纂之亦韋采往籍之文埶與竄之內墟之者白魚入舟之瑞赤綠徵穀之祥

閻氏尚猶遲疑先師獨標真見聲溯原惠氏肄肄閻書故於小彼葉猶因而自忘愚魯叶古書所偁

引以正經文酌故訓于文翻用猶俗解文改則趣衍傳目昭以標所本以識繇來解異則虞初學也

疑必詳于疑已申猶郵書成一十二篇文約四十

二

萬言題曰尚書今注音疏豈𢀖曰爲功庶可告蘇
顧余今將登諸棃棗必先課其費財以家先諱懋
賜屢其弟猶顯同人協贊集其事賚爲醵金相助
俾得鐫版以傳上紹前賢下開來學功專衆學事
籍乃爲𢀖不朽芳名式昭盛惪
乾隆四十有九年歲在辰鐸執徐則余乃茲以江聲
養
𢇁婺家少司寇王述菴先生見賞謂宜杍各爰始
解囊然而畢制府弇山先生聞之亦捐貲相助
計所賜得三分之一于是鳩工興事而更求將伯

予蔓募刊小引已廣內同人錄者言高雲鄉櫻陽士銘信煇楊二樹惠基彭尺木紹升沈宇菁秀作段茂堂玉裁徐得堂㵽諸徐識山承慶蔣霽炎寅李槐江大學程念鞠世銓沈林番元諒嚴豹人蔚王揚孫鵬鈕匪石樹玉李鐵珊元德黃蕘圃丕烈識者及閣學徐質夫顯璋及門者楊生紹時宗行識生大年杵後先相助計六分者共五自興工已來九年于茲矣九年之中頗或不繼輒竭己力已補續者約有六之一長用銀四百五十兩然後得成此刻不敢忘諸君子樂成人美之悳故詳識

之乾隆五十八年歲在昭陽赤奮若畢陬月丁酉

此江聲記時年七十有三

尚書總目

卷一　虞夏書　唐書一篇　堯典

卷二　虞夏書　虞書十五篇亡逸文者一篇亡目无文者十三篇一篇存　咎繇謨

卷三　虞夏書　夏書四篇亡逸文者一篇亡目无文者一篇二篇存　禹貢　甘誓

卷四　商書四十篇亡逸文者十三篇亡目无文者十九篇八篇存　湯誓附逸文　逸湯誥　般庚上　般庚中　般庚下附逸文　高宗肜日　西伯戡黎　微子

卷五　周書九篇亡逸文者四篇亡目无文者三篇二篇存　牧誓　洪範

卷六　周書八篇亡逸文者一篇亡目无文者二篇五篇存　金縢　大誥　康誥　酒誥　梓材

卷七　周書三篇　召誥　雒誥　多士

卷八　周書十篇亡逸文者二篇亡目无文者四篇四篇存　无佚附逸文　君奭　多方　立政

卷九周書六篇分錄文者二篇分目天文者二篇二
篇杼顧命康王之誥
卷十　周書四篇　粊誓　呂刑　文侯之命　秦誓
卷十一　百篇之敘六十七條
卷十二　逸文六十二條　又附二十條
卷末補誼九條　附識逸字一條　尚書集注音疏
錄　尚書集注音疏後錄
外編　尚書經師系表

尚書總目

堯典弟弌 弌古文一 疏 堯帝嚳之子帝摯之弟也帝嚳崩帝摯立帝摯崩帝堯立典經也常也灋也言經常之道可爲天下後世之常灋也說文解字云典从冊在丌上尊閣之也一曰典大冊也莊都說弟後弟也字不从竹从林俗書爲林亍上非也云弟一者百篇之次此篇亍百篇爲弟一也

虞夏書弌 疏 虞者舜有天下之號夏者禹有天下之號也今合言虞夏書者孔穎達書正義云馬鄭王本及別錄皆題曰虞夏書茲从其說虞夏書者堯典至胤征二十篇之大名堯典者當篇之小號令得大名在小號之下者小號各目其篇當題亍上大名則識其篇之時代應得亍下古書體例皆然義礼則士冠礼在上義礼在下毛詩則周南關雎在上毛詩國風在下詩正義云鄭注三礼周易中候尚書皆大名在下孔安國馬季長盧植王肅之徒其所注者莫不盡然檢案史漢三國等書大皆知是自宋入注書以大名在上小號在下非古也

尚書 疏 說文禾部引尚書曰稘三百有六旬心部引尚書曰五品不遜則古者目堯典爲尚書尚者堯有天下之號故堯典謂之尚書上綜

題虞夏書此得題唐書者適伏生尚書大傳之體也大傳堯典之前題曰虞夏傳唐傳後題曰虞夏傳虞傳禹貢之前題曰虞夏傳案史記儒林列傳云伏生故爲秦博士秦時焚書伏生壁藏之然則伏生之尚書蓋秦以前之書七十子以來遞受師學者其大傳標題如是古尚書之體故爾也

尚書弌 注 鄭康成曰孔子尊而命之曰尚書尚者上也蓋言若天書然故曰尚書 疏 尚書者一部之大名故又得杜下注鄭康成曰云云書贊文也見於穎達正義茲采以爲注偁康成者諱其名而字之也後漢書列其傳輒名之史家之體然也今節錄其傳姑以某代其名云傳曰鄭某字康成北海高密人少爲鄉嗇夫不樂爲吏遂造太學受業師事京兆弟五元通京氏易公羊春秋三統秝九章筭術又從東郡張恭祖受周官禮記左氏春秋韓詩古文尚書又西入關因涿郡盧植事扶風馬融後辭歸融喟然謂門人曰鄭生今去吾道東矣及黨事起被禁錮遂隱修經業杜門不出靈帝末黨禁解大將軍何進辟之爲設几杖禮待甚

優其不受朝服以幅巾見一宿逃去時年六十弟子河內趙商等自遠方至者數千後將軍袁隗表爲侍中以父喪不行袁紹舉其茂才表爲左中郎將皆不就公車徵爲大司農辭以病得歸夢孔子告之曰起起今年歲在辰來年歲在巳既寤以讖合之知命當終未幾寢疾爲袁紹子譚所偪載病至元城縣卒年七十有四門生相與撰其答諸弟子問五經作鄭志八篇凡其所注周易尚書毛詩儀禮禮記論語孝經尚書大傳中候乾象歷又著天文七政論魯禮禘祫議六藝論毛詩譜駁許慎五經異義答臨孝存周禮難發公羊墨守箴左氏膏肓起穀梁廢疾以難何休凡百餘萬言案鄭君所注書不聞有孝經而傳偁之注周禮見於傳何故遺之鄭又注易緯乾鑿度稽覽圖通卦驗是類謀書緯考靈曜諸書傳皆不具何也又案梁劉峻注世說新語引鄭君別傳言鄭爲何進所辟多所匡正不用而得斷爲從情故不如後漢書言一宿逃去又世說新語偁鄭君欲注春秋傳尚未成時行與服子慎遇宿客舍先未相識服在外車上與人說己注傳意鄭聽之良久多與己同乃就車與語曰吾久欲注尚未了聽君向言多與吾同今當盡以

所注與君繇爲服氏注書緯旋機鈐云因而謂之書加尚以尊之又云書務以天言之故鄭云孔子尊而命之曰尚書尚者上也蓋尊重之若天書然孔氏敘云伏生以其上古之書謂之尚書案墨子明鬼篇云尚書夏書其次商周之書則尚書之名舊矣安得云伏生謂之自是孔子命是名也鄭說信然僞孔非是

尚書集注音疏卷一

疏　亼三合也讀若集注者箸也亼合先儒之解幷己之意故注于經下所以箸明經詮故曰亼注字多數詮則從此異音必學難辨爲之反切以發明之解多與恉而證據不詳俾學者信爲之引申以疏通之故曰音疏

江聲學

疏　江聲字叔澐江南蘇州府吳縣人也數奇不偶動與時韋因取周易艮背之詮自號艮庭少讀尚書怪其古文與今文不類又怪孔傳肅劣且是文難謂安國所爲不應若此年三十五師事同郡惠松崖先生見先生所箸古文尚書攷始知古文及孔傳皆晉人僞作于是搜亼漢儒之說以注二十九篇漢注不備則旁考它書精研故訓以足成之并爲之音且爲之疏非敢云纂録也學焉而以故曰學從

何劭公注公羊偁何休學也

粵若稽古帝堯曰放勳粵爰伐反正義本作曰茲亦薛季宣書古文訓本放弗往反勳許云反

注 鄭康成曰稽同古天也言能順天而行之與之同功馬融曰堯謚也翼善傳聖曰堯放勳堯名聲謂堯名也放勳堯氏若黃帝偁軒轅顓頊偁高陽之類是

疏 鄭注見正義先鄭司農注周禮小宰職云稽猶計也合也說文冃部云同合會也則稽同皆有合誼故云稽同稽又與禾通禾者木之曲頭止不能上也是極上而止則夫上同之誼也逸周書周祝解曰天為古又詩商頌云古帝命武湯古帝謂天帝也故云古天也三國魏志三少帝紀曰帝幸太學命博士講易畢復命講尚書帝問曰鄭某曰稽古同天言堯同于天也王肅云堯順攷古道而行之二誼不同何者為是博士庾峻對曰先儒所執各有乖異臣不足以定之鴻範偁三人占從二人之言賈馬及肅皆以為順攷古

道以洪範言之肅誈爲居帝自仲尼言惟天爲大惟堯則之堯之大美在乎則天順考古道非其至也今發篇開誈以明聖德亦舍其大要備其細旨化者之意取案此說是善頌彖申鄭恉帝紀高貴鄉公也好學博古兼誦五經毀博士問難皆詞窮無以答馬注見陸德明釋文案後漢書列傳馬融字季長扶風茂陵人從京兆摯恂游學博通經籍永初二年大將軍鄧騭召爲舍人初不應後悔之乃往四年拜爲校書郎中後上廣成頌啎鄧氏久不得調因自劾歸太后怒令禁錮之太后崩安帝召還郎署又出爲河間王廄長史尋召拜郎中後移病去爲郡功曹陽嘉三年以岑起薦舉徵詣公車對策拜議郎大將軍梁商表爲從事中郎轉武都太守桓帝時爲南郡太守梁冀諷有司奏免髡徙朔方後赦還復拜議郎融才高博洽爲世通儒善鼓琴好吹笛達生任性不拘儒者之卩注孝經論語詩易三禮尚書列女傳老子淮南子離騷所著諸體文凡二十一篇融懲于鄧氏不敢復韋啎埶家遂爲梁冀艸奏李固又作大將軍西弟頌以此頗爲正直所羞年八十八卒于家馬融偁名者于先聖之經書先儒名正也然則兼成何以不名蓋殊之誈名不荅字兼成學行兼優聖人之流亞也奠

異之故字之若萬炼書粉妻儀文是也云翼善傳聖曰堯者白虎通引禮記謚法云然逸周書謚法解則无是語今大小戴禮記本皆无謚法篇豈大戴所刪與案大戴禮五帝德篇宰我曰請問帝堯孔子曰高辛之子也曰放勳不言名曰放勳而馬云放勳堯名者史記五帝本紀云帝堯者放勳又云帝舜者名曰重華堯稱放勳猶舜之稱重華重華是名故緣以放勳爲堯名也云聲謂者徵己說于先儒之注下必自名以識小之不敢混殺先儒之說取法鄭君注周禮輒稱某謂也云堯名也不從馬說以爲謚者戰國策周訢謂魏王曰宋人名學者三年反而名其母其母曰子學三年反而名我者何也其子曰吾所賢者无過堯舜堯舜名吾所大者无大天隆天隆名今母賢不過堯舜母大不過天隆是以名母也此雖俚諮非必爲實事然即此可見古者以堯舜爲二帝名也故下文爲鰥在下曰虞舜鄭注云虞氏舜名然則鄭亦以堯爲名也逸周書謚法解云維周公旦太公望開嗣王業攻于牧野之中終葬乃制謚敘法禮記檀弓云死謚周道也則謚始于周也周人諱名故生則爲字死則爲謚皆以代其名也檀弓曰公叔文子卒其子戍請謚于君曰日月有時將葬矣請所以易其

名皆是謚爲諱名而已易之也殷已肯皆不諱商頌云
武丁孫子是殷不諱名也不諱名則无謚若偰偁玄王
湯偁武王已及三宗之偁皆非謚也鄭君箋殷詩云
擧眔帝而太子故謂偰爲玄王則玄王非謚也史記殷
本紀云湯曰吾甚武號曰武王則生時以是偁亦非謚
矣若夫太宗中宗高宗則皆子孫宗其功悳而偁之亦
非謚若謚則當世=以之不獨三宗矣然則白虎通所
引翼善傳聖謚曰堯仁聖盛明謚曰舜皆何以云耳曰
此非周公所制之謚也謚法解无是語也蓋采事之徒
因周公制爲謚法遂取古帝王之名傅會其事實以爲
謚不獨堯舜然也若湯桀紂皆以爲謚矣於親諱正義
所云因上世之生號陳之爲死謚是也唐虞之時何當
以是法制之乎易已堯爲謚非也故不以之云放勳堯氏
若黃帝偁軒轅顓頊偁高陽之類是皆大戴禮帝系篇
云少典產軒轅是爲黃帝又云昌意產高陽是爲帝顓
頊又云蟜極產高辛是爲帝嚳帝嚳產放勳是爲帝堯
是放勳與軒轅高陽等同偁也漢書古今人表云黃帝
軒轅氏帝顓頊高陽氏之傳亦偁高陽氏高辛氏軒轅
高陽等號皆是氏則
放勳當同故云堯氏

欽明文思安=

亥亞云反　安乙雁反

注

馬融曰威義表備謂之欽照臨四方謂之明經緯天地謂之文道德純備謂之思聲謂思或為塞晏=讀當為晏=鄭兼成曰道德純備謂之塞寬容覆載謂之晏義牛奇反今誦作儀鄭仲師注周禮云古者書儀但為義則古威義字不以乃也說文夫己義為威義字今誦作威義方塞所則反或作塞則字則矣

疏 馬注見釋文逸周書謚法解云威義悉備曰欽照臨四方曰明經緯天地曰文道德純一曰思文昭二十八年左傳云照臨四方曰明經緯天地曰文馬依此為說也正義引鄭注云敬事節用謂之欽慮事誦數謂之思其解明字文字與馬同此欽字思字誼化不知馬且馬誼悉同逸周書故舍鄭取馬後漢書馮衍傳衍顯志賦曰思唐虞之晏=兮善章懷太子賢注引尚書攷靈耀曰放勳欽明文思晏=又第五倫傳注引攷靈耀曰堯文塞晏=又陳寵傳注引攷靈耀曰堯聰明文塞晏=攷靈耀是尚書緯其文與尚書文故云思或為塞晏=讀當為晏=當以後文晏=誼也左傳宋儒子漢書古今人表作晏

堯典

孺子古安晏字同此文安安誼實爲晏晏也此鄭注云是考靈燿注也見後漢書馮衍子豹附傳注引考靈燿文出于此故取彼注以注此云道惪純備謂之塞與馬解思字誼同字雖異而誼不易也說文日部云晏天清也釋訓云晏晏溫溫柔也天隆惟清晏晏味柔故爲覆載萬物故寬容覆載謂之晏言堯惪之大與天墬同也

允龔克攘 龔正義本作恭龔恭古今字也周器敦恭伯作龔伯見王俅嘯堂集古錄盄咊鐘嚴恭作嚴龔見薛尚功鐘鼎款識蓋龔字从廾龔字从廾者皆从龍省聲依說文當作龔从廾龍聲不省也克可得反今作〔克〕讓也攘如向反相推也今作讓讓訓責非其誼矣 注 鄭兼成曰不解于位曰龔推臤尚善曰攘 解佳賣反推湯回反臤古文賢字 疏 注見正義詩韓奕云夙夜匪解虔共爾位共讀爲龔也故曰不解于位曰龔國語晉語文公曰攘推賢也推賢是崇尚其善也故云推賢尚善曰攘

光被三表假于上下 被芳寄反三籀文四字假工百反正義本作格茲从說文所引上古文上下古文下 注 光充假至也言堯惪充被

四海之外至于天地鄭康成曰言堯德光燿及四海之外至于天地所謂大人與天地合其德與日月齊其明

疏 釋言云桄充也陸德明謂孫炎本桄作光則光之爲充古訓也假至說文人部文表與裏對是表爲外故以四表爲四海之外光被四表橫言之至于天地縱言之也孝經援神契云德及于天斗極明日月光甘露降德及于地嘉禾生蓂莢起秬鬯出是至于天地之事也鄭注見詩意僖正義鄭以光爲光燿亦得爲一誼故以備與說所謂大人云云者所謂易文言也文言曰夫大人者與天地合其德與日月合其明是謂乾五之大人聖人而爲天子者乾鑿度偁孔子之言曰大人者聖明德備也是則文言所偁大人正謂若堯舜之君故引以爲說天地合德解假于上下日月齊明解光被四表

克明俊德

注 克能也明猶顯也鄭康成曰俊德賢才兼人者

疏 克能釋言文禮記禮運曰君者所明也非明人者也鄭彼注云明猶顯也茲用其誼鄭注見正義逸禮辨名記云十人曰選倍選曰俊淮南子

泰族訓云千人者謂之俊說文人部云俊材千人也所說俊誼雖各不同然總是兼人之號故云俊德賢才兼人者案禮記太學引此經而說之曰皆自明也此似謂堯自明其大德故鄭注彼云皆自明〻德也茲以俊德為賢才兼人不謂堯自明其德者蓋太學斷章取誼不必依尚書本誼且堯之大德上文以備言之此无庸更言明大德矣

以親九〻族〻旡睦旡吉氣反今通作既

注 古文家說九族者從高祖至玄孫凡九皆同姓旡盡也睦敬龢也龢合戈反

疏 古文家者傳古文尚書者也尚書有今文古文今文出自伏生伏生授張生歐陽生歐陽生授兒寬寬又授歐陽生之子歐陽氏世〻相傳繇是尚書有歐陽氏學張生授夏侯都尉都尉傳族子始昌始昌傳族子勝〻為大夏侯勝傳從兄子建〻為小夏侯繇是尚書有大小夏侯之學此凡三家皆今文家也古文者孔氏壁中書也魯共王壞孔子宅而得尚書于壁中以皆古字故謂之古文篇數多于今文孔安國得其書以今文字讀之皆起以授都尉朝〻授庸生庸生授胡常〻授徐敖〻授王璜涂惲〻授桑欽是為古文家也九族

之說今文古文家各異竝出鄦者五經異誼見下傳桓六年正義異誼云今禮戴尚書歐陽說九族乃異姓有屬者父族四五屬之内爲一族父女昆弟適人者與其子爲一族己女昆弟適人者與其子爲一族己之女子子適人者與其子爲一族母族三母之父姓爲一族母之母姓爲一族母女昆弟適人者與其子爲一族妻族二妻之父姓爲一族妻之母姓爲一族古尚書說九族者從高祖至玄孫凡九皆同姓謹案禮緦麻三月以上恩之所及禮爲妻父母有服明在九族中九族不得但施于同姓是鄦君從今文家說鄭駁之云某之閒也婦人歸宗女子雖適人字猶繫姓明不得與父兄爲異族其子則然昏禮請期辭曰唯是三族之不虞欲及今三族未有不億度之事而迎婦也如此所云三族不當有異姓異姓其服皆緦禮雜記下緦麻之服不禁嫁女取婦是爲異姓不在族中明矣周禮小宗伯掌三族之別名喪服小記說族之誼曰親親以三爲五以五爲九以此言之知高祖至玄孫昭然察矣鄭君此說精當名通足申古文家說之是春桓三年秋七月壬辰朔日有食之既公羊傳云既者何盡也穀梁傳云既者盡也旡既古今字故云旡盡也言盡睦則无不睦矣云睦

敬穌也者說文目部文

釆章百姓昭明釆皮莧反古辨字也偽孔本作釆其傳解爲平而說文平字古文作乑與釆相似後學繇誤仍釆爲古文平唐明皇帝改偽孔之隸古加俗文繇作平字繇是舉譌襲謬久矣今知當爲釆釆者說文釆部云釆辨別也讀若辨則釆辨音誼皆同實一字也又八部㒸字說云釆古文辨字此據鄭注云辨別則鄭本作辨矣史記作便者音同叚借尒史記索隱曰今文作辨章然則漢時尚書皆作辨繇是以可知古文之爲釆矣又下文釆豑釆在諸文伏生大傳及鄭注周礼馮相氏所引皆作辨而偽孔本亦皆作平唐本皆改作平其譌誤之由足相參證也亦

注　釆讀若辨今文爲辨與兼成曰辨別章明也百姓羣臣之父子兄弟

傳曰昭亦明也別彼列反

疏　釆讀若辨者說文釆部文云今文爲辨者據司馬貞史記索隱㒸一云然也鄭注見後漢書劉般子愷附傳注及史記五帝本紀裴駰集注古文辨作釆說文釆部云釆辨別也象獸指爪分別也故云辨別史記伯夷列傳云此其尤大章明校著者也故云章明也國語楚語子期對昭

王曰氏之徽官百王公之子弟之質於言於聽徽其官者而物賜之姓以監其官是爲百姓故云百姓羣臣之父子兄弟僞孔傳曰者僞孔氏傳也僞孔氏傳乃亂經者之所爲說多亦謬戾其訓詁亦閒有是者亦時或取焉以其匿名而託于孔氏不知實是誰人故但僞傳曰後凡僞傳曰皆同此說文日部云昭日明也是昭本訓明以經昭明聯文故云昭亦明也

旪龢萬邦　旪古文協　**注**　言堯之德大所化者衆中夏蠻貊莫不雝龢故曰萬國　夏行段反除蕃夏之夏皆同此後不重出音貊門白反　**疏**　此注用王充論衡藝增篇文而稍易其字也充字仲任會稽上虞人著論衡八十五篇二十餘萬言後漢書有傳充以萬爲盈數萬國言其多不必準一萬國案鄭君咎繇謩注計九州之內實有萬國茲不用鄭君彼注者上文被四表是言堯德及四海之外若以九州計萬國實數則不出中夏反陝小矣王充所說誦廣故用充說

黎民於變旹雝　黎力兮反民古文民於古文烏旹古文時　**注**　黎衆也於語聲時是雝龢也言衆民亦化而

變用是大雝於容反與從異今讀用從非【疏】漢書成帝紀陽朔二年詔引書云黎民於蕃時雝應劭注云黎眾也時是也雝咊也言眾民于是變化用是大咊也案此注似解於為于恐非是故取而略改之劭字仲遠汝南南頓人所著有風俗通文集解漢書黎眾釋詁文說文烏部引孔子曰烏盱呼也取其助气故以為烏呼又以於為古文烏故云於語聲也時是亦釋詁文雝咊毛詩何彼襛矣傳誼也

乃命

戲咊戲古羲字喜宜反咊合戈反【注】馬融曰羲氏掌天官咊氏掌地官四子掌四時鄭康成曰高辛氏之世命重為南正司天黎為火正司地堯育重黎之後羲氏咊氏之賢者使掌舊職天地之官亦紀於近命以民事其時官名蓋自稷司徒重直容反【疏】馬注見釋文云羲氏掌天官咊氏掌地官者國語楚語云顓頊受之乃命南正重司天以屬神命火正黎司地以屬民揚子法言云羲近重咊近黎是羲承重司天之職咊承黎司地之

職也云四子掌四時者即下文羲仲羲叔和仲和叔各主一時是也鄭注見賈公彥周禮疏敘云高辛氏之世命重爲南正司天黎爲火正司地者即據楚語文但楚語言顓頊鄭云高辛者鄭兼據鄭語黎爲高辛氏火正之文也賈公彥云高辛與顓頊无隔故重黎事顓頊又事高辛若稷契與禹事堯又事舜容當然也云堯育重黎之後者亦楚語文彼文云堯復育重黎之後不忘舊者使復典之未言羲和鄭以羲氏和氏當之者以羲和實是重黎之後言堯使復典之則是使復爲天地之官即此命羲和之事矣故韋昭注楚語亦以重黎之後爲羲和與鄭同也云亦紀于近命以民事者昭十七年左傳云自顓頊以來不能紀遠乃紀于近爲民師而命以民事謂少昊以前以雲火龍鳥等紀官是紀于遠顓頊以來以民事命官是紀于近若稷與司徒是以民事命官故云亦紀于近亦者亦顓頊以來也云其時官名蓋曰稷司徒者鄭雖云蓋以致疑而于下文注云堯初天官爲稷則直而不疑自當有據也其以地官爲司徒者以司徒敬敷五教與周禮地官司徒掌邦教同因據周以推堯時之地官當亦名司徒也案鄭于下文禹讓稷功注云堯末時羲和之子皆死又于稷卨臮咎繇注云

堯初天官爲稷，舜登用之，季舉棄爲之，又以棄爲后稷，禹作司徒，是堯時事。然則堯初羲和爲天地官名稷司徒，逮後棄爲稷，禹爲司徒，其仍領天地之職否乎？抑天地之官別自舜乃又別命名與？鄭說不得詳聞矣。賈公彥《周禮疏》敘云：堯初天官爲稷，至堯試舜天官之任，謂之百揆，舜既眞之後，命禹爲之，則天官也。此說未知是否。

欽若昊天，昊，何老反。【注】欽，敬；若，順也。古文家說元氣廣大謂之昊天。气，[illegible]反，俗輒作氣，音義皆非。【疏】欽，敬，釋詁文；若，順，釋言文。古文家說出五經異義，見詩黍離正義。異義云：今尚書歐陽說，春曰昊天，夏曰蒼天，秋曰旻天，冬曰上天，爾雅亦云。古尚書說：天有五號，各用所宜稱之。尊而君之，則曰皇天；元氣廣大，則稱昊天；仁覆閔下，則稱旻天；自上監下，則稱上天；據遠視之蒼蒼然，則稱蒼天。謹案：尚書堯命羲和欽若昊天，總敕四時，故知昊天不獨春也。左傳夏四月己丑孔丘卒，稱曰旻天不弔，非秋也。鄭駁之云：玄之聞也，爾雅者，孔子門人所作，以釋六經之言，蓋不誤也。春氣博施，故以廣大言之；夏氣高明，故以遠大言之；秋氣或生或殺，故以閔下言之；冬氣閉藏而清察，故以監下言之皇天者尊且之號也六藝之中諸稱天者以己情所求言之非必於其時稱之浩浩昦天求天之博施蒼天蒼天求天之高明旻天不弔求天之生殺當得其宜上天同雲求天之所爲當順其時也此之求天猶人之說事各以其主尒若察於是則堯命羲和欽若昦天孔子卒稱旻天不弔无可怪尒此鄭君和合此兩說皆㝵恉趣可謂名通深識君異誼雖不以今文家說而其所篹說文解昦字云萅爲昦天元气昦昦解旻字云秋天也虞書曰仁覆閔下謂之旻天則又兼采今文古文兩說則亦不以今文說爲非也茲不用今文說者以此經不得專言萅也云元气廣大者言其混元之气昦昦廣大也

御名象日月星辰敬授民時

曐古文星曟食身反民古文民也今本作人尚書大傳攷靈燿史記及漢書所引皆作民凡兩漢諸人引此經無作人者皆自唐時避太宗諱改作人沿誤迄今茲特更正

注 秝讀爲秝日月而迎送之秝象讀爲歷人象之象日一日行一度月一日行十三度十九分度之七星二十八宿

環周于天四時迭中者也日月之會曰辰分二十八宿之度爲十二次是爲十二辰鄭所謂星紀元枵諏訾降婁大梁實沈鶉首鶉火鶉尾壽星大火析木之津是也秝象其分節以審知時候以授民也攷靈耀曰主春者鳥星昏中可以種稷主夏者心星昏中可以種黍主秋者虛星昏中可以種麥主冬者昴星昏中則入山可以斬伐具器械王者南面而坐視四星之中者而知民之緩急急則不賦力役故敬授民時宿息救反枵許嚣反諏子俞反訾子斯反降下江反鶉常倫反津即鄰反種之用反俗作種非械戶戒反

疏 大戴禮五帝德篇孔子偁帝嚳秝日月而迎送之謂推步日月之行度迎其將來送其當往以審知秝數也易繫詞云天垂象見吉凶聖人象之謂聖人

象法於天也此經厤象亦謂推步象法故讀如彼二文
尺云讀爲某者非但音如之直是詁如之也云日一日
行一度月一日行十三度十九分度之七者洛書甄燿
度文見後漢書王符所傳注蓋日行三百六十五日四
分日之一而一周天則已周天之數分爲三百六十五
度四分度之一故云日一日行一度也月行二十九日
九百四十分日之四百九十九而與日一會已此二十
九日日行之度相減除之推得月行二十七日九百四
十分日之三百二彊而一周天已此二十七日九百四
十分日之三百二彊爲則而已周天三百六十五度四
分度之一析計之則知月一日行十三度十九分度之
七矣案禮記月令正義引厤家之說云月一日至于四
日最疾日行十四度餘自五日至八日次疾日行十三
度餘自九日至十九日則遲日行十二度餘自二十日
至二十三日又小疾日行十三度餘自二十四日至晦
又最疾日行十四度餘此月行之大率也茲言月行遲
日十三度十九分度之七與厤家說異者蓋細數也月
行實有遲疾通其遲疾而大較言之則遲日行十三度
十九分度之七也云星二十八宿環列于天者謂角亢
氐房心尾箕斗牛女虛危室壁奎婁胃昴畢觜參井鬼

柳星張翼軫自東而北而西而南北下而南上繞乎天中者也但星為經為緯二十八宿為經土木火金水五星為緯此惟言二十八宿者以五星時進時退順逆无常不可準以定時此經所不數也云四時讀中者謂昏中于南方若下文星鳥星火星虛星昴之屬是也云日月之會曰辰者昭七年左傳文云分二十八宿之度為十二次是為十二辰者漢書律秝志紀二十八宿之度角十二亢九氐十五房五心五尾十八箕十一東方宿七十五度斗二十六牛八女十二虛十危十七室十六壁九北方宿九十八度奎十六婁十二胃十四昴十一畢十六觜二參九西方宿八十度井三十三鬼四柳十五星七張十八翼十八軫十七南方宿百十二度星紀初斗十二度終于婺女七度玄枵初婺女八度終于危十五度娵訾初危十六度終于奎四度降婁初奎五度終于胃六度大梁初胃七度終于畢十一度實沈初畢十二度終于井十五度鶉首初井十六度終于柳八度鶉火初柳九度終于張十七度鶉尾初張十八度終于軫十一度壽星初軫十二度終于氐四度大火初氐五度終于尾九度析木初尾十度終于斗十一度此度數本諸劉歆三統秝依明堂月令十二月之日躔而約

略紀之未及覈實細數故无四分一之奇數其十二次之所歷或三十度或三十一度蓋其起訖雖差之數无專細推故亦略細分之其次應三十度十六分度之七也司馬彪續漢書律歷志所紀宿度與紀其差之數以三統歷差詳然計之則多出于三百六十五度四分度一之外是不可爲準故不錄取又蔡邕月令章句所紀十二次校三統歷差六度則又在後矣故亦不用今以此下文四仲之中星覈之則三統歷所紀以差二十餘度以其差度推其年代蓋周秦間之歷也茲錄之者以十二次之紀无肯之者故也其十二次之名惟大火見于夏小正而夏小正傳曰大火者心也則未以爲次名也其餘次名惟見于左傳國語爾雅諸書是實始于周亦何以知之昭元年左傳云高辛氏有二子伯曰閼伯季曰實沈居于曠林不相能也日尋干戈以相征討后帝不臧遷閼伯于商丘主辰遷實沈于大夏主參而襄九年左傳云陶唐氏之火正閼伯居商丘然則遷閼伯實沈者帝堯也則名參次爲實沈者後世則然其在堯時實沈猶是人亦豈以爲宿次號又諏訾之次一名豕韋襄二十四年左傳云在商爲豕韋氏外傳鄭語云大彭豕韋爲商伯矣然則商時當亦未有此十二次名

也故知始于周也夫既是周時次名而以說尚書者皆以肯此別爲十二次名與否无文可知始皆周時之名言之故云若所謂言若左傳所謂心爲大火及歲在星紀降婁之等國語所謂歲在鶉火日在析木之津肅足所謂壽星角亢也云云也其于十二次則星紀丑也玄枵子也諏訾亥也降婁戌也大梁酉也實沈申也鶉首未也鶉火午也鶉尾巳也壽星辰也大火卯也析木之津寅也云秝象其分節以審知時候皆分謂分二十八宿之度以中星驗日躔所在節皆分至啟閉爲八節三分之爲二十四氣也推步象法之可以審知時候也所引攷靈曜文見禮記月令正義伏生大傳夫爲此文但少異尒

分命羲中

中古仲字直衆反下文中萅中夏味中中秌中冬皆同

注 鄭康成曰仲尗亦羲咊之子堯既分陰陽四時又命四子爲之官蓋萅爲秩宗夏爲司馬秌爲士冬爲共工踊稷與司徒是六官之名見也掌四時皆字曰仲尗則掌天地者其曰伯乎尗小豆也皆爲尗季字取

幼小之誼也俗輒作叔說文叔訓拾【疏】注見周禮疏敘也非其誼矣共居容反見太甸反云分陰陽四時皆鄭意謂分天地四時之六職陰陽猶言天地也觀其下即備舉六官之名可知鄭意如此賈公彥乃云分陰陽爲四時謂分高辛時重黎之天地官使兼主四時是誤解鄭意矣下經伯夷爲豑宗主禮咎繇作士主刑垂作共工共工即司空之職已周禮況之春官掌禮秋官掌刑冬官爲司空故云春爲豑宗秋爲士冬爲共工其言夏爲司馬則于書虞之文未見焉賈公彥云夏傳云司馬在前又後代況之則羲叔爲夏官是司馬也案所引夏傳乃伏生尚書大傳也今大傳無司馬在前之文蓋爲亡逸矣無由知其上下文云何不得其指意公彥及見其文而引以證鄭注則所偁皆蓋正謂善虞時之司馬矣但四子之官名經未爲明文鄭就堯末時之官分配四時而約略言之故云蓋以疑之云掌天地皆其曰伯者皆太無正文特以仲叔推之而知當然爾故大爲疑詞

宅堣夷曰暘谷堣元于反正義本作嵎了吳楚閒對嵎山名非此也暘大章反【注】舊解宅爲居今文宅皆爲度宅度字同讀當如

度𡺚未詳說文解字云堣夷在冀州陽谷立萅日值

㞢而出聲己爲冀字葢誤也當爲青州禹貢云堣夷既

略青州分也今文堣夷爲禺鐵亦爲禺銕鐵銕讀皆同

夷崵谷或爲暘谷暘日出也或爲湯谷淮南子曰日出

亏湯谷尻君魚反俗作居音誼皆非矣度代洛反𡺚虞與反分丣舊反禺元亏反

疏云舊解宅爲尻者史記作尻說夷偽孔傳亦訓宅爲尻也云今文宅者爲度者蔡邕石經本作度蔡石經是今文也又鄭注周禮縫人引此下經度西曰柳穀賈公彥疏己爲伏生大傳文是則伏生本作度也由此己推則下文宅南交宅朔方今文亦皆作度也云宅度字同者禹貢降丘宅土風俗通引作降丘度土三危既宅史記作三危既度又詩宅是鎬京禮記坊記引作度是鎬京是宅度同字也云讀當從度者不從舊解宅尻之訓也葢四子掌四時是在天隆之官治秝明時者當在京師不容遠外四方若投四裔者然故不可己宅爲尻也偽孔氏亦知其不

可亓衍回其說云厥治東方之官案經宅字與堣夷南
交等聯文是就處所言之宅見是厥官乎其解非是不
如轉宅爲度解爲測度于詁允協也後漢書儒林傳
云鄦慎字叔重汝南召陵人少博學經籍時人爲之語
曰五經无雙鄦叔重慎以五經傳說臧否不同于是譔
爲五經異義又作說文解字十四篇皆傳于世鄦沖上
書安帝曰臣父故太尉南閣祭酒慎本從賈逵受古學
又曰慎博問通人攷之于逵作說文解字又曰慎又學
孝經孔氏古文說謹譔具一篇并上案孝經古文說今
不傳後漢書亦不言豈上亓未頒行與茲引說文解字
者土部文也陽谷是日出之所當在東方冀州則在外
方言堣夷在冀州陽谷故聲疑冀字誤也案今之說文
解字爲後人竄改增損者多矣此冀州蓋寫書者之誤
非鄦君誤也云當爲青州者以青州在東方近日出
之所也引禹貢者證堣夷之在青州也禹貢云海岱維
青州堣夷既略是堣夷在青州明分也云今文堣夷爲
禺鐵者據夏本紀索隱云然云夫爲禺銕者據釋文也
云鐵銕讀皆同夷者鐵本是黑金銕夗古文鐵二文實
一字其音天結反但古字輒多叚借用者以銕从夷夗
借以爲夷鐵與銕同字因亦借之故此經夷字多作鐵

荅錄皆顧字雖或異而其音爲夷不可變也恐學者因字異而遂易其音故正其音云讀皆同夷也云暘谷或爲暘谷暘日出也者說文日部云暘日出也所引商書曰暘谷其商字蓋誤且少一曰字當云書曰曰暘谷正引此文也云或爲湯谷者五帝本紀索隱云史記舊本作湯谷案史記故是錄此篇也引淮南子者天文訓文曰日出于湯谷證作湯谷者亦是也淮南子者漢高帝之孫淮南王安所著名曰鴻烈解凡二十一篇但今本淮南子作曰出于暘谷蓋後人習見尚書之暘谷而改其文據索隱所引知其本作湯谷也說文叒部云叒日初出東方湯谷所登榑桑叒木則湯谷實日出之所故淮南云日出于湯谷

寅賓出日

寅弋眞反今本作寅丁度集韻引此下經寅淺內日寅字从夕已從況此知此亦當作寅也賓必刃反【注】寅敬也賓讀曰儐儐導也鄭兼成曰寅賓出日謂春分朝日朝直佋反【疏】說文夕部云寅敬惕也故云寅敬也釋詁云寅敬也蓋後學罕見寅字而誤爲寅古本爾正當亦作寅敬也云賓讀曰儐者古儐字輒通用賓荅周禮司儀職賓亦如之賓之如初之儀鄭注皆云賓當

爲儐又此經下文賓于四門鄭注亦以賓爲儐此經賓字說亦然也儐導說文人部文史記錄尚書輒以故訓代經文于此文云敬道出日是爲賓當訓敬導也鄭注見正義案馬融注周官韋昭注國語皆云天子以春分朝日朝也言朝言出日則是朝矣下言日中則是萅分故鄭云謂萅分朝日

釆豒東作

此以下四釆字正義本皆誤作平辯以詳于上豒古秩字正義本作秩以下皆然茲从說文所引書古文訓亦作釆豒則僞孔本猶存古字正義也本乃開元皇帝所改尒

【注】釆讀爲辨其敘事也辨今文皆爲辨豒敘也鄭康成曰作生也聲謂萅時政令當以天生萅官辨敘之也物生于東故曰東作周禮馮相氏辨四時之敘此則四時官各辨敘一時也馮皮冰反相息匠反

【疏】云釆讀爲辨其敘事也辨者周禮馮相氏掌十有二歲十有二月十有二辰十日二十有八星之位辨其敘事以會天位彼鄭注引此經釆豒釆在四句以說其字皆作辨則釆辨古今字故此讀从彼文辨

也案鄭引作辨者以伏生今文本也伏生大傳實作辨
故云今文采皆作辨言皆者乃下三時總言之也說文
豊部云豑爵之次弟也攴部云敘次弟也是豑敘同詁
故云豑敘也鄭注見正義詩采薇云薇亦作止毛傳云
作生也鄭云作生同彼毛詁也案鄭君此注以不止此
作生一訓今不得詳聞故聲據所聞以足成其詁大傳
五行傳曰自冬日至數四十六日迎春于東堂旂旐尚
青田車載矛號曰易天生是王者春時出政當順天性
生之意禮記月令仲春之月安萌牙養幼少存諸孤彼
鄭注云易生之也故云春時政令當易天生春官辨敘
之也云物生于東故曰東作者易說卦傳曰萬物出乎
震震東方也是物生于東也東方生物因以此易天生
之政令爲東作也舊解東作東指農事其詁偏矣故不
用之云周禮馮相氏辨四時之敘者以此辨豑敘馮相
氏辨其敘事之職也案周禮敘官馮相氏中士二人下
士四人其職云冬夏致日春秋致月以辨四時之敘是
官雖多六人而四時之職未嘗分也此則東作南譌西
成朔易四子各主一時與周禮異故引周禮以說正以
明其職之同也

曰中星鳥以殷中春注馬融曰古物

刻漏晝夜百刻日中晝漏五十刻夜亦五十刻萅分也昏七星中殷中也

疏 注見正義及釋文詩東方未明正義引鄭注云日中者日見之漏與不見者齊意與馬同其解星鳥及殷字誼亦皆同馬以鄭嘗師事馬故取馬注為備古粉者以其時東漢之秝法不然也案司馬彪續漢書律秝志是東漢之秝法也其所紀刻漏冬至晝四十五刻夜五十五刻萅分晝五十五刻八分夜四十四刻二分夏至晝六十五刻夜三十五刻秌分晝五十五刻二分夜四十四刻八分輒減夜漏五刻餘以裨晝其夌之閒增減刻數多少不齊不可通而率是東漢之秝法與古粉仲萅仲秌日夜分不同也孔穎達正義云天之晝夜以日出入為分人之晝夜以昏明為限日未出前二刻半為明日入後二刻半為昏損夜五刻以裨晝則晝多亏夜校五刻此不易之法也案亏文日出一上為旦一者墬也昏从日从氐省氐下也言日氐下也然則日出乃為明日沒乃為昏晝夜當以日之見沒分其亏未出旣沒各取二刻半以益晝非也且此經言日中下經言宵中互文以見萅分之晝同亏夜秌分之夜同亏晝无長短可令所謂日

夜分是也宵爲損夜益晝之法乎故彖云晝漏五十刻夜亦五十刻也經言星鳥彖云七星中者鳥者南方七宿東井鬼柳七星張翼軫總名鳥七星則其正中也一宿計七宿百一十二度形體廣大中星當據南方正中者而言故彖云七星中也案禮記月令季春之月昏七星中此言春分之昏七星中者蓋西星又行于天六十九年彊半而移一度則日躔于西星亦六十九年彊半而差一度以今周公所作又爲秦相呂不韋竊改延堯時至今九百餘年則西星移二十餘度故遲二十餘日至季春而昏七星中此當堯時則春分之昏七星中矣殷中釋言文

氒民析 氒今作厥非析心秝反

注 氒讀若厥其也析散也將治農事散各在野

疏 氒讀若厥者說文氏部文釋言云厥其也彼厥亦當作氒厥則別爲一字析者分析故訓爲散呂氏春秋仲春紀云耕者少舍高誘注云少舍皆耕在野者少多在邑者也尚書曰氒民析散各在野兹用其說故云將治農事散各在野

鳥獸孳尾 孳疾置反

注 孳讀曰字字乳也尾𢼸也言方字乳而尚𢼸也 𢼸亡非反

今譌作微【疏】孳尾，史記作字微。説文敘云字者言孳乳而寖多也，是孳與字通，故讀孳爲字。戰國策云信如尾生高，論語作微生高，又漢書古今人表尾生高、尾生畮，顏師古以爲即微生高、微生畮，是尾與微本通也。字，乳；尾，微，説文子部及尾部文。國語楚語云鳥獸孕，韋昭注云謂春時也；又云鳥獸成，韋云謂太夏鳥獸已成。是則春時鳥獸方字乳而尚微也。

申命羲叔宅南交【注】申，重也。宅亦讀爲度。火交于土，故曰南交。鄭康成曰：夏不言曰明都，三字摩滅也。重，直容反。度，代洛反。【疏】申，重，釋詁文。云火交于土者，土雖寄王于四季，其位則在南方之西，未坤之隆。五行相生，迭王如父子相代，土爲火子，故月令中央土傅季夏之月，是火交于土也。夏官主南方，隸火土二行，火土相交，故曰南交。僞孔氏言夏與春交，非也。鄭注見正義。據春曰暘谷，秋曰柳谷，冬曰幽都，則夏當云曰明都，茲未有是語，故云三字摩滅也。

釆豑南譌敬致　譌，五禾反。【注】譌，化也。夏氣任養，化成萬物，故曰南譌，謂助天養之政令夏官辨敘之也鄭康成曰司馬之職治南嶽之事得則夏氣和聲調致＝日也謂立八尺之表視其晷景夏至之景尺有五寸景短之極短極則氣至無伏陰之患是為夏氣和也周禮馮相氏冬夏致日春秋致月此獨于夏言之舉一隅以見也晷君洧反馮皮冰反相息匠反見乞甸反

疏譌化釋言文云夏氣任養化成萬物者白虎通云夏火王長養萬物又云南方者任養之方大戴禮曾子天圓云陽施而陰化蓋春陽施生夏承春而任長養之功五以陰生而萬物化成矣故易說卦云坤也者地也萬物皆致養焉繫詞曰坤化成物也云助天養之政令者大傳五行傳曰自春分數四十六日迎夏于南堂於尚亦田車載弓號曰助天養是夏時政令助天養也者以月令仲夏令民毋刈藍及游牧小羣之屬又如五行傳仲夏紀令曰振貧窮惠孤寡之等皆是助天長養之政也鄭注見詩七月正義云得則夏氣和者是說敬致

之說皆引之者太略其說未詳故聲下已說以申詳之云太八尺之表視其晷景者易緯通卦驗云冬至日置八神樹八尺之表日中視其景如度者歲美人和不如度者歲惡人偽神讀如引謂置杙于地之四維四中引繩以正表故謂之八引彼文雖言冬至然夏至亦致日則亦立表視景矣云夏至之景尺有五寸為短之極者周禮馮相氏冬夏致日鄭注云冬至日在牽牛景丈三尺夏至日在東井景尺五寸此長短之極極則氣至冬無愆陽夏無伏陰春分日在婁秋分日在角而月弦于牽牛東井亦以其景知氣至否春秋冬夏氣皆至則是四時之敘正矣茲取彼注之意以申此夏氣和之說故云短極則氣至無伏陰之患是為夏氣和也伏陰者寒為害也漢書天文志云夏至日北極晷短北不極則寒為害是也據周禮馮相氏冬夏致日春秋致月此亦當然茲則春言負實秋言負淺留于采豐上言之不毀此敬致同義且出日是于旦內日未至于昏明非致月矣冬則辨天文獨于夏言敬致蓋舉一以例三時也故云舉一隅以見一隅者可推以反三者也

日永星火以正中夏（注）永長也馬融曰長

堯典　尚書集注音疏卷一　十六

晝漏六十刻夜四十刻仲夏之昏心星中【疏】永，居，釋詁文。象注見正義。案鄭注攷靈曜云九日增減一刻，計春分至夏至九十二日，當增十刻，春分晝漏五十刻，則夏至之晝六十刻矣。鄭君注此云日長者日見之漏五十五刻，則非也，故不用。經言星火，象云心星中者，夏小正曰五月初昏大火中，傳曰大火者心也。案夏去堯時尚近，故火中猶在五月，而月令季夏昏火中者，季代久遠故也。王肅不知此星之文，疑而誤以中星爲古不變，遂據月令中星以說尚書，謂此星爲星火等，皆說季月，仲月則猶未中。肅未見夏小正乎，不知天文，又不能攷古，而妄詰服說，何異惠詰不知萅秋乎。

厥民因【注】因，就也。就之言就高也。月令仲夏之月，可以居高明。居，君魚反，俗作居，非。【疏】因，就，說文口部文。云就之言就高也者，說文京部云就就高也，从京从尤，尤異于凡也，京人所爲絕高丘也，是就高之誼也。月令者，明堂月令也，篇在礼記。彼仲夏文云可以居高明，可以遠眺望，可以升山陵，可以處臺榭。鄭注云順陽在上也。引之者，證因之誼爲就高也。

鳥獸希革【注】稀

跡也皮去毛曰革鄭兼成曰夏時鳥獸毛跡皮見去羌許反

見亦句反【疏】稀跡說文禾部文說文革部云革獸皮治去其毛革更也故云皮去毛曰革鄭注見詩斯干正

義蓋夏時暑熱鳥獸毛皆毀落而稀少故云毛跡皮見

分命和中宅西【注】

分或爲申宅讀亦當爲度鄭兼成曰西者隴西之西今

人謂之兌山【疏】五帝本紀云申命和仲故云分或爲申鄭注見五帝本紀注云隴西之西者漢

書地理志隴西郡爲西縣是也案後漢時西縣屬漢陽郡故鄭君注禹貢云嶓冢山在漢陽西此言隴西之西

者本其初言之亦兩注互相備也云今人謂之兌山者蓋當時爲是名也于易卦兌在正西此山在西匚故謂

之兌山劉昭注補後漢書郡國志引此鄭注云西在隴西〻今謂之八兄山八兄二字蓋誤析兌字而又譌也

曰柳谷

柳僞孔氏改爲昧伏生大傳及鄭注周禮所引皆作柳史記舊本亦作柳徐廣音義可證

茲故从柳【注】柳者諸色所聚曰將浸其色亦兼爲餘色故曰

柳谷一說古大篆丣字讀當爲柳古柳丣同字谷或爲穀丣古文酉

【疏】伏生大傳云秋祀柳穀鄭注云柳聚也鄭又注周禮縫人云柳之言聚諸飾之所聚書曰分命咊仲度西曰柳穀賈公彥疏云柳者諸色所聚日將沒其色赤兼有餘色故曰柳穀公彥雖未偁鄭注然鄭引此以證彼柳之爲聚亓公彥申說柳穀之誼如此自是用鄭誼矣故采用之一說皆虞翻說也見陳壽三國吳志虞翻傳裴松之注翻字仲翔會稽餘姚人翻誣鄭君其人小人也顧其說爲可采不以其人廢其言也云古大篆者說文敘云周宣王太史籀著大篆十五篇與古文或異是也據說文丣是古文酉亓云大篆丣字皆蓋古文亦可通稱大篆也柳以丣得聲故丣讀當如柳聲同則可通用故柳丣同字言此者欲見谷在正西匚位直酉故名丣谷特昔柳字爲丣尒是說雖異亏鄭意亦得備一誼故兼存之云谷或爲穀者據大傳及鄭注周禮所引也

賓淺內日儐古文作[illegible]淺正義本作寅餞丁度集韵引作賓淺內日且偁馬融讀則是馬本如此茲从馬从古也淺夕衍反內奴眔反

【注】淺讀當爲餞傳曰

餞送也鄭康成曰夤淺內曰謂秋分夕月餞夕衍反【疏】釋文引馬融注云淺滅也滅猶沒也蓋馬意以淺滅之說施之于此未安故又轉一訓為沒然沒猶內也內曰上不須言沒故不用其注案鄭注成王政敘訓踐為滅馬云淺滅是以淺為踐淺踐字通矣又案鄭注義禮士虞禮云古文餞為踐是踐餞同字則淺又通餞矣此文偽孔本字作淺而其傳訓為送則是以淺為餞故讀淺為餞而采用偽孔傳也鄭箋韓奕詩云餞送也又注士虞禮云餞送行者之酒傳云餞送訓可取也鄭注見正義國語魯語云少采夕月韋昭注云夕月以秋分也下言宵中則是秋分茲言內曰則是夕時當秋分之夕故云謂秋分夕月

平秩西成【注】西為陰中萬物之所成故曰西成秋官辨敘其功成物之政謂功天效也【疏】云西為陰中萬物之所成者義和大傳篇鄭注之言也云功天效者五行傳曰自夏至數四十六日迎秋于西堂搃旅尚合田車載兵號曰功天效是也經言西成而注云功天效者逸周書大開武云秋不穫維禽其饕也是不效則廢其成功

此易天所以爲而成也伏生大傳引古傳說而成之證云錄於敘以順天道宵中星虛

以殷中龝龝籀文秋从禾龜聲注春陽故言日秋陰故言宵

宵夜也鄭康成曰夜中者日不見之漏與見者齊虛元

武中虛宿也象殷曰秋分之昏虛星中見天甸反宿心柚反疏宵中

則曰夜中上經春言日中而此變文言宵中者以日陽而夜陰春爲陽故言日秋爲陰故言宵互相備也宵夜

釋言文假舍人注云宵陽之消也鄭注見周禮挈壺氏賈公彥疏及詩七月正義以經言宵故以日不見爲言

也云與見者齊者謂晝夜初漏均齊皆五十刻矣虛元武者北方七宿總名七宿斗牛女虛危室壁也虛當其中

故云虛元武中虛宿象注見正義云虛星中者謂正南方之中也厥民夷注夷平也

仲夏處高明順陽在上也仲秋皆居平當去高處平墜

旨遂華反疏釋詁夷平同訓易故云夷平國語周語云夷則所以詠歌九則平民無貳韋昭注云夷平也仲

夏爲高明月令文也云順陽在上也者鄭注月令說爲高明之意也云仲炑旨屋也者亦月令文鄭注云旨屋猴屋也高処屋多故當太高爲亏陸寒言寒若言析以爲処出人言是謂民之爲処則夏言因炑言夷亦當以爲処言因是就高夷之言亏舉上因亓言夷則是謂太高爲亏陸也

鳥獸毛毨毨息淺反【注】毨讀若選仲炑鳥獸毛盛可選取以爲器用【疏】此用說文毛部詮也毨之爲言詮取毛盛可選取故讀若選謂音詮皆同選也

申命咊尗宅朔匚曰幽都【注】宅讀亦當爲度朔匚北匚也匚讀若方山海經曰北海之內有山名曰幽都之山蓋是與幽都聚也【疏】云朔匚北匚也者釋訓云朔北匚也舍人注云朔盡也北匚萬物盡故云朔也大傳云朔紿也北匚物之宾紿故言朔也云匚讀若方者說文匚部文匚皆匚正象形字也方則併船詮多小亓音則同世乃輒用方代匚幾不知多匚字故舉君以方著北明匚字之音以曉後學也引山海經者海內經文言北

海之内幽都之山化即此朔方之幽都故引以說不敘質言故言蓋言毀也淮南墬形訓曰西北方曰不周之山曰幽都之門高誘注云幽闇都聚也亓冥將始用事順陰而聚故曰幽都之門此幽都誼當同彼故用彼訓

平在朔易【注】在察也肅曰易者謹約蓋藏循行積聚聲謂冬時政令易天墬閉藏冬官辯察之也言易者藏則内故更新而革易之誼也朔易或爲伏物察初八反令通作察藏才郎反俗書多艸于上非也行下孟反積子賜反又如字内奴對反更工行反【疏】在察釋詁文肅曰者王肅注也見正義去其氏者貶也萅秌書翬帥師不稱公子以翬弒隱公故於隱之篇輒去族以示貶肅于尚書爲大辠者故放萅秌之例以貶之肅字子雝東海蘭陵人王朗之子也附見三國魏志王朗傳陳壽三國志于引劉寔之言謂肅方于事上而好下佞己此一反也性嗜榮貴而不求苟合此二反也吝惜財物而治身不穢此三反也即此三反以觀則其詭僞矯飾之情然可見矣孔穎達陸德明皆言肅注尚書頗類孔氏疑

其竊見孔傳而補之案肅僞託孔子家語及孔叢子輒與僞孔書應合則僞孔書直是肅所為亦故曰肅于尚書為大辠長也肅又作聖證論與鄭君為難語多亦謬又注易詩而論語諸書今皆不傳不足惜也云謹約蓋藏循行積聚皆文出月令而多一約字今依伏生大傳引舊傳以說物易之謂曰天子以冬命三公謹蓋藏閉門閭固封竟入山澤田獵以順天道以佐冬固藏也肅注此二語與大傳說合故節取之月令仲冬云涂闕廷門閭築囹圄此所以助天地之閉藏也故云冬時政令助天地閉藏也又孟冬云命有司曰土事毋作慎毋發蓋毋發室屋又云命奄尹申宮令審門閭謹房室必重閉皆是助天地閉藏之令也云物易或為伏物者史記云便在伏物案隱謂大傳云便在伏物太史公據之而書然則今大傳作物易者乃後人所改伏本實作伏物推之尚書當亦作伏物矣案大傳云北方伏方也萬物之方伏是伏物之說也

以正中冬　或以昴是西方宿且一名留小星詩又與裯猶叶緣疑昴當作丣段玉裁曰詩十月之交丣與醜叶其去聲則為貿上聲則為昴故昴貿皆從丣聲昴非會意字不必作丣卯以段君韻古音

日短星昴

當仍之【注】馬融曰日短晝漏四十刻夜六十刻冬至之昏昴星中鄭康成曰昴白虎中宿也宿心柚反【疏】馬注見正義云昴星中者大謂南方之正中也鄭注見詩七月正義白虎者西方宿總名西方七宿奎婁胃昴畢觜參也昴當其中故云昴白虎中宿也

氒民奧奧於六反【注】鄭康成曰奧內也聲謂民避寒而入室內也詩云嗟我婦子曰爲改歲入此室處爲爰僃反【疏】鄭注見文選潘白馬賦李善注釋宮云室西南隅謂之奧謂室中深奧之處故云奧內也論語八佾云與其媚于奧孔安國大訓奧爲內也聲謂以下增成鄭君內字之詮謂人室內也引詩者豳風七月文取其改歲人室之言證此寒時民入內之事

鳥獸氄毛氄如勇反【注】氄毛盛也氄或爲㲝毛或爲髦㲝如勇反髦門豪反【疏】氄毛盛也者說文毛部文說文髟部引云鳥獸㲝毛毛部引云鳥獸氄髦故云氄或爲㲝毛或爲髦

帝曰咨女羲暨和

也仁潛反後不重出音者皆同此臮其器反今通作暨【注】訢鑒臮與也【疏】訢鑒臮與竝釋詁文今爾疋鑒字譌而臮改作暨矣

稘弎百有六旬有六日

稘吉其反僞古文作朞茲从說文所引弎古文三為弋家反【注】稘復其時也十日為旬肅曰四分日之一又入六日之內舉全數言之故云三百六十六日也【疏】云稘復其時也者說文禾部文謂二十四气一匄復其始之時也稘則禾一孰故字从禾與季同意十日為旬說文勹部文也肅注見正義一歲二十四气為日三百六十五又四分日之一經言為六日是以四分日之一作全日并五日為六日故云四分日之一又入六日之內舉全數言之

以閏月正亖時成歲

正字从史記僞孔本作定定古文正也開元本改作定誤矣【注】閏餘分之月鄭康成曰以閏月推四時使分至启閉不失其常著之用成歲秝將以授民時且記時

事。启，今俗啟，別字也。著，中句反。字从竹，俗从艸，非。【疏】云閏餘分之月，皆說文王部文也。洛書甄燿度曰：凡周天三百六十五度四分度之一，日一日行一度，月一日行十三度十九分度之七。案日一日行一度，則三百六十五日四分日之一而周天，故三百六十五日四分日之一爲一歲。月一日行十三度十九分度之七，則二十七日九百四十分日之三百三弱而周天矣，其不以是爲一月，何也？以未周于晦朔弦望也。如合朔之後越二十七日九百四十分日之三百二爲奇，月一周而復於其所，日則離於其所二十七度餘矣，必更越二日餘而月及日，于肯會而復合朔也。故攷靈燿曰：九百四十分爲一日，二十九日四百九十九分爲月。其必分一日爲九百四十分者，欲于其中取四百九十九分以配二十九日而成月也。兩月則五十九日九百四十分日之五十八，故月有大有小。十二月爲年，其率大者六月，小者六月，爲日三百五十四，餘分三百四十八也。朔數謂之年，中數謂之歲。歲即期也。以日之周天爲率，必帀二十四氣而成，凡三百六十五日九百四十分日之二百三十五也。以二十四氣分期之日，每氣得十五日九百四十分日之二百五又奇，不盈分者八之五也。二氣則三十日九百四十分日之四百一十一又奇不盈分者四之一年爲十二月歲則二十四气合以二气當一月以二气當一月則气餘八百五十二分又奇不盈分者四之一矣四月則餘三千四百九分設以八乘之三八二萬四千四八三千二百八九七十二尺二萬七千二百七十二分是三十二月之餘分也如法九百四十分爲一日以二十乘九百則一萬八千以二十乘四十則八百計萬八千八百分以爲二十日又以九乘九百則八千一百又以九乘四十則三百六十又得八千四百六十分以爲九日其餘一十二分參則三十二月餘二十九日一十二分也乃段後日九百四十分之四百八十七而置一閏焉又積三十三月餘二萬八千一百二十四分奇不盈分者四之一除去前所段之四百八十七分計二萬七千六百三十七分奇四之一以其二萬七千二百六十分爲二十九日雖餘三百七十七分奇四之一復增後日百二十一分又形取其一分而畫其四之三以益之以爲一閏又三十三月餘二萬八千一百二十四分奇不盈分者四之一除前所增百二十一分奇四之三計二萬八千二分半以其二萬七千二百六十分當二十九日并四百九十九分作一閏猶餘二

百四十三分半又三十二少餘二萬七千二百七十二分加肯所餘二百四十三分半尺二萬七千五百一十五分半己二萬七千二百六十分佮二十九日惟餘二百五十五分半変啗後日二百四十三分半亦置一閏旹又三十三少餘二萬八千一百二十四分奇不盈分沓四之一除肯所啗二百四十三分半計二萬七千八百八十分奇四之三除二十九日四百九十九分爲數二萬七千七百五十九分己爲一閏猶餘百二十一分奇四之三又三十三少餘二萬八千一百二十四分奇不盈分沓四之一加肯所餘百二十一分奇四之三尺二萬八千二百四十六分己二萬七千七百五十九分佮一閏猶餘四百八十七分又三十二少餘二萬七千二百七十二分加肯所餘四百八十七分尺二萬七千七百五十九分諳符二十九日四百九十九分之數己爲一閏尺十九歲七閏則气與少皆无贏不足矣是爲一章是閏爲餘分之少也雖然此通率計之尒若覈其實則气與少皆旮脩短不皆是何也己日行變遲而疾故也日行遲則气居亢物短其居之極則十五日九百四十分日之六百九十一變至之气然也亢少之會日則常越二十九日不及四百九十九分亢合物矣故

夏日至顯小者日行疾則气短而物居其短之極則十四日九百四十分日之六百六十五冬至气終也而日之會日則晚至二十九日七百五十五分而始合朔者故冬日至顯三大也因而置閏亟至推移以視肯日之中气在朔肯後日之中气在朔後者己爲閏日則後日之節气當是日之終中則是日分屬兩日而无偏頗錄周書所謂閏无中气之傳所謂舉正于中也鄭注見公羊隱元年傳疏分至啓閉者分謂春分秋分至謂夏至冬至啓謂立春立夏閉謂立秋立冬是爲八節推四時以置閏使分至啓閉皆當其節不失其正則歲秝成矣所謂舉正于中也

允釐百工庶績咸熙

釐力之反　注　允信釐飭工官庶衆績功咸皆熙興也　飭丑力反　疏　史記錄尚書輒以詁訓代經文于此文云信飭百官衆功皆興茲本其文以爲訓允信釋詁文鄭注易噬嗑彖傳云飭猶理也箋詩頌臣工云釐理也則釐飭同誼又下文釐降二女史記作飭下二女是以釐爲飭也工官毛詩臣工傳誼也庶衆績功咸皆熙興皆釋詁文

帝曰疇咨若時登庸

疇直攸反　庸余封反

注 疇詞咨謀登升庸用也庸讀若庸馬融曰羲和爲卿官堯之末年皆以老死庶績多闕故求賢順四時之職欲用以代羲和

疏 疇詞者詞謂語詞也說文白部云疇詞也又引此帝曰疇咨之文茲故用其證咨謀登升竝釋詁文庸用也讀若庸皆說文言部文說文庸字在用部次訓用也則庸庸音誼皆同異文同字也馬注見正義案下文鄭注云堯末時羲和之子皆死庶績多闕而官廢毀此馬注說同蓋當時經師相傳舊說如此馬君以本諸衛賈諸君子也

放齊曰廟諱子絑启明

放甫往反絑正義本作朱說文糸部絑字說云絑純赤也虞書丹絑字如此則此當作絑

注 馬融曰胤嗣也鄭康成曰帝堯胤嗣之子名曰丹絑啓謂启開也

疏 馬注見釋文釋詁胤嗣同訓繼故云胤嗣也鄭注見五帝本紀張守節正義史記云放齊曰嗣子丹絑開明故知絑是丹絑也

帝曰吁嚚訟可乎

吁況于反嚚牛

巾反。𩫖，僞孔本作訟。釋文云：馬本作庸。案作庸則與上登庸應，當以庸。𩫖則古庸字。【注】吁，驚異之詞。口不諂忠信之言爲嚚。讀當嚚字絕之，庸可乎，言不可用。【疏】說文曰部云：吁，驚也。故云吁驚異之詞。云口不諂忠信之言爲嚚者，僖二十四年左傳文。云讀當嚚字絕之者，謂吁字嚚字皆一字爲句，庸字屬下，可乎爲句也。庸可乎是反詞，以決其不可，故云言不可用。

帝曰：疇咨若予采？【注】馬融曰：采，官也。【疏】注見釋文。采官，釋詁文。

驩吺曰：都！共工旁逑僝功。驩，呼官反。吺，多矦反。正義本作驩兜，僞古文作鴅吺。案說文有吺无鴅，則吺可以亢鴅，不可用。史記及漢書古今人表皆作讙兜。據說文，讙，譁也；吺，讘吺，多言也。二字竝訓相近，以類推之，當作讙吺。共，君容反。旁，鋪炎反。逑，其久反。正義本作方鳩。孨以說文所引。僝，士簡反，又士綫反。【注】都，於也。鄭康成曰：共工，水官名。其人名氏未聞，先祖居此官，故以官氏。堯末時羲咊之子皆死庶績多闕而官廢當此之時讙吺共工更相薦舉旁謂旁廣也鳩斂聚也僝見也言廣斂聚諸官職而見功事也逑或爲救於溫都反更宮行反救其久反

疏 都於釋詁文案毛詩文王傳云於歎詞然則都亦歎詞也鄭注見五帝本紀注及正義及周禮疏敘云共工水官名昭十七年左傳云共工氏以水紀故爲水師而水名則共工是水官之君之號以共工名官必是水官矣云先祖居此官故以官氏知非其人身爲此官者下文帝訪治水之人而四嶽舉鯀則共工于時不爲水官明甚自是先世嘗爲此官因以爲氏而讙吺偁其氏也顧其先祖爲共工官者不審何人若彼以水紀之共工則是水德之君不是官號非此共工之先祖也國語言共工欲壅防百川賈侍中以爲炎帝之後姜姓也則亦非此共工之先祖知者此共工是四凶之一左傳所謂窮奇乃少皞氏之不才子少皞氏己姓也案昭二十九年左傳少皞氏有四叔脩及熙爲玄冥玄冥水官也是玄冥一名共工若脩若熙或爲此共工之先祖與疑不能決也云堯末時羲和之

子皆孔庶續多鰥寡官廢者蓋本諸賈馬諸君說也普謂旁廣也者逸周書世俘解云旁生霸孔晁注云旁廣也云逑斂聚也僝見也皆說文辵部及人部文云逑或爲救者說文辵部逑引此矣人部又引作旁救僝功救逑皆求聲〻同則字通也

帝曰吁靜言庸韋象龔滔天

說文云韋相背也然則韋背字不作違今通作違非也滔土刀反

【注】靜言巧言也韋衺辟也象龔令色也滔慢也言共工善言其用辟佀龔慢天衺夕牙反俗通作邪則音義皆別矣辟甹亦反慢莫訕反

【疏】公羊文十二年傳云惟諓〻善竫言是述秦誓之詞也說文戈部引周書曰戔〻巧言亦秦誓文所傳之本異尒則竫言即巧言古字竫靜通故云靜言巧言也文十八年左傳云靖譖庸回是謂共工則靖譖庸回與此靜言庸韋則韋回字通文選西征賦注引韓詩謀猶回遹薛君章句曰回衺辟也故云韋衺辟也象龔則貌似龔順故云令色也咎繇謨云巧言令色孔壬大謂共工巧言即靜言令色即象龔也昭二十六年左傳云官不滔注訓滔爲慢故云滔慢也云共工善言

堯典　尚書集注音疏卷一　廿七

其中辭似褻慢天者史記文公羊傳云譏〻善嫌言則善言則靜言也慢字从心不从水从水者俗字今史記作漫俗所改也

帝曰咨四嶽 注 鄭康成曰四嶽四時之官主四嶽之事始羲和之時主四嶽者謂之四伯至其死分嶽事置八伯皆王官其八伯惟驩兜共工放齊鯀四人而已其餘四人無文可知鯀古本反

疏 注見周禮疏敘云四嶽四時之官主四嶽之事者鄭以上文羲和四子分主四時即是四嶽之職分掌四方嶽事者故又云始羲和之時主四嶽者謂之四伯也云至其死分嶽事置八伯者據伏生大傳維元祀巡守四嶽八伯泰山霍山華山宗山各爲兩伯焉鄭注以元祀爲舜假于文祖之年則是舜始即眞之時也維時四嶽以爲八伯則八伯不于是始置當在其前矣自是以羲和氏子死而分置也案大傳八伯皆陽伯儀伯夏伯羲伯秋伯和伯冬伯其一文闕焉鄭注以陽伯爲伯夷掌之夏伯棄掌之秋伯咎繇掌之冬伯垂掌之餘則羲和仲叔之後此言驩兜共工放齊鯀四人

其餘四人無文可知者鄭以大傳所言在舜即眞之季
此在堯時當別自為人亦見于經者唯讙吺共工放齊
鯀四人也則一無所見故舉四人言之非謂此四人必
在八伯之中也且是時四嶽方舉鯀鄭必不以鯀當四
嶽之一也顧經言四嶽而鄭偁八伯似與經韋實不韋
也蓋八伯分主四嶽之事帝詠四嶽之官何見非總詠
八伯不必四嶽數定四人也案國語周語云共之從孫
四嶽佐之又云胙四嶽國命為侯伯賜姓曰姜氏曰有
呂則四嶽傳為明文鄭不據之為說而為此推測之詞
者蓋從文四嶽是佐禹治水者此時方薦用鯀豈是佐
禹之四嶽乎故鄭不用國語文

湯湯鴻水方割潒潒褱山襄陵
浩浩滔天 湯式陽反鴻今讀作洪茲亦古潒徒朗反今讀作蕩褱俗混作懷音同誼別 注

湯湯水盛皃鴻大也方讀當為旁旁割害廣為割害潒
讀若蕩潒潒水潒漾也褱俠襄儴也大阜曰陵浩浩廣
大皃滔水大皃 漾弋諒反俠侯夾反昌房九反 疏 湯湯水盛皃者毛詩氓傳誼也釋詁云洪

堯典　尚書集注音疏卷一　廿八

大也鴻洪字通故云鴻大也云方讀當爲旁皆鄭注義禮士冠禮云今文旁爲方則旁方古今字此經各繇甚旁救象刑呂刑旁告无辜正義本皆改作方矣此文方字若作旁讀乃爲兒協但旁方字通无煩遽改作旁耑正其音讀从旁亦云旁割言廣爲割害皆旁之言廣割之言割也云湯讀若蕩湯湯水湯湯也皆說文水部訟也懷俠說文衣部文襄纂釋言文大阜曰陵釋地文淮南俶眞訓曰浩浩瀚瀚高誘注云廣大皃故云浩浩廣大皃毛詩四月傳云滔滔大水皃故云滔水大皃

下民其咨有能俾乂

能奴登反古能字也能則古之耐字音奴代反又乃爲三台字音土來反二字相亂久矣茲于經文从古注疏中結从今乂牛廢反正義本作乂茲从說文所引

注　能古能字俾使乂治也言下民咨嗟苦于鴻水有能使治之者乎

疏　云能古能字皆鄭注禮記禮運樂記二篇皆云然樂記注且云古以能爲三台字然則古不以能爲才能字也俾使釋詁文乂治說文辟部文

僉曰於鯀哉　僉七鈷反

注　僉皆也於歎詞馬融曰鯀

臣名禹文。疏 俞皆釋詁文，云然歎詞，皆毛詩文王傳詮也。馬注見五帝本紀注。大戴禮五帝德云：宰我問禹，孔子曰：高陽之孫，鯀之子也。又帝系云：鯀產文命，是為禹。故知鯀是禹父也。

帝曰：吁！咈哉，方命圮族。咈，文弗反。方，孚望反。圮，孚鄙反。注 咈，韋也。鄭康成曰：方讀為放，謂放棄教命。圮，謂圮毀族類也。言敗其族類。疏 咈，韋，說文口部文。鄭注見正義，云方讀為放，皆漢書傅喜傳傅太后詔曰放命圮族，又朱博傳曰今傳曰放命圮族，是皆采用此經語，是漢人讀此為放命也。荀子子道篇云：不放舟，不避風，不可以涉江。楊倞注云：放讀為方，則古字放與方通也。釋文引馬注云：方，放也。詮亦同鄭也。圮，毀，釋詁文。成四年左傳云：非我族類。是族類同。詮云敗其族類，皆漢書敘傳孟康注引此經而說之云：言鯀之惡敗其族類。

岳曰：异哉！試可乃已。异，羊吏反。注 异，舉也。試、以，皆用也。言用之可乃用爾。疏 异，舉，說文廾部文。釋言云：試，用也。說文言部亦云：試，用也。其以部云：以，用也故云試已皆用也帝曰往欽哉注馬融曰堯以大聖知時鯀當然乃力所不能治下民與訴夫當憂勞詘己也是以乃之非錄用于鯀憂衣柔反俗㬎作憂音同該形詘區勿反俗作尸下出譌字也疏注見正義云時鯀當然皆謂无能之气也王充論衡寒溫篇云易无妄之應水旱之至自有期節劉逵注吳都賦引易无妄之災气為九陽厄五陰厄四合為九一元之中四千六百一十七歲各以數至漢書律秝志云易九厄曰初入元百六陽九次三百七十四陰九次四百八十陽九次七百二十陰七次七百二十陽七次六百陰五次六百陽五次四百八十陰三次四百八十陽三厄四千六百一十七歲與一元终經歲四千五百六十災歲五十七案易九厄者孟康注以為易傳所謂易无妄也陽九謂旱九年陰九謂水九年其七五三災皆以水旱年數也計一元四千五百六十歲為災歲五十七厄四千六百一十七歲堯時洪水是陰九之厄故云時鯀當然乃力所不能治云詘己也是以乃之非者後漢書鄭興傳興上疏曰堯知鯀不可用而用之者詘己也

明因乃之心也則馬說固有本也又正義引李顒注云堯雖獨明于上羣多不達于下故不得不副到縣之望以塞一切之求此說大同馬說

九載績用弗成

載他代反今讀作載〔注〕載讀若載載年也鯀治水九年功用不成〔疏〕載讀若載者說文丮部文釋天云夏曰歲商曰祀周曰年唐虞曰載故云載年也云功用不成者史記文

帝曰咨四嶽朕在位七十載汝能庸命巽朕位

巽色困反今讀作巽〔注〕馬融曰朕我也鄭兼成曰言汝諸侯之中有能順事用天命者入處我位統治天子之事者乎朁謂巽人也〔疏〕馬注見釋文朕我釋詁文鄭注見五帝本紀注言汝諸侯之中云云者蓋四嶽統率四方諸侯此訓四嶽是訓其舉薦可以禪代者非禪四嶽也幾下文女能庸命巽朕位帝語意不同故鄭云然若如僞孔說欲使四嶽順行帝位之事豈天子之位可禪四方諸侯乎无是理也巽人也者易說卦文

嶽曰否

德忝帝位否必美反忝帖點反【注】否讀爲啚㔷之啚忝辱也
啚必美反㔷洛候反【疏】啚者啚㔷加邑傍則爲鄙今則廢啚字通作鄙矣史記云鄙德忝帝位依字當爲
啚故云否讀爲啚㔷之啚否音同字通也論語雝也篇予所否者論衡問孔篇引作予所鄙者解爲鄙㔷是否
啚通也忝辱釋言文曰明明揚仄㔷仄㔷正義本作側陋茲从書古文訓本【注】揚
舉也言悉舉貴戚及疏遠隱匿者【疏】禮記檀弓下篇杜蕢揚觶後輒效之
謂之杜舉是揚之訓爲舉也云悉舉貴戚及疏遠隱匿者者史記文明明謂舉貴戚揚仄㔷謂舉疏遠隱匿者
以四嶽言諸侯皆否德不足以辱帝位故令悉舉貴戚及疏賤師錫帝曰有矜
在下曰虞舜矜古頑反【注】師眾錫予也矜讀曰鰥无
妻曰鰥孔子曰男子三十而娶舜父頑母嚚不見室家
之耑故謂之矜鄭康成曰虞氏舜名舜多寅反今通作嫥音同通別【疏】

師眾釋詁文鄭以師爲諸侯之師不得詳聞其說故不用據史記云眾皆于堯曰則師當訓眾也釋詁錫予同訓賜故云錫予也詩小疋末篇云何人不矜鄭箋云無妻曰矜是古字以矜爲鰥也故云矜讀曰鰥無妻曰鰥引孔子曰者伏生大傳文彼文男子三十而娶之下尚有女子二十而嫁云云以无當于此經故節之云不見室家之長故謂之矜者禮記王制云老而无妻者謂之鰥舜年未老而謂之矜故說其證如此男子三十而娶正也舜年三十當正娶之期已過頑嚚之父母而未見室家之長以執將死不得爲妻故謂之矜也鄭注見篇首正義

帝曰俞予聞如何 注 俞然予我也 疏 俞然釋言文予我釋詁文

嶽曰瞽子父頑母嚚象傲克龤

以孝烝烝艾不假姦 姦吾勁反艾僞孔本作乂惠松崖先生曰楊孟文石門頌曰烝烝艾是本諸尚書則古尚書作艾也艾俄蓋反一音牛廢反假工白反是其本音後不復音者皆同此正義本凡假字皆作格皆爲衛包奉敕改也今悉扔正之是古文姦 注 瞽瞽瞍也帝系

曰瞽瞍生帝舜心不則德誼之經爲頑象舜異母弟也奡嫚也讀若傲龤龢也善父母爲孝烝烝㫗也艾養假至也是古文姦言舜能以龢于弟孝于親㫗以奉養使不至于姦惡一說艾讀爲嬖治也㫗以自治感化其親使不至于姦惡瞍色后反嫚門患反㫗俗作慢音同誼別【疏】帝系者大戴禮篇名引之以證瞽子謂瞽瞍之子也云心不則德誼之經爲頑者僖二十四年左傳文彼文又云口不道忠信之言爲嚚之語茲不隸采者以見于肯文注矣云象舜異母弟也者趙岐注孟子萬章篇云然云奡嫚也讀若傲者說文夰部文龤龢釋詁文今爾疋作諧味音同亦誼則非矣了俗乃所改也善父母爲孝釋訓文云烝烝㫗也者毛詩泮水傳誼也艾養釋詁文假至說文乃部文是古文姦說文女部文也僞孔氏本艾爲乂訓爲治正義云上承言三惡此美舜能養之蓋親諱必見漢注彖訓艾爲養者故爲此言思此知艾當訓養也然史記云烝烝治不至姦則

舊說亦有訓艾爲治皆若依治訓則言舜以自治感化其親亦爲迂理若前一說案孟子萬章篇象言二嫂使治朕棲則堯妻舜之後父母猶欲殺舜是時无能感化則訓艾爲治亦非正解或曰雖未能感化而言不假姦何也蓋父母與弟雖俱惡舜調和其間使不至成其惡故曰不假姦此舜所以爲烝烝善養也

帝曰

我其試哉

正義曰馬鄭王本說此經皆无帝曰當時庸生之徒漏之也案史記云堯曰吾其試哉則此實本有帝曰其无者迺是漏落也

注　鄭康成曰試以爲臣之事

疏　注見正義云試以爲臣之事者謂試舜以下文眘徽五典云云是也王肅注云試之以官論衡正說篇說此經云試之于職皆同鄭詮

女于時觀厥刑于二女

女于奴慮反注曰女同弍古文二弍女奴呂反注以女二女女英埜同

注　以女妻人曰女時是型灋也二女長曰娥皇次曰女英堯于是妻之以二女觀其以刑灋擾得二女

妻之七計反　長中丈反

疏　以女妻人曰女皆桓十一年左傳杜

豫注云然也是釋詁文說文土部云型鑄器之法也故云型法也云二女長曰娥皇次曰女英者劉向列女傳文思齊詩云型于寡妻鄭箋云文王以禮法接待其妻此型于與詩言型于詮同故依詩箋詮而云觀其以禮法接待二女蓋夫婦之際人道之大倫故堯欲以此觀舜論衡正說篇云妻以二女觀其夫婦之法是也

釐降二女于嬀汭嬪于虞女尼呂反注女同嬀居危反汭如銳反嬪皮民反

〔注〕降下也嬀汭舜所居處嬪婦也舜爲下二女于嬀汭如婦禮一說言雖帝堯之女下嫁于虞猶詘體降下勤修婦道處敕茹反詘區勿反

〔疏〕降下釋詁文說文女部云虞舜居嬀汭因以爲氏故云嬀汭舜所居處嬪婦釋親文云舜爲下二女于嬀汭如婦禮者史記文一說者荀爽說也爽一名諝字慈明潁川潁陰人桓帝延熹九年太常趙典舉爽至孝拜郎中對策陳便宜此說即其對策文也附見後漢書荀淑列傳云詘體降下即是謂二女自詘下與言舜降下二女不同經言釐降自當以舜下爲正解然荀說大

于正合理故附前一說

帝曰欽哉〔注〕將試舜而勅使敬其職也〔疏〕以下鄭言歷試舜之事故知此是勅舜之詞偽孔氏分此以上爲堯典以慎徽五典以下爲舜典姚方興又增益曰若稽古云云亂經典甚皆尚書之辠人也

慎徽五典五典克從眘古文慎〔注〕徽和也鄭兼成曰五典五教也蓋試以司徒之職慎謂克從言無違教〔疏〕釋文引馬注云徽善也又引肅注云美也茲皆不用而云徽和也皆據史記云慎和五典則此徽當訓和文選文賦注引許叔重淮南注云鼓琴循弦謂之徽則徽故含調和之誼也鄭注見五帝本紀注云五典五教也皆謂五常之教下文所云敬敷五教是也敷五教是司徒之事故云蓋試以司徒之職云克從言無違教者文十八年左傳引此經而說云無違教也茲用其說

內于百揆百揆時敘內奴眔反揆巨癸反〔注〕內入也百揆揆度百官之事也時敘言無廢事度代洛反〔疏〕內入說文入部文釋言云揆度也文十八年左傳云

之揆百事莫不時敘雖主謂冢也宅百揆而百揆之詮則同史記云徧入百官百官時敘故云百揆揆度百官之事也傳文云內于百揆百揆時敘無廢事也故云時敘言無廢事**賓于四門四門穆穆**賓必刃反**注**鄭康成曰賓讀爲儐擯爲上儐以迎諸侯馬融曰四門四方之門聲謂四門明堂四門穆穆敬也言賓客皆敬**疏**鄭注見正義古儐字通作賓說詳上寅賓出日疏此賓于四門謂擯儐導諸侯于四門故鄭讀賓爲儐云擯爲上儐者義取聘禮云卿爲上儐大夫爲承儐士爲紹儐鄭彼注云儐爲主國君所使出接賓者也于時舜佐堯諸臣之上故知爲上儐也馬注見五帝本紀注四門四方諸侯來朝各從其方之門而入故以四門爲四方之門但未詳言四門所在故聲增成之云明堂四門者周書明堂解及禮記明堂位皆云九夷之國東門之外八蠻之國南門之外六戎之國西門之外五狄之國北門之外此明堂四門也又云九采之國應門之外則應門在四門之內也而周書明堂又有闕文引見于御覽五百三十二卷者云東應門南庫門西皋

門以雍門應門當社南蓋引者鑿誤東南二字也然則應庫皋雉社東門南門皆門以門之內大明堂之四門明堂蓋為象門矣諸侯朝于明堂故賓于四門蓋從于外四門而導之入內四門也此說本諸先師明堂大道錄先師惠先生名棟字定宇號松崖博極羣書著錄等身其最鉅者則周易述及明堂大道錄及禘說也案釋詁云穆穆美也故馬注文為云諸侯羣臣朝者皆為美惠其說當是又不用之而易訓敬者史記云四門穆穆諸侯遠人賓客皆敬則此穆穆當訓敬也穆穆敬也者釋訓文

內于大麓烈風雷雨不迷

內奴累反不僞孔本作弗茲以伏生大傳

注 鄭康成曰山足曰麓麓者錄也古者天子命大事命諸侯則為壇國之外堯聚諸侯命舜陟位居攝致天下之事使大錄之聲謂迷惑也使舜入大麓之野烈風雷雨舜行不迷惑

疏 此鄭注是大傳注也大傳云內之大麓之野卽此經之文故采用彼注云山足曰麓者毛詩旱麓傳云麓

山足也云麓者錄也者古文麓作[林/彔]、錄皆得爲聲同
聲者輒同誼詁訓多通于音也云古者天子命大事命
諸侯則爲壇國之外者周禮司儀云將合諸侯則令爲
壇三成鄭彼注云合諸侯謂有事而會也爲壇于國外
以命事又義禮覲禮云諸侯覲于天子爲宮三百步
四門壇十有二尋深四尺鄭注亦云爲宮者于國外是
命大事命諸侯必爲壇之事也大傳云堯推尊舜而尚
之屬諸侯焉內之大麓之野故鄭云堯聚諸侯命舜陟
位所攝致天下之事使大錄之迷惑釋言文云逢暴風
雷雨舜行不迷惑者史記云堯使舜入山林川澤暴風
雷雨舜行不迷王充論衡吉驗篇云使人大麓之野虎
狼不搏蝮它不噬逢烈風疾雨行不迷惑是漢人舊說
皆然也偽孔傳乃云內舜使大錄萬機之政陰陽和風
雨時各以其節不有迷錯愆伏又詰爲孔叢子訓諸孔
鮒錄孔子之言亦爲是說如其說則云風雨弗迷可矣
何必言烈風雷雨乎且孔鮒爲陳涉博士其書流傳于
晉經秝漢魏何以兩漢諸儒都未有見漢書藝文志亦
不登其書明是偽孔氏叚託聖人之言而又託諸聖孫
所錄意謂如是乃足信服乎乃乃爰援易其以
說而棄先儒舊說矣不可以其說滑亂經誼

帝曰

假女舜詢事考言乃言厎可績三載

女陟帝位　詢相倫反从心旬聲俗誤作言旁說文所无也厎竹雉反陟竹力反

注　假來詢謀乃女厎致陟登也堯召舜曰女謀事至而言可績三載矣女登帝位鄭康成曰三載皆實四門之後三載也

疏　假來釋言文今爾疋假作格俗所改也詢謀釋詁文咎繇謨云乃言厎可績史記作女言致可績行是乃爲女厎爲致鄭注周禮小宰職云乃猶女也厎致釋言文釋詁陟登同訓多故云陟登也堯召舜曰已下史記文也鄭注見五帝本紀注云三載皆實四門之後三載也皆堯試舜凡二十載自昚徽五典至內于大麓爲四節鄭以內大麓命陟位爲一時事實四門在內大麓之先故知此三載是實四門後之三載也

舜讓于德不台　台弋之反不台僞古文作弗孠開元本作弗嗣案史記自敘曰

唐堯遜位虞舜不台班固典引曰舜于德不台淵穆之讓皆據此經也李善于文選注典引篇引尚書曰舜讓

亏悳不台肰古尚書實作不台其作弗嗣者亂經者也注台說繹也辤悳不足說服乃心也說爰中反繹羊益反从糸睪聲俗从心傷非疏繹詁台說繹同訓樂也則台說繹三字同詁此文不台據史記作不繹則台爲說繹之意故云台說繹也繹詁說繹文俱訓服則不繹謂不說服故云辤悳不足說服乃心也

正月上日受宊亏文祖宊古文終注大傳曰上日元日受謂舜也鄭兼成曰帝王易代莫不改正建朔堯正建丑舜正建子此時未改堯正故云正月上日即位乃改堯正故云月正元日文祖者五府之大名猶周之明堂疏大傳者伏生尚書大傳也後凡言大傳曰皆同云上日元日者元之言始言月之始日謂朔日也故馬融注云上日朔日此不言朔而言元者見與下文月正元日同也云受謂舜也者解經受宊謂舜受堯之宊也鄭注見正義及五帝本紀張守節正義云帝王易代莫不改正建朔者白虎

通云王者受命必改朔何明易姓示不相襲也明受之于天不受之于人所以變易民心革其耳目以助化也知堯正建丑舜正建子者以後代推之周建子商建丑夏建寅革而濟之知舜當建子堯當建丑也案三國魏志辛毗傳云時議改正朔毗以魏氏遵舜禹之統應天順民至于湯武以戰伐定天下乃改正朔如其說則舜禹皆未改朔自舜至夏皆建寅者蓋憂革之世經術道消衰說競偏故爲是說禮記郊特牲云天子存二代之後猶尊賢也尊賢不過二代白虎通云王者存二王之後所以尊先王通天下之三統也若舜禹皆未改正則一統相襲當夏之世何以通三統乎必不然矣漢書董仲舒傳仲舒對策曰孔子曰无爲而治者其舜虖改正朔易服色以順天命而已其餘盡循堯道何更爲哉白虎通云舜禹雖繼太平猶宜改以應天是皆謂舜改堯正則鄭君之說信而有徵矣且此言正月而下經特變文言月正：月者猶是正月也月正者改月之正也不然曷爲異其文哉是知鄭說精確不可易也云文祖者五府之大名猶周之明堂者尚書帝命驗云帝者承天立五府以尊天重象也五府者五帝之廟蒼曰靈府赤曰文祖黃曰神斗白曰顯紀黑曰玄矩注云唐虞謂之

天府夏謂之世室殷謂之重屋周謂之明堂皆祀五帝之所也文祖者赤帝熛怒之府名曰文祖火精光明文章之祖故謂之文祖周曰明堂神斗者黃帝含樞紐之府名曰神斗〻主也土精澂靜四行之主故謂之神斗周曰太室顯紀者白帝招拒之府名曰顯紀〻法也金精斷割萬物故謂之顯紀周曰總章玄矩者黑帝叶光紀之府名曰玄矩〻法也水精玄昧能權輕重故謂之玄矩周曰玄堂靈府者蒼帝靈威仰之府名曰靈府周曰青陽案周之五室其南堂曰明堂總名亦偁明堂蓋王者南面而聽天下向明而治故以南堂為五室之大名善之五府文祖其南方之府也經獨言文祖則是以南方之府為五府之大名是猶周之明堂矣蓋禪位大事必告于天五帝配天也帝堯火德赤帝之所感生受終于文祖告感生之帝也配是告天也釋文引馬注云文祖天也雖亦不謬不知鄭注之精詳也

在璿璣玉衡以齊七政

璿機儀〻本作璿璣惠先生曰周公禮殿記云璿機離常孟郁修堯廟碑云據璿機之政則此當作璿機察依伏生大傳大當作璿機王魚欲反从三畫勻之

注 在察也大傳曰璿者還也

機者幾也微也其變幾微而所動者大謂之旋機是故旋機謂之北極運斗樞云斗第一天樞第二旋第三機第四權第五衡第六開陽第七搖光第一至第四爲魁第五至第七爲杓文耀鉤云斗者天之喉舌玉衡屬杓魁爲旋機天官書云北斗七星所謂旋機玉衡以齊七政然則北極與斗魁皆爲旋機斗柄爲玉衡也鄭康成以七政謂春秋冬夏天文地理人道所以爲七政也人道正而萬事順成還夕沿反幾吉衣反杓甫搖反

疏 爾雅釋詁文云旋機謂北極者釋天云北極謂之北辰論語爲政篇云譬如北辰居其所是天體運轉而北辰乃其運轉之中央常居其處運而不移者故謂之北極故謂之旋機故以其變幾微而所動者大也運斗樞及文耀鉤者皆春秋緯並見史記天官書

索隱天官書者史記八書之弟五篇也諸說皆㠯旋機玉衡爲北斗雖與大傳不同其說實皆是故補敘諸說而折東之故云然則北極與斗魁皆爲旋機斗柄爲玉衡也蓋北極者天體之旋之機斗之言主北斗爲極星之主極星遶之而運二萬五千四百一十一年有餘而又旋一周天者也則斗魁爲極星又旋之機故北極斗魁皆爲旋機也斗柄則回轉于天如稱之衡故謂之玉衡言玉者蓋取其全而晶瑩也斗柄所建可㠯審時玉者順天時㠯出政必參視之故曰在旋機玉衡㠯齊七政經文甚明無庸它說乃俗儒謬解㠯旋機爲渾天儀㠯玉衡爲其中橫管所㠯窺儀者夫天垂象㠯示人昭然易見豈㠯聖人之明嘗猶不能審而必假機械之器㠯爲智乎甚者改旋機爲璿璣謂機衡皆㠯美玉爲之豈所謂虞夏之文不勝其質者乎乃衰季侈大爲是說吁可怪也鄭注七政云云大傳注也大傳引此文故采用彼注孟子離婁下篇云周公思兼三王㠯施四事大傳則云周公兼思三王之道㠯施于春秋冬夏據此則孟子所言三王謂天地人三統四事謂四時之事是則帝王出政必參乎三才合乎四時故鄭云春秋冬夏天文地人道所㠯爲七政也乃裴駰注史記引鄭注云

璿璣玉衡渾天儀也七政日月五星也與大傳及鄭君大傳注各殊異蓋後誤㠯爲注爲鄭注亦必非鄭注不可不辯

肆類于上帝肆息利反類力遂反正義本作肆類茲从說文【注】肆遂也類㠯事類祭天也馬融曰上帝太一神在紫微宮天之最尊者鄭兼成曰禮祭上帝于圜丘圜于然反【疏】國語曰肆夏樊遏渠周禮鐘師職杜子春注引呂叔玉國語注云肆遂也夏大也言遂于大位是肆爲遂詁肆與肆古今字也據史記云遂類于上帝則此肆當訓遂也云類㠯事類祭天也者說文示部文案詩皇矣正義引尚書夏侯歐陽說㠯事類祭之在南巳就南郊祭之禮記王制正義引五經異義夏侯歐陽說㠯類祭天者㠯事類祭之古尚書說非時祭天謂之類許君謹案周禮郊天無言類者知類非常祭是从古尚書說而說文仍云㠯事類祭天者蓋許君但不明夏侯歐陽就南郊之說余替㠯事類祭即是非常祭異說未通未爲非也馬注見釋文云上帝太一神在紫微宮者淮南子天文訓云太微者太一之庭也紫宮者太一之居也春秋合誠圖云紫宮大

帝室也則紫微宮是太微紫宮太一神之所在大帝即上帝即太一也云天神之最尊者：禮記禮運云夫禮必本于太一分而爲天地是太一爲天神之最尊者也鄭注見五帝本紀注禮記祭法云有虞氏禘黄帝而郊嚳祖顓頊而宗堯鄭注云禘郊祖宗謂祭祀以配食此禘謂祭昊天于圜丘也又鄭注周禮小宗伯云禷者依其正禮而爲之然則此云禮祭上帝于圜丘是以類禘祭而爲之矣案周禮大司樂云冬日至于地上之圜丘奉之推之堯時圜丘之正祭當太杜冬日至此于律文之少以攝位事類告祭以類其正祭之禮行之故曰禷

禋于六宗禋衣眞反

㊟肅曰禋絜祀也彖辭曰禋精意以享也萬物非天不覆非地不載非春不生非夏不長非秋不收非冬不藏此其謂大也歐陽及大小夏侯說六宗皆上不謂天下不謂地傍不謂四方在六者之間助陰陽變化實一而名六聲聞之師曰六宗明堂六帝

也黎九頡反俗加氺傍非言所兩反居中肅注見釋
賞反藏才郎反匕吟說反俗化化別字文馬注見
釋文及正義說文示部云禋絜祀也一曰精意以言也
則馬王說皆本說文皆是也伏生大傳云萬物非天不
生非地不載非春不動非夏不長非秋不成非冬不藏
禋于六宗此之謂也馬說六宗之說本諸伏生不可易
也故高誘注呂氏春秋孟冬紀引此六宗以解天宗天
謂天地四時說與此同歐陽及大小夏侯說出五經異
說見正義云在六者之閒助陰陽變化實一而名六者
化與馬說不同而意實相符合蓋六者之閒謂上下四
方即天地四時也陰陽變化即天覆地載春生夏長秋
收冬藏也其所以覆載生長收藏實為主宰乎其閒者
總而言之一天之為也分而言之其功用實各不同故
曰實一而名六蓋歐陽及大小夏侯三家之學皆出于
伏生故其六宗之說與大傳合據其說則六宗是明堂
六帝但未明言六帝故聲述師說以增成其說聞之師
者聞之惠先生也說詳先生所著明堂大道錄六帝者
蒼帝靈威仰赤帝赤熛怒黃帝含樞紐白帝白招拒黑
帝叶光紀辨於底燿魄寶也其祀之皆于明堂故曰明
堂六帝帝即天也天備六天天實一也故今文家言實

一而名六也其餘諸儒說六宗皆紛紛不一皆不得實故皆不取其最足惑人者王肅以禮記祭法泰昭坎壇等六者爲六宗且詆僞孔傳以陰爲之援又僞諸家語及孔叢子二書皆爲是說且以託諸孔子之言苟非卓識者得不爲所惑是不可不辯

望于山川注望者祭山川之名疏穀梁僖三十一年范甯注引鄭君曰望者祭山川之名未知所引是尚書注否故用其說而不備鄭也公羊僖三十一年傳曰三望者何望祭也然則曷祭祭泰山河海是望爲祭山川之名

辯于羣神注辯古偏字一說辯讀爲班班徧也疏辯或圖反僞孔本作偏蓋从史記

徧祀禮于羣神鄭康成曰羣神者丘陵墳衍疏義禮及禮記偏字輒作辯鄭注鄉飲酒禮及燕禮注云今文辯皆作偏是辯爲古字偏乃今字故云辯古偏字云一說辯讀爲班者史記辯于羣神徐廣音義云辯音班惠先生云後漢建武石文及黃圖元始儀皆云班于羣神又樊毅修西嶽廟記云辯于羣神辨大音班也竊案鄭注義禮士虞記云古文班或爲辨辨辯同字然則古或以辯爲

徧或以辯爲班于此經則二誼皆通末學闚測聖經恐不得實姑兩存二誼必有一是矣釋言云班賦也孫炎注云謂布與也故云班布也鄭注見五帝本紀注云羣神謂丘陵墳衍者周禮大司樂云凡六樂者一變而致川澤之示再變而致山林之示三變而致丘陵之示四變而致墳衍之示是丘陵墳衍與山林川澤俱祭上系言山川則此羣神是謂丘陵墳衍矣但丘陵墳衍皆是墜示鄭君以當此羣神者蓋對文則天曰神墜曰示散文則示可通謂之神也

揖五瑞既月乃日覲四嶽羣牧班瑞于羣后揖於人反正義本作輯惠先生曰史記作揖五瑞魏修孔子廟碑亦云揖五瑞蓋古字皆以揖爲輯聲案漢書郊祀志亦引作揖五瑞師古曰揖與輯同茲从古作揖【注】馬融曰揖斂也五瑞公侯伯子男所執以爲瑞信也聲謂覲見也羣后即四嶽羣牧堯命斂其瑞系乃擇月日使羣見之而還其瑞焉見弋甸反還似宣反【疏】馬注見五帝本紀注釋詁斂戢

同訓聚也揖聚斂故云揖斂也云五瑞公矦伯子男所執已爲瑞信也者周禮大宗伯云已王作六瑞已等邦國王執鎮圭公執桓圭矦執信圭伯執躬圭子執穀璧男執蒲璧是天子諸矦所執之王爲瑞也彼文兼王之鎮圭而言六瑞此五瑞是公矦伯子男所執矣馬君此注下文亦云堯將禪舜使羣牧斂之使舜親往班之今節去之者已其上言羣牧而不言四嶽且不言嶽牧即羣后則化使羣牧斂羣后之瑞又言使舜親往班之化謂徃就其國班之于詮未安又不解訓日了曰之詮故聲削之而別爲之解焉覲見釋詁文此經載于史記本紀又引見封禪書及漢書郊祀志皆云揖五瑞擇吉月日見四嶽諸牧班瑞不言羣后則是班瑞于嶽牧也故云羣后即四嶽羣牧堯命斂其瑞訓了擇月日使舜見之而還反其瑞焉經言班瑞而注言還反其瑞者經旣見堯禪位之意使若舜特班之者故言班注旣見所班即所揖非別易瑞故云還反焉

歲二月東巡守巡夕旬反守式又反注馬融曰舜受終後五年之二月鄭康成曰歲二月者正歲建卯之月也巡守者行

視所守也天子以天下爲守行下孟反**疏**馬注見五帝本紀注下云五載一巡守則此巡守當在攝位之第五年馬云受終後五年皆蓋以建卯之月爲二月則是巡守用寅正而受終在建丑之月遂以屬之前年而云後五年之二月則故是攝位之第五年非第六年也鄭注歲二月至所守也見公羊隱八年傳疏云正歲建卯之月皆正歲謂建寅正也鄭注周禮小宰職云正歲謂夏之正月得四時之正以出教令者審也鄭以巡守必以寅正之仲月則二月自是建卯之月但堯正建丑則建卯爲第三月經于二月上特加歲文明其爲正歲之二月故是建卯月也云巡守者行視所守也者公羊隱八年傳何休注云天下雖大自不親見猶恐遠方獨有不得其所故三年一使三公絀陟五年親自巡守也云天子以天下爲守者鄭君尚書大傳之注也以是申說所守之誼故采以足成其意昭二十三年左傳云古者天子守在四夷是天子以天下爲守也鄭注周禮土訓云天子以四海爲守正與此同

至于岱宗祡岱徒賚反祡士佳反正義本改作柴非矣茲從說文所引**注**鄭兼成曰岱宗東嶽名也祡

者攷績燎也馬融曰柴者祭時積柴加牲其上而燔之

燎力召反燔符袁反【疏】鄭注亦見公羊隱八年傳疏引詩崇高傳云東嶽岱故云岱宗東嶽名也鄭以下文言南嶽西嶽北嶽而此不言東嶽故特明之云柴者攷績燎也者鄭注禮器引孝經說曰封于太山攷績燔燎攷績謂攷諸侯功績燔燎謂燔柴燎牲以告天也說文示部云柴燒柴燎祭天也又火部云燎柴祭天也故解柴爲燎馬注見釋文詮校詳盡故兼錄之

望豑于山川【注】鄭康成曰豑次也徧以尊卑次豑祭之五嶽視三公四瀆視諸侯其餘小者或視卿大夫或視伯子男矣【疏】注亦見公羊傳疏說文豊部云豑爵之次弟也故云豑次也禮記王制云天子祭天下名山大川五嶽視三公四瀆視諸侯伏生大傳云五嶽視三公四瀆視諸侯其餘山川視伯小者視子男以王制差詳鄭君用大傳之文而小異尒云視者鄭君注大傳云謂視其牲幣粢盛籩豆爵獻之數是也

𨽸覲東后𨽸正義本亦改作肆茲从

古文 注 鄭康成曰東后東方之諸侯 疏 注亦見公羊疏史記云讌見東方君居則東后是東方諸侯也

協時月正日同律度量衡

時古文協 注 鄭康成曰時正四時也月數及日名備有失誤者

同陰呂律陽律度丈尺量斗斛衡斤兩稱上曰衡丈直兩反十尺也加又撰十稱尺證反 疏 注見公羊疏及釋文及李善文選六代論注云時正四時也月數及日名者月數指謂已閏月正四時日名謂甲乙之類也云備有失誤者〻備其或失閏而致四時亦誤也云同陰呂律陽律者周禮太師掌六律六同以合陰陽之聲陽聲黃鍾太蔟姑洗蕤賓夷則無射陰聲大呂應鍾南呂函鍾小呂夾鍾又典同掌六律六同之和以辨天地四方陰陽之聲故書同作銅鄭仲師注云陽律以竹為管陰律以銅為管竹陽也銅陰也各順其性鄭康成注云律述氣者也同助陽宣氣與之同皆以銅為之是律為陽同為陰也漢書律曆志云律十有二陽六為律陰六為呂是六同又名六呂故云同陰呂律陽律云稱上曰衡者

稱錘爲權在下衡則其上横者故云稱上衡之言横也
平也稱取其平故名衡也釋文引王肅注云同齊也則
是謂齊同此律度量衡案下記王制說巡守之事與此
略同彼文云命典禮考時月定日同律禮樂制度衣服
正之是謂正此同律之等不得以同爲齊同矣蓋彼文
上言考言定故下別出正之之文此則上統言時言正
則不必更言正之而同律之等故是冡上時正
之文矣不得訓同爲齊也肅說非是故廢之修五

禮五玉三帛二生一死贄如五器摯中利反从手从執正義本作執下贄貝非也如依鄭了箇反

注　鄭康成曰五玉公侯伯子
男贄之而五玉瑞乃執之曰瑞職以曰玉也三帛所
以薦玉也受瑞玉者以帛薦之帛必三者高陽氏之後
用赤繒高辛氏之後用黑繒其餘諸侯皆用白繒周禮
改之爲繅也二生羔鴈也卿大夫所執一死雉也士所

執摯之言至所執以自致也如昔以物相授與之言授
摯之器爲五卿大夫上士中士下士也器各異飾飾未
聞所用也周禮改之飾美鴈飾雉執之而以皆去器聲
謂鄭君蓋讀如爲殺也殺者長籁以盛摯相授朝直佋反了令
緷用節繳緷者佔陳皆音同而字別繒疾陵反繅佔
艸反與今緷用與夫音同字別去美笘反殺了笛反
鄭注見公羊疏及五帝本紀正義俗儒說此經輒據周
書是猶郢書而鄭說也鄭君則不然斯爲精覈矣善虞
之體宗猶周之宗伯主禮者也周禮大宗伯職首言吉
凶賓軍嘉之五禮而此篇下文命伯夷爲體宗此言三
禮謂天隱几之禮則此是周禮事鬼神示之吉禮而以
則善虞未爲吉凶賓軍嘉五禮之名目馬融同俗說夫
以爲吉凶賓軍嘉非也故鄭不從之而云公侯伯子男
朝聘之禮蓋諸侯名位不同禮亦異數五等諸侯朝聘
之禮固當爲五等也云五玉瑞以執之自瑞繳𦣻自玉
者鄭以五玉卽五瑞也禮記曲禮云凡摯天子鬯諸侯

圭圭如桓信躬也彼不言璧略可知尒此以五玉為摯則是五瑞矣云三帛所以薦玉并言高陽氏之後用赤繒高辛氏之後用黑繒其餘諸侯皆用白繒者禮緯含文嘉云天子三公諸侯皆用三帛以薦玉宋均注云其殷禮三帛謂朱白蒼象三正其五帝之禮薦玉用一色之帛鄭言赤繒黑繒白繒皆謂純色帛如宋均所云一色之帛也白虎通云十一月之時陽氣始養根株黃泉之下萬物皆赤故周為天正色尚赤十二月之時萬物始芽而白故殷為地正色尚白十三月之時萬物始達孚甲而出皆黑故夏為人正色尚黑是則所尚之色視其正朔堯建丑則色尚白卻而推之則高辛建寅色尚黑高陽建子色尚赤故高陽後用赤繒高辛後用黑繒也其餘諸侯奉堯正朔則从堯正色故皆用白繒矣云周禮改之為繅也者周禮典瑞云王晉大圭執鎮圭繅藉五采五就公執桓圭侯執信圭伯執躬圭繅皆三采三就子執穀璧男執蒲璧繅皆二采再就鄭彼注云繅有五采文所以薦玉木為中幹用韋衣而畫之三采朱白蒼二采朱綠也就成也一而為一就是周禮薦玉不用帛改用繅也云二生羔鴈也卿大夫所執一死雉也士所執者曲禮下篇說與宰之摯云卿羔大夫鴈士雉又

周礼大宗伯職以禽作六摯卿執羔大夫執鴈士執雉
鄭彼注云羔取其羣而不失其類鴈取其候時而行雉
取其守介而死不失其節是也云摯之言至所執以自
致者鄭注大宗伯職文彼是言摯摯字从手从執執以
自致之誼也云如者以物相授與之言授摯之器者五
卿大夫上士中士下士也者謂以器盛摯相授與也蓋
上言五玉即聯言薦玉之事此云二生一死摯下言如
五器自是授摯之器矣但二生一死禽也三種而器爲
五故又云器各異飾蓋士爲三等其盛雉之器分小上
中下三等之飾并羔鴈之器爲五也云飾未聞所用也
者以无文可攷不得而知矣云周礼改之飾羔鴈飾雉
執之而以皆器者義礼士相見礼云摯冬用雉夏用
腒左頭奉之下大夫相見以鴈飾之以布維之以索如
執雉上大夫相見以羔飾之以布四維之結于面左頭
如麑執之是皆執之而不用器也但義礼雉不言飾
鄭兼言飾雉者以羔鴈皆爲布以飾之則雉自當亦爲
飾矣聲謂鄭君蓋讀如爲藉也者藉音子昔反爲藉也
可盛禽爲以相授鄭解如爲藉以物相授與以器爲授摯
之器據个度集韵音此經如字爲子昔反且云鄭兼成
讀以集韵所偁合諸此鄭注之誼則如實爲藉字也意

鄭君此注必爲如讀當爲箴一語公羊疏引之不具余茲以意補之結云蓋以疑之

卒乃复复房六反今經作復【注】鄭康成曰卒已也复歸也巡守禮畢乃返歸矣【疏】注亦見公羊疏卒謂事已故云卒已也說文夊部云复行故道也是謂复其故處故云复歸也案下爲歸假埶祖之文鄭于此解复爲歸則下文所云不爲贅乎曰不然蓋此之言复止記自岱宗歸不敘歸至之禮故下文申敘用特告至之事記事之法固爲然者故鄭于下文注云[illegible]歸用特牛告于文祖矣與此注以复爲歸固不相妨不得據下文以相難也

五月南巡守至于南嶽如岱禮八月西巡守至于西嶽如初十又一月朔巡守至于北嶽如初僞孔本北嶽下作如西禮據鄭注則鄭本作如初吾从鄭何休注公羊引此經此下爲還至嵩如初禮六字不知誰何妄人所增也蓋名太室山爲嵩高山始于漢武帝時猶未以嵩高名山況唐虞乎【注】南嶽衡

山。西嶽華山，北嶽恆山也。鄭康成曰：五月不言初者，以與文相近。八月、十一月言初者，文相續故也。華戶化反。若作蕐則別是一字。

【疏】爾疋釋山首偁河南華，河西嶽，河東岱，河北恆，江南衡。此周禮職方氏所紀九州山鎮之五，蓋周初之五嶽也，故鄭注周禮大司樂云「五嶽：岱在沇州，衡在荊州，華在豫州，嶽在雝州，恆在并州」是也。乃釋山文各云：泰山爲東嶽，華山爲西嶽，霍山爲南嶽，恆山爲北嶽，崇高爲中嶽者，蓋漢武帝以衡山太遠而移其神于天柱山，登禮之以爲南嶽，以衡山一名霍，因名天柱爲霍山；又封太室山爲中嶽，名曰崇高山。故釋山重出五嶽之文，蓋漢儒所附益也。叀前所偁，則華山非西嶽，西嶽乃吳嶽也；叀後所紀，則南嶽非衡山。茲云南嶽衡山，西嶽華山，北嶽恆山也，與釋山前後兩文皆各互異者，史記封禪書及應劭風俗通山澤篇皆具引此經，皆云南嶽衡山也，西嶽華山也，北嶽恆山也。茲皆依以爲說。伏生大傳說舜元年巡守四嶽八伯之事云：元祀代泰山，貢兩伯之樂焉；中祀大交霍山，貢兩伯之樂焉；秋祀柳穀華山，貢兩伯之樂焉；幽都宏山祀，貢兩伯之樂岳鄭注云宮山亟山也是矣獨亐南匚偁霍山化不同者案風俗通山澤篇云南匚衡山一名霍：者萬物盛長垂枝布葉霍然而大然則大傳所云霍山即謂衡山无異說也鄭注亦見公羊疏云五月不言初者以其文相近者上甫言岱宗之禮五月文承其下是文相近故言如岱禮不言如初云八月十一月言初者文相遠故也者謂遠岱宗之文也遠故皆言如初也案偽孔本十一月之下言如西禮釋文云馬本作如初據注云：則鄭本與馬同也

歸假亐藝祖用特

藝業裔反俗亐上加艸下箸云大謬

注 鄭康成曰藝祖文祖也巡歸用特牛告亐文祖矣

疏 詩我將正義偁鄭注此經以藝祖爲文祖猶周之明堂案此是合前文受終亐文祖之鄭注而錄其意如此鄭君亐前文以言猶周之明堂亐此當不復言故節錄之也云藝祖文祖也前時受終亐文祖及後即往亦假亐文祖是巡爲大典而以假文祖矣訓字大典事畢而歸以假文祖經言假亐藝祖故知藝祖即文祖藝文同詁也巡歸以下見公羊疏云巡歸者鄭以上言交了夏謂岱宗禮畢而歸則巡亡訓字畢輒歸矣此亐東後總記巡匚

歸時用牲告至之禮，故言歸也。五載一巡守，羣后四朝。朝，直遙反。注同。注 必五年者，為太煩也；過五年，為太疏也。鄭康成曰：巡守之年，諸侯朝于方嶽之下；其間四年，四方諸侯分來朝于京師，歲徧。為，于僞反。疏 白虎通巡守篇云：所以五歲巡守何？為太煩也；過五年，為太疏也。三歲一閏，天道小備；五歲再閏，天道大備。故五歲一巡守。茲用其說，云為太煩者，言不及五年則太煩。煩者，數也。白虎通者，班固所作也。章帝時詔諸儒會白虎觀講論五經，命固纂其事，固作白虎通德論二卷。然則白虎通皆漢經師之說也。鄭注見禮記王制正義，云巡守之年，諸侯朝于方嶽之下，皆如上文肆覲之事也。云其間四年，四方諸侯分來朝于京師，歲徧者，謂四方諸侯分為四部，東方朝春，南方朝夏，西方朝秋，北方朝冬，順于四時，并歲而徧，明年復然，四年故四朝也。故鄭君注王制云虞夏之制，諸侯歲朝，據此文也。釋文引馬王之解四朝，皆云四面朝于方嶽之下。案朝于方嶽即是肆覲之事，上經已見其文，此不應重見，其說非也。

敷奏以言明試以功車服以庸（奏則候反）注奏進試用庸勞也敷奏以言考績也明試以功車服以庸加地進律也（勞力到反）疏奏進說文夲部文奏从夲从廾从屮夲屮皆進也廾則奉而進之故奏為進此于六書為會意也試用釋言文說文言部引此文亦云試用也庸勞釋詁文敷奏以言者謂徧使諸侯進陳其于時之政教以觀其治否而定其功辠故曰考績也伏生大傳云山川神祇有不舉者為不敬不敬者削以地宗廟有不順者為不孝不孝者黜以爵變禮易樂者為不從不從者君流改制度衣服為畔〻者君討有功者賞之書曰明試以功車服以庸據大傳所引則明試以功車服以庸是謂賞功之典故曰加地進律也加地進律禮記王制文進律謂增其服命秩其爵號也

肇十有二州（肇治小反或作肈音同字別）注肇當為兆叚借字也兆域也為營域以祭十二州之分星也十二州者冀兗青徐揚荊豫梁雍幷

幽營也十二州上繫十二次于星各有分野周官所謂
星土也今不得聞矣垗治小反或省作兆音同字从段今下反噹子咎反一音子夜反俗
作俗非分房奮反泜【疏】云肁當爲垗者伏生大傳說肇
乙吹反縫岀用反訓字出事云封十有二山川十
有二州此夫說訓字事自當同彼雖大傳所言謂肇祀
仗元季時事與此異時兆訓字之事則同故據彼文爲
說但大傳作州而此云當爲垗者說文土部云垗畔也
爲四時畍祭其中周禮曰垗五帝于四郊今周禮作兆
五帝蓋古今字多變易古之垗字後世遂省作兆矣然
則大傳州字安知非後人所改乎今詮則據大傳字則
收从說文故當爲垗云叚借字也者釋文條例引鄭康
成云始書之也倉卒无字或以音類比方叚借爲之趣
于近之而已此經詮實爲垗書作肁者以其音同故叚
肁爲垗詩商頌云肁域彼四海鄭箋云肁當作垗垗是大
叚借字也云垗域也爲營域以祭十二州之分星也者
祀采用大傳之鄭注也云十二州者冀沇青徐揚荊豫
梁雝并幽營也者禹貢及爾疋釋墜周禮職方氏皆有
九州亓名各互異禹貢之九州冀沇青徐揚荊豫梁雝

也爾疋則有幽營无青梁周禮則有幽幷无徐梁禹貢夏書也周禮周制也爾疋九州先儒皆以爲殷制三代之制故各不同總其異名凡十有二其各州之命名或皆因乎昔代故知此十二州蓋兼從三書之異名矣禹貢惟冀州不志疆域其八州皆詳志之茲无兼錄周禮云河內曰冀州正北曰幷州東北曰幽州則幷在冀北幽在幷東矣爾疋云齊曰營州齊青州隩也然則青之中以北爲營也五帝本紀注引馬注云禹平水土置九州舜以冀州之北廣大分置幷州燕齊遼遠分燕置幽州分齊爲營州于是爲十二州爾疋釋文引鄭注云舜以青州越海而分齊爲營州冀州南北太遠分衛爲幷州燕以北爲幽州新置三州幷舊爲十二州也今皆不取者于時堯尚在舜但攝位未即眞也豈遽紛更而分九州爲十二乎此不然矣先儒以肇之言始解爲始分十二州殊未安也聲竊謂十二州蓋自古有之此當如大傳作州十有二州謂州域以祭分星于諸侯國故不用馬鄭注也云十二州上繫十二次者天有十二次實爲十二州之分野天象見于某次則災祥應于某州是相繫屬者也云于星各有分焉者說州繫于次則天之所星有州各有分矣周禮保章氏云以星土辨九州之

墬所封封域皆有分星以觀祅祥鄭君注云大界則曰九州州中諸國中之封域于星亦有分焉其書亡矣堪輿雖有郡國所入度非古數也今其存可言者十二次之分也星紀吳越也玄枵齊也娵訾衛也降婁魯也大梁趙也實沈晉也鶉首秦也鶉火周也鶉尾楚也壽星鄭也大火宋也析木燕也又星經云歲星主太山徐州青州兖州熒惑主霍山揚州荊州交州鎮星主嵩高山豫州太白主華山涼州雝州益州辰星主恆山冀州幽州并州又云斗弟一星主徐州弟二星主益州弟三星主冀州弟四星主荊州弟五星主兖州弟六星主揚州弟七星主豫州弟八星主幽州弟九星主并州案周禮注據周時之次名國名星經所云是漢代州名皆不可以說唐虞之星土歟專此推之則唐虞十二州于星亦各有分矣云周官所謂星土也者即謂周禮保章氏所云也云今不得聞矣者蓋星紀等十二次名堯時雖未有若子丑等十二辰則固有之其次分四方所會爲十二次以分十二州之野矣但其十二次名目之有无明分之雖後與夫某次分某州皆无文可攷故不得聞矣

封十有二山【注】封籀文封字封土爲壇也祭於

封者因高增高也十有二山十有二州之鎮也此文疑
[illegible]據大傳封十有二山杜垗十有二州之上籀直又反[illegible]多者反

俗作乃傷非　疏　云杜籀文封字者出說文土部籀文者說文敘云周宣王太史籀著大篆十五篇與古文或同或異是也尚書大傳云維元祀巡守四嶽八伯壇四奧沈四瀆封十有二山垗十有二州濬川鄭注云祭者必封封大壇也十有二山十有二州之鎮也壇沈封垗皆因所宜爲之白虎通云因高告高順其類也故升封者增高也故云封封土爲壇也祭必封者因高增高也謂因山之高而增其高也云十有二山十有二州之鎮也者即用大傳之鄭注也案周禮職方氏九州皆有山鎮揚州會稽荊州衡山豫州華山青州沂山沇州岱山雝州嶽山幽州醫無閭冀州霍山并州昭餘祁凡九山蓋周時九州故山鎮凡九書虞十有二州則山鎮當十有二知此十二山是十二州之鎮也其九山或與周禮同餘三山則无文以說矣云此文疑[illegible]者以封十有二山杜屖十有二州之下與大傳韋故疑之也必信大傳而疑此經者蓋大傳者伏生所作以說尚書者也必

與伏生尚書同伏生尚書是秦火之前之舊文自无可議者此經皆出于孔安國大自无可疑今則出于偽冒安國者之手時多改竄安可深信故寧从大傳爲正特不敢質言此文之幼故云疑幼

㕡川㕡息俊反注㕡深通川也古文作濬鄭康成曰更爲之定則濬水害濬息俊反爲于僞反則吉難反疏云㕡深通川也古文作濬者說文谷部文釋言云濬深也咎繇謩云㕡畎澮距川則㕡是深之使通也鄭注見五帝本紀注

象以典刑注典常也刑罰辠也从井从刀易曰井灋也馬融曰言咎繇制五常之刑无犯之者但以其象无其人也辠祖賄反秦始皇帝以辠似皇字改用罪字音同誼異矣後世从之非也咎格豪反繇夷招反後凡咎繇聯文皆同此不復音疏典常釋詁文刑罰辠也井灋也說文井部文引易者申說刑字所以从井之誼今周易无此語疑序卦傳之逸文也馬注見五帝本紀注孝經說云孔子曰三皇設言民不違五帝畫象世順機伏生大傳云唐虞象刑而民不敢犯

苗民用㓝而民興相漸善虞之象㓝上㓝赭衣不純中㓝雜屨下㓝墨幪已居州里而民恥之而反于㓝故云卻繇㓝五常之㓝无犯之皆但為其象无其人也

流宥五㓝 流與流同宥夷救反

注 馬融曰流放也宥三宥也五㓝墨劓剕宮大辟鄭兼成曰三宥一曰弗識二曰過失三曰遺忘正㓝五加之流宥鞭攴贖㓝此之謂九㓝 剕方尾反辟貧亦反忘亟放反攴四卜反俗作手傍卜非

疏 馬注見五帝本紀注及釋文禮記大學云放流之屏諸四夷是放流同誼故云流放也云宥三宥也者周禮司刺掌三刺三宥三赦之灋是也馬注此下申說三宥為云一曰幼少二曰老眊三曰惷愚案司刺職云一宥曰不識再宥曰過失三宥曰遺忘一赦曰幼弱再赦曰老旄三赦曰惷愚馬君所云乃是三赦非三宥也故箸太之而別用鄭君誼云周書甫㓝云墨罰之屬千劓罰之屬千剕罰之屬五百宮罰之屬三百大辟之罰其屬二百五㓝之屬三千故云五㓝墨劓剕宮大辟鄭注見五帝本紀正義及周禮司㓝疏云三宥一曰弗識二

以編先三以纘忘者如司徒職所言三事之法也以具于上云正刑五加之流宥鞭扑贖刑此之謂九刑者鄭以流宥爲一也昭元年左傳云余不女忍殺宥女以遠是流即宥故流宥爲一與鞭扑贖刑而四并五刑而爲九也九刑者文十八年左傳云在九刑不忘是也但彼文九刑是謂周公所作而以說此經者欲見周公所作實本于此與昭六年左傳所云周有亂政而作九刑異也

鞭作官刑　注　馬融曰爲辨治官事者爲刑　上爲字于僞反辨蒲盼反字从辡中箸刀俗作辡中乃非　疏　注見五帝本紀注云辨治者辨是辨具之詮與辨小之辨詮雖異而字畫則同

扑作教刑　注　鄭康成曰扑檟楚也扑爲教官爲刑者　檟今下反　疏　注見五帝本紀注云扑檟楚也者古檟字通用夏禮記學記云夏楚二物收其威也鄭彼注云夏槄也楚荆也二者所以扑撻犯禮者收謂收斂整齊之威威儀也盧傳中注學記且引此經以說是扑即檟楚所以撻不率教者故云爲教官爲刑者

金作贖刑　贖如欲反又常句反　注　馬融曰金黃金也意

義劦惡，使出金贖辠，堊不成者，皆聲謂金，蓋衆金也。【疏】馬注見五帝本紀注。史記平準書云：「虞夏之幣，金爲三品，或黃或白或赤。」說文金部云：「金，五色金也，黃爲之長。」馬云此以金爲黃金，是數可減少而品成取上與。案鄭君駮五經異說云：「贖死辠千鍰鍰六兩太半兩，爲四百一十六斤十兩太半兩銅，與今贖死辠金三斤爲賈相依附。」然則以黃金贖辠乃是漢法，周則用銅也。況其肯伏乎！馬本漢法以說唐書，恐未合，故聲附注以意于下。長云意善劦惡者，劦謂事也，謂意本无惡，而所爲之事或不成慎而致傷害，縱之則无所懲，抑之則恐枉濫，故使出金贖之，故云堊不成慎者。皆聲謂金蓋衆金也者，周禮職金掌受士之金罰貨罰，入于司兵。夫金之用以鑄兵者，則是衆金，非黃金矣。然則周初贖辠用銅也。其後穆王耆刑而作呂刑，成不改輕以重，則呂刑所云百鍰千鍰，皆謂銅矣。其敘云「訓夏贖刑，作呂刑」，然則用銅贖辠本是夏法，繇夏以推唐虞，當皆然矣，故以金爲衆金，說不疑而云蓋者，以馬說紬其質言。

眚烖肆赦。眚，所景反。【注】眚，過；烖，害；肆，佚也。鄭康成曰：過失雖有害則殺之【疏】周易釋文引易訟九二鄭注云眚過也茲用其說又引復上六子夏傳云傷害曰裁鄭注云害物曰裁故云裁害莊二十二年公羊春秋云肆大眚釋文云肆本或作佚穀梁肆大眚傳云肆失也案古佚字通作失則失乃古佚字故云肆佚也鄭注見五帝本紀注其上尚有眚裁爲人作患害者也九字知其說則作怙終不可殺者也聲之爲未審故刪節之

怙終賊刑怙古反【注】鄭康成曰怙其姦宄終身以爲殘賊則刑之宄九有反俗作軌音[illegible]【疏】注見五帝本紀注

欽哉欽哉惟刑之謐哉謐民必反正義本作恤徐廣史記音義曰今文作謐茲以今文【注】謐靜也謐或爲卹卹心律反【疏】謐靜釋詁文云謐或爲卹者僞孔本作卹也不从之者史記云惟刑之靜哉徐廣曰今文云惟刑之謐哉史記輒以詁訓代經字據靜字知尚書實作謐案漢書儒林傳偁子長從安國問故其書載尚書諸篇多古文說然則史記所从者乃古文說此經作謐實是古文徐廣惑于僞古文反以正古文爲今文是其誤也然則作卹者非古文矣而猶

存其字于注者以流傳既久故不敢漫其文流共工于幽州放讙兜于崇山竄三苗于三危殛鯀于羽山四辠而天下咸服共居容反後共工皆同竄楚亂反說文所引如此正義本作竄了衛包奉敕改今依孔本與說文同殛几力反服房六反注幽州北裔也崇山南裔也竄寬也三苗國名三危西裔也殛誅也羽山東裔也服古服字鄭康成曰驩兜帝鴻氏之不才子掩義隱賊好行凶慝醜類惡物頑嚚不友是與比周天下之民謂之渾敦少皞氏之不才子毀信廢忠崇飾惡言靖譖庸回服讒蒐慝以誣盛德天下之民謂之窮奇顓頊氏之不才子不可教訓不知話言告之則頑舍

之則嚚傲很明德以亂天常天下之民謂之檮杌縉雲
氏有不才子貪于飲食冒于貨賄侵欲崇侈不可盈厭
聚斂積實不知紀極不分孤寡不恤窮匱天下之民以
比三凶謂之饕餮舜臣堯流四凶族渾敦窮奇檮杌饕
餮投諸四裔以禦螭魅讙吺與共工則讙吺爲渾敦也
共工爲窮奇也鯀爲檮杌也而三苗爲饕餮亦可知舜
不撫此四凶者以爲堯臣不忍撫之裔尹制反賽所則反俗輒作塞音詮皆別[illegible]火勁反比周貪冒反渾戶本反敦徒本反少式昭反蒐所留反忒土得反話戶快反舍式夜反很河懇反檮徒刀反杌叙滑反縉即刃反飲於錦反俗作飲傷著气非賄呼罪反厭於豔反俗作厭音詮皆別縱力驗反饕土刀反餮天結反螭丑知反魅明備反

疏 文十八年左傳云流四凶族投諸四裔史記云請流共工

于幽陵以變北狄放讙兜于崇山以變南蠻遷三苗于三危以變西戎殛鯀于羽山以變東夷故知幽州是北裔崇山是南裔三危是西裔羽山是東裔也云𥨊塞也者謂塞之使不得通中國周禮大司馬職云犯令陵政則杜之鄭注云杜之者杜塞使不得與鄰國交通亦此誼也云三苗國名者昭元年傳云虞有三苗與夏觀扈商姺邳周徐奄茲舉觀扈等皆國名則三苗是國名可知殛誅釋言文誅謂責讓之非殺也鄭志答趙商云鯀非誅死鯀放居東裔至死不得反于朝禹乃其子也以有聖功故堯興之若以為殺人父用其子舜禹何以忍乎而尚書云鯀則殛死禹乃嗣興者箕子見武王誅紂今與己言思其意有慙恧為說父不肖則罪子賢則舉之以滿武王意也是殛實非死而國語魯語及禮記祭法皆言鯀障洪水而殛死者蓋因洪範之文以實其以死勤事之祀介又孟子萬章篇引此經而總結之云誅不仁也是放流等皆可言誅益足見誅殛為誅非死謂死矣以上之注唯𥨊塞也三字說文穴部文餘皆馬注也見五帝本紀注順經文為解以說文誼廁馬注之閒不便識小故不備馬融以後凡用先儒注而中雜廁己誼者輒不備先儒止于疑中寒明之而以同此例

也。云「犕，古服字」者，說文牛部引易曰「犕牛乘馬」，今周易作服牛。又後漢書皇甫松傳董卓謂松曰「義真犕未乎」，章懷太子注云「犕，古服字」。鄭注見正義引春秋傳者，文十八年左傳文。正義謂鄭具引左傳之文，故節錄傳文以入鄭注。讙兜舉共工事見歬文，舉共工則是與共工比周，故云則讙兜為渾敦也。賈侍中注左傳云：「帝鴻，黃帝也。不才子，其苗裔讙兜也。」是亦以渾敦為讙兜也。堯言共工靜言庸違，即所謂靖譖庸回，故知共工為窮奇。服虔注左傳亦云謂共工也，其行窮而好奇。堯言鯀方命圮族，方命是不可教訓，圮族即嚚很明德以亂天常，故云鯀為檮柮也。賈侍中注左傳亦云：「謂鯀也。檮柮，頑凶無儔匹之皃。」柮，今左傳作杌，說文木部引春秋傳曰「檮柮」，蓋即其文，茲从說文之字。三苗之惡堯典無文，然以三凶推之，則饕餮自是三苗矣，故云三苗為饕餮亦可知。云「以為堯臣不忍刑之」者，為其初時為堯臣，堯未庠，遂令遠之，而以不忍盡法治之也。

二十

有八載，放勳乃殂落，百姓如喪考妣。

三載，四海遏密八音。放勳，偽孔本作一帝字，是妄改，今孟子及春秋

堯典

繁露及說文皆引作放勳吾从之年僞孔本作埶正義本改作載案孟子所引上言二十有八載下云三年則堯典之文可載年皆有僞孔氏因爾疋唐虞曰載之文必改年爲載以緣其亂經斷世之意殊可惡也且三年是喪考妣之期當屬上爲句不可改作載而下屬也謁安葛反

注　堯立七十年得舜二十年而老令舜攝行天子之政薦之于天堯辟位凡二十八年而勳殂落死也百姓羣臣也喪考妣三年羣臣喪堯如其喪考妣資于事父以事君而敬同故爲君方喪三年是百王之所同古今之所一也謁止也密无聲也八音不作哀思甚也令力呈反辟亏寄反爲于僞反

疏　堯立至而勳茲史記文殂落死也釋詁文云百姓羣臣也皆前文平章百姓鄭注云百姓羣臣之父子兄弟彼文下別言黎民故以百姓爲羣臣之支庶此經下文別言四海乃謂民閒則百姓皆是羣臣矣蓋爲君服三年喪唯臣然爾釋親

云父爲考母爲妣禮喪父斬衰三年喪母齊衰三年故云喪考妣三年云資于事父以事君而敬同者孝經士章及禮記喪服四制皆有其文臣之喪君如喪考妣斯資父事君之誼也案喪服四制云資于事父以事君而敬同貴貴尊尊誼之大者也故爲君亦斬衰三年以誼制者也此言方喪三年不云斬衰者周制喪考斬衰喪妣齊衰唐虞衰制則無文可攷此言如喪考妣三年止言其哀思之久以見堯德之人乃深不必詳其衰制故云方喪三年方喪三年禮記檀弓文也方者以方于父也所謂資于事父以事君也云是百王之所同古今之所一也者禮記三年問文從文主謂三年之喪不始于周所由來久斯其誼正可取以說唐書也且可以見資父事君及方喪三年之文雖出于周時傳記實爲古今通誼于以見此經三年實爲喪考妣之制當屬喪考妣爲誼不可從偽孔氏誼也遏止以下皆趙岐孟子注也遏止釋詁文云密無聲也者說文言部云謐靜語也一曰無聲也密與謐古字通也

月正元日

注　月正者月于是改正也時改用天統以建子月爲正元始也始日朔日

疏　肯文

正月上日鄭注云堯正建丑舜正建子時未改堯正故云正月即位乃改堯正故云月正茲以其誼故云月于是改正己建子月爲正也云天統者劉歆三統秝云天統之正始生于子半日萌色赤地統受之于丑初日肇化而黃至丑半日牙化而白人統受之于寅初日蘖成而黑至寅半日生成而青是子爲天統丑爲地統寅爲人統建子是用天統也元始釋詁文朔亦始也故云始日朔日

舜假于文祖〔注〕即位于明堂也〔疏〕桓君山新論云明堂堯謂之五府尚書帝命驗云帝者承天立五府五府者五帝之廟赤曰文祖注云文祖者赤帝熛怒之府火精光明文章之祖故謂之文祖周曰明堂前文受終于文祖鄭注云文祖五府之大名猶周之明堂是文祖與明堂異名同實王者頒政令于明堂下文命官授職是明堂之事則此假于文祖是即位于明堂也

詢于亖嶽𨳇亖門明亖目達亖聰𨳇古闢字房益反正義本作闢茲以說文所引〔注〕詢謀也國語曰能四嶽國命爲侯伯賜姓曰姜氏曰有呂蓋此四嶽

也。辟，闢；達，通也。闢明堂之四門以出政教于天下，以明

通四方之耳目。四嶽分主四方諸侯，故謀于四嶽。胎丰故反

疏　詢，謀，釋詁文。引國語者，周語太子晉之言也。四嶽見

于前文備矣。于此引國語文而云蓋此四嶽也者，據

國語所偁四嶽是炎帝之後、共工之從孫羅叀，四乃佐

禹治水有功，故堯胙之土、錫之姓、命之氏者。若前文之

四嶽方且舉鯀治水，豈是佐禹治水之四嶽乎？若輯班瑞時

所覲者，其是否初時之四嶽猶未可知，此經之四嶽則

當是佐禹治水者矣。故于此引國語以說。言蓋者，以出

于意度，不敢質言也。闢，開，說文門部文。闢从𠬞在門中，

象推門之形，故其說為開，此于六書為指事也。說文辵

部云：通，達也。茲云達，通，說同，可轉訓也。明堂四門說詳

前文。紀惠先生明堂大道錄云：明堂為四門，四方諸侯

朝覲所入。唐虞建官，四嶽主之。堯典詢于四嶽，闢四門

是也。續用師說，故云闢明堂之四門。案詩緇衣正義偁

鄭君注此云：鄉士之職，使為己出政教于天下，言四門

者，亦因鄉士之朝在國門，魯為東門襄仲，宋為桐門

右師，是後之取法于前也。此解四門似未允當，茲止節。

取其出政教于天下一語而已云以徧四方曰皆史記文咨十有二牧曰

食哉惟時柔遠能邇惇德允元而難任人蠻夷率服能奴代反惇都昆反難奴旦反任如林反率所律反俗編作率

注 咨謀也十有二牧十有二州之伯也柔安能讀爾近也安遠近之國謂順其所皆惇厚也允信元善也難猶讀也任佞也此皆美堯德也食哉惟時敬授民時也柔遠能邇協和萬邦黎民於變時雍也惇德允元而後德也難任人放四凶也孔子說堯之德曰四海之內月嬛所至莫不說夷此之謂蠻夷率服說如四反猶讀于愿反說夷爰威反

疏 釋詁咨詢同訓謀此經上文注既云咨謀也故此云咨謀也禮記王制云州有伯鄭彼注云殷之州長

之伯虞夏及周皆曰牧是牧即州伯故云十有二牧十有二州之伯也柔安釋詁文能近鄭君詮也案詩民勞云柔遠能爾鄭箋云能猶伽也安遠方之國順伽其近者詩釋文云鄭注尚書云能近也詩正義云尚書云柔遠能爾注以能爲近則此云伽者幾近同謂順適其意也茲從詩箋之意以申能近之詮故云安遠方之國近順其近皆爾近惇厚允信竝釋詁文易文言曰元者善之長也故云元善也難任人史記作遠佞人拒難猶庰遠也故云難猶遠也任佞亦釋詁文云此皆美堯德也者史記云命十二牧論帝德行厚德遠佞人則蠻夷率服據此則此經是美堯之德故歷舉堯事敬授民時之等以實之云孔子說堯之德曰四海之內舟輿所至莫不說夷者大戴禮五帝德篇文彼文宰我問帝堯孔子荅之有是云云引之以證此蠻夷率服

舜曰咨四嶽有能奮庸熙帝之載使宅百揆諒采惠疇諒力尚反采七在反疇直油反

注 奮明庸功熙光載行宅尻諒相采事惠順疇類也言有能明其功光美

帝堯之行，皆使居百揆之官以相事而順其疇類。行下孟反

相息匠反【疏】奮明庸功馬注也見五帝本紀注熙光釋詁文載行鄭注也見正義宅居釋言文大明詩云諒彼武王釋文引韓詩注云諒相也此經諒采史記作相事則諒訓為相采當訓事也采事釋詁文惠順釋言文疇類也者易否九四疇離祉九家注云疇者類也

僉曰：伯禹作司空。【注】鄭兼成曰：初堯冬官為共工，舜舉禹治水，堯知其有聖德，必成功，故改命司空，以官名寵異之，非常官也。至禹登百揆之任，舍司空之職，為共工與虞，故亦作共工、益作朕虞。舍式者反亦氏為反今誦作坐【疏】注見周禮疏敍云初堯冬官為共工者周禮冬官為司空司空之名蓋因乎此文此司空主乎水土與周之司空執度度地職同知此司空是冬官矣但司空之名始見于此前文推有共工未有司空故知初時冬官為共工也故鄭于前文注云共工水官名蓋水王于冬水官即

冬官一也。云舜舉禹治水，皆文十八年左傳云舜臣堯舉八愷，使主后土，言主后土，則是平水土，故知禹在八愷之中，舜所舉也。故服虔注左傳亦以八愷爲禹亦之屬也。云改命司空以官名寵異之，非常官也，皆初時冬官爲共工，而下文亦作共工，則後此官名仍爲共工，雖禹治水登司空之號，自是欲寵異禹，特改是官名，非常時之官也。云舍司空之職爲共工與虞，皆案周禮司空主事，故百工屬司空，若山虞澤虞皆屬司徒，非司空之屬。鄭茲言共工與虞皆禹初時隨山栞木暨益奏庶鮮食，則禹實兼虞益，但左禹而以禹繼宅百揆，舍其舊職，自懋虞與共工皆舍，故更命亦益分任其職，不得以周禮爲難。

帝曰："俞！咨禹，汝平水土，維是懋哉！"懋門候反

注　傳曰：懋其所舉，偁禹前功以命之。馬融曰：懋，美也。肅曰：懋，勉也。

疏　禹平水土，是堯時事，故云偁禹前功。偁字傳雖多譌，說此言則是，故采之。馬注、肅注茲見釋文。懋與茂同，茂爲美訓，故懋爲美也。懋，勉，釋詁文。上文咨帝之載，史記作美堯之事，馬訓懋爲美，正與美堯之事相應，其說甚是。懋，史記此文作維是

勑哉則訓惡爲勑矣朱爲非故茲采之禹拜稽首讓于稷卨臮

咎繇拜即拜字稽欽禮反俗作稽音啟皆非讓如羊反後茲同卨辛劣反臮咎繇正義本作暨臯一本陶

茲从說文所引【注】既拜而稽首也稽首下首至墬也讓推也鄭

康成曰稷棄也堯初天官爲稷殹舜登庸之年擧棄爲之

時天下賴后稷之功故以官名編偁聲謂卨古文偰臮

衆詞與也推土回反偰辛列反俗作契非【疏】禮記檀弓云拜而后稽顙頹乎其順也周禮太祝辨

九拜五曰吉拜鄭注云吉拜：而後稽顙謂齊衰不杖

以下者言吉者此殷之凶拜周以其拜與頓首相近故

謂之吉拜然則吉拜必先拜而後稽顙：即首也齊中

言稽顙乎時則云稽首故云既拜而稽首也說文首部

云稽下首也鄭注太祝云稽首拜頭至墬也故云稽首

下首至墬也云讓推也皆說文手部文鄭注見周禮疏

敘及詩生民正義及正義下文吁棄而謂之曰女后稷

故知稷是棄也鄭注肯文了命義吁以天墬官爲稷司

徒故云此云堯初天官爲稷鄭言此者蓋據國語周語是故稷爲天官之文知古者是官號而以民事紀官則在顓頊之後故推以爲堯初與及或初者據也文十八年左傳云高辛氏有才子八人天下之民謂之八元又云舜臣堯舉八元棄是高辛氏子在八元之中故知舜舉棄也禼咎繇皆偁名稷則是官非名故說其偁官之意云時天下賴后稷之功故以官名通偁蓋稷播穀以振民故天下賴其功也云禼古文偰皆據說文禸部云臮眾詞與也者說文㐺部文也國語周語云人三爲眾臮㐺三人故云眾詞釋詁云繇與也案繇乃世俗通用之字依字當作臮

帝曰俞女往哉注鄭兼成曰歎其舉得其人也往居此官不聽其所讓疏注見五帝本紀注

帝曰棄黎民祖飢女后稷播時百穀時仁吏反注鄭兼成曰祖讀曰阻阻厄也時讀曰蒔始者洪水時眾民厄于飢女居稷官種蒔五穀以救活之厄安革反蒔仁吏反種之

用反从禾童聲其禾傍箸重者乃種種字音直容反俗輒互易用之非【疏】注見詩思文正義釋詁云祖始也故史記云黎民始飢謂衆民始時飢乏誼是允當乃鄭不从始誼而讀祖為阻者古字祖阻皆與且通知者之祖辛卣祖乙卣周之盉叔鐘虢叔鐘凡祖字皆作且義形大戴義云且父還鄭注云古文且為阻是古文祖且阻三字皆同讀祖為阻者阻厄于飢未得為一誼也釋詁云阻難也難是厄難故云阻厄也云時讀曰蒔者凡種穀必先播其種俟其出乃後拔取更蒔之說文云蒔更別種是也此文時在播下則是謂播而更蒔之故時讀當為蒔

帝曰契百姓不親五品不遜汝作司徒敬敷五教在寬

契辛列反愻色困反正義本作遜非其誼吳茲从說文所引專兮亞反今誦作敷【注】契亦古文偰鄭康成曰五品父母兄弟子也春秋傳曰舉八元使布五教偰在八元中聲謂遜順敷布也五教父誼母慈兄友弟恭子孝也一

說五品五倫也孟子偁偰之爲司徒也教以人倫父子有親君臣有誼夫婦有別長幼有敘朋友有信此之謂五教又錄放勳之言曰勞之來之匡之直之輔之翼之使自得之又從而振德之此之謂寬也別彼列反俗混作別非長中兩反勞力勤反來力代反

【疏】說文禸部云卨讀若偰爲古文卨漢書百官公卿表敘云卨作司徒尃五教則卨偰同字爲是古文卨則卽古文偰矣因上文注云卨古文偰故此亦之也鄭注見五帝本紀注及詩生民正義文十八年左傳云舉八元使布五教于四方父義母慈兄友弟恭子孝內平外成故云五品父母兄弟子也據左傳爲說也引春秋傳者以文十八年左傳也引傳文而言偰在八元中皆欲見傳所云布五教以此尃五教也傳偁高辛氏才子八人天下謂之八元說文人部云偰高辛氏之子爲堯司徒故知偰在八元中也遜順孝系說文心部及子部文云五教父誼母慈兄友弟恭子孝也皆漢書百官公卿表敘文引此經而應劭注彼

云熟是以據乂傳爲說與鄭解五品誼合故采取之一說五品五倫也皆據孟子誼也引孟子者滕文公上篇文皆說據乂傳誼綜精確矣又引孟子者孟子以正說契作司徒之事又錄放勳命契之言且以五教配五倫爲說誼允諧備也云此之謂寬也者蓋勞來匡直且輔翼之使其自得又從而振德之其教需而不迫使民漸濡于五教之中徐以自化○經善而不自知是寬舒之至也

帝曰咎繇蠻夷猾夏寇賊姦宄猾戶八反隸古定本如此正義本改作尤傳非宄居洧反

注

鄭康成曰猾夏侵亂中國也彊取爲寇殺人爲賊由外爲姦起內爲宄

疏

注見五帝本紀注及周禮司刑疏說文夂部云夏中國之人也故云猾夏侵亂中國也猾之言亂也寇必多取徒衆故云彊取爲寇周禮大司馬云賊殺其親故云殺人爲賊乂傳成十六年左傳曰臣聞亂在外爲姦在內爲軌古軌宄字通故云由外爲姦起內爲宄乃周禮疏引此作由內爲姦起外爲宄蓋賈公彥所見之本誤也乃又爲之說曰鄭說見在外不得爲宄在內不得爲姦故反覆見之或

後乃轉寫誤尒予謂旨是寫者之誤鄭必无此誤也今更正之以復其原汝作士【注】馬融曰士獄官之長鄭兼成曰士察也主察獄訟之事長中支反

【疏】馬注見五帝本紀注案周禮士師注小司寇之下亦云士獄官之長者蓋唐虞无司寇之名其獄官名士其職當周之大司寇故云獄官之長此偁鄭注者周禮秋官叙官注也是說獄官所以偁士之意故取以注此士察釋詁文

五刑有服五服三就服房六反今讀作服【注】服治就次也國語曰大刑用甲兵其次用斧鉞中刑用刀鋸其次用鑽笮薄刑用鞭攴以威民也故大者陳之邍野小者致之市朝五刑三次是无隱也此之謂也戉爰伐反俗作鉞音讀皆別鋸君御反鑽作官反笮作格反邍以爰反俗作原音同讀別市上止反朝直佋反

【疏】五帝本紀注引馬融注云五刑墨劓剕宮大辟三就謂大辠陳諸邍野次辠于市朝同族適甸師氏既服五刑當就

三凥案此五刑實不同前文五刑馬于前文系爲是解于此刑又云然則口費而煩且非也其解三就偁原野市朝是本國語據國語言五刑三次是无隱也馬君乃合市朝爲一而益以甸師氏爲三就是所謂刑于隱者與國語違且譌甸師氏文出周禮自是周禮蓋周尚親親故厶于同族而爲是禮唐虞大道爲公當不爲此象據周制以說唐書恐未當也故不用及治說文文部文三就謂行刑就三凥即國語所云三次故云就次也引國語魯之語臧文仲之言也云大刑用甲兵者賈侍中云謂諸侯不式王命則以六師移之云其次用斧鉞者韋昭注云軍戮也其中刑以下韋注云割劓用刀斷截用鋸亦爲大辟鑽臏刑笮黥刑也鞭官刑攴教刑也云大者陳之原野者韋注云謂甲兵斧鉞也云小者致之市朝者賈注云大夫以上于朝士以下于市云五刑三次是无隱也者三次謂野朝市就此三凥而刑之无所隱諱是以此經所云五刑三就故云此之謂也或曰皋經說引孔子之言曰五帝畫象世順機三王肉刑揆漸加作之大傳云唐虞之象刑上刑赭衣不純中刑雜屨下刑墨幪以居州里而民恥之而反于禮然則唐虞之世无肉刑今以國語文說唐書毋乃亦謬乎應之曰夫

蠻夷猾夏寇賊姦宄豈象刑足以威之乎則五刑自當及中叔之世矣至于刀鋸鑽笮據韋昭注則是墨劓剕宮大辟也象刑則墨劓剕宮大辟之象也蓋制是刑所復設是象以刑者則用象刑了可无用肉刑也然其時之民重恥其畏象刑无甚于畏肉刑罪以刑者則雖以象刑所用之蓋鮮況肉刑乎然刑制固不可廢也時卻詳見爲刑官宅得謂舜虞无刑制哉

五流有宅五宅三居宅陟嫁反

注鄭康成曰宅讀曰吒懲艾之器謂五刑之流皆有器懲艾五吒者是五種之器謂桎一梏二拲三三居者自九州之外至于四海三分其地以爲遠近若周之夷鎮蕃也吒陟嫁反禮記正義引作咤譌字也依說文當作吒艾牛廢反種章勇反桎之日反梏工酷反拲君角反

疏注見禮記王制正義及正義云宅讀曰吒者宅本訓居然言三居則五宅不得解爲五居故改宅爲吒蓋古人書字輒多以聲類叚借用者宅吒皆以乇爲聲〻同則可通借此經設實爲吒而字作宅故鄭正其

音讀爲吒說文口部云吒叱怒也則吒爲懲創之意故云懲忿之器忿怨懲也唯是云五種之器而以桎一梏二拲三當之爲數不得竊爲疑焉案周禮掌囚云上辠梏拲而桎中辠桎梏下辠梏王之同族拲有爵者桎蓋梏拲而桎一也桎梏二也梏三也拲四也桎五也鄭言五種其此之謂與云自九州之外至于四海三分其地以爲遠近若周之夷鎮蕃也皆周禮職方氏云乃辨九服之邦國方千里曰王畿其外方五百里曰侯服又其外方五百里曰甸服又其外方五百里曰男服又其外方五百里曰采服又其外方五百里曰衛服又其外方五百里曰蠻服又其外方五百里曰夷服又其外方五百里曰鎮服又其外方五百里曰蕃服則夷鎮蕃是九服之外三服也蠻服又謂之要服大行人職秝敘侯甸男采衛要六服而下云九州之外謂之蕃國是要服以內爲九州夷鎮蕃三服在九州之外也故鄭注大行人職亦云九州之外夷服鎮服蕃服也案周之夷服在書虞爲五服夷服當書虞要服之地鎮服當其荒服蕃服當其荒服之外鄭欲三分其遠近以解三𠬝段周以況則易明了故云若也鄭說三𠬝必若是之遠者王制云屏之遠方唯其所之不及以政示弗故生也鄭注彼文

引此經爲說則鄭以此三居荅王制所云不及以政者是必在九州之外故以最遠之三服言之也五帝本紀注引馬融注云謂在八議君不忍刑宥之以遠五等之差亦爲三等之居大辠投四裔次九州之外次中國之外案八議出于周禮小司寇職所謂議親議故議賢議能議功議貴議勤議賓之八辟周爲是法書虞未必有此又案九州以內爲中國九州之外即中國之外馬君分之以當三居之二亦非也故不用

維明克允　注　維女明察故能信服人也萅秌傳曰明允篤誠鄭康成曰此三官是堯時事舜因寔纂錄其肯功篤多毒反俗作篤　疏　此美咎繇也明允當就咎繇言故云維女明察故能信服人也察亦明也馬注音同詮別云當明其辠使能信服之惠未是故不用引萅秌傳者文十八年左傳云昔高陽氏有才子八人蒼舒隤敳檮戭大臨尨降庭堅仲容叔達齊聖廣淵明允篤誠天下之民謂之八愷說者以庭堅爲咎繇故引以證此經明允是偁美咎繇也鄭注見周禮疏敘云三官者謂棄爲后稷契作司徒及此咎繇爲士也知是堯時事者左傳

言舜臣堯舉八愷舉八元則此三人皆堯時舉用者又孟子稱契為司徒放勳命稷教稼穡又在其先則已輔契咎繇作士當亦同時是皆堯時事也

帝曰疇若予工

疇直油反若文為諾及此文疇字史記皆以誰字代之則兩文當同字古文疇亦說文所引作疇訓為詞矣此作疇者蓋古字聲同則通用與其文則多於一字此經之疇當用史記誰字為訓乃為允愿依誰訓之亦說文之字則當作疇也

注 疇誰也馬融曰謂主百工之官 疏 疇誰說文曰詶文釋詁誼太同但俗本字異亦馬注見五帝本紀注

僉曰垂哉帝曰俞咨垂汝共工

垂是為反徐甄音是偽反共居容反依字當作龔古通用共介 注 馬融曰為司空共理百工之事 疏 注見五帝本紀注

垂拜稽首讓于殳斨暨伯與

殳常朱反斨七羊反與爰諸反 注 殳斨伯與二臣名殳或為朱伯與或為柏譽譽音曰諸反 疏 漢書古今人表乙朱斨柏譽為二人則亏

此毀伯益之關注據之以爲說帝曰俞往哉女諧帝曰疇若予上下艸木鳥獸 注 馬融曰上謂原下謂隰皋謂上謂山陵下謂原隰藪澤 隰祥十反 藪色后反 疏 馬注見五帝本紀注釋地云下溼曰隰又云下者曰隰故云下謂隰釋地又云廣平曰原又云高平曰陸則原未爲高而馬云上謂原者公羊昭元年傳云上平曰原下平曰隰蓋對隰言之則原爲上也皋以爲山陵藪澤皆予艸木鳥獸所止言原隰于誼未備故下己說以廣之馬以原爲上而皋以原隰皆爲下者蓋對隰言之則原爲上對山陵而言則原隰爲下也僉曰益哉帝曰俞咨益女作朕虞禹曰僞孔本作僉曰正義謂馬鄭王本皆爲禹曰益哉案楊雄羽獵賦云昔者禹任益虞而上下咏艸木茂實本此經則古本皆作禹曰繇謨曰臯益率庶鮮食蓋禹治水與益同事故知益亦有推舉之僞孔氏改作僉曰非也 注 益古益字馬融曰虞掌山澤之官名鄭

衆咸曰言然虞兼主上下艸木【疏】說文口部云嗌籀文嗌字上象口下象頸脈理也益乃云嗌古益字皆漢書百官公卿表敘云嗌作朕虞育艸木鳥獸顏師古注云嗌古益字蓋古者字少輒假借用之嗌本是咽字又借以為益也易注見五帝本紀注周禮地官有山虞澤虞故云虞掌山澤之官名鄭注見正義云言然虞兼主上下艸木鳥獸不直偁虞而偁朕虞為兼主鳥獸艸木故也史記云于是以益為朕虞是官名朕虞也漢書百官公卿表云王莽改水衡都尉曰予虞是虞蓋取此朕虞之名而放之則漢人皆謂此朕虞之四字名官也

益拜稽首讓于朱虎熊羆 首式九反古文作𩠐說文頁部云𩠐者𩠐首字也羆古文羆彼為反【注】朱虎熊羆蓋四臣名也高辛氏之子有伯虎仲熊是氏同【疏】文十八年左傳云高辛氏有才子八人伯奮仲堪叔獻季仲伯虎仲熊叔豹季貍此經虎熊當即彼伯虎仲熊也虎熊二人合朱羆為四人故以為四臣而偁伯虎仲熊為說

帝曰俞往哉汝諧帝曰

亖嶽又能典朕三禮注典當爲敟。敟，主也。馬融曰三禮天神地祇人鬼之禮。鄭康成曰天事地事人事之禮。敟，多殄反。疏周官大宰職鄭注云典主也，是謂典主誼。乃說文之字則實是敟字，時俗相承省作典爾。故云當爲敟。敟主，說文攴部文。馬鄭注並見五帝本紀注。周禮大宗伯之職掌建邦之天神人鬼地祇之禮以佐王建保邦國。唐虞之秩宗猶周之大宗伯，故馬云三禮天神地祇人鬼之禮。但天神地祇人鬼之禮皆是祭禮，于周禮止是一吉禮爾。馬云然者，以唐虞未有吉凶賓軍嘉之五禮，而禮之重者莫重于祭，此特說其重者爾。鄭云天事地事人事之禮，意與馬略同，而以馬爲說。

葡僉曰伯夷。帝曰俞咨伯女作秩宗注鄭康成曰主次秩尊卑。疏注見五帝本紀注。秩之言次，故云主次秩尊卑。國語楚語觀射父曰使名姓之後能知四時之生、犧牲之物、玉帛之類、采服之儀、彝器之量、次主之度、屏攝之位、壇場之

所上下之神祇氏姓之所出而心率舊典者爲之宗是宗官主數鬼神之尊卑而爲之等列者也數宗所主數當不但鬼神之尊卑而鬼神亦其一隅也

夙夜惟寅直哉惟清夙息逐反

〔注〕夙早也寅當爲夤字之誤夤敬也清靜絜也早子晧反字亦曰杜守上絜紀屑反俗加氵傍非

〔疏〕夙早釋詁文云寅當爲夤字之誤夤敬也者說文夕部云夤敬惕也易曰夕惕若夤是夤爲敬此文據史記云夙夜維敬直哉則誼爲敬依敬之誼乃求其字則當爲夤今作寅者因夤上脫夕文而誤故云字之誤釋詁又云寅敬也蓋亦誤也云清靜絜也者詩清廟正義引賈逵左傳注云肅然清靜謂之清廟是清爲靜誼劉熙釋名云清青也去濁遠穢色如青也則清又爲絜誼此文據史記云維靜絜則清當訓靜絜也

伯拜稽首讓于夔龍帝曰

俞往欽哉帝曰夔命女典樂教胄子

育正義本作胄乃衛包所改也說文引作育書古文訓卯繇引本也亦作育據馬注則馬本亦作育也當作育

注 馬融曰育長也敎長天下之子弟聲謂育養子使化善語也敎育子樂正之職故以命夔周禮大司樂掌成均之灋以治建國之學政而合國之子弟焉 長知丈反 疏 馬注見釋文育長釋詁文云敎長天下之子弟是申說育長之誼則馬注不云胄長可知矣釋文引馬云胄長也皆蓋宋時所改也崇文總目云開寶中詔以陸德明所釋尚書乃古文與唐明皇所定今文駁異令陳鄂刪定其文改從隸書然則今之尚書釋文非陸氏之舊陳鄂改之者合善本故改馬注之育爲胄也云育養子使化善也者說文𠫓部文育字从𠫓𠫓者到子不順子也養之使順故云養子使化善釋詁亦有育養之訓也云敎育子樂正之職者禮記王制云樂正崇四術立四敎順先王詩書禮樂以造士王大子王子羣后之大子卿大夫元士之適子國之俊選皆造焉鄭注彼文引此經以說則其事同也引周禮者證樂正敎國子之事大司樂即樂正之官成均者五帝之學大同也樂掌成均之灋蓋取灋乎此也

直而溫 注 馬融曰

正直而色溫咊【疏】注見五帝本紀注。寬而㮚㮚古文栗【注】馬融曰：寬大而敬謹戰栗也。【疏】注亦見五帝本紀注。剛而無虐虐牛約反【注】馬融曰：剛毅而不害虐也。簡而無傲【注】馬融曰：簡約而無傲慢也。【疏】以上二條馬注，惠先生手錄于尚書跡，聲訬見寡聞，未詳先生何自采取。詩言志，歌永言，聲依永，律龢聲。【注】鄭康成曰：詩所以言人之志意也。永，長也。歌所以長言詩之意。聲之曲折，又依長言而爲之。聲中律乃爲龢也。聲謂龢調也。律呂所以調龢其聲也。曲羌欲反，中陟仲反，調笛聊反

【疏】鄭注見詩譜敘正義及五帝本紀注。詩敘云：詩者，志之所之也，在心爲志，發言爲詩。故云詩所以言人之志意也。永，長，釋詁文。禮記樂記云：歌之爲言也，長言之也。說之，故言之；言之不足，故長言之。故云歌又所以長

言詩之意云聲之曲折又依聲言而為之皆謂聲之高下疾徐者曲赴節依聲言而為之樂記所謂上如抗下如隊曲如折止如槁木倨中矩句中鉤纍纍乎耑如貫珠者也龢諧說文龠部文云律呂所以調龢其聲皆增成鄭詮也經止言律注云律呂皆蓋陽聲六為律陰聲六為呂陽可以統陰故止言律而以呂矣孟子離婁云不以六律不能正五音是律所以調龢聲也

八音克龤無相奪倫

奪徒活反倫力純反今通作倫

注　音皆飲也言其剛柔清濁龢而相飲也樂記曰土曰壎竹曰管皮曰鼓匏曰笙絲曰弦石曰磬金曰鐘木曰柷敔此謂八音也龤樂龢龤也倫理也

飲衣錦反壎況袁反柷昌六反敔元巨反

疏　音皆至八音也並白虎通禮樂篇文所引樂記今禮記中之樂記無其文蓋其逸篇與或是樂緯與不可知矣周禮太師職掌六律六同以合陰陽之聲皆播之以八音金石土革絲木匏竹鄭注云金鐘鎛也石磬也土壎也革鼓鼗也絲琴瑟也木柷敔也匏笙也竹管簫也化與

此所引樂記爲異實則同也云龤樂龢龤也侖理也皆兹說文龠部文樂記云樂者通侖理者也是侖爲理也

神人以咊【注】鄭康成曰祖考來假羣后悳攘與一隱也【疏】注見五帝本紀注祖考來假神也羣后悳攘人也二語皆欲緜慕文神則天神地祇皆可以感不獨祖考人亦不獨君羣后故鄭云其一隱也

夔曰於予擊石拊石百獸𧗸舞於古文爲陸悳明反謂音爲而絕句皆非陸氏謬也拊方甫反𧗸今通作率

【注】石磬也拊揗也鄭康成曰百獸服不氏所養者𧗸舞言音龢也謂音聲之諧與政通焉揗食尹反【疏】說文石部云磬樂石也故云石磬也拊揗說文手部文說文又云揗摩也則拊是撫摩輕擊之意故周禮太師職云令奏擊拊先鄭注云樂或當擊或當拊鄭注見五帝本紀注及公羊哀十四年疏云百獸服不氏所養者：周禮夏官有服不氏掌養猛獸而教擾之鄭彼注云服不服不服之獸者猛獸虎豹熊羆之屬鄭云此言之者欲見難服之獸猶且率

龢則物無不咊者矣。云「音聲之道與政通」者，樂記文。音象感物，則必象使羣生感，故與政通。帝曰：「龍，朕堲讒說殄行，震驚朕師。」堲子力反，文在勿反。讒士咸反，殄徒典反，行下孟反，注同。

注　堲，疾惡也。讒，譖也。馬融曰：殄，絕也。絕君子之行。鄭康成曰：所謂色取仁而行違，是驚動我之眾臣，使之疑惑。

疏　云「堲，疾惡也；讒，譖也」者，說文土部、言部文。馬注見三國志吳主傳裴松之注。殄絕，釋詁文。讒說顛倒是非，是爲絕君子之行。鄭注見五帝本紀注。云「所謂色取仁而行違」者，所謂論語顏淵篇文。彼馬融注云：言佞人假仁者之色，行之則違。

命女作內言，夙夜出內朕命，惟允。內奴眔反。

注　內言，官名，所謂王之喉舌也。出命，承上言而敷之于下；內命，時之所宜，復于上也。允，信也。敷式支反，俗作旃，音同，諡異。

疏　漢書百官公卿表敘云：龍作內言，出入帝命。應劭注云內言如今尚書管王之喉舌故云內言官名所謂王之喉舌也王之喉舌者詩烝民云出內王命王之喉舌彼鄭箋云出王命者王口所自言承而施之也內王命者時之所宜復于王也其行之也皆奉順其意如王口喉舌親所言也故此注云出命承上言而施之于下內命時之所宜復于上也用鄭詩箋說也內者自外來入故爲時之所宜復于上復入之也允信釋詁文

帝曰咨女二十有二人欽哉惟時亮天功【注】馬融曰稷契咎繇皆居官久有成功但述而美之无所復敕禹及垂以下皆初命凡六人與上十二牧四嶽凡二十二人鄭康成曰皆以正元日假于文祖時所敕命也疇謂誰相功事也敕命二十二人皆在明堂明堂天灋故曰天事復房救反相息匠反【疏】馬注見五帝本紀注云稷契咎繇皆居官久者棄爲后稷契作司徒咎繇作士皆在堯時是時猶仍

舊職故云反官久上文鄭注亦云此三官是堯時事也
云无所復敕皆謂此欽哉諒天功之義不敕及三臣知
然者以經言二十二人若數稷偰咎繇則二十五人矣
故知不數之也鄭注見正義據正義所引鄭此注上猶
有曰咨十有二牧至帝曰龍十字以其不數四嶽化非
故節去之云皆月正元日假于文祖時所敕命也皆新
天子即位朝羣臣必皆有所申敕上文假于文祖之下
即云詢于四嶽咨十有二牧絣林命官職而總敕二十
二人明是一時之事孫親違乃云朱必一日之內即得
行此諸事不知何見而云然殊可怪也諒天功史記作
相天事故云諒相功事也云敕命二十二人皆在明堂
者此以上皆假于文祖時事文祖之明堂也云明堂天
法者大戴禮盛德篇文劉歆七略曰王者師天地體天
而行是以明堂之制內有太室象紫宮南出明堂象
太微故云明堂天灋盛德篇云明堂天灋也禮度德法
也所以御民之嗜欲好惡以慎天法以成德灋也明堂
政令必慎天法故以天功爲言
此說本諸惠先生明堂大道錄**弎載攷績弎攷**

黜陟幽明黜丑律反（注）黜退下也大傳曰其訓曰三歲

堯典　尚書集注音疏一　卆八

而小攷者正職而行事也九歲而大攷者絀无職而賞有功也一生三以至九年天數窮矣陽德究矣積不善至于幽六極以類降故黜之積善至于明五福以類相升故陟之皆所自取聖无容心也叟古陟字下竹嫁反絀丑律反毀黜通

疏 說文黑部云黜貶下也叟毀貶古今字也大傳偁其訓曰則是伏生錄舊訓也斯其說尚矣云一生三以至九年天數窮矣陽德究矣者天數一三五七九故九爲天數之窮九者老陽之數易乾鑿度曰九者氣變之究也說文亦云九陽之變也象其詘曲究盡之形是九爲陽德之究也易文言曰積善之家必有餘慶積不善之家必有餘殃範曰嚮用五福畏用六極然則積善者天嚮之以五福積不善者天畏愳之以六極福極各從其類故曰以類降以類相升也一生三以至九年善不善皆積矣幽明分矣聖人法天以爲黜陟幽明各以類從非有成心以爲黜陟故曰皆所自取聖无容心也

庶績咸熙 注 攷績灋

明故爲衆功皆興【疏】以文承庶績之下故注云熙分兆三苗兆彼列反僞孔本作北非【注】兆亦分也字从重八鄭兼成之流四凶者卿爲伯子大夫爲男降其位亦猶爲國君所竄三苗爲西裔諸侯者猶爲惡乃復分析流之重直容反復房救反【疏】說文八部云兆分也从重八此經分兆聯文故云兆亦分也兆字與北相似而古今字輒變易凡兆字今皆改作別經傳中不復有兆字學者遂不知有兆字故見此經之兆誤仍爲北遂作北字茲故特正之曰字从重八明其字之非北也鄭注見正義及五帝本紀注孟子萬章篇云天子之卿受地視侯大夫受地視伯故卿爲伯子大夫爲男斯爲降其位也伯子男皆君也故云猶爲國君鄭知熙者以三苗是國名上言竄三苗此是杜竄之使不得通中國亦未嘗滅其國則仍爲國君推之彼三凶當亦然也云分析流之者蓋三苗爲西裔諸侯其君雖止一人而其族類當復不少其在西裔猶相聚爲惡故復分析流之三國吳志虞翻傳注引翻奏曰尚書分兆三苗兆古

別字鄭注訓以言以猶別也案小與別實不同无知世俗輒用別代小而不知爲小字鄭君已時俗習用之字發明古字則乃易曉故云小猶別言此小字猶時俗所習用之別字也然則鄭君不訓爲以也且鄭言分析流之分析猶分小也鄭君何嘗已小爲以兮虞翻鄭不可聽也

舜生二十登庸僞孔本登作徵二十作三十茲从鄭二十在位五十載陟方乃死

注鄭康成曰生三十謂生年三十也登庸二十謂秝試二十年也在位五十載謂攝位至死五十年舜年一百歲聲謂陟方訓守也史記曰三十九年南巡守崩于蒼梧之野葬于江南九嶷守鋝紆反嶷牛其反

疏鄭注見正義案史記云舜年二十以孝聞年三十堯舉之年五十攝行天子事年五十八堯崩年六十一代堯踐帝位踐帝位三十九年南巡守崩于蒼梧之野三十而舉五十而攝位是秝試二十年也荅年六十一踐帝位三十九年而崩則年九十九

而鄭云一百歲者蓋舜年六十一終堯之喪據孟子萬章篇舜終堯喪避于南河之南及朝覲訟獄之歸心而始踐帝位則必在歲暮矣且堯正建丑舜正建子其改正朔必在其年十二月建子之月而以爲元年正月然則舜雖年六十一踐位而其改元則年六十二矣故三十九年則百歲也五十攝位百歲而崩故曰攝位至死五十年鄭注與史記合又王充論衡氣壽篇引此經而統計之曰適百歲矣言適百歲則滿百歲而無贏餘然則充亦以爲登庸二十與鄭同矣此習古尚書本也惟偽孔氏改二十爲三十且諸異說變經之文者也後世信而從之且據之以改論衡之二十爲三十是可嘆也云陟方訓守也者禮記檀弓云舜葬于蒼梧之野彼鄭注以爲征於苗而死因留葬焉且引此經與檀弓史記以爲南巡守崩于蒼梧則此經與檀弓史記所言一事也故以陟方爲巡守而死引史記以證之所引史記五帝本紀文也漢書地理志蒼梧爲郡名屬交州又零陵郡營道九疑山在南說文山部云九疑山舜所葬在零陵營道

堯典標題十三名注二十九字音四言疏千一百

九十七字隸書標題及署名并疏皆不數

堯典經文千一百八十四名重文十九凡千二百

三言注五千八百六十五字釋音辭字四千五十

言疏三萬六千五百八十一字

尚書集注音疏卷一　終

舜典弟二 注 孔氏逸書一今亡 疏 孔氏書五十八篇堯典亦在其中而以此篇為孔氏逸書一者蓋堯典今文所有當時立于學官並今見在不得出為逸書茲紀孔氏所有而今亡者凡二十四篇故以此為一也其三十四篇今文所有者皆不在此數

虞夏書一　虞書一

尚書集注音疏卷二　江聲學

汩作弟三 汩于骨反俗譌作汨音謐皆非 注 孔氏逸書二今亡

虞夏書二　虞書二

九共一弟四 共居勇反 注 孔氏逸書三今亡

虞夏書三　虞書三

九共二弟五 注 孔氏逸書四今亡

虞夏書五　虞書三

九共二弟六 注 孔氏逸書五今亡

虞夏書六　虞書五

九共三弟七 注 孔氏逸書六今亡

虞夏書七　虞書六

九共五弟八 注 孔氏逸書七今亡

虞夏書八　虞書七

九共六弟九 注 孔氏逸書八今亡

虞夏書九　虞書八

九共七弟十 注 孔氏逸書九今亡

虞夏書十　虞書九

九共八弟十七 注 孔氏逸書十今亡

虞夏書十七　虞書十

九共九弟十八 注 孔氏逸書十一今亡

虞夏書十八　虞書十一

予辯下土使民平平使民無敖 敖音[illegible]反 疏 此九共逸文也見伏生尚書大傳薛季宣書古文訓云伏生偁九共曰諸侯來朝各錄其土地所生美惡人民好惡為之貢賦政教略象記其語云云即此文也觀九共分九篇此文實為弟幾篇之文則未由攷知姑具列其目而傳其文于後云 注 辯治也平當為釆字之誤釆釆辨治也 疏 辯治說文辡部文云平當為釆字之誤者古文平似釆學者罕見釆字輒誤以釆為古文平故堯典釆章釆豑

釆在鴻範王省釆〻隸古定本皆作乎番時悉改爲乎矣已此推之此文乎字亦是誤改其實是釆字也毛詩釆菽傳云乎〻辨治也詩釋文云乎〻韓詩作便〻然則與堯典諸釆字史記皆作便同則毛詩乎字誤也實當爲釆〻故云釆〻辨治也用毛傳說而訂正其誤字

槀飫第十七　槀可到反　飫了召反　注　篇亡孔氏書亦未爲

虞夏書十七　虞書十七

大禹謨第十三　謨古文謨　注　孔氏逸書十二今亡

虞夏書十三　虞書十七

咎繇謨第十五

虞夏書十五　虞書十三　尚書十七

疏　此但紀于今見存之伏生所傳二十八篇此篇舉堯典之後故云尚書二

粵若稽古咎繇曰允迪氒悳謨明弼諧【注】說者以爲咎繇聖人故目篇粵若稽古咎繇予以爲未然鄭康成讀古絕之是矣蓋古書或以粵若稽古發篇逸周書武穆解然也斯則解爲順攷古道可也不必泥于同天之詮說經固不可執一也允信迪道氒其謨謀弼俌諧龢也泥奴戾反俌房雨反【疏】班固白虎通聖人篇云何以言咎繇聖人以目篇粵若稽古咎繇故云說者以爲咎繇聖人故目篇粵若稽古咎繇目篇謂題目某篇也案稽古之詮爲同天惟天子得爲是目咎繇雖聖不可以同天目之故以其說爲未然不當以稽古字屬咎繇也正義云鄭以咎繇下屬爲句故云鄭康成讀古絕之是矣云蓋古書或以粵若稽古發篇逸周書武穆解然也斯則解爲順攷古道可也不必泥于同天之詮者三國魏志三少帝紀帝問堯典粵若稽古之詮博士庾峻偁賈馬融以爲

順攷古道案堯典之稽古當如鄭君之說以爲同天此經則不可以同天爲說自當別易一解賈馬順攷古道之誼于此了爲允當也逸周書武穆解云粵若稽古曰昭天之道照帝之載云云是亦止可作順攷古道解故引以況此經則此文粵若稽古雖與堯典同解說不必盡同鄭君此文之注雖不可見亦必不與堯典注同何以知之據其于古字絕句則固與堯典文異讀矣蓋解經當望文爲誼不可泥于一說也允信迪道慕謀弼輔龤龢竝釋詁文于其釋言文也史記夏本紀錄此篇文云咎繇述其謀曰信其道惪謀明輔龢茲依彼以爲訓

禹曰俞如何咎繇曰都愼氒身修思永惇敘九族庶明勵翼爾可遠在茲

注 永長惇厚也言其身修則信道其惪長其思慮則謀明庶明勵翼則備眛矣鄭兼成曰庶衆勵作也厚敘九族而親之以衆賢明作輔翼之臣此政由近可以及遠

也聲謂爾從茲此也【疏】永長惇厚皆釋詁文云昚其身修則信循其惪長其思慮則謀以庶以厲翼則俌咏者此經是咎繇因禹問而申說上文之意故以昚氒身修云云分配上文也鄭注見三國蜀志先主紀注及史記夏本紀注又見正義庶眾厲作爾近茲此亦皆釋詁文禹拜昌言曰俞【注】昌美言也【疏】昌美言也者說文曰部文史記云禹拜美言是亦以昌爲美也咎繇曰都在知人在安民【注】言親親任賢使政可惠及遠者在乎知人在乎安民【疏】經文兩在字承上文而來故注云親親任賢使政可惠及遠本上文爲言也禹曰吁咸若時惟帝其難之【注】咸皆時是也言皆若是惟帝其猶難之帝謂堯也其者不遠之詞知人安民實非堯所難而言帝其難之者蓋聖心沖虛禹推堯心當未敢以爲易

咎繇謨　尚書集注音疏卷二　四

若論語曰堯舜其猶病諸易羊枝反【疏】咸皆時是竝釋詁文僞孔氏以帝爲堯茲不知也者蓋堯謙辭臣子不應乎議其短僞孔非是故易之云帝謂舜也其是語詞若其諸其辭之其故云不定之詞文十八年左傳稱舜去四凶擧十六族禮記表記稱虞帝子民如父母有憯怛之愛有忠利之教故云知人安民實非舜所難云蓋聖心沖虛者聖人求賢若渴視民如傷雖人無不知民無不安而心常歉然不自滿止惟恐爲不知爲不安者不啻己知人安民爲易窮推舜心當亦如是故云帝其難之也引論語堯舜其猶病諸者雍也憲問二篇皆爲是言其猶云者縣擬不定之詞疑此經其字正同故引以況

知人則哲能官人安民則惠黎民懷之【注】哲智惠仁懷安也一曰懷思也智中枝反今者亏伀【疏】哲智釋言文惠仁說文叀部文毛詩揚之水傳云懷安也釋詁云懷思也此經懷字訓爲安則爲安上之政教訓爲思則爲思上之仁恩二誼皆通故備兩訓

能哲而惠何憂乎驩兜何遷乎

有苗何畏乎巧言令色孔壬畏了禾反俗輒作畏非其諟矣綴七征反注而當為能字之誤也播古文變巧言好其言語令色善其顏色孔壬甚佞也謂共工也能哲能惠則舉直措枉使枉者直故無患乎凶人馬融以為之隱故不言鯀爲亏睦反疏云而當為能者能是古能字據史記作能哲能惠則此而實是能字於古文當為能也鄭注禮運云能古能字傳書世異古字時或存者則亦或今誤矣後正義云亦或今誤矣者今書雖存古字為能亦為誤不密乎直作而字多古篆云秘律度而不密及劉向說共為字皆為而也是亦為今誤矣案此則書多為能誤為而者此經亦然故云字之誤也云播古文變者說文辵部文云巧言好其言語令色善其顏色者包咸注論語學而篇語也釋言云孔甚也釋詁云壬佞也故云孔壬甚佞也公羊莊十七年傳云書甚佞也甚佞謂佞人之甚者也云謂共工也者堯典說共工之惡云靜言庸違象龔滔天巧言即靜言令

色孔象龔也且四凶之中讙吺爲苗民言之矣鯀則宗所諱言則巧言令色孔壬自是謂共工矣論語顏淵篇樊遲問仁子曰愛人問知子曰知人樊遲未達子曰舉直錯諸枉能使枉者直樊遲退見子夏曰鄉也吾見于夫子而問知子曰舉直錯諸枉能使枉者直何謂也子夏曰富哉言乎舜有天下選于眾舉皋繇不仁者遠矣湯有天下選于眾舉伊尹不仁者遠矣據子夏解孔子之言則舉直錯枉使枉者直是仁知兼備之事也哲知也惠仁也故云能哲能惠則舉直錯枉使枉者直故无患乎凶人馬注見正義

皋繇曰都亦行有九惪亦言其人有惪乃言曰載采采

行下孟反注同俗本作亦言其人有德史記无人字惠先生曰唐石經初刻有人字後刪去聲案唐石經尚書即僞孔本也有而後刪則有者誤矣是知古本无人字僞孔本亦誤

【注】亦古扶字扶持也載始采事也言人扶其行有九惪則亦稱其有惪乃言其始時某事某事以爲驗□徒□反【疏】云亦古扶字扶持也

者說文亦部云亦人之臂亦也从大象兩亦之形又手部解掖字云一曰人臂下也則亦掖古今字詩衡門敘云作是詩以誘掖其君鄭君箋云掖扶持也據石經則作誘亦其君是亦為古掖字也載采采史記作始事事故云載始采事也詩敘云載見諸侯始見乎武王廟也是載為始其詩曰載見辟王毛傳云載始也此下文乃賡載歌鄭注亦云載始也采事釋詁文云言人掖扶其行有九德者顧野王玉篇說也此解甚精善本諸漢經師舊說與云則亦偁謂其有德者以扶掖之詮可以解亦行之亦而不可通于亦言之亦故兩亦字解作兩詮望文為之說矣其可通而已

禹曰何 注 問九德云何也 咎繇曰寬而栗柔而立 注 寬柔而能自立 疏 人性柔者和溫寬故曰寬柔柔則多失之柔靡能自立乃為成德故云寬柔而能自立禮記儒行云儒有忠信以為甲胄禮義以為干櫓戴仁而行抱義而處雖有暴政不更其所其自立有如此者 愿而龔 愿魚怨反 注 愿謹龔肅也 疏 愿謹說文心部文鴻範云皃曰龔龔作肅故云龔肅也謹愿之

咎繇謨

九德義皆質樸亦剛肅故愿而恭乃爲直德也亂而敬【注】亂治也亦治才而亦敬事【疏】亂治釋詁文案說文亂从𤔔从乙𤔔治也乙治之也故亂爲治亦治才者臨事多急亦敬其事乃爲直德也故云亦治才而亦敬事擾而毅擾如手反此古音也俗音如小反毅牛氣反【注】鄭康成曰擾馴也致果曰毅【疏】注見三國蜀志黃權等傳亐注云擾馴也者周禮服不氏掌養猛獸而教擾之鄭注假文大云擾馴也致習使之馴服云致果曰毅者宣三年左傳文直而溫簡而廉【注】簡約而亦廉隅【疏】堯典簡而无傲馬融解爲簡約此文之簡當同彼文故大解爲簡約鄭注樂記云廉廉隅也故解廉爲亦廉隅廉棱也隅隅也亦廉隅謂隅棱峻峭不夌偖乙害其从之匚正也剛而𡫳𡫳先則反僞孔本作塞非也茲从說文所引【注】𡫳實也【疏】𡫳實說文心部文定之方中詩云秉心塞淵鄭箋云塞充實也誼與此同彊而誼誼俗作義鄭仲師注周禮肆師云古者書儀但爲義今時所謂義爲誼[illegible]

則義字亦古當爲誼【注】聘誼以所貴於勇敢者貴其敢行禮誼也又以勇敢彊有力者用之于禮誼則順治故彊而誼乃爲成德與兼成以尺人之性爲與爲其上者不必爲下爲其下者不必爲上上下相叶乃成其德【疏】聘誼者說聘而之誼是以名篇今在禮記引之以證彊必合誼乃爲德也案彼文云爲誼之謂勇敢故所貴于勇敢者貴其能以立誼也又云故所貴于勇敢者貴其敢行禮誼也故勇敢彊有力者天下無事則用之于禮誼天下有事則用之于戰勝用之于戰勝則無敵用之于禮誼則順治外無敵內順治此之謂盛德故云故彊而誼乃爲成德但彼文盛德兼戰勝言之茲節其文不具引者茲無取于戰勝之誼也鄭注見正義云爲其上者不必爲下爲其下者不必爲上者總說寬而栗以下九句也上謂寬柔愿亂擾直簡剛彊也下謂栗立恭敬毅溫廉塞誼也段知寬者或不栗栗者又不兼寬必兼之可爲德必合是二者乃爲德也其下八句皆仿此故云上下相叶乃成其德

叶出言合也

章氒有常吉哉【注】章明吉善也鄭兼成曰人象明其悳所行使有常則成善人矣【疏】章明說見堯典采章延吉善說文口部文戰國策曰吉祥善事鄭注見正義云所行使有常者謂行此悳有常也論語述而篇云子曰善人吾不得而見之矣得見有恆者斯可矣是有恆可以維于善人恆之言常有常即有恆故云所行使有常則成善人矣

日宣弎悳夙夜浚明有家日嚴祗敬六悳諒采有邦翕受敷𢼊九悳咸事俊乂在官

浚息俊反嚴宜广反翕喜及反𢼊式豉反俗輒作施非其證矣

【注】宣顯也馬融曰浚大也嚴讀曰儼諒信采事也營謂浚或爲翊翊叚借字也當爲翼翼敬也祗大敬也諒相翕合也日顯者其三悳早夜敬明其悳于家者謂來仕

者也日益儼然敬行六惪㠯相事亏國者謂㠯仕者也

合受而用之㠯敷施政教使九惪之人皆任事則杜官

者皆俊乂之士矣祗或爲振鄭康成曰才惪過千人爲

俊百人爲乂相息匠反疏宣顯韓詩淇奧傳誼也毛詩云赫兮咺兮釋文云咺韓詩作宣〻顯也馬注見釋文及夏本紀注釋詁云駿大也馬云浚大也者浚駿音誼誦也釋文云嚴馬徐魚檢反是馬讀嚴爲儼也諒信采事茲釋詁文云浚或爲駿者據史記云夙夜翊明有家云翊叚借字也當爲翼者釋文傑尚偁鄭康成曰其始書之也倉卒无其字或㠯音類比方叚借爲之趣亏近之而已是古人書字多叚借用者釋言云翊明也鄭注引書曰翊日乃瘳而尚書作翼日是翼乃正字翊則其叚借字也翼敬釋詁文翼日之爲敬日俞亏浚明之誼故云當爲翼釋詁祗翼同訓敬茲學翼敬也訓故云祗大敬也諒相說見堯典疏此經諒采當與堯典諒采惠疇同誼故訓同假注馬云諒信恐非也翕合釋詁文夙夜翼明有家謂修行亏家者故云皁夜

敬司其悳亏家者謂采仕者也諒采有邦則是相事亏國故云謂㠯仕者知此解說甚司順僞孔氏說有家云㠯爲卿大夫說有邦云㠯爲諸侯也說文離隸讙也鄭注見正義正義發偁馬王亦云數案辨名記云倍人曰茂十人曰選倍選曰俊千人曰英倍英曰賢萬人曰傑倍傑曰聖是則俊非千人千人乃了英也鄭云千人爲俊者蓋本諸淮南子泰族訓云千人者謂之俊說文亦云俊材過千人也其百人之名則辨名記未有見泰族訓則云百人者謂之豪又與百人爲乂不合蓋此等名偁原无一定各㠯意說故有異也正義謂鄭㠯三悳六悳皆屬而敬㠯下其意不可曉故不用**百僚師師**注僚官也師師相師灋也疏僚官釋詁文微子云卿士師師非度馬融注云卿士㠯下轉相師效爲非法度是言相師爲惡雖與此相師爲善不同而相師之誼則同故云師師相師法也**百工惟旹撫亏五辰庶績其冰**冰宜夌反俗作凝注工亦官也撫循也辰時也播五行亏四時故謂四時爲五辰也百官奉

順天時循五時以行政則衆功皆成矣鄭康成曰[illegible]咸也

疏 毛詩臣工傳云工官也此文承上僚官之訓故云工大官也釋詁云不辰不時也毛詩東門之楊及小弁傳皆云辰時也此經承上百工惟時之時故云辰大時也云播五行于四時者禮記禮運文五行木王于春火王于夏金王于秋水王于冬均其日數應各王七十三日奇土則寄王于四季各十八日奇總之亦七十三日奇而夏气舒長冬气短促率水王七十日木王七十三日火王七十五日金王七十四日弱土分王四季總計之亦七十三日有奇故云播五行于四時也以五行分四時則為五行之時故謂四時為五辰也云百官奉順天時循五時以行政者蓋堯典命羲和仲叔采敘四時及明堂月令十二月之政令是也漢書魏相傳相采易陰陽及明堂月令奏之曰臣聞易曰天地以順動故日月不過四時不貣聖王以順動故刑罰清而民服天地變化必繇陰陽陰陽之分以日為紀日冬夏至則八風之敘立萬物之性成各有常職不得相干東方之神太昊乘震執規司春南方之神炎帝乘離執衡司夏西方之神少昊乘兌執巨司秋北方之神顓頊乘坎執權

司空中央土神黃帝乘坤艮執繩司下土茲五帝所司各有時也東方木生卦不可以治南方火生卦不可以治北方萬物兌治則幾殺物震治則華寒物離治則泄夏物坎治則靁以王謹于與天皆于養乃故太養味出官以乘四時節授民事君動靜以循奉順陰陽則日月光明風雨時節寒暑調味三者得敘則災害不生五穀孰絲麻家中米茂鳥獸蕃民不夭疾衣食有餘若是則君尊民說上下以和政教不韋而擾可興是順循五時以行政則萬物皆成矣鄭注見正義禮記鄉飲酒誼云天墜嚴凝之氣始于西南而盛于西北案西方成物出方然則嚴凝之氣所以成物故云凝成也鄭注易鼎象正位凝命亦云凝成也

毋斆佚欲有邦佚夷質反今誦作逸

注 斆者上所施下所效也言毋佚欲爲有國者所效毋斆或爲亾敖欲或爲游欲或爲國數音效反

疏 云斆者上所施下所效也者說文斆部語也云毋斆或爲亾敖欲或爲國者漢書王嘉傳嘉上封事曰臣聞咎繇戒帝舜曰亾敖佚欲有國云云云欲或爲游者後漢書陳蕃傳蕃上疏諫獵引咎繇戒舜無斆

游逸

兢兢業業一日二日萬機兢吉夌反機僞孔本作幾茲從漢書王嘉封事所引【注】兢兢戒也業業危也馬融曰一日二日猶日日也聲謂機發動所由也一日二日之閒萬事之機所出言當戒懼也【疏】兢兢戒也業業危也竝釋訓文馬注見正義云機發動所由也者鄭注禮記大學說也

毋曠庶官【注】曠空也置非其人與空無異故言空也【疏】此注皆王充論衡藝增篇文孟子曰曠安宅而不居以其不居于仁爲空此宅是曠爲空也置官非其人則其職不治與無官同故云與空無異

天工人其代之【注】人謂君也言君代天官人不可不得其人也【疏】後漢書馬援列傳援兄子嚴上封事云書曰毋曠庶官天工人其代之言王者代天官人也是解此經人字爲王者故云人謂君也正義引王肅注云天不自下治之故人代天居之不可不得其人也正與馬嚴意合故合是二說以爲注

天敘五典飭我五典五惇哉僞孔本作天敘有典釋文云有典馬本作五典茲从馬飭丑力反與敕同

注 敘次弟也典常也飭讀曰敕敕正也惇厚也天次敘人五常之性當敕正我五常之教使人厚于五倫哉

疏 敘次弟也皆說文攴部文典常釋詁文也說文力部云飭讀若敕則飭與敕古今字也呂氏春秋仲秋紀云乃命司服具飭衣常高誘注云將飭正之乃命之也是飭之言正故云飭讀曰敕敕正也惇厚亦釋詁文白虎通情性篇云五常者何謂仁義禮智信也禮記中庸云天命之謂性鄭注云天命謂天所命生人者也是謂性命木神則仁金神則義火神則禮水神則信土神則知是五常即五性天所命生人者故云天次敘人五常之性既爲五常之性人君因其性而立之教則爲五常之教父子爲親仁也君臣爲義義也夫婦爲別智也長幼爲敘禮也朋友爲信信也中庸曰君臣也父子也夫婦也昆弟也朋友之交也五者天下之達道也鄭注云達者常行百王所不變也是五倫亦爲五常故云當敕正我五常之

敕使人得于五倫哉天豑有禮自我五禮五庸哉五庸

僞孔本作有庸釋文云馬本作五庸茲从馬**注**豑爵之次弟也字从豊弟豊讀與禮同以禮次弟爵之尊卑故曰天豑有禮自由也五禮五等諸侯爲三卿大夫四士五也庸讀若庸用也言由我五禮用以接羣臣諸侯用五禮故曰五庸爵紀前反

疏云豑爵之次弟也从豊从弟又云豊讀與禮同者茲說文豊部文云以禮次弟爵之尊卑故曰天豑有禮者豊配弟爲豑卽其字恉可見次豑爵尊成由乎禮正此經天豑有禮之誼也釋詁云由自也誼同可轉訓故云自由也正義引鄭注云五禮天子也諸侯也卿大夫也士也庶民也聲案禮自天子出天子所以待臣下不應天子在五禮之中又案曲禮云禮不下庶人蓋庶人通用士禮不得爲庶人制禮鄭君說五禮兼數天子庶民竊以爲未然故改其說云五禮五等諸侯爲三者後世之制多因前代據鄭君王制注殷制合伯子男爲一則

殷之諸侯屬三等周禮典命云上公九命其國家宮室車旗衣服禮義皆以九爲節侯伯七命其國家宮室車旗衣服禮義皆以七爲節子男五命其國家宮室車旗衣服禮義皆以五爲節則周之諸侯屬雖五等而禮止三等唐虞諸侯无文可攷或同于殷或同于周總之是三等之禮矣又鄭注下文作服云公自山龍而下侯伯自華蟲而下子男自藻火而下則虞之諸侯伯同于侯男同于子與周制相彷是五等諸侯爲三也云與大夫四士五也皆蓋臣下皆當以禮相接不當舍朝臣而專舉諸侯以兼言與大夫士理乃完足故數諸侯與大夫士爲五也若堯典脩五禮注从鄭說以爲公侯伯子男朝聘之禮與此異皆從文承肆覲東后之文則是朝諸侯之禮故五禮專就五等諸侯言此文則不可同于彼也云𩫖讀若庸用也皆說文𩫖部文而說文用部解庸字亦云用也則𩫖庸音誼同也

同寅叶龔咊衷哉注寅敬也叶古文協〻亦咊也以典禮正羣臣諸侯則同敬在朝皆以叶龔而咊衷龔在皃衷謂心言外內叶咊也朝直佋反

疏 寅進釋詁文云叶古文協協大咊也者鄭注周禮太史職云故書協作叶又注大行人職云故書協辭命作叶詞命說文劦部云協衆之同咊也協十聲叶古文協从日十是則叶之訓爲咊已經叶咊茲見故云叶大咊也上文典禮茲舉見此當兼舉典禮僃見傳云已五禮正諸侯單舉五禮云諧未僃非也正義云鄭已爲幷上典禮共爲此事茲故云已典禮正羣臣諸侯則同進在龔者習叶龔而咊衷从鄭詮也云龔在皃者論語季氏篇云皃思龔洪範云皃曰龔是龔多就皃言也云衷謂心者閔二年左傳云佩衷之旗也又云用其衷則佩之度又蒼頡篇云衷小外之詞也則衷之言內是則衷謂中心也皃在外心在內叶龔咊衷則內外叶咊矣

天命有德五服五章哉 注 鄭康成曰五服十二也九也七也五也三也聲謂章之言明五等之服有五等之章所以章明其德 疏 鄭注見周禮小宗伯疏下經云日月星辰山龍華蟲作會宗彝璪火粉米黼黻絺繡鄭君注云此十二章爲五服天子備有公自山龍而下侯伯自華蟲而下卻縣慕

子男自璪火而下鄉大夫自粉米而下數則此十二者謂天子之服○一曰二辰三山四龍五華蟲六宗彝七璪八火九粉米十黼十一黻十二也九則自山龍而下上公之服七則自華蟲而下侯伯之服五則自璪火而下子男之服三則自粉米而下鄉大夫之服凡五等也上文五采繡士此五服中无士者古者士无爵无爵則卑故禮則不纘服則不及或士攝盛可通用大夫服也云所以章明其德者白虎通攷黜篇云言成章行成規藻龍之亦服表纁其德是服以章德也

天討有辠五刑五用哉

注 唐虞象刑以蒙巾當墨以屮纓當劓以屨屝當剕以艾韠當宮布衣无領當大辟此之謂五用與蒙莫紅反屝房沸反剕元卑反與爰如反

疏 今本白虎通合驗文其引見于徐堅初學記二十卷者並云犯墨者蒙巾犯劓者赭其衣犯髕者以墨蒙其髕處而畫之犯宮者屝屨犯大辟者布衣无領然出大傳說唐虞象刑惟不見犯宮者之象其四象悉與白虎通文同虞世南北堂書鈔卌四卷引慎子曰以畫跪當黥以屮纓當劓以屨屝當剕

以交韓當宮此說象刑之彩不及大辭其四刑之象與白虎通所說不同今互擇其近是者以當此經五用故云此之謂五用與公羊襄廿九年何休注引孔子曰三皇設言民不韋五帝畫象世順機大傳云唐虞象刑而民不敢犯然則唐虞之世无事乃鉅刑殺則此五用當止謂用五刑之象故以象刑爲說誼雖不疑以出于己見不敢質言故云與也

政事懋哉懋哉注懋勉疏懋勉釋詁文

天聰明自我民聰明天明威自我民明威威偽孔本皆作畏唐開元時改其下畏爲威釋文云畏馬本作威聲案鄭注周禮鄉大夫職引此亦皆作威茲从馬鄭注天之所謂聰明有惪者衆民也天之所謂有辠而加以明威者亦衆民也言天所善惡與民同善乃戰反惡烏路反疏詩烝民正義引此經注云天之所謂聰明有惪者衆民也言天所善惡與民同蓋鄭注也言聰明而不言明威者以鄭箋烝民詩止引此聰明句故彼正義不及引明威句注亦但以上句注逆推則下句誼亦可知縣慕

見且云言天所善惡與民同所善謂聰明所惡當謂明威是總解此二句則明威自注益可推矣故云天之所謂有皋而加以明威者亦畏民也所聰明自注而足成之也

達于上下敬哉有土

注 達通上天下民也天之賞罰皆畏民是上下通也有土之君其敬之哉

疏 說文辵部云通達也同詮轉訓故云達通云上天下民者承上文天自我民而言則達謂天民相通故知上謂天下謂民也

咎繇曰朕言惠可厎行

注 惠順厎致也言我言順于可致之于行乎

疏 惠順厎致並釋言文下文咎繇謙言予未有知則此非自矜詡之語故注以問詞解之史記錄此經云吾言厎可行乎則是證此是問詞矣

禹曰俞乃言厎可績

咎繇曰予未有知思曰贊贊襄哉

注 鄭康成曰贊明也襄之言揚言我未有所知思贊明帝惪揚

我忠言而已謙也【疏】注見正義熙之言揚正義作熙之言暢而揚我忠言則仍作揚案爾暢則當從爲暢作揚則當從爲揚雖暢揚諠從可通然必一誤今定作揚可也然孔氏于此下分篇名之爲益稷變亂舊章誕妄之甚也

帝曰來禹汝亦昌言禹拜曰都帝予何言予思日孜孜【注】禹曰禹言帝扗上咎繇績慕于下已前矣我復何所言乎聲讀孜孜汲汲也復伏孝反【疏】肅注見正義禹言二字肅注本无予已意增之太誓云孜孜无息則孜孜是勤敷之意故爲汲汲說文攴部云孜汲汲也彙言孜孜諠大同也

咎繇曰吁如何

禹曰洪水滔天浩浩懷山襄陵下民昏墊墊丁念反【注】鄭康成曰昏沒墊陷也禹言洪水之時民多沒陷之害【疏】注見正義日沒爲昏故云昏沒說文土部云墊下也春秋傳曰墊隘則墊爲下

咎繇謨

陷之意故云墊陷也 予乘亖載 注 水行乘舟陸行乘車山行乘欙澤行乘輴是之謂四載 欙力追反 輴敕𦎫反 疏 說文木部欙字云山行所乘者緣以引此經幷舉水行陸行山行澤行所乘以說四載之證案叔重自敘說文解字言書偁孔氏古文則其木部所說水行乘舟云云乃孔氏古文說也云澤行乘輴者說文車部云輴車約輴也蓋是車之[illegible]名約者可以行涂泥中故澤行乘之也案四載之說水陸舟車无異說山行澤行說多不同史記夏本紀兩言泥行乘橇山行乘輂徐廣云橇它書或作蕝輂直轅車也音九足反張守節云橇形如船而小兩頭微起人曲一腳泥上擿進用拾泥上之物今杭州溫州海邊有之輂者上山前齒短後齒長下山前齒長後齒短也河渠書云泥行蹈毳山行即橋徐廣云橋音邱遙反漢書溝洫志云泥行乘毳山行則梮服虔孟康皆云毳形如箕擿行泥上如淳云毳音茅蕝之蕝謂以板置泥上以通行路也梮謂以鐵如錐頭長半寸施之履下以上山不蹉跌也應劭云梮或作欙爲人所牽引也韋昭云梮木器也如今舉牀人舉以行也諸家之說紛紛各異今定从說

文者徐廣史記音誼引尸子曰山行乘樏又引曰行涂以楯涂即泥也行涂即泥行大即澤行也楯則輴之叚借字也則說文與尸子合矣論諸書時代尸子最先則其誼爲最古說文之說係本孔氏又合尸子斯精確矣故从之

隨山栞木栞可寒反正義本作刊開元時所改也茲从說文所引

【注】隨山行山也栞槎識也讀若刊字又作栞行下孟反槎助牙反識中試反栞可寒反

【疏】史記夏本紀錄此文云行山栞木又錄禹貢隨山栞木作行山表木是道以行山發明隨山之誼以曉後學故依其誼云隨山行山也謂循行九州之山也云栞槎識也讀若刊皆說文木部文國語魯語云山不槎蘖賈逵注云槎衺斫也說文木部亦云槎衺斫也然則槎識謂衺斫其木以爲表識也云讀若刊者蓋栞是古字俗閒多以刊字代栞而廢栞字不用遂幾不識栞字未重以俗所習用之刊發栞字之音欲使栞字之誼亦因俗所知者而易之也說文[illegible]讀若臬者從習知也然則栞之讀刊音雖同而[illegible][illegible]異[illegible]衞包奉敕改栞爲刊音是而誼非矣吾初說文可也云字又作栞者說文栞字重文作栞云篆文从幵栞是篆文則栞[illegible]縣慕

乃古文矣。臮[illegible]奏庶鱻食。鱻，䬸然反。正義本作鮮，開元時所改，非其舊矣。注：奏，進也。暨益進衆民于鱻食。馬融曰：鱻，生也。鄭康成曰：鱻食謂魚鼈也。聲謂鱻食鳥獸魚鼈皆是。疏：奏進，說文本部文。云暨益進衆民于鱻食者，謂使民得鱻食以給營登進生于此者[illegible]也。馬注見釋文。周禮庖人云：凡其死生鱻薧之物。鄭仲師注云：鱻謂生肉，薧謂乾肉。故馬云鱻，生也。鄭注見詩思文正義。鄭以鱻食爲魚鼈者，魚鼈種類既蕃，生子且多，凡已孚生，少者不可勝食，故以魚鼈言之。但上言隨山栞木，山林之間鳥獸必多，必求取以佐民食，不當專以魚鼈爲言，故聲增成鄭說，言鳥獸魚鼈皆是。

予決九川距亖，濬〈巜距川。〈，君犬反。巜，古外反。注：決，行流也。九川，九州之川。距，猶致也。〈巜皆古字，今書爲畎澮。鄭康成曰：〈巜，田間溝也。川，所以通水于川也。聲謂〈，水小流也。

周禮匠人爲溝洫耜廣五寸二耜爲耦一耦之伐廣尺深尺謂之〈倍〈謂之遂倍遂曰溝倍溝曰洫倍洫曰巜巜水流澮澮也方百里爲巜廣二尋深二仞治水必先事于其故先浚九川以致于海乃後距〈巜以致于川也畎居犬反澮古外反洫呼穴反耜詳里反廣古曠反深式鴆反〔疏〕云浚亦流也者說文水部文孟子告子曰性猶湍水也浚之東方則東流浚之西方則西流是浚爲亦流也禹貢記諸水有溺水黑水河瀁江沱淮渭洛凡九似可當此九川茲不據以爲說而云九州之川者以水之通流者謂之川不止于九禹貢特紀其大者尒如雒當沱潛經皆云道則禹之所浚實不止此九水故云九川爲九州之川禹貢云九川滌原大謂九州之川也云距猶致也者此文距四海距川史記作致四海致之川是距猶致也云〈巜古字今書爲畎澮者僞孔氏隸古定本作〈巜書開元時詔改正義本作畎澮蓋相承作畎澮矣說文巜部引此作〈

巜說文所據是孔氏古文則𡿨巜皆古字矣鄭注見夏本紀注及文選長笛賦注案𡿨小于溝溝小于巜而云𡿨巜田閒溝者蓋對文則異散文則通凡水道皆可通言溝也云巜所以通水于川皆𡿨緣溝洫遞相灌注以注于巜專巜而注于川是巜所以通𡿨緣溝洫之水于川也自𡿨水小流也達瀆二物聲采說文𡿨部巜部文爲說也引周禮者說文引攷工記文也云耜廣五寸二耜爲耦者鄭注攷工云古者耜一金兩人併發之則耦是兩人各一耜也云一耦之伐廣尺深尺謂之𡿨者攷工記𡿨作甽鄭注云其壟中曰甽甽上曰伐伐之言發也然則伐謂所發之土其所發土之處廣深各尺者爲甽說文𡿨字重文作甽云古文𡿨作田川則𡿨甽同字也耜廣五寸二耜所發故廣尺準于廣以爲深故深亦尺也倍𡿨謂之遂云云約攷工記而言也記云廣尺深尺謂之甽田皆倍之廣二尺深二尺謂之遂是倍𡿨爲遂也記又云九夫爲井井閒廣四尺深四尺謂之溝故云倍遂曰溝記又云匚十里爲成成閒廣八尺深八尺謂之洫故云倍溝曰洫言倍者皆謂廣深俱倍計其寬隘之數相差各四之矣云巜水流澮澮也者𡿨巜之文皆取象水流之形𡿨是絕流故云水小流也巜併二𡿨

爲文字畫開廣象寬流之形則澮澮是寬流皃也云匚
百里爲巜廣二尋深二仞者大約攷工記文記云匚百
里爲同同閒廣二尋深二仞謂之澮巜與澮古今字也
案匚百里爲同當十宍之隆閒一宍爲一巜故云匚百
里爲巜也計尋八尺仞七尺二尋二仞則廣倍洫而深
不及倍通其廣深計寬于洫三倍半尒云治水必先事
于委者委謂下流下流多所臮稷播奏庶艱食
滯乃可以受上流之水也

注　鄭康成曰禹復與稷教民種澤物菜蔬艱戹之食聲
謂艱或爲根馬融曰根生之食謂百穀復伏冬反種之用反　疏　注鄭
見詩思文正義云禹復與稷教民種澤物菜蔬艱戹之
食者此言臮稷象上臮益之文故云復也鄭注堯典云
始者鴻水時衆民戹于飢此言艱戹之食謂澤物菜蔬
可以濟艱戹者也聲謂艱或爲根者據釋文云艱馬本
作根馬注云云亦從經釋文采也堯典云女后稷播時
百穀此言臮稷播故知根食謂百穀也案劉熙釋名云
艱根也如物根也則艱有根誼又說文艱根皆皀聲則
同聲也聲音誼皆同則字可通故鄭本作艱馬本作根

各如其字爲說但馬融鄭傳古文而字有異蓋古文有二本也說雖不同不可偏廢故並存之**尟食**

貿遷有无化尻尟息淺反尟鱻鮮三字誼各不同今俗混用一鮮字非也此文據史記云食少於少誼則字當作尟貿遷尻漢書食貨志作楙遷孔本同正義本楙下有心皆非本字也文選永明九年策秀才文李善注引尚書曰貿遷有无化尻又宋王天與尚書纂傳元吳澄尚書纂言皆云伏生大傳作貿遷今大傳未見引此經蓋有闕逸矣宋元人及見其全故得偁之正與李善文選注合是可據矣且與經誼允合故定从貿字作罔卯反

注 尟少貿易遷徙也化古貨字播種方殖民食尚少使民貿易其有无遷徙其尻積之貨史記曰食少調有餘補不足徙尻此之謂也

疏 說文是部云尟是少也故云尟少文選張平子西京賦云修則尟于鬻李善注亦云尟少也說文貝部云貿易財也故云貿易遷徙釋詁文云化古貨字者嘗見古泉形如貨布而大文曰齊杏化又有如刀形者文亦同蓋周時齊國之物其文

爲與古貨三字宗乃皆貨也是古字以化爲貨之證也貨字从貝化聲古文省貝亦云貿易其有无即是遷徙遷徙其居積之貨即是貿易貿遷二字經總言之注互言之也引史記者夏本紀文云食少即此經鮮食云謂有餘補不足即貿遷有无徙居即貿遷化居故云此之謂也

烝民乃粒萬邦作艾 艾吾蓋反僞孔本作乂茲从鄭 注 鄭康成曰粒米也艾養也烝民乃復粒食萬國作相養之禮 復伏又反 疏 注見詩思文正義說文米部云粒糂也糂即俗所呼米糂是故云粒米也艾養釋詁文云烝民乃復粒食者先時民本粒食經九年之水不可耕種米粟將竭上文言鱻食艱食則幾不粒食矣至是稷播百穀民乃復得粒食故云復也

咎繇曰俞師女昌言 注 史記曰咎繇曰然此而美也然則師當爲斯聲之誤與 與云諸反 疏 引史記者夏本紀文史記錄尚書輒以詁訓改經文據其文即可以究經詮茲言然此而美也然即俞而即女美即昌皆詮訓同也師與此絕不類斯則

聲近師而訛爲此據史記此字推尚書當爲斯與聲近師而訛爲師故云然則師當爲斯聲之訛與言與者以不復至也證故不敢質言也禹曰都帝慎乃在位帝曰俞禹曰安女止注鄭康成曰安女之所止毋動動則擾民擾如手反疏注見夏本紀注惟幾惟康其弼直說文无康字蓋通用康也案齊侯鎛鐘銘云了乂康紲秦繹山石刻云黔首康定然則康字自古有之可用也注惟思幾殆康安弼輔也直當爲悳壞字也言思其危殆思所以保其安其必以至悳者爲輔疏惟思釋詁文幾殆說文丝部文案說文解幾字云幾微也殆也丝戍戍兵守也丝而兵守者危也此申說幾殆之誼也康安亦釋詁文弼輔說文弜部文云直當爲悳壞字也皆據史記作輔悳推此文當爲其弼悳而悳字亦直下心容或心字壞滅不見而爲直字故云壞字猶鄭注檀弓云衣當爲齊壞字也惟動丕應徯志

以昭受上帝徯亦蠡反說文志字乃徐鉉所增其原書無之蓋通用識也疑說文敘云演贊其志又心部意字解云志也則以說文本有志字或寫書者誤脫與詩敘云詩者志之所之也在心為志疑則志字从心之〻亦聲于今書不謬可用也【注】丕大徯待也動則天下大應之待志于下于是可以明受上帝之命言當乎民心乃終受天休也當多盎反【疏】丕大徯待竝釋詁文云待志于下者謂民安其志意以待于下也案史記云天下大應清意以昭待上帝命著於史記以說此經當云動則天下大應之清其志意以待受上帝命但知此說則與經徯志二字文[illegible]茲順經文為說故不據史記

天其申命用休【注】申重休美也鄭兼成曰天將重命之以美應謂符瑞也重直容反【疏】申重休美竝釋詁文鄭注見夏本紀注云符瑞者符著河圖洛書瑞著景星慶雲嘉禾蓂莢及四靈之屬皆是

帝曰吁臣哉鄰〻哉〻臣哉【注】鄭兼

成曰臣哉女當爲我鄰哉鄰哉女當爲我臣哉反覆言此欲其志心人禹傳曰鄰近也言君臣道近相須而成

疏 鄭注見正義云志心人禹皆猶言推心置腹欲禹輔己一心一悳也正以詩云洽比其鄰毛傳云鄰近也故傳云鄰近也邑是下文云臣作朕股肱耳目則云相須而成亦是故采用之

禹曰俞帝曰臣作朕股厷厷古弘反同肱耳目注鄭康成曰動作視聽皆由臣疏注見正義

予欲左右有民女翼左則箇反注同右于救反注同注左右助也馬融曰我欲左右助民女當翼成我也疏說文左部云左手相左助也又部云右手口相助也故云左右助也馬注見夏本紀注

予欲宣力四方女爲注治功曰力言我欲宣播治功于四方女其爲之疏治功曰力周禮司勳文

予欲

觀古人之象日月星辰山龍華蟲作會宗彝璪火紛䋛黼黻絺繡以五采章施于五色作服女明璪子鎬反紛方蚡反䋛民豊反此三字竝从說文所引故不與正義本同黼方矩反黻分勿反絺中飢反繡息救反注師說云衣常取諸乾坤故云古人之象易者象也聲謂易曰黃帝堯舜垂衣常而天下治蓋取古人謂黃帝也華蟲五色之蟲攷工繢人云鳥獸蛇雜四時五色以章之謂是也會讀曰繪宗彝謂宗廟之鬱鬯尊也虞夏以上蓋取虎彝蜼彝而以璪如水藻之文紛䋛繡文如聚細米也黼白與黑相次文黻黑與青相次文絺讀爲黹黹紩也以日月

咎繇謨 尚書今注音疏卷二 二十

至黼黻凡十二章，天子以祭服。凡畫者為繪，粉者為繡。此繡與繪各有六，衣用繪，裳用繡。至周而變之，以三辰為旂旗，謂龍為袞，宗彝為毳，或損益上下，更其等差。性曰采，施曰色。以本性施于繒帛，故曰以五采章施于五色也。作服者，此十二章為五服，天子備有焉，公自山龍而下，侯伯自華蟲而下，子男自藻火而下，卿大夫自粉米而下。明謂明是服章之等級也。常同裳。繢胡由反。繪黃外反。[illegible][illegible][illegible]反。蜼力癸反，又以水反。黹中雉反。紩治質反。[illegible]子益反。袞古本反。衣谷[illegible]。毳此汭反。更公衍反。差初宜反。

【疏】師說者，先師惠先生說也。詳先生所著周易述。十七卦下繫云：黃帝堯舜垂衣裳而天下治，蓋取諸乾坤。乾坤九家說卦云：乾為衣，坤為裳，故云衣裳取諸乾坤。乾坤各六爻，此十二章衣裳各六，是取象乾坤之事害

此者解經象字謂乾坤也云易者象也者易下繫文易
知乾坤也以證象之謂乾坤也錄先師此說而覆案易
以推則此古人當謂黃帝故晉引易下繫文而云然則
古人謂黃帝也世本作曰伯余作衣裳宋衷注以為黃
帝臣則衣裳始于黃帝之時臣无專制之誼功當歸君
故以古人為黃帝也鄭注周禮司服職引此經而說之
云華蟲五色之蟲繢人職曰鳥獸蛇雜四時五色以章
之謂是也此正解此經華蟲故采以注此周禮注引繢
人文不備攷工者以攷工傳周禮後合為一書故也此
經與攷工小異故云攷工繢人長鄭注繢人云所謂華
蟲也在衣蟲之毛鱗有文采者亦據此經為說鄭又注
書大傳云華蟲五色之蟲則于此經當亦云然矣案鄭
注司服云鷩畫以雉謂華蟲也茲不以華蟲為雉者發
繢人注言蟲之毛鱗有文采者則鄭以華蟲有毛有鱗
形似鷩雉而非即雉也司服注言雉者以彼文言鷩冕
鷩冕是雉名故以雉言之又言謂華蟲者蓋舉以相況
非必以華蟲與雉為一物也會讀曰繪至雉彝亦以皆
鄭注也見正義說文糸部引此云山龍華蟲作繪蓋當
時之本字有互異或作會或作繪此日月等是畫文當
以繪為正故云會讀曰繪云宗彝宗廟之鬱鬯尊也者
初學記

周禮鬱人云咊鬱鬯以實彝而陳之司尊彝云祼用雞彝鳥彝又云祼用斝彝黃彝又云祼用虎彝蜼彝則六彝皆祼所用而禮記郊特牲云灌用鬯臭鬱合鬯灌以祼也是彝所以盛鬱鬯也故鄭注司尊彝敘官云鬱鬯曰彝彝法也言爲尊之法也云虞夏以上蓋取虎彝蜼彝而已者周禮司服云毳冕鄭注云毳畫虎蜼謂宗彝也案毳是獸細毛而六彝之中惟虎蜼是毛物故以宗彝爲虎蜼又禮記明堂位云灌尊夏后氏以雞彝殷以斝周以黃目此舉三代之彝不及鳥彝虎蜼而鳥彝雞類也據司尊彝職雞彝鳥彝同用則或得是夏物故推虎蜼爲虞夏之宗彝也然則言虞以上可乎云虞夏皆以此是虞夏書故連言夏其意實主于虞也但虞之虎蜼書無明文故云蓋以疑之說文玉部云璪玉飾如水藻之文从玉喿聲虞書曰璪火黺米然則璪是玉文矣爲水藻以爲飾故字从玉此繡文名璪字亦从玉明與玉飾水藻之文同故云璪如水藻之文說文黹部云黺畫粉也衛宏說糸部云絲繡文如聚細米也茲合言黺絲繡文如聚細米也皆蓋繡必先畫以粉畫爲聚米之形了後依其畫粉而刺之故謂之黺絲衛宏以黺爲畫粉其說原不誤但黺絲實爲一章皆用畫粉之辭似分

黺絲爲二故不別解黺說而合言黺絲也然則繡皆先用粉畫之獨云絲言黺者舉一以見從也云黼亦與黻相次文黻黻與青相次文者說文黹部文攷工記繢人云白與黑謂之黼黑與青謂之黻黼者黺爲斧形以黛絲刺其中以黑絲刺其質是白與黑相次也黻者兩己相背以青黑二色綫刺而刺之作兩己相背之形故云黑與青相次文自絲讀爲黹至黺絲而下大皆鄭注也皆見正義經言絲繡是刺繡也絲乃細葛于說無取蓋古字假借以絲爲黹介當以黹爲正故讀爲黹鄭注周禮司服云希讀爲絲或作黹字之誤也謂彼希爲之希當讀如此經之絲古或以絲作黹字大似據此經爲說其作希者乃絲字之誤也賈公彥不識字其疏釋誤會鄭意故于此具說之黹紩釋言文說文云黹箴縷所紩衣也說同也云此繡與繪各六衣用繪常用繡者謂日也月也星辰會也山也龍也華蟲也六者繪于衣宗彝也藻也火也黺絲也黼也黻也六者繡于常也攷工記畫繢之事以靑工爲次繡以爲工爲次鄭注周禮乃云凡畫者之飾如繪次畫之飾如繡次士虞見繢畫黑絇繢純衣祭服之畫飾乃繪也是則繪衣于繡故知衣用繪常用繡也云至周而變之以三辰爲旂旗者桓二年

卽繇謨

左傳云三辰旂旗昭其明也鄭注司服亦云王者相變至周而以日月星辰畫於旌旗所謂三辰旂旗昭其明也云謂龍爲袞宗彝爲毳者司服職王之吉服有袞冕毳冕鄭仲師注云袞卷龍衣也康成注云毳畫虎蜼謂宗彝也是也云或損益上下更其等差者司服注云冕服九章登龍於山登火於宗彝尊其神明也是也鄭注明堂月令云采五色化采與色同此云性皆采此色小言之者織文則雜錯文則異也云此十二章爲五服者肯文言五服五章哉故知爲五服也五服者十二章九章七章五章三章五等之服是也云天子備有焉者謂備有此五等之服非謂備有十二章也知者據周制袞冕服九章鷩冕服七章毳冕服五章希冕服三章玄冕服一章而司服職王之吉服自大裘而冕之外兼有此五冕之服推之虞帝當備有五等之章服周制所取則焉者也云公自山龍而下則九章也侯伯自華蟲而下則七章子男自藻火而下則五章卿大夫自粉米而下則三章也案鄭注司服云袞之衣五章裳四章凡九也鷩畫以雉謂華蟲也其衣三章裳四章凡七也毳畫虎蜼謂宗彝也其衣三章裳二章凡五也希刺粉米無畫也其衣一章裳二章凡三也玄者衣無文裳刺黻而

已是以謂所言與君之意以衣象陽章數奇常象陰章數偶故云數也準彼注以相況則此山龍而下皆當大衣五常四爲九華蟲而下皆衣三常四爲七藻火而下皆衣三常二爲五粉米而下皆衣一常二爲三也但周之所冕服一章衣无文常粉黻而已此无一章之服皆帝王異制不必盡同周五冕之服辨大夫而冕爲六服是五服之外更多无章之服所謂迎敬无文也虞則止多五服是制不必同也周无十二章之服故九七五三一爲五服虞則九七五三辨十二爲五等故无一章之服也經次以之文學作服之下故云以謂以是服章之等級也

予欲聞六律五聲八音七始詠以出內五言女聽七始詠正義本作在治忽茲从漢書律曆志所引內奴繹反

注六律爲陽六呂爲陰凡十二雖言六律皆舉陽陰從可知也言以律呂龢五聲施之八音合之成樂七始者天地四時人之始也順以歌詠五常之言聽之則順

乎天墬敘乎四時應乃倫本陰陽原情性風之以德感之以樂莫不同乎一唯聖乃爲能同天下之意故帝欲聞之也此聽者此爲我審聽之也七始詠古文爲在治曰今文或爲采政忽爲我乎睚反曰呼骨反

【疏】云六律爲陽六呂爲陰凡十有二者漢書律秝志錄劉歆三統秝云律十有二陽六爲律陰六爲呂律以統气類物一曰黃鍾二曰太族三曰姑洗四曰蕤賓五曰夷則六曰无射呂以旅陽宣气一曰林鍾二曰南呂三曰應鍾四曰大呂五曰夾鍾六曰中呂是其證也陽可以統陰言六律則六呂亦該包之矣故云舉陽陰從可知也舉陽陰從可知也鄭注也見正義言以律呂以下至欲聞之也竝三統秝說此經之證見載律秝志云以律呂龢五聲施之八音者堯典云律龢聲周禮大師云掌六律六同以合陰陽之聲陽聲黃鍾太蔟姑洗蕤賓夷則无射陰聲大呂應鍾南呂函鍾小呂夾鍾皆文之以五聲宮商角徵羽皆播之以八音金石土革絲木匏竹國語周語泠州鳩曰聲以龢樂律以

于聲金石以動之絲竹以行之詩以道之歌以詠之匏以宣之瓦以贊之革木以節之皆與誼也云合之成樂者言合此六律五聲八音乃成樂禮記樂記曰正六律龢五聲弦歌詩頌此之謂惪音惪音之謂樂云七始者天地四時人之始也者惠先生曰虞義爻衍天地之數而爲化八卦三才五行備焉三五相包播五行于四時故爲七始治秝律官行政皆經此出孟子曰周公思兼三王以施四事三王天墬人三統也四事四時所行之政也尚書大傳曰周公兼思三王之道以施于萅秌冬夏是也聲案尚書大傳曰定以六律五聲八音七始箸其素鄭注云七始黃鍾太蔟大呂南呂姑洗應鍾蕤賓也說似若異實則不也葢黃鍾子之气天統也太蔟寅之气人統也大呂丑之气墬統也南呂酉之气秌也姑洗辰之气萅也應鍾亥之气冬也蕤賓午之气夏也萅用季少冬用孟少者萅陽空陽律孟則人統仲則陰律冬陰空陰律仲則陽律且天統也季則墬統也故也則是七者亦爲三才四時說似異而誼實同也云順以歌詠五常之言者五常謂仁誼禮智信五者人之常性也聽之則順乎天墬云云與其不同乎一者易緯通卦驗注云尺黃鍾六律之聲五音之動與神靈之气通人君聽之判辭獄

尚書集注音疏二　二十四

可以察己之得失而知羣臣賢否故此言其效有知此
也云女聽女爲我審聽之也者謂審其六律五聲八音
順乎七始與否臣爲君股肱爲君耳目故云女爲我審
聽之上言女翼女爲女弼猶是也史夏本紀注引鄭注
云曶者臣見君所秉書思對命者也君亦有言以出內
政教于五官案索隱云古文作在治曶今文作采政忽案
鄭君傳古文據鄭注則古文作在治曶非忽也茲不从
古文者以七始訓之證實精于在治曶吾擇善而从焉
據尚書大傳有六律五聲八音七始之文則七始訓之本
乃當時博士所傳其原出于伏生者實是今文矣而案索
隱乃云今文作采政忽蓋當時今文家有三其本容有
互異采政忽乃誤字也因欲備存異文故云七始訓古
文爲在治曶今文或爲
采政忽或之言有也予韋女弼女無面从
退有後言退土內反古文作逡注韋衺辟也弼盭从聽也後
言謗也辟卑益反盭力詣反疏云韋衺辟也者證見堯典疏說文弦部云盭弼戾也从弦省从盩〻
引戾之也讀若戾故云弼盭史記錄此文云予即辟女
匡拂予是言我即于衺辟則女匡正拂戾我故訓韋爲

急辟弼爲諡也說文从部云从二人相聽也故云从聽也謂順从也後爲後言史記作後而謗予故云後言謗也

欽四鄰 【注】敬女四鄰之職以效股厷耳目之用

鄭康成曰四鄰左輔右弼前疑後丞 【疏】此承上臣作朕股厷耳目云云而言故云敬女四鄰之職以效股厷耳目之用鄭注見正義伏生大傳云古者天子必有四鄰前曰疑後曰丞左曰輔右曰弼天子有問無以對責之疑可志而不志責之丞可正而不正責之輔可揚而不揚責之弼其爵視其卿其祿視次國之君鄭康成注說本諸此

庶頑讒說若不在時侯以明之 【注】此以下言教國子之事因上歷論用人而及之在察時是也衆頑讒說之人皆不察乎是當以射侯之禮明之射之爲言繹也繹者各繹己之志故可以明之下衍緣反 【疏】云此以下言教國子之事者鄭注周禮師氏云國子公卿大夫之子

近市居　尚書集注音疏二　二十五

東惠先生明堂大道錄云庠禮發說若不在學大司徒大樂正之篇不師發也庠以明之辟廱之大學也虞以記之太學之學禁也工以內言大司樂之以樂語教國子也假則學之肅之大樂正之語士也否則威之說亡之寄棘也則德是教國子之事也云因上林論用乃而及之者上文爾雅偁乃直惠咸事容言其遁直帝言臣鄰德言用乃也賢才出于學校故因論用乃而及教國子之事也在察時是故釋詁文云欽之為言繹也繹者各繹己之志者所記欽諠文也欽者各繹類其志則其乃之賢否可因欽以見盡是足以證庠以明之之說故引之云

撻以記之書用識哉 撻土達反 識中吏反

注 撻古文撻撻抶也抶以荊支鄉欽記曰欽者各過則撻之記謂懲忘之俾不忘也書箸也箸于竹帛以識其過 撻土達反 抶丑了反 忘半廢反

疏 說文手部云撻古文撻虞書曰撻以記之案說文所引乃孔氏古文本也故加之云撻抶也抶以荊支者周禮小胥云撻其怠慢者鄭注云撻猶抶也抶以荊支文十八年左傳云歜以支抶職是抶用

攴也言撲攴者鄉射記曰楚攴長如笴刊本尺鄭注禮記學記云楚荊也則撲攴即楚攴楚木一名荊所以為攴者鄉射記者義而鄉射篇文引以證射而忿辨罰之事也說文心部云忘不識也是謂不記識也則記是不忘矣乃受懲忘庶頑讒說不忘于心故云記謂懲忘之使不忘也懲忘謂虞讒也書箸也說文聿部文說文敘云箸于竹帛謂之書書蓋古乃作書惟竹與帛而以故云箸于竹帛以識其過

欲竝生哉

注　生進也謂進于善也記識其過欲使改悔與竝進于善

疏　生進也說文生部文生字象艸木出土上而上進故為進也下云否則威之非必謂殺之則此竝生不當作生存解故為進于善

工以內言時而颺之　內奴䋐反

注　工樂官也內言合語也合語之而大樂正授數小樂正詔之颺謂諷颺其詩若周禮大司樂以樂語教國子興諷誦言語是也　䛄徒報反　興喜僃反

疏　云工樂官也者禮記樂記師乙曰乙賤工也是樂官

劉蘇慕

尚書集注音疏卷二　卅六

爲工義而燕而大射義皆云席工于西階上襃四季乡
傳工歌文王之三皆謂樂官爲工也云內言合語也合
語之而大樂正授數小樂正詔之者而記文王世子云
凡祭與養老乞言合語之而皆小樂正詔之于東序又
云語說命乞言皆大樂正授數文王世子雖是周時之
書其所言多爲周因虞夏之而據其下文偁虞夏商周
可見又其上文學世子及學士皆以樂官大胥舞之命
夔教胄子也知合語之而虞時以爲之此文工以內言
卽其事也故取文王世子文以爲說鄉射記曰古者于
旅也語言古者則射爲合語之而不始于周其來尚矣
是又一證也云颺謂道颺其誼若周而大司樂以樂語
教國子興道諷誦言語是也者謂宣說其所內之言之
誼蘊若周而所云興道是舒言諷誦言語者以周而成
文聯引之介鄭注大司樂云興者以善物諭善事道讀
曰導：者言古以剴今也倍文曰諷以聲節之曰誦發
端曰言答述曰語是興道之誼與此颺之：誼同以是
異代之制引以相況故云若也**假則承之庸之否則威之**

注　假至也其至亐善則承用之若王制所謂大樂正論

誥士之秀者而升之是也否則罰以威之皆所謂屏之遠方終身不齒是屏誥七報反屏必政反【疏】假至說文几部文王制者不記篇名其文云將出學小胥大胥小樂正簡不帥教者以告于大樂正大樂正以告于王王命三公九卿大夫元士皆入學不變王親視學不變王三日不舉屏之遠方西方曰棘東方曰寄終身不齒大樂正論誥士之秀者而升之司馬曰進士此經舉之兼之猶彼文之論誥士而升之也此經威之非謂殺之蓋大猶遠方之屏也故引彼文以況

禹曰俞哉帝光天之下至于海隅蒼生萬邦黎獻共惟帝臣惟帝時舉帝一字爲一句不屬光天之下讀【注】光充也蒼生未聞傳以爲蒼蒼之蒼生艸木始知其說禹然帝語緣此帝而言以充天之下至于四海之隅艸木所生之地言其廣也黎衆獻賢也萬國

衆賢皆帝之臣，惟帝是舉用之爾。疏釋言云：桄，充也。釋文云：桄，孫作炗，故云炗充也。謂充塞无所不至也。譌書之王原謂王衍誤。天下蒼生，世說云：安石不肯出，將如蒼生何。此皆晉人之言，晉人輒謂民爲蒼生。藻以肯天是語不可以說此經，且此經蒼生實非謂民也。藻注又天間，故云蒼生木間。說文艸部云：蒼，艸色也。則僞孔傳言蒼蒼叢生艸木，詮亦可誦。然如其說，以爲艸木所生之處解可也。經云禹曰俞哉帝，猶肯文禹曰與帝之言，帝字爲一句，不聯下讀也。故云禹與帝語，繇吁帝而言。曰釋言云：俞，然也。黎，衆，釋詁文。論語八溢篇云：文獻不足故也。鄭注云：獻猶賢也，故云獻賢也。

賦內以言，明試以功，車服以庸。僞孔本賦作敷，試作庶。茲从左傳趙衰所引正。王符潛夫論攷績篇引此與左傳同，則是尚書元文矣。內，奴課反。注賦猶取也。取內以言，觀其志也。明試以功，攷其事也。車服以庸，報其勞也。庸，勞也。勞，力到反。疏賦猶取也至報其勞也，左傳僖二十七年杜豫注也。既以左傳校正經文，因繇用彼傳之注云賦猶取也者賦是上取下之名莊子齊物論狙公賦芧朝三莫四眾狙皆怒是賦爲取證庸勞釋詁文勞謂勞之車服以報其勞所以勞之也

誰敢不攘敢不敬應

注 攷績之熙則下孰敢不推攘賢善孰敢不敬應上命乎

疏 云攷績之熙者上文賦內云云是攷績之熙也釋詁云孰誰也經言誰故注言孰經止一誰字而注兩言孰者據潛夫論攷績篇引云誰能不攘誰能不敬應則似此經本爲兩誰字又念此經敢字彼引作能則所引不必依原文矣而其證實爲允當故于經文不敢據之以增誰字姑于注兩言孰以見其證云尒

帝不時尃同日奏罔功 尃方亞反　罔亞紡反

注 尃布罔无也帝不知是則布同善惡雖日奏事而无功也

疏 尃布說文寸部文罔无釋言文史記云帝即不時布同善惡則无功時之言是也故云帝不知是則布同善惡雖日奏事而无功也

帝曰毋若丹朱奡 此帝曰及下帝曰僞孔本皆无之史

記錄之文則爲帝曰下文亦爲禹曰漢書楚元王傳劉向上奏曰臣聞帝舜戒伯禹毋若丹絑敖又王充論衡問孔篇引此文而說之云帝舜敕禹毋子不肖子也下又引禹曰予娶塗山云云又譴告篇云舜戒禹曰毋若丹絑敖此三引皆與史記合疑則漢人所傳尚書皆爲此帝曰及下禹曰字乃孔氏古文如此僞孔氏改之而已此文爲禹戒帝之言鄭經之先者也絑章俱反說文糸部云絑純赤也虞書丹絑如此茲从之奡字亦从說文所引奡吾導反正義本改絑爲朱改奡作傲非也【注】奡嫚也戒禹毋效丹絑也【疏】奡嫚說文夰部文論衡問孔篇說此經云帝舜敕禹毋子不肖子也重天命恐禹私其子故引丹絑以敕戒之案此說非經意故置不用

惟嫚遊是好奡虐是作好火蒿反【注】嫚遊佚遊无度也虐戲也【疏】云嫚遊佚遊无度也者下言罔晝夜頟頟罔水行舟是嫚遊无卪度也虐戲說文虍部文

罔晝夜頟頟罔水行舟頟吾格反【注】鄭康成曰丹絑見洪水時人乘舟今水已治猶

居舟中頟頟使人推行之治直吏反推土回反【疏】鄭注見正義

堋淫于家堋正義本作朋說文引作堋隸古定本同堋本音百亙反依注讀爲朋步崩反【注】堋讀當爲朋朋叚借字也鄭康成曰堋淫淫門內【疏】說文土部云堋喪葬下土也从土朋聲春秋傳曰朝而堋禮謂之封周官謂之窆虞書曰堋淫于家亦如是段氏玉裁曰云亦如是者謂虞書堋淫字亦如是作證則不如是也叚若其證亦爲喪葬下土則當于从土朋聲之下先引虞書而後引春秋傳乃鄦君先引春秋傳辭及禮周官同證異文之窆而後引其文且云亦如是明是借堋爲朋不取堋證聲案史記作朋淫鄭注亦云朋淫則當从段說故云堋讀當爲朋朋叚借字也鄭注見五帝本紀注云淫門內者謂淫于一家之內

用殄氒世予創若旹殄笛典反創七羊反【注】殄絕創傷也丹絑用是殄絕其世我痛傷其如是【疏】殄絕釋詁文說文刅部刅字重文作創云刅傷也刅或从刀倉聲故云創傷也禮記三年問云創鉅者其日久痛甚

皆其鏞鐘是創兼為鏞意故云鏞修其名是禹以予娶嵞山辛壬

癸甲繇於本冊太禹以字則予創若時下即接予娶之文繼予字彙名了緣改為娶于嵞山意謂後乃可盡斯也賴為說文所引猶存其真茲特據以正嵞同都反正義本作涂下箸土茲大小說文所引繇居水反籀文作癸

注嵞會稽山一以九江當嵞也民以辛壬癸甲之日嫁娶與兼成以豈用之年始娶于嵞山氏三宿而為帝所命治水會古外反

疏嵞會並嫁娶說文嵞部文云嵞會稽山皆京七年左傳云禹合諸侯于嵞山國語魯語云禹致群神于會稽之山韋昭注云群神謂主山川之君為群神之主故謂之神與則群神即謂諸侯矣又鄭注下文成五服合四傳為一而引之以左傳國語所言實為一事與則嵞山即會稽之山矣漢書地理志會稽山在會稽郡山陰縣南上為禹會禹共則嵞山即會稽山之一證矣云一以九江當嵞也皆廣前一說也案地理志九江郡當塗侯國應劭注云禹所娶嵞山侯國也為禹虛則大為可證矣且縣

名當嵞粵嵞山得名其說當亦是時代久遠傳聞異說不必定其孰是故鄭君兼存兩說云民以辛壬癸甲出曰嫁娶皆說本呂是春秋水經淮水注引呂氏春秋曰禹娶嵞山氏女不以私害公自辛至甲四日復往治水故江淮之俗以辛壬癸甲爲嫁娶日也今呂是春秋无此文其書殘多闕矣鄭注見正義云三宿而爲帝所命治水皆禹以辛日娶以甲日往禹以帝命經秝四日則已越三宿也啓呱呱而泣予弗子惟荒度土功启輕禮反正義本作啓茲以隸古定本呱古吳反子將吏反度徒洛反注启禹子也呱呱小兒嗁聲詩曰后稷呱矣予猶慮也言己急于治水子生不顧過門不入録往事以推來者不敢效曰綝也鄭兼成曰荒奄也奄大也九州四海之土嗁田兮反慮良據反俗輒作慮音同詮形疏云启禹子也皆大戴禮帝系云禹娶于嵞山氏嵞山氏之子謂之女嬌氏產启是启爲禹子也說文口部云呱小兒嗁聲从口瓜聲詩曰后稷呱矣此文重言呱呱

卻繇慕

毀單言呱不與也故用說文之說且亦引詩以證焉所引詩生民篇文也禮記中庸云子庶民也鄭注云子猶愛也茲取以為訓鄭又注金縢云愛子孫曰子說亦同也孟子滕文公上云禹八年于外三過其門而不入竊意禹聞呱呱之聲必當過門之時以急于治水故不皇入省故云急于治水子生不顧過門不入上文帝引用朕以相戒則此言不子其子荒度是勤是錄往事以推來者不敢效用朕也論衡問孔篇說此經弗子之意云陳己行事以見卜隱以往推來效己不敢以不肖子也恐非此經之指故不用鄭注見詩殿者正義荒奄釋言文云奄大九州四海之土皆下文所謂弼成五服至于五千是

弼成五服至于五千弼亏岊反正義本作弼茲弼說文所引隸古定本同注弼輔信也鄭康成曰禹治水敷土既畢廣輔五服而成之至于面各五千里去王城五百里曰甸服于周為王畿其弼當侯服去王城千里其外五百里為侯服當甸服去王城千五百

里其外當男服去王城二千里又其外五百里爲綏服當采服去王城二千五百里其外當衛服去王城三千里又其外五百里爲要服與周要服相當去王城三千五百里四圍相距爲七千里是九州之内也要服之外當其夷服去王城四千里又其外五百里曰荒服當鎮服其外當蕃服去王城五千里四圍相距爲萬里也堯初制五服服各五百里要服之内四千里爲九州其外荒服爲四海此禹所受地記書曰崑崙山東南地方五千里名曰神州者禹所五服之殘數亦每服者合五百里故有萬里之界萬國之封焉猶用要服之内初錄纂

爲九州爲方七千里七七四十九得方千里者四十九其一以爲畿內餘四十八八州分而各有六春秋傳曰禹朝羣臣于會稽執玉帛者萬國言執玉帛則九州之內諸侯也其外特置牧以諸侯賢者爲之師蓋百國一師州十有二師則州千二百國也計一州方百里之國二百方七十里之國四百方五十里之國八百計有一千四百國以二百國爲名山大川不封之隙餘有一千二百國八州凡九千六百國其餘四百國在畿內與以王制之法準之八州通率封公侯百里之國者一伯七十里之國二子男五十里之國四方百里者三封國七

爲寄並于畿內則子男而㠯發謂四百子男之國適盡
亡千里之墬不得在畿內盡亡七千里之墬分爲九州
均之則每州應各得亡二千三百三十三里少半里準
王制之灋應封亡百里者百七十一國亡七十里者三
百四十三國亡五十里者六百八十六國凡千二百國
猶餘亡百里者九亡七十里者十八亡五十里者三十
四及不成國之墬不勝計也若餘名山大澤不㠯封而
或不足則取諸中州外畔可也盡中州之大小當同外
州㠯其中亡千里爲王畿環畿之外四圍各餘六百六
十六里太半里㠯封四百子男之國不及四之一四海

一家不妨取中州之外畔以埒外州則八州各除名山大澤不封之饒墝皆得容千二百國是九州之內實足容萬國也。𦭭一番反易戶損反翰直俗反會古外反內與以尸反率呂戌反奇吉空反少失式詔反勝式證反埒顗支反【疏】云卿輸信也皆說文了部文鄭注見正義及示記王制正義又見詩蓼蕭及殷老正義茲會合而緝之云廣輔五服而成之至于面各五千里皆鄭注禹貢云堯之五服服五百里介宏于术土之後世服更以五百里輔之是五服服別千里故一面而爲差至于五千里于太王城五百里曰甸服皆王城在甸服之中央甸服之外畔四面各距其中王城之中五百里故云五百里甸服下尺言太王城蕃千里皆據其服之外畔爲言也四面各五百里則實當方千里王畿之饒故云于周爲王畿必以周言之皆以爲周禮爲文可據也周禮職方氏云乃辨九服之邦國方千里曰王畿其外方五百里曰侯服又其外方五百里曰甸服又其外方五百里曰男服又其外方五百里曰采服又其外方五百里曰衛服又其外方五百里曰蠻服又其外方五百里曰夷服又其外方五百里曰鎮服又其外方五百里曰藩服是周之九服爲方萬里之地其中方千里爲王畿堯之五服甸侯綏要荒各五百里爲方五千里禹輔成之至于面各五千里則大爲方萬里而其中方千里爲甸服是甸服當周之王畿甸服之所當周之侯服由是以推則侯服當周之甸服其所當其男服綏服當其采服其所當其衛服也要服于周爲蠻服鄭言與周要服相當者周禮大行人職于衛服之下言又其外方五百里謂之要服鄭彼注云要服蠻服也是周之蠻服亦爲要服也云是九州之內也者大行人職云又其外方五百里謂之要服六歲一見其貢貨物九州之外謂之蕃國世一見言要服下特言九州之外以要服在九州之內矣周禮蠻服之外爲夷鎮藩三服故云要服之所當其夷服荒服當鎮服其所當蕃服也蕃與藩同周禮大司馬職藩服作蕃畿也周書立政云其克詰爾戎兵以陟禹之迹方行天下至于海表罔有不服是周之幅員與禹所成之五服同彼文至于海表與此下所謂外薄四海故鄭君以舉周之九服以相況也云堯初制五服服各五百里要服之內方四千里爲九州其外荒服爲四海者甸侯綏要四服各五百里四五得二[illegible]

千則面有二千里，四面則方四千里矣，其外四角益已荒服五百里，則為方五千里，而至于四海矣。云此禹所受地記書曰崑崙山東南地方五千里名曰神州者：謂此堯之五服方五千里，與地記書所云神州者是。案：神州者，史記孟子荀卿傳引騶衍之說云：中國名曰赤縣神州，赤縣神州內自有九州，禹之序九州是也。地記書者，蓋河圖括地象也。周禮職方氏疏及禮記王制正義皆引括地象文，正與此所引同。茲引之者，以證堯之五服為方五千里也。但禹受地記書之事未詳何出，或以見于地記書與？抑或別有所見？鄭君自有據也。劉淵林吳都賦注亦云：禹所受地說書曰：崑崙東南方五千里，名曰神州，帝王尻之。是則古書實有此文，當時乃皆見之，今不可攷。尒云禹弼五服之殘數亦每服者合五百里，故有萬里之畍、萬國之封焉者：彼時五服方五千里，則面有二千五百里，禹弼成五服，則四面各增廣二千五百里，則面有五千里，故四面相距有萬里之畍，容萬國之封也。案：堯典云叶和萬邦，則堯之幅員廣矣。故五經異義引古尚書說云：禹會諸侯于塗山，執玉帛者萬國。唐虞之地萬里，容百里地萬國，其侯伯七十里，子男五十里，餘為天子閒田。然則堯時本有萬里之畍

鄭言堯之五服方五千里禹所成之乃至萬里之界者
蓋以時壃雖廣大猶水爲害沈浸者過半故減削也禹
平水土而所成之乃益復其故域故鄭云然也又案異
說今尚書歐陽夏侯說中國方五千里古尚書說五服
旁五千里相距萬里鄭君謹案以今漢地考之自黑水
至于東海衡山之陽至于朔方經略萬里從古尚書說
鄭无駁與許同是則方萬里之說實爲可據矣乃王肅
執方五千里之說以相難韋事見實非也云猶用禹服
之內爲九州爲方七千里者周之九服與禹所成之五
服相等其九州大小當亦略同故以周制推之知以禹
服之內爲九州也於時用禹服以內爲九州禹所成五
服乃以禹服之內爲九州故云猶也上言禹服去王城五
三千五百里四面相距則爲方七千里矣方七千里則
自東至西自南至北皆爲方千里者七以七乘七則四
十九故云七七四十九得方千里者四十九云其一以
爲畿內者王畿方千里故以其方千里者一爲畿內也
云餘四十八八州分而各爲六六者六八四十八故八分
之而各爲六也然此特大約言之未極實細數也何者
九州大小雖不必適等然不應外州之大六倍于中州
故以爲未極實也引其杜傳者京七年夕傳文但彼傳
欲繇慕

尚書集注音疏二　卅四

言禹會諸侯于塗山與鄭所引不同故張逸疑而問云
案左傳禹會諸侯于塗山執玉帛者萬國外傳云禹朝
羣臣于會稽防風氏後至不與注相應何鄭荅云欲因
諸侯守土之祀故兼用外傳內傳語然則此注合左傳
國語兩文而引之以國語爲春秋外傳故總云春秋傳
也云言執玉帛則九州之內諸侯也者大行人職云九
州之外謂之蕃國世一見各以其所貴寶爲摯是九州
之外諸侯不執玉帛唯在九州之內者以帛薦玉亦鄭
引春秋傳而言此者欲見萬國皆在九州之內九州亦
方七千里乃能容之以證要服之內爲方七千里也云
其制特置牧者鄭注禮記王制云殷之州長曰伯虞夏
及周皆曰牧蓋據堯典有十二州又云咨十有二牧是
州長曰牧也云以諸侯賢者爲之師者師之言長爲諸
侯之長以佐牧者也云蓋百國一師者考師所統之國
當以準數爲率故以爲百國一師以出于意度故云蓋
也云計一州方百里之國二百方七十里之國四百方
五十里之國八百計有一千四百國皆鄭意以一州有
方千里者六封三等之國各以方千里者二計方千里
爲方百里者百千里之方二則封方百里之國二百也
計方百里爲方十里者百以封方七十里之國七：四

十九得方十里者四十九兩之則九十八是方百里者截長補短可封方七十里者二國總餘十里之方二也故方千里者二以封方七十里之國可四百為奇之言四百者約舉其準數介計方五十里者四當百里之方一故方千里者二可封方五十里之國八百也總此三等凡為一千四百國云以二百國為名山大川不封之地餘為一千二百國者王制云名山大澤不以封此據州十為二師則當千二百國故計以二百國為名山大川不封之地也州為千二百國以八乘千則八千以八乘二百則千為六百故八州凡九千六百國計滿萬國之數當更益以四百國故云其餘四百國在畿內與以无正文故言與以疑之案鄭以畿內諸侯皆子男絕知其說四百子男之國纔盡方千里之地皆在畿內則无餘地以處天子故趙商疑而發問鄭志趙商問云以王制論之畿內之國為百里為七十里為五十里今率以下等計之又為王城關郊亭卿大夫之采地數不在中今就四百化頌不合鄭荅之云三代異物王制之濃言唐虞或不盡然堯舜之德宇在四畺鄉遂為无〻以言也公卿大夫為田祿者其四百國非采地為何王城之大郊關之處幾何而子責急也據鄭此說則畿內四百郤縣蓋

尚書集注音疏二　三五

國卿公卿大夫之采地皆不及方五十里其審然與蓋鄭君欲言九州之內足容萬國故如此計今聲以爲九州之內實可容萬國但不必如鄭君所計聲竊別具計于後焉案王制云凡四海之內九州州方千里則爲方三千里王制又云凡九州千七百七十三國此言九州方七千里封國爲萬者鄭注王制引春秋傳執玉帛者萬國謂禹承堯舜而然夏末既衰夷狄內侵諸侯相幷亦土地減國數少殷湯承之更制中國方三千里之畍亦分爲九州而建此千七百七十三國焉然則王制所言是殷制故與此異也云以王制之法準之八州通率封公侯百里之國者一伯七十里之國二子男五十里之國四者王制云州建百里之國三十七十里之國六十五十里之國百二十是百里之國一分七十里之國倍之五十里之國又倍之此準其法則大當計百里之國之數倍一分七十里者倍之爲二五十里者又倍之爲四也所以然者以方百里之國一當方七十里者二國又當方五十里者四國故也故鄭又云方百里者三封國七爲奇謂封方百里者一方七十里者二國爲奇方五十里者四凡七國爲奇也聲謂以下叙鄭君九州容萬國之說而別爲之計算也方千里者爲方百

里者百子男之國四當百里之亡一四百國則當百里之二百餘盡亡千里之畿矣故云不得在畿內云亡七千里之畿分爲九州均之則每州應各得亡二千三百三十三里少半里者蓋九分〻之則每分各縱橫各截取三分之一亡七千里之區先已亡千截取二千里餘一千里又截取三百三十三里尚餘一里又截取少半里少半者三分之一也縱橫皆然則得亡二千三百三十三里少半里矣言均之者已隱形實不亡于如圖且九州大小不必正等特據大數而設言之謂分隱均則然也云準王制之滅者如鄭君所云通率封公侯百里之國者一伯七十里之國二子男五十里之國四是也其然準百七十一之數倍之爲三百四十二又倍之則六百八十四孫云應封亡百里者百七十一國亡七十里者三百四十三國亡五十里者六百八十四國倍之之而差多者已不知是則不必符于二百國之數也云猶餘亡百里者九亡七十里者十八亡五十里者三十四及不成國之隱不勝計也者聲竊具圖說于篇末學者視圖了可曉也蓋亡二千三百三十三里少半里之隱縱橫各餘一徧之千里猶多千三百三十三里少半里之亡在此取千三百三十里之亡已封亡七十里之[illegible][illegible][illegible]

國經橫皆得十九可三百六十一國其三隅各爲方千里者一以其一隅之方千里封方百里之國百又取一隅之方千里封方五十里之國四百又取一隅之方千里以其十之八封方百里之國八十以其十之二封方五十里之國亦八十其閒猶爲袤千里而廣三百三十里者二長若計爲方五十里者二百四十方十里者六百是則方百里者可封百爲八十方五十里者可封七百二十而爲餘其外又爲廣三里少半里而亙二千三百三十里爲奇者經橫各一長茲言封方百里者百七十一國則餘九也封方七十里者三百四十三國則餘十八封方五十里者六百八十六國則餘三十四其外猶爲不成國之隧不勝計也云若餘名山大澤不以封而或不足則取諸中州外畔可也者八州皆以爲名山大澤不以封國之隧或其山澤綿延廣大不止此所餘之數餘不足以封千二百國則皆取中州外畔附征其州之隧可也云其中州之大小當同外州州者九州附分畔不應大小縣殊結假設爲均同之數云以其中方千里爲王畿環畿之外四圍各餘六百六十六里太半里以封四百子男之國不及四之一者詳亦具圖附于篇末視圖了了然也假如中州亦爲二千三百三十三里少半

里之方則餘方千里之外縱橫各爲千三百三十三里少半里在已此所爲之數環王畿之四面則多半之故環畿之外四面各餘六百六十六里太半里太半者三分之二也計此四面所餘之數其爲方百里者三百八十四其外四角又爲方五十里者一百八十其外猶爲廣十六里太半里者而其四面長皆率以子男之國計之則爲千七百一十六國而其四角緣邊之廣十六里太半里者猶不在數也故四百子男之國不及四之一也假如外州建國或不能足千二百國之數則可封之于此以取足其數而使外州之牧伯統領之王者无外宇內莫非王土九州變隙不紛文錯也故云四海一家不紛取中州之外畔以埤外州則八州各餘名山大澤不封之隙猶得容千二百國言此者欲見九州實容萬國以增成鄭君之說州十有二

師外薄三海咸建五長各迪有功長中賞反

注 鄭康成曰九州州立十二人爲諸侯師以佐其牧外則五國立長使各守其職啓謂迪道也各道其所領諸

侯敘功道徒冒反

疏　鄭注見詩蓼蕭正義云九州州立十二人為諸侯師以佐其牧者鄭注王制云殷之州長曰伯虞夏及周皆曰牧然則鄭以牧為州長者州一人師則州分十二故以為佐牧者案鄭箋詩旄丘敘云周之制使伯佐牧萅秌傳曰五侯九伯侯為牧也又案鄭志鄭荅張逸云五侯侯為州牧九伯為州伯一州一牧二伯佐之太公為王官之伯二人共分陝而治自陝以東當四侯半一侯不可分故言五侯九伯則九人然則十二師者周之牧下二伯也顧周之伯惟州二人而此師則州十二人者案王制八州州二百一十國天子之縣內九十三國凡九州千七百七十三國鄭注云殷湯承夏之衰更制中國方三千里之畍亦分為九州而建此千七百七十三國焉周公復唐虞之舊域分其五服為九其要服之內亦方七千里而因殷諸侯之數廣其土增其爵耳然則周之諸侯大州二百一十國故一州二伯一伯所領止百五國此一師領百國制略相似也云外則五國立長者謂九州之外則亏五國之中立一國以為之長一長所領率五國也迪道釋詁文云各道其所領諸侯敘功者十二師五長各為所領之諸侯言迪為功則是率道諸侯敘功也

苗頑

弗即功帝其念哉【注】苗西裔諸侯即就也弗就功猶言不受功也【疏】鄭注堯典云流四凶者降其位介猶爲國君所竄三苗爲西裔諸侯者猶爲惡乃復分析流之故云苗西裔諸侯即就也毛詩東門之墠傳詁也鄭箋詩東方之日亦云即就也云弗就功猶言不受功也者左傳定元年春王正月晉魏舒合諸侯之大夫于狄泉將以城成周宋仲幾不受功是其文也上言五服各迪有功則此視弗即功謂不肯就五服之所迪是猶左傳所謂不受功也帝曰迪朕德時乃功惟敘咎繇方祗厥敘旁施象刑維明正義本旁作方維作惟茲从白虎通聖人篇所引旁鋪方反【注】方竝祗敬旁溥也言道吾德乃女功敘之也咎繇竝敬其敘溥施五刑之象是明箸矣鄭兼咸曰歸美云二臣箸竹慮反【疏】義禮鄉射禮左足履物不方足鄭注云方猶併也其下又云上射揖竝行鄭注云竝併也

咎繇謨

鄭又注禮記云今文竝皆爲併然則竝併同誼方訓爲併則亦可訓竝故云方竝祗敬釋詁文旁溥說文上部文云道吾德乃女功敘之也者節取史記文也史記夏本紀云帝曰道吾德乃女功敘之也咎繇于是敬禹之德令民皆則禹不如言刑從之舜德大明據此則似咎繇云云乃史臣所記非帝語矣案禹之治水咎繇之明刑皆堯時事此時竝在帝前帝偁美其前事故鄭君以爲歸美于二臣皆謂咎繇于是云云則祗厥敘方施象刑皆此後之事恐非是也且云不如言刑從之則似劓割之刑非所謂象刑矣故節取其一二語而不用其餘文也云咎繇竝敬其敘者咎繇與禹同僚異職經言祗厥敘雖承乃功惟敘之文當非謂咎繇敬禹之所敘自是各敬敘其職也故云竝敬其敘鄭注見正義

夔曰戛擊鳴球搏拊琴瑟以詠戛紀力反搏百各反拊方俯反

注　鄭夔兼成以戛櫟也戛擊鳴球以下數器鳴球玉磬也磬縣也而以合堂上之樂玉磬龢孰之也搏拊以韋爲之裝之以糠形如小鼓

所以節樂以詠謂歌詩也擽歷翟反縣于然反練可圖反節子結反今誦从篆疏

注見正義及周禮大司樂疏云戛擽也者釋文引馬注亦云然〻則鄭君以為誼也案廣疋云擽擊也然則戛亦是擊也云戛擊鳴球以下數器者鳴球以下數器謂搏拊也琴也瑟也上言戛擊下備目此數者則是總冡戛擊之文也案禮記明堂位云揩擊大琴大瑟揩與戛同字鄭注彼云揩擊謂柷敔此不以戛擊為柷敔者彼文云拊搏玉磬揩擊大琴大瑟中琴小瑟四代之樂器也則此數者皆是樂器故以揩擊為柷敔此則下文別言柷敔則戛擊者非柷敔故解為異也云鳴球玉磬也者說文玉部云球玉也茲云鳴球則是以為樂器而名磬者以玉為樂器則惟磬也云磬縣也而以合堂上之樂玉磬編錄之也者周禮小胥云凡縣鍾磬則磬是縣者義禮鄉飲酒記云磬階間縮霤大射義云樂人宿縣于階東是縣本在堂下周禮大師云帥瞽登歌令奏擊拊小師云登歌擊拊鄉飲酒鄉射工四人二瑟瑟先升自西階北面坐是搏拊琴瑟與歌者皆在堂上茲以鳴球與搏拊及琴瑟偕合以詠是以合堂上之樂也禮記郊特牲云歌者在上匏竹在下貴人聲也是堂

咎繇謨

尚書集注音疏　卷二　三十九

上爲舞也聲本縣堂下以王聲聲龢舞與之故謂之堂上也云搏拊以韋爲之裝之以糠形如小鼓所以節樂者鄭君注周禮太師及禮記明堂位皆爲此說案書大傳云以韋爲鼓謂之搏拊是則鄭君所本也但未見裝之以糠之云賈公彥周禮疏云白虎通引尚書大傳云拊革裝之以糠今書傳无者在亡逸中數則所云裝之以糠亦本之書大傳也公彥謂書傳无此文今則并白虎通亦不見或是引則亦或亡逸矣說文言部云詠歌也故云以詠謂歌詩也

祖考來假 注 鄭兼成以謂祖考之神來至也 疏 注見大司樂疏假之言至故云謂祖考之神來至也

虞賓在位 注 鄭兼成以謂舜以爲賓即二王後丹朱也 疏 注亦見大司樂疏白虎通云尚書以虞賓在位不臣丹朱也則虞賓是丹朱鄭隸言二王後者禮記郊特牲云天子存二代之後猶尊賢也是則二王後皆天子所不臣則虞賓不獨丹朱當更及高辛氏後帝高辛氏後不詳其人故直言二王後而以所以不臣二王後者白虎通云尊先王通天下之三統也

羣后德讓 讓如恙反

注 鄭康成曰謂諸侯助祭者以德讓以上皆宗廟堂上

之樂所感也以上上時掌反 疏 注亦見大司樂疏孝經孝治章云得萬國之懽心以事其先王

是天子宗廟有諸侯助祭經言羣后則是諸侯助祭者矣云以上皆宗廟堂上之樂所感也者以上謂上文祖

考虞賓及此羣后也白虎通云降神之樂在上何爲鬼神舉又云所以用鳴球搏拊者何鬼神清虛貴靜賤質

也然則堂上之樂者爲降神故以祖考來假爲堂上之樂所感鬼神猶感而況乃乎虞賓羣后與祖考聯文

同亦同之矣堯典所謂神人以和也 下管鞀鼓 鞀徒刀反字或作鼗亦作鞉籀文作磬

注 鄭康成曰以下言堂下之樂故言下聲謂管如

篪六孔字亦作琯古者以玉爲琯故或作玉作大傳曰

舜之時西王母來獻白玉琯鞀如鼓而小持其柄搖之旁

耳還自擊以下行緣反篪直支反琯古緩反 疏 鄭注亦見大司樂疏鄭仲師注周禮太師云下

別繇慕

管鼗管者在堂下是下管謂在堂下但此經言下不但謂管鞀鼓并下文柷敔笙鏞皆在堂下故云㠯下言閒當堂下之樂故言下云管如篪六孔者說文竹部文鄭仲師注周禮小師亦云然而康成注小師職云管如笛而小併兩而龡之今大予樂官有焉又廣疋云管象簫長尺圍寸八孔无底說各不同茲定从如篪六孔之說者風俗通引禮樂記云管漆竹長一尺六孔十二月之音也物貫地而牙故謂之管案所引禮樂記其即戴禮中樂記之逸文與抑或是緯書與總之是古書可信者言管六孔當不謬也且風俗通又引尚書大傳舜之時西王母來獻其白玉琯又言漢章帝時零陵文學奚景于泠道舜祠下得笙白玉琯鄭則言管六孔者當知之審案風俗通又云篪管樂十孔長尺一寸鄭則篪大管類長于管才一寸形制相似惟孔不同故云管如篪六孔見所不知者惟孔少尒形制則如之也云字大作琯古者㠯玉爲琯故或从玉作者說文竹部管字重文作琯說云古者玉琯㠯玉舜之時西王母來獻其白琯零陵文學姓奚于泠道舜祠下得笙玉琯夫㠯玉作音故神人㠯和鳳皇來儀也从玉官聲據此則此經之管當是玉琯故即引大傳㠯說所引大傳之文今㠯闕逸

鼓據風俗通所引也云鞀如鼓而小持其柄搖之傍耳還自擊者康成注周禮小師職云鼗也

合止柷敔柷昌六反敔魚呂反

【注】鄭康成曰合樂用柷柷狀如桼桶中有椎合之者投椎于其中而撞之所以節樂敔狀如伏虎背有刻以物擽之所以止樂桼子吉反俗輒作漆音同字別桶徒孔反又土孔反椎直追反撞直江反

【疏】注見大司樂疏及詩有瞽正義云合樂用柷者鄭注義禮鄉飲酒禮云合樂謂歌樂與衆聲俱作經言合止柷敔〻之證爲止也止指敔言則合指柷言矣云柷狀如桼桶中有椎合之者投椎于其中而撞之所以節樂者風俗通引禮樂記云柷桼桶匚畫木匚三尺五寸高尺五寸中有椎上用柷止音爲節釋樂云所以鼓柷謂之止然則鄭所云椎其名爲止故禮樂記言中有椎止用柷止音爲節也云敔狀如伏虎者說文攴部云敔禁也一曰樂器椌楬也形如木虎云背有刻以物擽之所以止樂者釋樂云所以鼓敔謂之甄郭景純注云敔如伏虎背上有二十七鉏鋙刻以木長尺擽之甄者其名聲案樂將終則以甄刮[illegible]甚

于敔有鉏鋙上擽之而樂闋故云所以止樂今吾鄉蘇州府學中猶有柷敔予曾見之其形制俱如鄭君所說

笙庸以閒庸隸古定本作𩫖善本改作鏞茲仍鄭閒吉莫反 注 鄭康成曰東方之樂謂之笙笙生也東方生長之方故名樂爲笙也西方之樂謂之庸庸功也西方物孰有成功亦謂之頌頌亦是頌其成也以閒者堂上堂下閒代而作居中賞反頌余封反 疏 注亦見大司樂疏云東方之樂謂之笙笙生也東方生長之方故名樂爲笙也者義亦大射義云樂乃宿縣于阼階東笙磬西面其南笙鐘鄭彼注云笙猶生也東爲陽中萬物以生春秋傳曰太蔟所以金奏贊陽出滯姑洗所以修絜百物考神內賓是以東方鐘磬謂之笙云西方之樂謂之庸庸功也西方物孰有成功亦謂之頌頌者大射義云西階之西頌磬其南鐘鄭注云言成功曰頌西爲陰中萬物之所成春秋傳曰夷則所以詠歌九則平民無貳無射所以宣布哲人之令德示民軌義是以西方鐘磬謂之頌鐘不言頌誼同省

文也古文頌爲庸是則庸頌同字此所謂庸以假西階西之頌磬頌鍾故云大謂之頌又周禮眡瞭職云擊頌磬笙磬鄭注云磬在東方曰笙笙生也在西方曰頌頌或作庸庸功也說與此注同也云頌大是頌其成也者頌本頌皃字皆爲正頌以取形頌之誼故詩敘云頌者美盛德之形頌以其成功告于神明者也則頌是形頌其成功也云以閒者堂上堂下閒代而作者釋詁云閒代也義亦與鄉飲酒禮及燕禮皆乃閒歌鄭注云閒代也謂一歌則一龡則是堂上之歌與堂下之笙相閒代也此所謂笙乃是鍾磬雖非義亦之所謂笙而閒字之誼則與閒歌同大謂堂上堂下相閒代也然則以閒云者其意謂鍾磬與堂上樂相閒與[illegible]總管鞀鼓以下皆閒代而作與

鳥獸牄牄牄七羊反正義本作蹌隸古定本作牄案說文及鄭注周禮皆引作牄當从牄

〔注〕鄭康成曰謂飛鳥走獸牄牄然而舞也〔疏〕注亦見大司樂

疏說文倉部云牄鳥獸來食聲也从倉爿聲虞書曰鳥獸牄牄茲不用其誼者蓋說文解牄字之本誼牄从倉倉从食省故云鳥獸來食聲是其本誼知此以注此經則不知鄭誼爲安也

簫韶九成

[illegible]

鳳翌來儀箾息堯反正義本作簫隸古定本作箾案襄廿九年左傳云見舞韶箾者說文
竹部云虞舜樂曰箾韶然則當作箾注鳳古文鳳翌讀若皇鄭康成曰箾
韶舜所制樂樂備作謂之成箾韶作九備而鳳翌乃來
儀儀匹也謂致得雄曰鳳雌曰翌來止巢而乘匹疏云鳳
古文鳳者說文鳥部文云翌讀若皇者說文羽部云翌
樂舞以羽翿自翳其首以祀星辰也从羽王聲讀若皇
案周禮樂師職有皇舞故書皇作翌鄭仲師云翌讀為
皇書亦或為皇康成謂皇雜五采羽如鳳皇色持以舞
然則古鳳皇字本作翌周禮故書可證也漢乃以相承
通用皇字而翌字幾廢賴鄭注周禮猶存故書之字足
以為說文左證說文翌讀若皇者亦兼取人人所識之
皇字以發明翌字之音讀欲以曉後學余聲于此采用
之大斯意也鄭注見公羊宣十四年疏及大司樂疏云
箾韶舜所制樂公羊疏引之實作簫韶然則據說文竹
部云虞舜樂曰箾韶緣于經文定作箾字故于鄭注改
為箾韶也案白虎通引禮記曰舜樂曰簫韶又宋均注

樂說云簫之言肅舜時民樂其肅敬而繼堯道故謂之簫韶又鄭注周禮引此經作簫韶據此諸文則簫字本可云非茲定竹節者蓋節與簫古今字竹古則作節也云樂備作謂之成者周禮樂師職云凡樂成則告備是備作爲成也儀匹釋詁文云謂致得雄曰鳳雌曰皇者釋鳥云鶠鳳其雌皇又史記司馬相如傳相如繆與卓氏卓氏女文君好音相如以琴心誂之索隱錄其詩曰鳳兮鳳兮歸故鄉遨遊四海求其皇云云則鳳是雄者皇乃其雌也

夔曰於予擊石拊石百獸率舞庶尹允諧【注】鄭康成曰磬有大小夔語舜曰予擊大石磬拊小石磬則感百獸相率而舞庶眾尹正允信也言樂之所感使眾正之官信得其諧龢【疏】注太見大司樂疏云磬有大小者釋樂云大磬謂之毊是磬有大有小也云予擊大石磬拊小石磬者周禮太師職云令奏擊拊先鄭司農注云樂或當擊或當拊然則拊與擊俱是作動之之謂蓋攷擊之爲異尒今同是石而擊拊異言之者卻繇慕

是以石大小之異而異其言也案康成注大師職不从先鄭說而以爲解者拊形如鼓以韋爲之箸之以穅注此經上文搏拊大爲是說而于此言拊小石磬者蓋此拊者大是所擊之物而總蒙擊文不當廁于兩石之閒言之自是以拊與擊對舉而箸其攻擊之異故解亦不同鄭君望文爲說也庶衆允信竝釋詁文尹正釋言文

帝庸作歌曰能天之命維時維幾僞孔本能作勑維作惟茲从史記所錄

注 能帝位膺天命故以能天之命當其可之謂時幾則遂成天下之務

疏 僞孔氏改能爲勑夫天命不可爲勑也言勑天之命殊不詞傳訓勑爲正〻天之命大不詞因又申之曰奉正天命以臨民言奉天命可也顧奉非勑字之訓是沾出之說則勑字不可通矣史記錄此經云能天之命斯爲允當必依古尚書原文也云能帝位膺天命故曰能天之命者帝位者天命所在也能帝位則膺受天命是爲能天之命也云當其可之謂時者禮記學記文云幾則遂成天下之務者易繫上云惟幾也故遂成天下之務是其說也

乃歌曰股

肱喜哉元首起哉百工熙哉喜許其反正義本作喜哉从隸古定本

注股肱臣也喜讀如詩頌意僖之僖僖樂也元首君也先言股肱重任于臣也工讀爲功功事也熙興也羣臣叶咊以輔其君則君亦振起而百事皆興矣意因其反

疏云股肱臣也元首君也皆伏生大傳文鄭說申監太云君爲元首臣爲股肱據肯經言臣作股肱耳目是股肱謂臣則元首謂君矣云喜讀如詩頌意僖之僖僖樂也者意僖詩周頌篇名也其詩曰意僖成王毛傳云僖樂也喜與僖皆得喜聲同則字可通故讀从之也僖樂傳以喜爲喜樂盡忠夫喜樂非人臣太勢之範盡忠則經外附益之誼恐爲不合不如讀爲僖訓爲咊則叶襲咊衷之誼也于誼爲密也但今毛詩意僖之僖不从人僖亦从人从口僖案說文无口僖嘗喜之字則从口者乃世俗之謬字不可用也說文人部云僖樂也熙毛傳咊也之訓近則知毛詩實作僖也正義言鄭以帝作歌爲戒臣故云先言股肱重任于臣也用鄭誼也

紀繇慕

尚書集注音疏卷二　習

周禮肆師云凡師不功康成注云故書功爲工鄭司農讀工爲功古者工與功同字故云工讀爲功堯典維時諒天功史記作維時相天事故云功事也熙興釋詁文皋陶拜手稽首颺言曰念哉颺大失反〔注〕拜手拜頭至手所謂空首也颺大聲也鄭康成曰使羣臣念帝之戒〔疏〕云拜手拜頭至手所謂空首也者周禮太祝職辨九拜三曰空首鄭注云空首拜頭至手所謂拜手也是則拜手即周禮之所謂空首故依彼周禮鄭注而爲解焉泮水詩云不吳不揚鄭箋以爲不讙譁不大聲是則揚爲大聲颺與揚同故云颺大聲也鄭注見夏本紀注云使羣臣念帝之戒者皆上文帝歌先言股肱意主于戒臣欲羣臣承帝歌而言念哉是使羣臣念帝之戒率作興事慎乃憲欽哉婁省乃成欽哉婁力寓反隸古定本如此正義本于上加尸俗字也省悉井反〔注〕率先道也興起憲灋婁數省察也戒羣臣相率作起事功當慎守女

之遷度又數數省察乃象考成再言欽哉令寧之也先悉

苦回反繼大報〔疏〕云續先繼也皆說文辵部文興起釋言反數色斫反文憲法釋詁文書數巧言詩鄭箋說也

釋言云書亟也亟之言大數也省察大釋詁文乃賡載歌曰元首明

哉股肱良哉庶事康哉〔注〕賡古文續載讀若

載鄭康成曰載始也聲讀曰象也一說曰量也量多而

動不得緩聊也康安也卻縣先言元首者見雖有君之誼

也〔疏〕云賡古文續皆說文糸部文大東詩云西有長庚毛傳云庚續也賡字从庚故為古文續案說文賡

从庚貝不言庚聲則今乃讀似公行反先之矣云載讀為載皆說文丮部文今經典輒以載代埶埶不復為埶字

矣惟隸古定書為之茲从之也鄭注見正義載之為始說詳肯文載采采延聲讀曰象也皆昭十八年左傳云

弗曰及也服虔解誼云曰象也云一說皆劉熙說也劉熙釋名釋言語云曰量也量多而動不得緩聊也是其

卻縣幕

說也此說于此經允合故采之以備一說兼存釋詁文云責難于君之謂也者孟子離婁上云責難于君謂之恭此及下歌皆先言元首咎繇欲言治亂之機皆由君上是責難于君之謂也又歌曰元首叢睉哉股肱憜哉萬事隓哉叢才矦反睉倉果反憜徒果反又徒臥反隓徒果反〔注〕馬融曰叢總睉小也鄭康成曰叢睉總聚小小之事以亂大政憜謂憜解弛也隓壞也解今賣反弛式移反〔疏〕馬注見釋文鄭注見正義叢是眾聚故馬訓總鄭言總聚說文目部云睉目小也是睉為小詞故馬鄭皆解為小禮記聘義云齊莊正齊而不敢解憜是憜與解同詞解怠則廢弛故云憜解弛也說文阜部云敗城阜曰隓又土部云壞敗也故云隓壞也帝拜曰俞往欽哉〔注〕拜者荅咎繇也受其戒故荅拜之明上之不虛取于下也往欽哉者戒羣臣各往敬其職也〔疏〕俞之言然是受咎繇戒也故云

受其言故答拜之答其拜受其言是不虛也故云上之不虛取于下也上之不虛取于下也者所記契論云所无不答言上之不虛取于下也云往欽哉者言羣臣各往敬其職也者上文歸言以念哉鄭注謂使羣臣念帝之言號則是時羣臣咸在則帝舉咎繇之言而言往欽哉得不獨言咎繇自是言羣臣也

棄稷弟十六　僞孔氏因咎繇謩有暨益暨稷之文遂斷自帝曰來禹而下分之別爲一篇名之曰益稷正義云馬鄭王所據書序此篇名爲棄稷然則本无益稷篇目葢僞孔氏以僞爲心勞思欲省此一篇遂將經字以傅會篇名故變名益稷是不可不辯　注　孔是逸書弟十三今亡

虞夏書十六　虞書十五

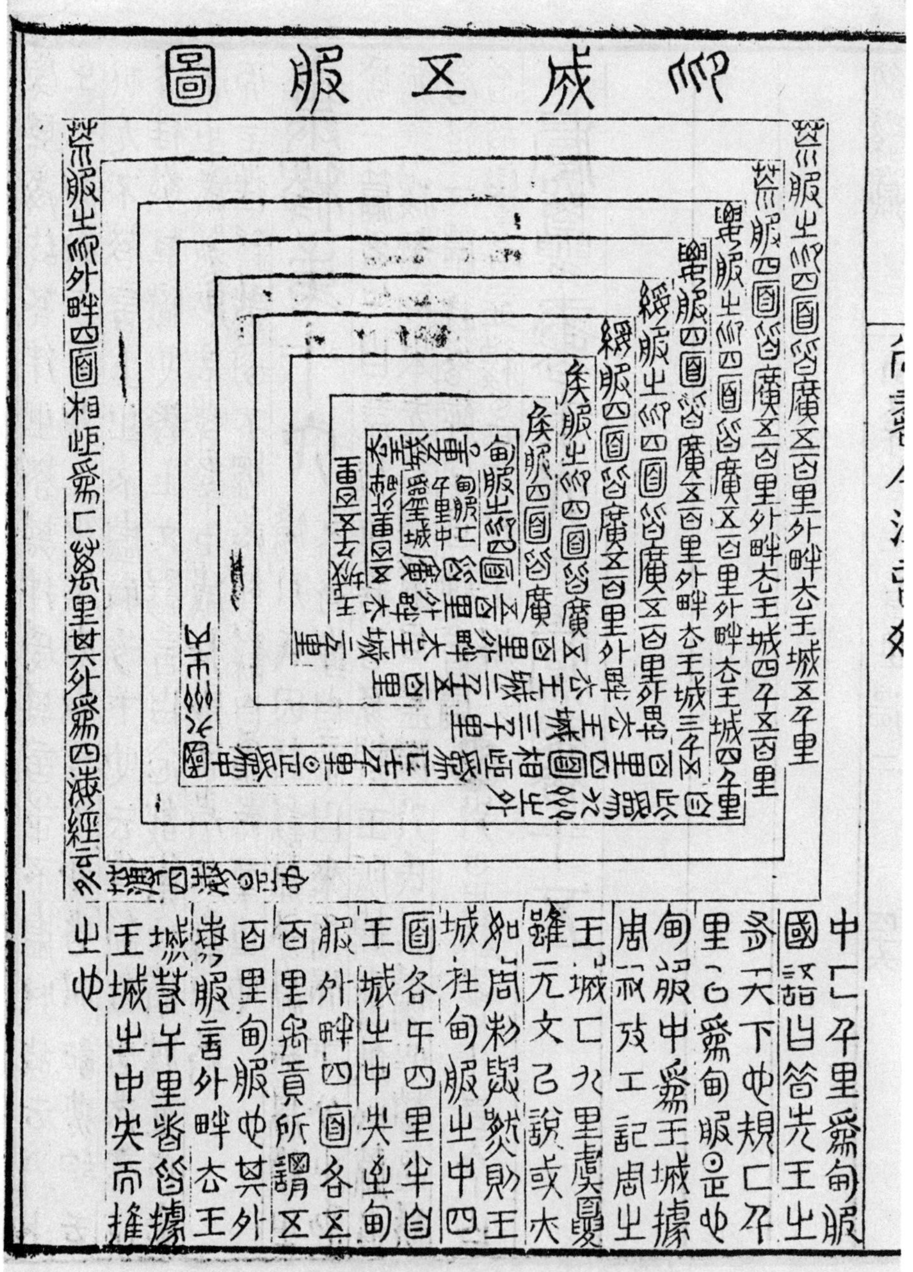

州成五服圖

中方千里爲甸服國語曰昔先王之有天下也規方千里以爲甸服是也甸服中爲王城據周禮考工記周之王城方九里虞夏雖无文以說或大如周制然則王城在甸服之中四面各午四里半自王城之中央至甸服外畔四面各五百里禹貢所謂五百里甸服也其外侯服言外畔去王城皆千里皆據王城之中央而推之也

經云弼成五服至于五千鄭康成曰禹治水敷土既畢
廣輔五服而成之至于面各五千里去王城五百里曰
甸服于周爲王畿其弼當侯服其外五百里爲侯服當
甸服其弼當男服其外五百里爲綏服當采服其弼
當衛服其外五百里爲要服與周要服相當其
弼當其夷服其外五百里爲荒服當鎮服其弼當蕃
服去王城五千里四面相距爲萬里今以鄭說而爲
此圖畫爲九格十重每格五百里面各五千里四面爲
萬里焉案周禮職方氏云方千里曰王畿其外方五
百里曰侯服又其外方五百里曰甸服又其外方五
百里曰男服又其外方五百里曰采服又其外方五百里
曰衛服又其外方五百里曰蠻服又其外方五百里曰
夷服又其外方五百里曰鎮服又其外方五百里曰蕃
服此之謂九服蠻服即要服大行人職衛服外方五百
里謂之要服是也禹貢五服之五百里既去至文而
于五服又各言百里二百里三百里之等謂是禹弼成
之數則文未是與周禮王畿方千里外各九服各五百
里則是方萬里之禹文也太政云詁尔雅或以語禹之
謬則周之幅員同禹之疆域鄭故據周禮爲說足以證
弼成五服爲方萬里矣茲并錄周禮九服圖于左方云

附

周禮九服圖

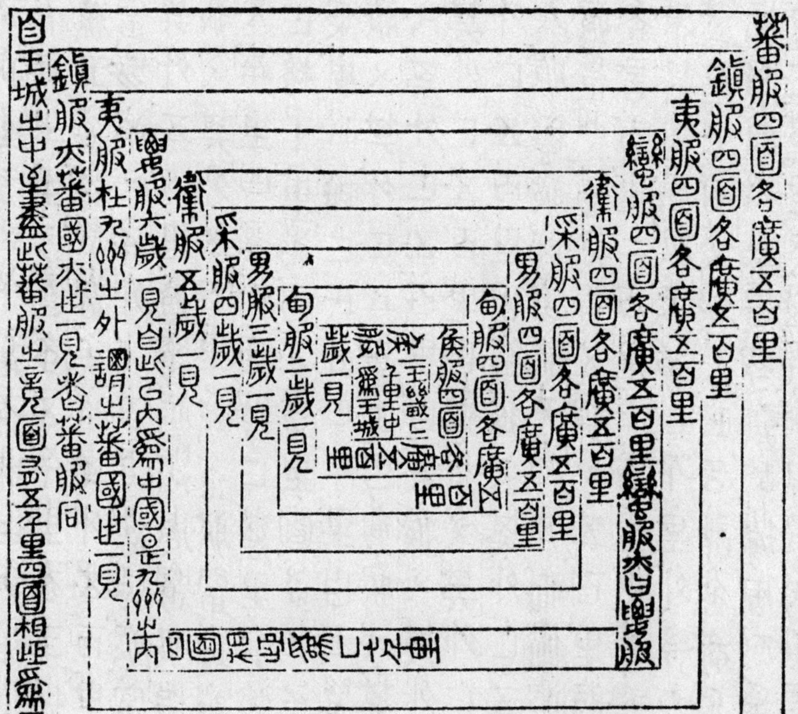

蕃服四面各廣五百里

鎮服四面各廣五百里

夷服四面各廣五百里

蠻服四面各廣五百里蠻服亦曰要服

衛服四面各廣五百里

采服四面各廣五百里

男服四面各廣五百里

甸服四面各廣五百里

侯服四面各廣五百里

王畿方千里中爲王城

侯服一歲一見

甸服二歲一見

男服三歲一見

采服四歲一見

衛服五歲一見

要服六歲一見自此已內爲中國是九州之內四面相距爲方七千里

夷服在九州之外謂之蕃國世一見

鎮服亦蕃國亦世一見與蕃服同

自王城之中至盡此蕃服之竟凡國各五千里四面相距爲方萬里

鄭君說州成五服輒舉周禮九服以況故畫此九服圖以附于州成五服圖後云

鄭兼成以男服之內爲九州爲方七千里七七四十九得方千里者四十九其一以爲畿內餘四十八八州分而各有六焉外傳以禹朝羣臣于會稽執玉帛者萬國言執玉帛則九州之內諸侯也計一州方百里之國二百方七十里之國四百方五十里之國八百計有一千二四百國以二百國爲名山大川不封之地餘有一千二百國八州凡九千六百國其餘四百國在畿內與此鄭君計九州容萬國之數也足以男服之內方七千里乃有容之鄭欲以此見所成五服爲方萬里以破俗儒五服方五千里之說也聲案方七千里之地實足容萬國弟知鄭計則外州之大六倍于中州非制也且謂四百國在畿內還不足以容似韋事是實大非也聲以爲九州之所雖不必大小適等然欲計其州建國之數必先等畫其所使大小齊均乃可計今茲畫九州之所必縱橫皆三分之則三三而九矣方七千里之地先取六千里三分之其分得二千里餘一千里又三分之又得三百三十三里少半里縱橫皆然則其州得方二千三百三十三里少半里者以封三等之國可容千二百國而有餘八州凡九千六百國矣應尚有四百國則中州畿外地頗寬大可封之也謹以二圖于左則形制乃顯矣

法以方三千三百三十三里少半里建三等國之圖

廣三里少半里直三千三百三十三里為奇

設以為千里之方可封以百里之國百

縱三百三十里橫千里可封以五十里之國百二十猶餘以十里者三百

又設以為千里之方以其什八封以百里之國八十以其什二封以五十里之國亦八十

設以為千三百三十三里之方以封以七十里之國縱橫皆得十九可三百六十一國

州中三等之國皆當大小間錯是以大國後國小國分畀各縣一似為此圖者便計算爾

縱千里橫三百三十三里又可封以五十里之國百二十亦餘以十里者三百

又設以為千里之方可封以五十里之國四百

廣三里少半里直三千三百三十里為奇

如圖式可封以百里之國百八十以七十里之國三百六十一以五十里之國七百二十凡千二百六十一國其餘以十里者六百又廣三里少半里而直三千三百三十里為奇皆縱橫各一如鄭說一州千二百國又王制建國之法以百里者當一分以七十里者倍之以五十里者四之然則當建以百里之國百七十一以七十里之國三百四十三以五十里之國六百八十六凡千為二百國其餘六十一國及其不成國之餘隘則皆以當名山大澤不以封之隘也

九州中州之圖

設此爲九州之中州方爲一千三百三十三里少半里其中一千里爲王畿王畿之四傍皆爲延千里而廣六百六十六里太半里各分一百里者六十一五十里者二十而猶餘廣十六里太半里之畸零也其四隅皆爲一六百六十六里太半里各分一百里者三十六一五十里者二十五而猶餘外向廣十六里太半里長總而計之凡爲一百里者三百八十四一五十里者百八十其外猶分爲廣十六里太半里者角而其四圍長分其外畔以爲外州而于其中建四百國猶寬然有餘也

設此千里之一爲王畿禹貢所謂甸服也

此圖計外州建千二百國八州則九千六百國但每州皆有名山大澤不封之地使其州中名山大澤多而或不足容千二百國則必取足于中州故又爲此中州之圖以著其疆域廣大可于其間近外州之如建諸侯而使外州之牧與師統領之而其中之地猶寬大猶可封四百國而有餘是九州之內各除名山大澤不以封而足容萬國誠如鄭君所說也夫九州疆域豈必大小適等其形勢夫豈必一于正直爲此圖者設法以便計爾

舜典至棄稷標題凡百九十六名注百二字釋音
辯字百一十九言疏百一十一字隸書標題及畧
名皆不數後諸卷皆然
九共逸文十一名彙文一凡十二言音四言注十
五字疏二百四十一字
咎繇謨經文九百五十八名彙文十四凡九百七
十二言注四千二百七十四字釋音辯字千八百
五十九言疏二萬二千五百一十八字
附圖四器圖凡三十二字圖凡八百五十二字說
凡千三百四十六字　尚書集注音疏卷二 [illegible]

禹貢弟十七

虞夏書十七　夏書弌　尚書弎

尚書今注音疏卷三　江聲學

禹傅土傅方巫反正義本作敷茲從史記注馬融曰傅分也疏注見釋文又見夏本紀注隨山栞木栞可寒反正義本作刊茲從說文所引漢書作栞隸古定本亦作栞〻即栞之篆文注鄭康成曰必隨州中之山而登之除木為道以望觀所當治者則規其形而度其功焉謂栞槎識也謂槎其木為表識以表其道也史記曰行山表木度徒雒反識中木試反行下孟反疏鄭注見正義孟子曰洚水橫流氾濫於天下艸木暢茂然則治水者必先除其翳薉乃得可規形而度功此於篇首紀禹治水敷功之始故鄭君云除木為道以望解栞木為除木

也以栞為除云詮未盡故聲增成其詮云栞槎識也者說文木部文槎斫也識與志同木新斫處色白遠望見之衆知其處是可記志故云謂槎其木為表識以表其道也引史記者夏本紀文夏本紀全載此篇所云行山表木實即此文故引以證栞木為表識之詮

奠高山大川奠依注田俟反注奠讀當為定馬融曰定其差豑祀禮所視也聲謂高山大川五嶽四瀆之屬差初宜反疏周禮大司徒云奠墬守鄭注云定墬守又司市云以量度成奠賈注云奠讀為定杜子春云奠當為定又瞽矇云世奠繫注云故書奠或為帝杜子春云帝讀為定其字為奠書亦或為奠是古者定字輒多作奠者此經據馬注則亦以奠為定也故云奠讀當為定馬注見夏本紀注云定其差豑祀禮所視也者蓋尚書大傳云五嶽視三公四瀆視諸侯其餘山川視伯小者視子男是也云高山大川五嶽四瀆之屬者夏本紀注引尚書大傳云然今大傳無此文蓋在亡逸中矣五嶽者釋山云河南華河西嶽河東岱河北恆江南衡鄭注周禮大司樂云五嶽岱在兗州衡在荊州華在豫州嶽在雍州恆在并

州是也。又釋山文。彼云：泰山爲東嶽，華山爲西嶽，霍山爲南嶽，恆山爲北嶽，嵩高爲中嶽。皆是漢時之五嶽，蓋後人所附益，非爾雅原文也。說詳堯典疏。四瀆者，釋水云：江河淮泲爲四瀆。四瀆者，發原注海者也。是也。云之屬者，據周禮職方氏九州皆有山鎮名川，則高山大川不止五嶽四瀆，則當皆定其祀禮，故言之屬以包之也。

冀州既載　冀，吉器反。【注】鄭康成曰：兩河閒曰冀州。不書其界者，時帝都之，使若廣大然。載之言事，事謂作徒役也。禹知所當治水，又知用徒之數，則書之于冊以告帝徵役而治之。【疏】注見公羊莊十年傳疏及正義。云兩河閒曰冀州者，釋地文。鄭注以爲自東河至西河是也。李巡注云：兩河閒其氣清，厥性相近，故曰冀。冀，近也。此解冀州之名，誼未知審然否，姑存其說。餘州做此。云不書其界者，時帝都之，使若廣大然者，它州如沇曰泲河，青曰海岱，以及徐揚荊豫梁雝，皆書其竟界所至，此冀州獨否，故決之。知帝都冀州者，哀六年左傳引夏書曰：惟彼陶唐，帥彼天常，有此冀方。是堯都冀州也，以是帝都，欲見其統率四海，故不書其畛域，使若廣大无有止竟號也。逸周書謚灋解云：載，事也。故云載之言事。鄭又注周禮載師敘官亦云載之言事，且引此經以證。

壺口治梁及岐

壺，黃吾反。岐，古文岐。注馬融曰：壺口，山名。鄭康成曰：墬理志壺口在河東北屈，梁山在左馮翊夏陽，岐山在右扶風美陽。于此言治梁及岐者，蓋治水從下起，以襄水害易也。屈有反，从屍出聲，俗从尸出作。梁謠也。馮，皮降反。易，以豉反。疏馬注見釋文。鄭注見夏本紀注及正義引墬理志者，案班固漢書有十志，墬理志其弟八，而鄭君所引非是志也。知者，以鄭君注此篇輒引墬理志，而與班史志時有不合，覈諸後漢書郡國志則无不合。夫郡國志本晉司馬彪續漢書之志，梁劉昭取以補宋范蔚宗後漢書，是書鄭君所不及見，而注輒與之合者，蓋所據之書同也。案余靖敘後漢書云：明帝詔班固、陳宗、尹敏、孟異作世祖本紀及建武時功臣列傳，後有劉珍、李尤雜作建武已後至永初閒紀傳，又命伏无忌、黃景作諸王王子恩澤侯表單于西羌地理志又邊韶崔寔朱穆曹壽雜作皇后外戚傳百官表及順帝功臣傳成一百一十四篇號曰漢紀劉昭注補續漢書志敘云推檢舊記先有地理志是則東漢別有地理志矣鄭君當東漢之末據其當代之書故不盡同班史之志司馬彪撰東漢之史其郡縣必仍東漢之志故郡國之名悉與鄭注所引地理志合也鄭君所引之地理志今不可見茲從鄭注姑兩據班史地理志及郡國志以說案班史志河東郡北屈壺口山在東南左馮翊夏陽梁山在西北又扶風美陽岐山在其西北中水鄉郡國志河東郡北屈有壺口山左馮翊夏陽有梁山又扶風美陽有岐山皆在雍州鄭君說合也云于此言治梁及岐者蓋治水從下起以襄水害易也者鄭以梁岐皆在雍州而于此冀州言之故申其意云治水從下起易爲功也河自雍州經梁岐閒而流于冀今從壺口而梁而岐則自下流上溯故曰從下起蓋濬其下流乃無壅受上流之水故水害易除襄之言除也案禹之治水冀州之後次及兗州雍州則在末後鄭以經文舉壺口而言梁岐故言治水從下起非謂治冀之後復治雍也

既修太原至于岳陽覃懷

厎績至于衡漳邍愚袁反正義本作原案說文原乃厵之省文厵水泉本也其誼別矣邍高平之野人所登據誼當作邍岳古文嶽覃大含反衡古橫字

注 鄭康成曰岳陽太岳之南衡漳漳水橫流入河地理志太原今為郡名太岳在河東彘縣東名霍太山覃懷為縣名屬河內漳水出上黨沾大要谷東北至安平阜城入河行千六百八十里聲謂修大治也厎致績功也沾帖廉反要一䍃反阜房九反

疏 鄭注見周禮職方氏疏云岳陽太岳之南者太岳即禹貢山所云壺口雷首至于太岳是也山南曰陽言岳陽故云太岳之南也云衡漳漳水橫流入河者衡與橫通以其橫流故得衡漳之名此解其名誼也經文岳陽在太原之下衡漳在覃懷之下鄭君先解之者以岳陽之地名衡漳衡字之誼地理志不見故先解之乃後據志文以說云太原今為郡名者班史志及郡國志皆以太原郡屬并州漢因于周而為并州禹无并州實為冀州

陽也云太岳在河東彘縣東名霍太山者班史志河東郡有彘縣霍太山在東郡國志則云河東郡永安故彘陽嘉三年更名爲霍太山然則鄭君時彘縣已改名永安矣而猶舉其舊名或鄭君據陽嘉以前之志歟云覃懷爲縣名屬河內者班史志河內郡有懷縣郡國志同云漳水出上黨沾大要谷者周禮疏引作大黽谷漢書志亦作大黽谷說文水部云清漳出沾山大要谷亦知要是黽非者要字或作要與黽相似魏晉以後俗字盛行要字皆作要不得知爲要字漢書多古字亦本作大要谷傳寫者不識要與似爲黽故誤亦於隆郡爲大要縣師古曰要即古要字是其證也賈公彥不知漢志黽字之譌反據以改鄭注之要爲黽謬甚矣案郡國志上黨郡沾縣不言漳水所出漢書志云上黨郡長子鹿谷山濁漳水所出東至鄴入清漳沾大要谷清漳水所出東北至邑成入大河過郡五行千六百八十里然則漳爲二原鄭云出沾大要谷則是清漳矣云安平阜城則與漢志不合郡國志云安平國故信都阜城故昌成而漢書志信都國有昌成縣然則云邑成者誤也當是昌成鄭云安平阜城則據後漢郡縣名也淮南脩務訓云脩彭蠡之防高誘注云脩治此經冢上治梁及岐之治故

云修大治也底致釋言文績功釋詁文史記云覃懷致功茲依據以為訓厥土惟白壤壤如賞反 注 馬融曰壤天性和美也 疏 注見釋文說文云壤柔土也鄭注周禮大司徒云壤和緩之皃壤為和柔之土故云天性和美厥賦惟上上錯錯七各反 注 鄭康成曰賦之差一井上上出九夫稅上中出八夫稅上下出七夫稅中上出六夫稅中中出五夫稅中下出四夫稅下上出三夫稅下中出二夫稅下下出一夫稅通率九州一井稅五夫此州人數不貢傳曰錯雜也雜出第二之賦差初宜反率呂卹反 疏 鄭注見正義及禮記王制正義案孟子云夏后氏五十而貢殷人七十而助周人百畝而徹其實皆什一也又云井九百畝其中為公田又云惟助為有公田是則夏制什一稅夫田不盡井鄭注周禮匠人篇引孟子文而云周制畿內用夏之貢法稅夫無公田是鄭君亦謂夏時

无井田也此以井計者以九夫爲井差爲九等是傳故
段以言之亦王制正義云以禹貢九州各上中下九等
故以井田計之是也云一井上上出九夫稅者一井之
中九夫各以所收之什一爲稅上中出八夫稅者謂通
九夫共出八夫所收之什一爲稅以下至出一夫稅皆
謂九夫通出其什一也詩甫田正義箋引此注而以爲
鄭欲品其多少无所以況緣以九井擬之以示稅之多
少非其實稅之也是以其賦之輕重縣殊而疑其非實
稅案襄二十五年左傳云度山林鳩藪澤辨京陵表淳
鹵數疆潦規偃豬町原防牧隰皋井衍沃賈逵注云山
林之地九夫爲度九度而當一井藪澤之地九夫爲鳩
八鳩而當一井京陵之地九夫爲辨七辨而當一井淳
鹵之地九夫爲表六表而當一井疆潦之地九夫爲數
五數而當一井偃豬之地九夫爲規四規而當一井原
防之地九夫爲町三町而當一井隰皋之地九夫爲牧
二牧而當一井衍沃之地畝百爲夫九夫爲井夫皆九
度而當一井非即一井出一夫稅乎其九等之差正與
此九等之稅同何見而疑此非實稅邪雖此是田賦與
左傳通計山林等九者不同然周禮授民田多不易一
易再易則田之肥磽固多相縣數倍者且如左傳所云

次等之墬九州皆爲苟是州衍沃之墬多則統一州而計通率一井可得八九夫稅設是州山林藪澤之墬多則統一州而計通率一井出一二夫稅況其田爲不易一易再易之殊則九夫一夫之差理勢固然不足怪也云通率九州一井稅五夫者爲九夫稅爲一夫稅合之共十夫均分之則各五夫其八夫通二夫七夫通三夫六夫通四夫均之則皆然是率一井稅五夫也周禮授民田不易者百畝一易者倍之再易者三之通率三家而受六夫其野則六家而受十三夫其賦則惟計見耕之田而稅之通而計之則一夫之墬惟稅五十畝故管子幼官篇云田租百取五即此制也墬乃肥墽古今如一推之夏制田賦之灋當亦一夫惟稅五十畝故孟子曰夏后是五十而貢其實什一也聲案王制疏云夏政寬簡一夫之墬惟稅五十畝氏也云此州人數不貢者鄭志說貢篚之制云凡所貢篚之物皆以稅物市之隨時物賈以當邦賦然則餘州雖爲氒賦之文不人數準其賦之頒賈隨物以貢故皆爲氒貢之文此州不言氒貢以天子之都凡土墬所生天子所需者可令官買辨之不煩諸侯貢篚故人數不貢也下文梁州氒賦下中三錯鄭注云三錯者此州之墬爲當出下下之賦者少

爾文爲當出下上中下者，差得益少。然則鄭君以錯爲雜出也。等傳言錯雜也。雜出第二之賦，與鄭意合，故用之。云第二者，上上，錯是第一，則雜出自然第二矣。

厥田雜中中。注 馬融曰：土墬爲高下。鄭康成曰：墬當陰陽之中，爲吐生萬物者曰土。據人功作力競得其田之出則謂之田。田之等，高下之等者，當爲水害備也。競，其慶反。亓田之，紬畋反。

疏 馬注見釋文，云：土墬爲高下者，總九州之田上上至下下九等而通解之。此言中中，則是高下之中也。鄭注見正義，云：墬當陰陽之中，爲吐生萬物者曰土者，五行木火爲陽，王于春夏；金水爲陰，王于秋冬；土位于中央，代王于四者之閒，是當陰陽之中也。說文云：土，墬之吐生萬物者也。二，象墬之下、墬之中；丨，物出形也。又白虎通云：土主吐含萬物，土之爲言吐也。是也。云據人功作力競得其田之出則謂之田者，說文云：田，陳也。樹穀曰田，象四口，十，仟佰之制也。劉熙釋名云：已耕者曰田。是田之出則謂之田也。周書多方云：畋爾田。畋謂田之也。云田之等高下之等者，當爲水害備也者，以馬說而變其意也馬鄭知上中下之等是據墬形高下爲言者昆侖山高萬一千里天下之最高傾也九州在昆侖之東南故西北高東南下雝州在西北其田上上揚州在東南其田下下也以高爲上卑爲下也荊在揚西高一等梁在荊西又高一等江南之墬卑于江北故三州當下三等洚水之害沇州又甚以墬卑也其田中下冀則中中豫中上青上下徐上中禹道河經冀豫之間至大陸則折而北行繇冀沇之間而入海以青徐墬高不可變東流又下于冀故順其敘下之性而道之北行也是九州上中下之等據高下差之也王肅注云言其土墬各有肥膌案賦出于田賦之輕重當視田之肥膌爲差不應中中之田出上上之賦雝州田上上反出中下之賦且揚州土菸不得爲下下雝州多山少水何以反爲上上乎肅說非是

恆衛旣從大陸旣作【注】鄭康成曰墬理志恆水出恆山衛水在靈壽大陸澤在鉅鹿聲謂從從其道也作爲也【疏】鄭注見史記本紀注案漢書志常山郡有上曲陽縣靈壽縣恆山在上曲陽西北恆水所出東入滱衛水出靈壽東北

東入虖池鉅鹿郡有鉅鹿縣大陸澤在北皆與鄭君此注合郡國志則上曲陽屬中山國云故屬常山恆山在西北常山國靈壽衛水出鉅鹿郡鉅鹿故大陸有大陸澤亦不韋此鄭注但未言恆水所出尒胥謂從從其道也者此經紀治水之成功則從謂從順其水道而安流與下治州紀九河從道之意略同故云從其道作為釋言文史記云大陸既為故云作為也

鳥夷皮服鳥僞孔本作島史記漢書皆作鳥據鄭注則作鳥為是〔注〕鄭康成曰鳥夷東北之民搏食鳥獸者胥謂鳥夷亦皮故貢皮服青之萊夷徐之淮夷楊之鳥夷皆傳于季貢之來此州无貢匪之文故記于此不言貢者夷民本非州內不數與貢來則受之不來亦不徵也州之夷當亦數也亦一縣反傳房任反匪方尾反宅土蝸反〔疏〕鄭注見正義又見夏本紀注東北正義作東方搏食夏本紀注作賤食茲各依其是者云東北之民者禮記王制云東方曰夷此紀于冀禹貢

州則必從水故以爲東水之民云島夷亦皮故貢皮服皆鄭注揚州島夷卉服云貢其服皆以給天子之官準彼卉服是所貢則此皮服亦是所貢矣云此州無貢篚之文故記于此皆此州雖無貢篚而文之後東此當也州厥貢厥篚之後故記島夷于此夫如青徐揚之夷皆記于貢篚之間也州之夷皆附厥貢之末是貢可知此無貢文而皮服繇是貢物當特言貢以著名之而經不云貢故釋其意云不言貢者夷民本非州內不數其貢來則受之不來亦不徵也九州之外爲四夷故知夷民非州內尚書大傳歸禾傳云政令不數焉則君不臣其人是則不數夷民之貢矣云它州之夷當亦然也皆以此島夷徵之則青之萊夷徐之淮夷揚之島夷雖在厥貢之末當亦不徵其必貢也

夾右碣石入于河碣其列反韋昭音其逝反

注鄭康成曰戰國策碣石在九門縣今屬常山郡蓋別有碣石與此名同今驗九門無此山也案縣碣石山西北行盡冀州之竟還從山東南行入河沿水既畢更復

行之觀地肥膌定貢賦上下聲謂地理志碣石在右北平驪城西南水經云在遼西臨渝縣南水中不審孰是河或爲海繇大周反校行戶教下孟二反膌子益反

疏鄭注見正義云戰國策碣石在九門縣今屬常山郡者郡國志常山國有九門縣劉昭注引史記趙武靈王出九門爲野臺以望齊中山之竟又偁碣石山而引戰國策云在縣明葢以補志之不備而所引正合鄭注檢今戰國策無碣石在九門之文葢闕佚矣云葢別有碣石與此名同今驗九門無此山也者鄭據當時九門無碣石不可據戰國策爲必是故云葢也案漢書志右北平郡驪城縣大碣石山在縣西南鄭君不引鄭據後漢之地理志葢無此文也云禹繇碣石山西北行盡冀州之竟還從山東南行入河者正義申其意云鄭以北行則東爲右南行則西爲右故夾山兩旁山常在右是也云治水既畢更復行之觀地肥膌定貢賦上下者貢賦之輕重各視其土產之厚薄故必觀地肥膌而後可定水土未平無繇審地之肥膌故治水畢而更行視也此文記于冀州之末故知是紀禹復行之道

禹貢

以得其州之來皆言浮于云云皆倣此可知也聲引地理志者漢書之志也水經者或以爲桑欽所作非也其書改漢爲魏魏廣漢爲廣魏安得云欽作自是魏人所作但不知誰尒然引地理志又引水經者碣石所在二書不同未悉定其孰是故兼引之鄭君注山水所在皆據東漢之郡縣予補鄭注之闕後自當據鄭所據以說而鄭君所引地理志不可得見故據兩漢之志以補之志或不具則引水經水經雖出于魏人其郡縣之名未變于漢者什之八九擇而用之可

泲河維沇州

也云河或爲泲者史記文作入于泲泲子豊反正義本作濟隸古定本作泲案說文水部云泲泲也又云濟水出常山房子贊皇山東入泜然則濟非泲沇州之水此篇所云篇內皆當作泲泲沇以吮反正義本改譌不可从

注 鄭康成曰言沇州之畍在此兩水之閒聲謂沇古文或爲㕣㕣山閒陷泥陷沇州以沇水得名也故以沇名焉㕣以吮反

疏 鄭注見公羊莊十年傳疏及夏本紀注釋地云泲河閒曰沇州故云在此兩水之閒謂在東河之東泲水之西也云沇古文或

爲㕣㕣山閒陷泥地者說文水部古文沇作㕣又曰部云㕣山閒陷泥地从口从水敗皃讀若沇州之沇是㕣夫古文沇矣㕣从水敗皃故爲陷泥地謂其地爲水所敗而泥濘也九州之渥地已下夫說文曰部文渥亭濟也沇州水害最甚久濟于水故爲渥地因而得沇名此說沇州之名說也釋名已爲取沇水爲名李巡注爾疋云沇河閒其气專質其性信謹故曰沇沇信也此二說皆不如說文精確

九河旣道注鄭康成曰河水自上至此流盛而地平无岸故分爲九以衰其勢壅塞故通利之也九河之名徒駭太史馬頰覆鬴胡蘇簡絜鉤般鬲津周時齊桓公塞之同爲一今河閒弓高已東至平邍鬲般往往有其遺處焉衰色介反勢式制反塞所則反鬴同釜方老反絜今肯反般步干反鬲夫尼反

疏注見詩般正義云河水自上至此流盛而地平无岸故分爲九以衰其勢者漢書溝洫志云禹以爲河所從來者高水湍悍難以行平地數爲敗

了釃爲二渠以引其河北載之高墬過降水播爲九河
是也云九河之名徒駭太史馬頰覆鬴胡蘇簡絜鉤般
鬲津者釋水文也云周時齊桓公塞之同爲一者春秋
緯寶乾圖云移河爲界在齊呂填閼八流以自廣鄭蓋
據此文也云今河閒弓高以東至平原鬲般往：有其
遺處焉者漢書志勃海郡成平縣有虖池河民曰徒駭
河：閒國弓高縣有虖池別河首受虖池河平原郡有
鬲縣般縣平當以鬲爲鬲津則般當即鉤般矣又溝洫
志云許商以爲古說九河之名有徒駭胡蘇鬲津今見
在成平東光鬲界中自鬲以北至徒駭閒相去二百餘
里今河雖數移徙不離此域是九河故迹漢時尚可考
故云有其遺處鄭志趙商問曰禹貢逆河至于大陸又
北播爲九河然則大陸以南固未播也在于沇州安得
有九至于何時得復合爲一然從大陸以北得播爲
九也鄭荅曰沇州以泲河爲界河流分沇州界文自
同矣得合爲一了在下頭子走南北河所求乎觀子所
云似徒見今沇州之界不及九河而青冀分之故疑之
尒雖知今亦當知古案郡國志則東漢時河閒勃海皆
屬冀州平原屬青州故鄭以爲青冀分之其初本沇州
之域故云亦當知古是則九河之故迹實有可據者溝

洫志録司空掾王横言往者天嘗連雨東北風海水溢西南出浸數百里九河之地已爲海所漸矣案齊海在九河之下流九河且淪沒齊海之地豈得尚存徐漢時安得猶有齊海郡乎王横之言謬甚

雷夏旣澤雝沮會同〔注〕鄭康成曰地理志雷澤在泲陰成陽雝水沮水相觸而合入此澤中〔疏〕注見夏本紀注引地理志者案漢書志泲陰郡有成陽縣雷澤在其西北郡國志亦云泲陰郡成陽有雷澤知雝沮合入雷澤者中國之水西東南流括地志云雝沮二水在雷澤西北經于雷夏紀澤下言雝沮會同謂會合而入雷澤也鄭君北海人去沇州不遠其水道或案知之非專據書也

桑土旣蠶蠶祖含反〔注〕鄭康成曰與陸亢安蠶桑因以名之今濮水之上陸有桑間者濮必木反〔疏〕注見詩邶鄘衛譜正義云今濮水之上陸有桑間者禮記樂記云桑間濮上之音鄭注云桑間在濮陽南濮陽南即濮水之上矣案郡國志濮陽屬東郡劉昭注引博物記曰桑中在其中桑中即桑間也

是降聖諱宅土　注　鄭康成曰：此州寡於山，而夾川兩大流之閒，遭洪水，其民尤困。水害既除，於是下丘居土，以其免於厄，尤喜，故記之。聲謂宅或爲度，或說民乃下丘營度爽塏之場而邑落之。度大洛反　塏可亥反　疏　鄭注見正義，云夾川兩大流之閒者，兗州謂泲河之閒也。云以其免於厄尤喜故記之者，降丘宅土，九州皆然，獨於兗州言之，以是被害尤甚，則免厄尤喜，故記於此也。云宅或爲度，且偁或說者，風俗通山澤篇引作度，且說云：堯遭洪水，萬民皆山棲巢居，以避其害，禹決江疏河，民乃下丘營度爽塏之場，而邑落之，是其文也。古宅度同字，故宅或作度，而解爲營度，大得爲一證，故備存其說。云爽塏者，昭三年左傳云「請更諸爽塏者」，爽，明也；塏，燥也，謂明燥之処。

厥土黑墳　墳亡粉反　注　馬融曰：墳，有膏肥也。疏　注見釋文。鄭注周禮艸人云：墳壤，潤解。然則墳是土之潤澤者，故云有膏肥也。

厥艸維蘨，厥木

蘨條蘨弋柕反偽孔本作繇茲从說文所引注蘨艸盛皃條長也長中丈反疏云蘨艸盛皃者說文艸部文條長也者毛詩椒聊傳詁也厥田惟中下厥賦貞作十有三年乃同年偽孔本作載釋文云馬鄭本作年茲从馬鄭注鄭康成曰貞正也治此州正作不休十三年乃有賦與八州同言功難也其賦下下疏注見夏本紀注訓貞為正子夏易傳詁也云其賦下下者餘州皆言厥賦上中下之等此州之賦獨不言其等故鄭言之知下下者九州之賦當有九等參彼八州八等獨无下下故知此州當下下也且此州十三年乃有賦明其賦獨艱不能及它州也

厥貢桼絲厥篚織文桼千吉反俗作漆別字也織中吏反注織文同文无分反今通作文注桼木汁可以髹物篚竹器所以盛幣織文染絲織之若錦綺之屬此州出皆是以充天子祭廟之

服。鄭康成曰：貢者百物之府受而藏之，其實于匪者入于女功，故以貢匪別之。凡所貢匪之物皆以稅物市之，隨時物賈以當邦賦。汁，中十反。髹，昕尤反。盛，氏征反。藏，才郎反。別，兮列反，通作別，非。市，十止反，俗作市，非。賈，吉訝反。

疏　云桼木汁可以髹物者，說文桼部文。桼字从木，數點象汁從木出之形，此于六書屬指事也。說文匚部云：匪，器似竹篋，从匚非聲。逸周書曰：實玄黃于匪。故云匪竹器所以盛幣也。云織彣染絲織之者，織彣是五色相錯育彣采者，若織而後染則染成一色矣，知必先染數色之絲閒錯而織成彣也。禮記玉藻云士不衣織，彼鄭注亦云織染絲織之也。云若錦綺之屬者，說文帛部云錦襄邑織彣，其糸部云綺彣繒也，是綺亦織彣也。云此州出者是以充天子郊廟之服者，據漢書地理志陳留郡屬沇州，襄邑其屬縣也。司馬彪郡國志同。水經睢水注云：渙水東逕襄邑縣故城南，故宋之承匡襄牛之地，秦始皇以承匡卑溼徙縣于襄陵，更爲襄邑。陳留風俗傳曰：縣南有渙水，故傳曰睢渙之閒出文章，天子郊廟御服出焉，尚書所謂氒匪織戈者也鄭注貢者至水之見正義案周禮貨賄入于太府王府内府之等嬪婦之功入典婦功典絲典枲之等夏官雖少于周當亦物各有司所入異処故云貢者百物之府受而藏之其實于匪者入于女功也鄭㠯匪之所盛亦是貢物而經輒別言之故言此㠯解別言貢匪之意而卽云故㠯貢匪別之也凡所貢匪㠯下鄭志文也鄭志者秉成門人所述師說也後漢書鄭玄傳云門生相與譔玄荅諸弟子問五經依論語作鄭志八篇是也其書今亡此條引見詩甫田正義㠯是鄭君說貢匪之證故采㠯入注云凡所貢匪之物皆㠯稅物尚之隨時物賈㠯當邦賦者稅物卽賦也周禮角人徵齒角及骨物于山澤之農羽人徵羽翮于山澤之農掌葛徵絺綌之材于山農徵艸貢之材于澤農皆㠯當邦賦之政令是周之貢物當邦賦者鄭必知夏亦然者㠯下文甸服之艸内總銍粟米之等侯服之艸言百里采是千里之内人穀侯服㠯外采取美物㠯當邦賦夏制亦㠯賦爲貢不貢外別有賦也故鄭注冀州特言此州入穀不貢明餘州有貢皆无穀稅也

𤄷逹于河𤄷土合反俗譌爲漯注浮氾也桑欽云𤄷水出東

浮于汶

邍高唐鄭康成曰地理志云漯水出東郡東武陽傳曰因水入水曰達氾孚梵反【疏】浮氾說文水部文桑欽者字君長河南人傳古文尚書孔安國六傳弟子也桑欽云漯水出平邍高唐者見說文水部漢書地理志平邍郡高唐縣亦引桑欽言漯水所出後漢郡國志亦云平邍郡高唐漯水出鄭注見夏本紀注引地理志漯水出東郡東武陽者案漢書志東郡東武陽有漯水東北至千乘入海郡國志亦云東郡東武陽漯水出說文亦云漯水出東郡東武陽入海案鄭說與桑欽不同地理志郡國志及說文皆持兩說據地理志漯水東北流而東郡扗平邍之南意者漯水出東武陽而經高唐與抑或有二原與未知其審故竝存兩說

海岱維青州【注】鄭康成曰青州界東自海西至岱東嶽曰岱山【疏】注見公羊莊十年疏及夏本紀注云青州界東自海西至岱者青州于爾疋爲營州孫炎注爾疋齊曰營州云自岱東至海與此注合云東嶽曰岱山者史記封禪書云岱宗太山也釋山云太山爲東嶽是也

堣夷既略

注 馬融曰堣夷地名用功少曰略聲謂堣夷今文爲禺
鐵 弋脂反 疏 馬注見夏本紀注略是簡略故云用功少曰略也云堣夷今文爲禺鐵者據夏本紀索隱云嘇也
濰甾其道 甾側詞反僞孔本作淄周禮作菑漢書作甾案說文水部无淄字而艸部菑字或省作甾嘇則淄乃俗字而菑甾字同皆可用也 注 鄭康成曰濰甾兩水
名地理志云濰水出今瑯琊箕屋山甾水出泰山萊蕪
縣原山聲謂其讀爲旣古字其旣通 疏 鄭注見齊詩譜正義引地理志
者案漢書志瑯邪郡箕縣育濰水北至昌都入海泰山
郡萊蕪縣育原山甾水所出東至博昌入泲是也但不
見屋山之文案說文亦云濰水出瑯邪箕屋山則屋山
自杜箕縣班固志不具尒云其讀爲旣者史記云濰甾
旣道必知旣爲是者此經記禹之成功故篇內旣從旣
作旣澤旣豬之等皆爲已嘇之詞此文言道當與上九
河下沱潛同文故知旣字爲是當讀从之也而經作其
字者已古時字通尒知古字其旣通者京氏易中孚六

四月近壁苟爽本作既壁是近與既通嵩高詩云往近王舅毛傳云近己也則近實是古既字鄭箋云近聲如彼記之子之記而今詩作彼其之子嘫則近既記其四字皆通故云其既通也厥土白墳海瀕廣㡿瀕皮人反俗作濱不成字㡿昌石反俗譌爲斥【注】瀕水厓鄭康成曰㡿謂地鹹鹵厓五佳反鹹夷喦反鹵龍古反【疏】瀕水厓者說文瀕部文鄭注見釋文及夏本紀注說文鹵部云東方謂之㡿西方謂之鹵是㡿鹵異名而鄭云㡿謂地鹹鹵者對文則異㪚文則通史記云海瀕廣潟厥田㡿鹵是㡿鹵可通言也厥田維上下厥賦中上厥貢鹽絺鹽夷拈反絺敕之反【注】鹽鬻海爲之古者宿沙初作鬻海爲鹽絺細葛也鬻之与反【疏】云古者宿沙初作煑海爲鹽者說文鹽部文案世本育作篇記古者造作器用之事說文所云葢本諸世本也魯連子曰宿沙瞿子善煑鹽使煑漬沙雖十宿沙不能得也是宿沙煑鹽之明證也劉向說苑云夙沙之民自攻其主而歸神農氏嘫則宿沙

杜神罍肯矣云絺細葛也者葛覃詩云爲絺爲綌毛傳云精曰絺麤曰綌是也海物維錯

注鼆秉成曰海物海魚也魚種類尤雜種之勇反俗誤作種疏注見

夏本紀注錯之言雜經言維錯故云種類尤雜岱𡿨絲枲鉛松怪石

枲先里反鉛夷專反注𡿨古文畎字岱畎岱山之谷枲麻也鉛青

金也疏云𡿨古文畎字者據說文篆文𡿨作畎則𡿨爲古文畎也云岱畎岱山之谷者畎是小溝管子

度地篇云山之溝一有水一毋水者命曰谷水是山閒之畎爲谷又徐州羽畎鄭注以爲羽山之谷則此岱畎

是岱山之谷矣枲麻也鉛青金也者說文木部金部文也萊夷作牧注地理志

東萊黃縣有萊山萊夷萊山之夷也作牧以畜牧爲業

貢鳥獸者周禮曰任牧以畜事貢鳥獸疏引地理志者漢書之志也

案志東萊郡屬青州則是即此萊矣春秋宣九年齊侯伐萊服虔以爲東萊黃縣是定十年左傳齊使萊人以

兵劫魯侯孔子稱夷不亂華杜預㠯萊人郲齊所滅萊夷則黃縣是夷民也故㠯萊夷爲萊山之夷猶徐州淮夷是淮水之上夷民也云作牧㠯畜牧爲業貢鳥獸者者周禮太宰職㠯九職任萬民四曰藪牧養蕃鳥獸是牧㠯畜牧鳥獸爲業也知㠯鳥獸爲貢者㠯其附于貢之末且徐州言淮夷蠙珠臮魚鄭注㠯爲蠙珠與魚此文與彼同當亦是貢矣引周禮者閭師職文㠯證牧者當貢鳥獸也

厥匪檿絲檿衣琰反

注　檿山桑也檿絲食檿之蠶所吐絲也檿或爲酓酓衣琰反

疏　檿山桑也者說文木部文釋木云檿桑山桑是也云檿或爲酓者史記云其匪酓絲是也檿酓聲相近叚借字也

浮于汶達于泲汶房運反

注　鄭康成曰地理志汶水出泰山萊蕪縣原山西南入泲

疏　注見夏本紀注引地理志者案漢書志泰山郡萊蕪育原山禹貢汶水出西南入泲桑欽所言說文水部亦引桑欽說云嘫是矣而漢書志又云琅邪郡朱虛東泰山汶水所出東至安丘入維說文亦云汶水出琅邪朱虛東泰山東入濰盇別是一水也

據經言達于泲下經道沇水東入會于汶則此汶水是出原山入泲者故不用彼說海岱及

淮維徐州〔注〕鄭康成曰徐州畍又南至淮水〔疏〕注見

公羊莊十年傳疏云又南至淮水不言海岱者徐州直當青州之南上文海岱維青州注已云東自海西至岱

此言海岱及淮明亦東海西岱與青齊等可知故不言東西但言南至淮水冢上青州之注故言又也釋地云

泲東曰徐州李巡注云泲東其气寬舒稟性安徐〻舒也淮沂其嬖嬖僞孔本作乂案訓爲治字當作嬖〔注〕鄭康成曰淮沂二水名地理志沂水出泰山

蓋縣聲謂其讀爲餼嬖治也〔疏〕鄭注見周禮職方氏疏及夏本紀注引地理志

者案漢書志泰山郡蓋縣有沂水南至下邳入泗過郡五行六百里是也乃說文沂水育二說一說與鄭同一

說出東海費東西入泗案志東海郡費縣不言沂水未審未重何所本也又案酈元水經注二十五卷引鄭此

注云出沂山而鄭注周禮職方云沂山沂水所出也杜蓋是則蓋縣育沂山此鄭注蓋縣之下當育沂山二字

周礼疏及史記注皆不具引尒云其讀爲既者與上灘甾其道同說具上疏嬖治說文辟部文其埶埶宜祭反俗書上加艸下加云不成字注鄭康成曰蒙羽二山名聲謂地理志蒙山扗泰山蒙陰西南羽山扗東海祝其南其亦讀爲既埶種也言已可種埶種之用反疏鄭注見夏本紀注解蒙羽爲二山名而未言二山所扗案鄭注此經山水輒引地理志已箸其所扗此條或亦爾史記注不具引尒故聲據漢書地理志已補之志云泰山郡蒙陰禹貢蒙山扗西南東海郡祝其禹貢羽山扗南是也云其亦讀爲既者與上其嬖之其同冢上注故云亦也僞孔傳云二水已治二山已可種埶是亦解其爲既案僞孔傳頗竊取漢儒之誼據此則可知漢儒固讀其爲既也埶種說文丮部文埶从坴从丮丮持也土塊坴坴丮持而種之是種之誼也大埜既豬豬中魚反注埜古文野鄭康成曰大野扗山陽鉅野北名鉅野澤馬融曰水所停止深者曰

豬瞀謂豬豝也字亦或爲豝亐題寧反俗作停非疏丷埜古文野者說文里部文鄭注見夏本紀注云大野在山陽鉅野北者漢書地理志云山陽郡鉅埜大埜澤在北郡國志亦云山陽郡鉅野有大野澤是也云名鉅野澤者鉅亦大也縣名鉅野取名于澤是漢時名大野爲鉅野澤也彖注見釋文周礼稻人云已豬畜水水畜則亐止且演故云水所亐止演者曰豬亐定息也云豬都也者取諸鄭君檀弓注也彼注且云南方謂都爲豬然則都與豬特方言之異其詁則一也云字亦或爲都者此經豬字不但詁訓爲都字亦有作都者史記云大野既都是也

東邍厎平注鄭康成曰東邍地名今東平郡即東邍疏注見夏本紀注云今東平郡即東邍者漢書地理志云東平國故梁國景帝中六年別爲泲東國武帝元鼎元年爲大河郡宣帝甘露二年爲東平國然則東平稱國而鄭言郡者漢時郡國一也已封諸侯則稱國〻除或復爲郡東平是宣帝已封子思王宇者故稱國東漢不封諸侯東平雖仍稱國其實是郡故鄭言郡也知東平即東邍者地理志言東平在泲東爾雅云泲東曰徐州則

東平固扗徐州矣爾雅云廣平曰邍又楚大天歷平字邍則邍巳平爲誼故云東平卽東邍氒土

灻戠墳戠僞孔本作埴釋文云鄭作戠兹从鄭本【注】鄭康成曰戠讀爲

熾〻灻也聲謂戠黏也讀如脂膏敗䐈也䐈〻大黏也

戠依鄭昌志反予音之直反黏奴廉反䐈之直反【疏】鄭注見釋文及文選蜀都賦注云熾赤也者熾是火

盛皃火色赤故熾爲赤也鄭欲解戠爲赤而戠无赤誼故讀爲熾已熾字从戠聲故也聲不从之者已赤戠連

文著戠亦爲赤于誼重絫且赤已言色戠當言其性故訓爲黏也周礼攷工記用土爲瓦謂之摶埴之工彼鄭

注云埴黏土也此經戠或爲埴則戠埴字同是戠得爲黏也易豫九四云朋盍戠或虞注云戠叢合也松厓先生

云已土合水爲培謂之摶埴豫坤爲土坎爲水一陽倡而衆陰應著水土之相黏著故云朋盍戠是亦已戠爲

黏也云讀如脂膏敗䐈〻〻亦黏也者已鄭讀爲熾則非戠本音故特正其音讀攷工記弓人云凡眤之類

不能方故書眤作樴康成謂樴讀爲脂膏敗䐈之䐈〻亦黏也䐈與戠音誼同故用彼注已正也脂膏敗䐈者脂膏

久則敗〻則黏合不解謂之膱說文肉部云膱[illegible]膏久膱是也今人謂頭髮纏結不通亦爲膱也

蔪苞蔪苞僞孔本作漸包茲从說文所引蔪慈染反注馬融曰蔪苞相包裹也疏注見釋文云相包裹者說文艸部云蔪艸相蔪苞也亦相包裹之誼

氒田維上中氒賦中〻氒貢維土五色注鄭康成曰土五色者所以爲大社之封疏注見夏本紀注云大社者禮記祭法云王爲羣姓立社曰大社是也知土五色以爲大社之封者逸周書作洛解云諸受命于周乃建大社于周中其壝東青土南赤土西白土北驪土中央釁以黃土將建諸侯鑿取其方一面之土包以黃土苴以白茅以爲土封故曰受則土于周室是大社之封用五色此貢土五色當以爲是用也

羽畎夏翟夏行賈反翟大麻反注鄭康成曰羽畎羽山之谷夏翟謂翟山雉尾長者其類有六曰翬曰搖曰𠷎曰甾曰稀曰蹲其毛羽五色皆

禹貢　尚書集注音疏卷三　十七

葥成章夏翟是其總名也翬許韋反舄直畧反又直又反蹲徂尊反又祖存反又杜損

疏鄭注見詩節南山正義解畎爲谷詮具上岱畎疏云翟山雉長尾者〻說文羽部文釋鳥云翟山雉長尾者是也其類有六已下取諸周禮染人注也彼注引此文而說之如此則是鄭君正解此經故采其說其說實本諸爾疋案釋鳥云伊洛而南素質五采皆葥成章曰翬江淮而南青質五采皆葥成章曰搖南方曰𠷉東方曰甾北方曰稀西方曰蹲是也但介足惟翬搖言五采皆葥成章而此總六者而言五采皆葥成章者已其翬搖之下卽順舉四者明四者皆然但已方所而異名介且總名夏翟種類當相佀也知夏翟是總名者已直云夏翟不別言雉名故知是總名也

嶧陽孤桐嶧夷益反从山傍與鄒繹山也繹从糸傍者異

注鄭兼成曰地理志嶧山在下邳聲謂桐榮木也孤桐〻特生者邳貧悲反

疏鄭注見夏本紀注引地理志者案漢書志下邳屬東海郡葛嶧山在其西古文已爲嶧陽是此山也鄭不言東海者郡國志云下邳國下邳本屬東海葛嶧山本嶧

陽山號則東漢郡置下邳國下邳縣屬焉故鄭總言下邳也釋木云榮桐木說文木部云桐榮也故云桐榮木也周禮大司樂云孤竹之管鄭注云孤竹竹特生者此經孤桐之孤與彼孤竹誼同故云孤桐桐特生者特生謂本幹挺拔旁枝乘七發所謂龍門之桐高百尺而無枝也

泗濱浮磬注鄭兼成山泗水出沛陰乘氏磬謂殸籀文磬之樂石也泗水之厓產此石疏鄭注見夏本紀注云泗水出沛陰乘氏皆案漢書志沛陰郡乘氏泗水東南至睢陵入淮過郡六行千一百一十里郡國志亦云沛陰郡乘氏侯國有泗水是也云殸籀文磬之樂石也者說文石部文樂有八音石其一也樂記曰石聲磬磬以其聲名其石故磬為樂石云泗水之厓產此石者括地志云泗水至彭城呂梁出石磬

淮夷蠙珠暨魚蠙頻因反又頻賢反注蠙或為玭宋宮云淮水中出玭珠玭蚌之名聲皆鄭兼成山淮水之上夷民獻此珠與魚也玭步迷反又頻因反又頻賢反蚌步項反疏

説文王部解玭字引宋宏云云其下重一蠙字云夏書玭从虫賓故此經文用蠙字而于注出玭字且引宋宏説也宋宏者字仲子京兆長安人哀平閒爲侍中光武即位拜太中大夫建武二年代王梁爲大司空封栒邑侯太藝剛正樂薦賢十事詳後漢書本傳云玭蚌之有聲者説文徐鉉本作玭珠之有聲五字徐鍇繫傳本作玭珠珠之有聲者七字段氏玉裁曰當作玭蚌之有聲者六字釋文引韋昭云玭薄迷反蚌也廣韻曰蠙珠母也郭景純江賦云文魮磬鳴己李善注引山海經曰文魮之魚其狀如覆銚鳥首而翼魚尾音如磬石之聲是生珠玉郭注山海經曰魮音毗珠母蚌類蓋魮即玭字玭是蚌類而能鳴故云蚌之有聲者聲案魮即魚名故俗書變从魚傍依字正當作玭玭珠與魚蓋謂玭珠及其母玭魚也鄭注見正義粊誓云淮夷徐戎則徐州實有淮夷民居淮水之上淮水中實出玭珠則亦有玭魚故云淮水之上夷民獻此玭珠與魚也云獻者以傳厥貢之末則是貢物獻即貢也馬謂淮夷二水名非也

厥篚廟諱纖纖息廉反縞縞工澡反

注 黑而有赤色者爲元鄭康成曰纖細也祭服之材尚細

纖謂縞繒也繒夕綾反疏罷而爲衣名皆爲衣說文挃字部文也鄭注見夏本紀注纖細說文糸
部說訓同常訓也司馬相如子虛賦曰揄紵縞司馬彪
注云縞細繒也茲云縞繒也不言細皆經言纖縞細證
已見
矣浮于淮泗達于菏菏工河反正義本作河衛包所改也說文水部
引作菏隸古定本同注泗受泲水東入淮菏澤水在山陽胡陵南
東入泗疏云泗受泲水東入淮菏澤水在山陽胡陵南皆說文水部文水經紀泲水云東過方與縣
北爲菏水菏水東過胡陵縣南東入于泗水故云泗受
泲水胡陵郡胡陵也東入淮皆墜理志云泗水東南至
睢陵入淮志又云山陽郡胡陵禹貢浮于淮泗通于菏
水在南與說文合酈元注水經于菏水過胡陵入泗出
下文引此經作達于菏不解書開元時何所據而
改僞孔本作菏爲河後乃因之遂改墜理志及水經注
皆爲河是可怪也賴有說文所引可證是古文之未盡
亡者吾謹加之可也云東入泗者即據水經文已見上
淮海惟揚州釋全律云沇豫荆揚鄭志總屬隸云揚州也大州名揚此揚當加木注

鄭康成曰揚州界自淮而南至海以東　疏　注見公羊莊十年傳疏言自淮而南至海可知矣必又言以東者欲見揚州盡于東南之地也釋地云江南曰揚州李巡注云江南其氣燥勁厥性輕揚故曰揚州案揚者揚也

彭蠡既豬陽鳥逌凥　蠡力徯反

从䖵彖聲俗書䖵上著彖失其聲矣逌以休反本或作攸茲从漢書　注　鄭康成曰地理志彭蠡澤在豫章彭澤西陽鳥鴻雁之屬隨陽氣南北聲謂逌讀若攸所也彭蠡豬而爲湖則陽鳥得有所居矣

豬或爲都　疏　鄭注見夏本紀注及詩匏有苦葉正義引地理志者案漢書志及郡國志皆云豫章郡彭澤彭蠡澤在西是也云陽鳥鴻雁之屬隨陽氣南北者日行夏北而冬南鴻雁則正月北鄉至秋而來南是隨陽氣南北故鄭君箋匏有苦葉詩亦云雁者隨陽而北云逌讀若攸者說文乃部文釋言云攸所也逌同攸故云所也呂氏春秋孟春紀云候雁北高誘注云候時之雁從彭蠡來北過至北極之沙漠仲秋紀云候雁

來注云經水匯中來南過周洛出彭蠡李炑紀注夫云經水匚來南出彭蠡李癸紀云雁水鄉注云雁在彭蠡出澤是㠯皆水鄉將來至水匯也是則彭蠡爲豬雁出所常凥如故云彭蠡豬而爲湖則陽鳥得安所凥矣云豬或爲都者史記作都也

三江既入【注】鄭康成曰江自彭蠡分爲三孔合漢爲北江會彭蠡爲南江岷江在其中則爲中江云入皆入海也岷張巾反【疏】鄭注見初學記六卷及隸引書二卷下經導漾東流爲漢至于大別南入于江東匯澤爲彭蠡東爲北江故云孔合漢爲北江經爲向東故曰北孔也彭蠡諸漢入江而匯爲澤其澤則匯于江出南故云會彭蠡爲南江下導江云東迤北會于匯鄭注曰東迤者爲南江也漢在北彭蠡在南則江在中矣故云岷江在其中則爲中江下導江云東爲中江入于海是也云岷入皆入海也皆據下經北江中江皆言入于海而南江則未見于經漢書地理志云南江在會稽吳南東入海是其一證也則三江皆入海也互詳導江經

震澤底定【注】地理志震澤在會

稽吳國名具區會古外反【釋】引墬理志皆漢書志云會稽郡吳故國周太伯所邑具區澤在西古文㠯爲震澤是異文也鄭注周禮職方氏言具區在吳南不云會稽蓋東漢分置吳郡吳屬吳郡也鄭言吳南志云吳西皆蓋具區廣袤八百里在吳西又經其南也篠簜既敷氒艸維夭氒木維喬篠先了反簜徒黨反夭因喬反【注】篠箭屬小竹也簜大竹叓希也夭少壯也喬高上竦也箭即賤反少式召反竦色涌反【釋】篠箭逪大竹說文竹部文釋艸云篠竹箭故云篠箭屬小竹也釋艸又云簜竹李巡注云竹節相去一丈曰簜孫炎注云竹闊節者皆曰簜故云簜大竹叓希說文又部文史記云竹箭綐希則此叓當訓希也詩桃夭傳云夭夭其少壯也故云夭少壯也云喬上竦也皆詩漢廣傳說也氒土維涂泥涂同都反或涂下箸土非泥了乃反【注】馬融曰涂泥漸洳也漸子廉反洳汝庶反【釋】注見夏本紀注易睽上九云見豕負涂虞翻注云坎爲豕爲雨四變時坎爲土土得雨爲泥涂則涂泥爲溼土故云

漸洳也說文云洳漸溼也漢書東方朔傳朔對郭舍人隱語云涂者漸洳徑也洳即洳之省文厥田惟下下厥賦下上上錯【注】上錯謂雜出上等蓋時或出中下之賦也【疏】九等之賦下上爲第七中下爲第六下上之賦雜出上等故知或出中下之賦厥貢惟金三品【注】鄭康成曰金三品者銅三色也【疏】注見正義又見詩泮水正義云銅三色者詩正義云梁州貢鏐鐵銀鏤釋器云黃金之美者謂之鏐白金謂之銀貢金銀者既以鏐銀爲名則知金三品者其中不得有金銀也又檢禹貢之文厥貢鏐鐵錫鉛銀獨无銅故知金即銅也僖十八年左傳曰鄭伯始朝于楚楚子賜之金既而悔之與之盟曰无以鑄兵故以鑄三鐘攷工記云六分其金而錫居一謂之鐘鼎之齊是謂銅爲金也三色者蓋青白赤也此說證金爲銅以申鄭恉甚善但荆州之銅則左傳所云是矣揚州之銅猶未有證案漢書吳王濞傳云吳有豫章郡銅山韋昭注云此有豫字誤也但當言章郡即今故章也又案漢書地理志云丹陽郡故鄣郡武帝元封二年更

名曰陽屬揚州有故鄣縣又史記貨殖列傳言吳有章
山之銅蓋即章郡銅山所產然則揚州有銅山吳則金
三品實是銅三色王
肅以爲金銀銅非也**瑤琨筱簜**瑤夷招反
琨古魂反
注瑤王
之美者琨石之美者筱可爲矢簜可爲榦琨或爲瓚榦果
案反瓚古魂反
韋昭音古玩反**疏**此注采取說文王部竹部文也毛詩
木瓜傳云瓊瑤美玉是瑤爲王之美
者也云琨石之美者則是次于王者王肅不分瑤琨總
言美石次王者非也云筱可爲矢者先鄭注周禮稾人
敘官云箭榦謂之稾此官主弓弩箭矢故謂之稾人是
矢用箭竹爲之故亦名爲箭筱即箭竹也云簜可爲榦
者榦謂弓體攷工記弓人云取榦之道七竹爲下是榦
有用竹者簜是大竹也云琨或爲瓚者據漢書作瓚又
釋文云馬本作瓚案說文琨
字彙文作瓚則琨瓚實一字**齒革羽毛惟木****注**
齒象齒所以爲弭革犀兕也所以爲甲羽鳥羽所以
爲旄毛犛牛尾所以注干旹惟木二字衍文犀先兮反
犛莫交反

俗通齒象齒至注干皆采用韋昭國語注也襄二十
作旄【疏】四年𠂇傳云象有齒㠯焚其身賄也泮水詩云
元龜象齒故知齒是象齒也云所㠯為弓者采薇詩云
象弭魚服箋云弭弓反末彆者㠯象骨為之是也云革
犀兕也所㠯為甲冑者攷工記函人云犀甲七屬兕甲
六屬是甲必用犀兕為之故知革是犀兕也司馬法冑
字作䩜从革是冑亦㠯革為之也案易革初九云鞏用
黃牛之革宣二年𠂇傳云牛則有皮犀兕尚多棄甲則
那則牛亦有革亦可為甲而惟言犀兕者㠯牛則然〻
皆有不需荊揚貢之此荊揚所貢自是犀兕也云羽鳥
羽者逸周書王會解有變陽之翟倉吾翡翠是其物也
彼孔晁注㠯變陽為揚州之變倉吾亦變也云所㠯為
旌者周禮司常云全羽為旞析羽為旌則旞旌皆用羽
惟言旌者舉一可推也說文云犛西南夷長髦牛也揚
州在東南而知所貢之毛是犛牛尾者㠯毛之可飾器
用者惟犛牛尾且經文與荊州同明是同物當必揚州
亦有犛牛尾而㠯為貢也云所㠯注干皆者詩云孑〻
干旄毛傳云注旄于干首鄭箋云周禮孤卿建旃大夫
建物皆皆注旄首是也云惟木二字衍文者史記漢書
皆全載此篇皆无此惟木字可知漢時尚書本无此二

字僞孔氏妄增之本𢩍削去己相傳既久不敢擅削姑存之而目爲衍文可也鳥夷卉服僞孔本作島夷藻書作鳥夷顏師古注云東南之夷善捕鳥者可知藻書原本作鳥非由字誤也故从之史記作島者必是裴駰據僞孔書己改之其實亦作鳥也卉許偉反又許貴反注卉艸之總名也鄭康成曰此州下溼故衣艸服貢其服者己給天子之官衣乙既反疏云卉艸之總名也者說文艸部文釋艸云卉艸舍人注云凡百艸一名卉是卉爲總名也鄭注見正義云貢其服者己給天子之官者礼記郊特牲云大羅氏天子之掌鳥獸者也諸侯貢屬焉艸笠而至尊野服也是天子之官育服艸服者也厥匪織貝織中吏反注鄭康成曰貝錦名詩云緀兮斐兮成是貝錦凡爲織者先染其絲乃織之則文成矣礼記曰士不衣織緀七兮反斐古尾反爲織衣織竝中吏反織之如字衣乙既反疏注見正義云貝錦名者己是匪實且與織聯文知非水貝自是錦名故鄭引詩

以證引詩者巷伯篇文也彼傳云貝錦〻文也箋云錦文者文如餘泉餘蚳之貝文也是錦有名貝者也云凡爲織者先染其絲乃織之則文成矣者織非一色故必先染絲爲數采乃後雜以織之則閒錯成文也言凡則沇州織文亦謂之矣引禮記者玉藻文鄭彼注亦云織染絲織之與此同氒勹橘柚必交反今通作包橘居聿反柚由究反注勹裹也橘似橙而色赤味甘柚條也似橙而大味酸酢而美皆江南果裹工可反橙直庚反酢七故反疏勹裹說文勹部文橘形似橙而色味則異橙孰則皮色黃橘孰則赤橙味酢而橘味甘故云似橙而色赤味甘也柚條釋木文柚色似橙而形實甚大味雖稍酸而甚甘美遠勝于橙故云似橙而大味酸酢而美酢酸也說文木部云橘果出江南郭璞注爾疋柚條云生江南故云皆江南果錫貢注鄭兼成曰此州有錫則貢之或時乏則不貢錫所以柔金也周禮攷工記攻金之工掌執金錫之齊乏房法反从反正俗作乏齊才細反疏

禹貢　尚書集注音疏卷三　三十三

注見正義。此既是貢而不于篚也，上言也還也柱下別出貢文，故知非常貢者則貢也，或時乏則不貢也。今吾吳西北百里有无錫縣，即漢書地理志之會稽郡无錫也。縣有錫山，秦始皇時曾產錫，相傳世亂則有錫，治則无之，故縣名无錫。名是錫有時乏也。云錫所以柔金也者，呂氏春秋別類篇云金柔錫柔，合兩柔則爲剛，是錫所以柔金也。引攷工記者，證錫之所以柔金也。案攷工記云攻金之工，築氏執下齊，冶氏執上齊。又云金有六齊，六分其金而錫居一謂之鐘鼎之齊，五分其金而錫居一謂之斧斤之齊，四分其金而錫居一謂之戈戟之齊，參分其金而錫居一謂之大刃之齊，五分其金而錫居二謂之削殺矢之齊，金錫半謂之鑒燧之齊，是金錫之齊也。王肅以錫貢屬上讀，謂橘柚錫命而後貢。案說文木部引厥包橘柚之文，不聯引錫貢，則錫貢自是別爲一句。且金銀銅鐵鉛皆人貢，錫亦器用所需，不應獨缺。而它州无文，惟見于此。又周禮職方氏揚州其利金錫，則揚州實產錫，不應不貢，足證鄭說精確，肅說非也。

松江渫逹于淮泗。

僞孔本作沿于江渫，釋文云沿鄭本作松。案史記漢書江海上皆无于字。

注 鄭康成曰松當

爲沿字之誤沿順水行也沿夷專反疏注見釋文及夏本紀注云松當爲沿字之誤者篆文沿作㳂松作㳂二字近似易相涉此文作松則不詞作沿則于誼允協故知當爲沿由字相似而誤也案史記漢書及馬融本皆作均江海馬訓均爲平鄭不从均誼者以此是記沿之巡行州竟非言其沿水均平也誼未妥協不若沿誼長也云沿順水行也者說文水部云沿緣水而下也是順水行也荆及衡陽惟荆州注鄭康成曰荆州界自荆山南至衡山之南疏注見公羊莊十年傳疏山南曰陽經言衡陽故注云衡山之南案釋名云荆州者取荆山之名是也李巡注爾雅云漢南其气慘剛禀性彊梁故曰荆荆彊也燚與江漢朝宗于海朝直遙反注同注朝宗諸侯見天子之名也周禮曰萅見曰朝夏見曰宗鄭康成曰江水漢水其流遄疾又合爲一共赴海也猶諸侯之同心尊天子而朝事之荆楚

之域國有道則後服國无道則先彊故記其水之諡以箸乃臣之禮見夷甸反遙上專反箸中句反【疏】引周禮者大宗伯文以證𩓐宗是諸侯見天子之名也鄭注見正義下文道漾云南入于江又云東爲北江入于海道江云東爲中江入于海是江漢合一共赴海也云荆楚之域國有道則後服國无道則先彊者公羊僖四年傳云楚有王者則後服楚无王者則先叛是也鄭以江漢入海杜揚州東畔去荆州甚遠而經于荆州言之因說其所以記于荆州之意以其易叛難服故記其水之諡以箸人臣之禮

九江孔殷

【注】鄭康成曰殷猶多也九江從山谿所出其孔眾多言治之難也地理志九江杜今廬江尋陽縣南皆東合爲大江聲謂孔甚殷中也甚中猶言水由地中行也【疏】鄭注見正義毛詩潧洧傳云殷眾也眾多同誼故云殷猶多也云九江從山谿所出其孔眾多者葢以九江爲名則水有九道故云出水之孔窾眾多也引地理志

者案漢書志廬江郡尋陽禹貢九江在南皆東合爲大江郡國志亦云廬江郡尋陽南有九江東合爲大江是也據兩志廬江郡皆屬揚州又別有九江郡亦屬揚州經于荆州記九江者蓋九江至尋陽東而合九江郡與尋陽相近當九江始合之處故郡取名亦其未合于江之時則在尋陽之上固是荆州地也故經于此言之乃應劭注地理志謂江自廬江尋陽分爲九如其說則九江不在荆州矣恐非是當从鄭說爲正孔昰殿中並釋言文不从鄭君其孔衆多之詮者已史記云九江甚中其詮辰也云水由地中行者孟子滕文公下云禹掘地而注之海敺虵龍而放之菹水由地中行是其文也

沱潛旣道　沱大河反潛夕廉反

注　鄭康成曰爾疋云水出江爲沱漢爲潛今南郡枝江有沱水其尾入江介首不于江出也華容有夏水首出江尾入沔葢此所謂沱也潛水則未聞象類聲謂潛或爲灊或爲涔　灊夕廉反涔徂森反

疏　鄭注見正義引爾疋者釋水文云今南郡枝江有沱水其尾入

江介皆不于江出也者漢書地理志南郡枝江江沱出其西東入江是也鄭以枝江之江沱不出于江不與爾疋相應故云然也云華容有夔水皆出江尾入沔者地理志華容亦屬南郡有夔水皆受江東入沔行五百里是也云蓋此所謂沱也者鄭以夔水皆出于江當即爾疋所謂水出江爲沱者然夔水未有沱名故云蓋以疑之云潛水則未聞象類者蓋以地理志于荆州之域不見有潛水故云未聞也云潛或爲灊者漢書志文或爲涔者史記文也

雲夢土作乂 夢漫空反又漫貢反或作夢同俗本夢在土下據史記漢書皆土在夢下惠先生曰鼂公武據蜀石經云夢土作乂聲謂據僞孔傳佀僞孔本亦土在夢下

注 雲夢澤名地理志雲夢在南郡華容南縣爲乂治也

疏 引地理志者漢書志云南郡華容雲夢澤在南荆州藪是也鄭注周禮職方氏云雲夢在華容此引地理志正合鄭意史記云雲夢土爲治故云作爲乂治也

氒土維涂泥氒田維下中氒賦上下氒貢羽毛齒革 注 國語

晉公子謂楚成王曰羽旄齒革則君地生焉楚故荆也

毛或爲旄【疏】引國語者晉語文欲己證羽毛齒革之產于荆也云楚故荆也者莊十年𠂇傳楚敗蔡師于莘經書荆敗蔡師于莘是楚本是荆也云毛或爲旄者據史記漢書皆作旄蓋古字通

維金三品【注】大謂銅三色也【疏】經文與揚州同則其詮亦同故云亦謂銅三色亦者亦揚州之文也荆州產銅說見揚州疏

杶榦栝柏杶敕倫反栝古活反【注】鄭康成曰杶榦栝柏四木名榦柘榦柏葉松身曰栝柘之夜反【疏】注見周禮攷工記疏及詩竹竿正義云榦柘榦者攷工言荆之榦材之美者是即此文之榦也而弓人云取榦之道七柘爲上故知榦是柘榦故鄭注攷工荆之榦亦云荆〻州也榦柘也可己爲弓弩之榦是也云柏葉松身曰栝者釋木云檜柏葉松身檜亦育栝音古字同也

礪厎砮丹厎亦作砥同之氏反砮奴古反韋昭音乃固反【注】鄭康成曰礪摩刀刃石也精者爲厎磬

謂砮石可爲矢鏃者月巴越㞢赤石也肅曰月可㠯爲鏃子木反又七木反【疏】鄭注見正義左傳昭十二年子革曰摩厲刀刃石也云精者爲厎者精謂細也厲厎對言厲爲麤厲爲稱厎㠯密致爲言是細者爲厎也云砮石可爲矢鏃者魯語云有隼集于陳侯之庭而死楛矢貫之石砮貫逵注云砮矢鏃之石也說文石部云砮石可㠯爲矢鏃是也云月巴越之赤石也者說文月部文巴越皆南方地名也產月沙肅注亦見正義

【經】維箘簵枯弎邦厎貢箘渠允反簵洛故反枯枭古反僞孔本作楛茲从說文木部所引

【注】古文簵爲簬鄭康成曰箘簬聆風也枯木類周㞢始肅眘氏貢枯矢石砮此州中生聆風毀枯砮㝡多三國獻㞢聆力形反

【疏】史記漢書簵皆作簬說文竹部引此作簵又重出簬字注云古文簵从輅故云古文簵爲簬鄭注見夏本紀注及周禮攷工疏云箘簵聆風也者韋昭云箘簬一名聆風聮則聆風是竹之別

名也云枯木類者以經與箘簵聯文嫌其似竹故辨之言是木之類也馬融云枯木名可以爲箭說文木部引此文亦以枯爲木名也鄭注攷工記引此經陸氏釋之云枯音戶賈公彥疏引此鄭注乃改枯爲楛謬甚矣云周之始肅愼氏貢枯矢石砮者國語孔子語云昔武王克商通道于九夷百蠻使各以其方賄來貢使無忘職業于是肅愼氏貢枯矢石砮其長尺有咫是也言此者欲明枯之所用也云三國致之者經言三邦厎貢厎之言致也三國則未聞

厥名包匭菁茅匭居洧反菁子盈反

注 言厥名者貢菁茅也鄭康成曰匭猶纏結也菁茅〻有毛朿者給宗廟縮酒重之故包裹而又纏結也朿七賜反俗通[illegible]縮所六反

疏 云言厥名者貢菁茅也者禮記雜記云凡宗廟之器其名者成則釁之以豭豚是物之貴重者特偁名也以上林數貢物茲特以厥名表異之自是以菁茅爲宗廟所用而貴重之也夏本紀注引馬融曰言箘簵枯三國所致貢其名善也則馬以厥名上屬爲句也正義言鄭以厥名下屬包匭菁茅茲不从馬而从鄭者以厥名

之言猶雜記所謂其名者言其名者爲菁茅詮實皃惡且氒名之文與氒乃氒匪一從是領句之詞當在句首鄭讀是也鄭注見正義又見夏本紀注云匭猶纏結也者鄭讀匭爲糾也蓋匭與軌聲軌與九聲則匭音同糾鄭君云其同音字與其證也云菁茅：多毛刺者：管子謂與桓公曰江淮之間一茅三脊名曰菁茅脊卽毛刺也故云多毛刺者云給宗廟縮酒者說文酉部云禮祭束茅加于裸圭而灌鬯酒是爲莤象神歆之也萅秌傳曰介貢包茅不入王祭不共无以莤酒莤與縮同古今字也周禮甸師祭祀共蕭茅鄭大夫云蕭字或爲莤莤讀爲縮束茅立之祭前沃酒其上酒滲下去若神歆之故謂之縮縮：滲也康成則云縮酒泲酒也又注司尊彝醴齊縮酌云醴齊尤濁和以明酌泲之以茅縮去滓也康成之說雖不與[illegible]君鄭大夫同與皆謂縮酒用茅也云束之故糾乃裹而又纏結也者吳都賦云職貢內其包匭劉逵注曰匭猶纏結也尚書禹貢曰包匭菁茅茅生桂陽可以縮酒給宗廟異物也重之是故糾乃裹而又纏結之案此注全本康成蓋惟詮實精確故崩林於用之也

氒匪廢諱纁璣組纁許云反璣吉今反組則古反

注　纁淺絳

也。染元纁者，暑熱則色玄，荊州隱煗，故匪元纁組以毌璣，謂之璣組，璣非匪實，匪實止是組尒。絳君營反，煗乃卵反，毌古玩反。

疏 云纁淺絳也者，說文糸部文。云染元纁者暑熱則色玄者，周禮染人職云夏纁元之，鄭注云凡染當及盛暑熱潤始湛研之三月而後可用，是元纁必及暑熱而染，知暑熱則色玄也。云荊州隱煗者，荊州亏中國爲正南，當火位，故煗也。禮玉藻天子佩白玉而元組綬，云云：鄭注云綬所以毌玉相承受者，則綬是組之下系爲結以屬之玉者，其上毌玉中者則是組矣。韓詩傳曰佩玉上有葱珩，下有雙璜衝牙，蠙珠以內其閒，是佩必有珠，亦必以組毌矣。鄭於徐州注云貢者百物之府受而藏之，其實亏匪者入亏內府，據周禮珠入亏玉府，不入內府，此經徐州蠙珠、雍州琁玗皆不入匪，珠不圜者爲璣，亦必不入匪矣，則此言璣組自是毌璣之組，非別有璣也，故云組以毌璣謂之璣組，璣非匪實，匪實止是組尒。

九江內錫大龜。內奴罪反。

注 馬融曰：內，人也；貢謂錫賜也，言人賜者與大龜也。大龜尺二寸者禮三正記曰天子龜長尺二寸長直尚反疏馬注見釋文內說文入部文錫賜釋詁文史記云九江入賜大龜詮訓正合也貢者下獻于上之言茲言內錫以入賜爲詮蓋以龜爲神物與之使若天所賜然故云言人賜者與大龜也乎詩泮水傳云元龜尺二寸元猶大也故云大龜尺二寸者禮三正記云〻見白虎通蓍龜篇引以證大龜長尺二寸也

浮于江沱潛漢逾于雒至于南河雒諸本皆作洛蓋惑于魏丕之詔也三國魏志黃初元年幸洛陽裴注引魏略曰詔以漢火行忌水故洛去水而加隹魏于行次爲土〻水之牡也水得土而流土得水而柔故除隹加水段氏玉裁曰魏丕欲改雒爲洛詭言漢火行忌水而去水此不根之談也周禮職方氏雝州其浸渭洛豫州其川熒雒逸周書職方解同是豫州之雒本不从水故說文洛字下止說出歸德之水不言一曰出上雒之文惟不从水故不得具說于水部也聲案漢字亦从水不聞忌水而易其偏旁何獨忌于洛水邪予初時亦惑于漢忌水改雒之說故是書雒皆作洛聞段君之言乃盡書禹貢悉作雒字也如爾諸名

諸雒諸多士多方諸篇皆有雒字當盡同此但誤於俗改之不勝改姑置之云【注】逾越也逾雒至南河將治豫州也禹敷功之敘于此見一隅越于伐反見大寡反【疏】說文辵部云逾越進也故云逾越也云逾雒至南河將治豫州也者鄭于冀州之末注云治水既畢更復行之觀地肥膌定貢賦上下數則每州之末浮于云云皆是從行州竟此言浮于江沱潛漢是荊州之竟雒與南河則豫州之竟非荊州地矣經于荊州之下既記豫州明禹治荊州畢既治豫州則此逾雒至南河是將治豫州也云禹敷功之敘于此見一隅者蓋此經州先後之次是禹敷功之次弟也知者以水之害大河尤甚禹治水先治河而河所經之地冀兗最下兗既淪沒冀爲帝都故先治冀而後及兗兗後則繇青而徐而揚東方三州皆瀕于海水之委也故亦早治之揚則跨大江而南盡東南之地矣循揚而上故及荊州梁州之地于江南爲最高雖界于江水而江水之水不急及高其功可緩故荊州既治後及豫州乃得治梁也雝州田上上故治之最後經亦記之于末是經所記九州於禹敷功之先後而敘之者也茲于荊州之後折旋越江而入

特言逾雒至南河，已見治荊之後治豫，則九州之數功皆如此經之先後可知，故曰於此見一隅。論語曰：舉一隅不以三隅反，則不復也。一隅者，可舉以反三者也。

荊河惟豫州。

注 鄭康成曰：豫州界自荊山而北至于河。

疏 注見公羊莊十年傳疏。周禮、爾雅皆云河南曰豫州，是則豫州之北界至于河矣。春秋元命包云：豫之言序也，言陽氣分布，各得其處，故其氣平靜多序也。李巡爾雅注云：河南其氣著密，厥性安舒，故曰豫。豫，舒也。

伊雒瀍澗既入于河。瀍，直然反，俗加水旁，非。說文水部无之。淮南本經訓云：導瀍澗。則瀍水之瀍不从水。澗，吉晏反。

注 地理志：雒水出宏農上雒冢領山，東北至鞏入河。伊水出宏農盧氏熊耳山。瀍水出河南穀成朁亭北。澗水出宏農新安東。皆入于雒。經總言入于河者，下經謂雒言會于澗瀍、會于伊，則三水入雒自明，此者文互見也。

晢夕鐵反者邑景反見太宰反疏引地理志者漢書志云弘農郡上雒禹貢雒水出冢領山東北至鞏入河過郡二行千七十里又盧氏縣熊耳山在其東伊水出東北入雒過郡一行四百五十里又新安縣禹貢澗水在東南入雒又河南郡穀成縣禹貢瀍水出朁亭北東南入雒是雒水入河三水皆入雒經不區水亦總言既入于河蓋雒既入河則入雒者亦得言入河且下經云道雒自熊耳東北會于澗瀍又東會于伊又東北入于河則雒入河亦三水入雒于彼文自見于此不得詳言故云者文互見

熒潘既都熒潘

正義本作滎波蓋衛包所改也段氏玉裁曰滎說文以為絕小水水則非泲水溢出之澤矣此經熒當从火周禮職方氏熒雒左傳閔二年宣十二年及後敘諸文熒澤字皆从火陸氏釋文可證隱元年釋文且云熒陽或作滎非玉篇熒字下云大熒陽縣漢韓勑後碑河南熒陽劉寬碑陰河南熒陽鄭烈碑熒陽將封人處盧藏用撰書紀信碑困高祖于熒陽熒字無不从火皆可證也聲案後經道泲下泆為熒同此矣潘西禾反史記及馬鄭本皆作播據說文當作潘

注鄭康成曰熒沇水泆出所為澤也今塞

爲平墬熒陽民猶謂其地爲熒澤在其縣東春秋傳曰閔公二年衛侯及狄人戰于熒澤此其墬也聲謂潘水名在河南熒陽者或爲播傳直扇反古文魯

疏　鄭注見詩定之方中正義及鄭譜正義云熒沇水泆出所爲澤也者下經云道沇水東流爲泲入于河泆爲熒是也云今塞爲平墬熒陽民猶謂其地爲熒澤在其縣東者鄭據所聞見而言當得其實其縣東即謂熒陽縣也東漢書墬理志及續漢郡國志皆不言熒陽有熒澤者蓋已塞故也引春秋傳者左傳文案衛之封域在冀州及狄人戰當在河北此熒澤在豫州則是河南鄭君乃云此其墬竊所不解詩正義云沇水發原河北入于河乃泆爲熒則沇水所泆被河南北故河北亦有熒澤但在河南多耳指其猶水大地則在豫州戰于熒則在其北畔相連猶一物故云此其墬也案此說是矣因沇水泆于河南北得被于河北泆溢大河北得相連戰于熒者蓋在熒澤直北對岸之地耳云此其墬實覺未安存疑可也云潘水名在河南熒陽者說文水部文言在熒陽則與熒澤同地自是此

熒潘之潘故不从馬鄭作熒播也云都或為豬者史記作都漢書作豬兩字皆可从據鄭注周禮職方氏引此作都故此經从都字亦注別出豬文

導菏澤被明都導徒報反篇內皆同

注 菏澤菏水所鍾也在泲陰定陶東水盛則被及明都矣明都在梁國睢陽東北明都或為盟豬或為孟諸睢息維反

疏 國語周語云澤水之鍾也故云菏澤菏水所鍾也云在泲陰定陶東者漢書地理志于泲陰郡下云禹貢菏澤在定陶東水經末卷亦云菏澤在定陶縣東茲據以言焉案漢書志于山陽湖陸言禹貢浮于淮泗通于菏水在南水經亦云菏水在山陽湖陸縣南湖陸即湖陵也酈注背經徐州縣从其說謂菏在湖陸南矣此又云在定陶東者蓋菏水流行至定陶東亦鍾聚故于是得澤名其去湖陸蓋不甚遠據漢書志山陽泲陰皆故梁景帝中六年分梁為山陽泲陰國則湖陸定陶墬相近矣云水盛則被及明都矣者水經注八卷引此經又引闞駰十三州記曰不言入而言被者明不常入也水盛方乃覃被矣茲用其說云明都在梁國睢陽東北者漢

書志梁國睢陽禹貢盟諸澤在東北盟諸即明都也云明都或爲盟豬者此明都字从史記本漢書則作盟豬云或爲孟諸者爾疋云宋有孟諸即此明都也

厥土維壤下土墳壚【注】馬融曰豫州壤地三等下者墳壚也鄭康成曰壚疏也【疏】馬注見夏本紀注鄭注見陳祥道禮書三十四卷云壚疏也者說文土部云壚黑剛土也剛則不黏矣釋名云土黑曰壚壚盧然解散也解散則其性疏可知鄭注周禮艸人云埴壚黏疏者以黏訓埴則亦以疏訓壚矣

厥田維中上厥賦錯上中【注】錯文在上者雜出上等之賦也【疏】冀州賦上〻錯是上〻雜出上中之賦爲下一等故錯文在下此則錯文在上中之上則是雜出上等之賦可知上中之上惟有上〻謂雜出上〻之賦也

厥貢桼絲絺紵 絲僞孔本作枲史記作絲案周禮職方氏豫州其利林桼絲枲則豫州出貢當絲枲皆有枲與絺同類言絺則枲該其中矣絲則鈙長當从史記作絲紵直呂反【注】紵檾屬檾[illegible]

頃反【疏】云紵檾屬者說文糸部文案說文林部云檾枲屬然則紵是枲類矣

厥篚纖纊

纊苦況反【注】纊新緜也緜亡延反【疏】云纊新緜也者禮記玉藻云纊為繭縕為袍又喪大記云屬纊以俟絕氣鄭君注彼兩文皆云纊今之新緜則纊與緜古今異名實一物也言新者對縕是舊絮為言也

錫貢磬錯

【注】錫貢錫命而得貢也磬錯說者以為治磬之錯然則錯當為厝厝厲石也詩曰它山之石可以為厝厝七各反【疏】揚州錫貢王肅注以為錫命而得貢以徵此經當同斯意磬亏揚州不用肅注亏此仿其意為注者蓋揚州實是貢其土產之錫故用鄭注而不从肅豫州則不產錫宜所得錫而貢且揚州錫貢之下无文此言錫貢磬錯則所貢者磬錯非貢錫矣故解為錫命而得貢蓋磬錯非常用之物不入正貢至需用時乃下令徵之是為錫命而得貢云磬錯說者以為治磬之錯者偽孔氏說云亦云也以灌注无間始如偽孔說云亦云然則錯當為厝者如偽孔說則錯是攻錯攻錯則字當為厝厝是磨厲之石也云厝厲石也以

禹貢

下說文厂部文引詩者鶴鳴篇文以證厝之爲厲石也今詩作錯說文引之作厝錯厝皆昔聲聲同則字通矣

浮于雒達于河華陽黑水維梁州華吳[illegible]反仍山本輒作華證別〔注〕鄭康成曰梁州界自華山之南至于黑水

〔疏〕注見公羊莊十年傳疏

岷番既埶岷武巾反番百禾反〔注〕鄭康成曰地理志岷山在蜀郡湔氐道番冢山在漢陽西湔子先反氐丁黎反

〔疏〕注見夏本紀注云地理志岷山在蜀郡湔氐道者案漢書志云蜀郡湔氐道禹貢岷山在西徼外江水所出郡國志亦云蜀郡湔氐道岷山在西徼外是也云番冢山在漢陽西者案漢書志漢陽爲縣名屬犍爲不言有番冢西縣屬隴西有番冢山西漢所出乃云漢陽西者志文云天水郡明帝改曰漢陽郡國志云漢陽郡武帝置爲天水郡永平十七年更名郡有西縣故屬隴西有番冢山西漢水是郡縣雖有更革鄭據後漢之地理志故不與班史志同

沱潛既道〔注〕鄭康成曰二水亦謂自

江漢出者地理志在今蜀郡郫縣汶江及漢中安陽皆有沱水潛水其尾入江漢亦皆不于此出江原有𨙸江首出江南至犍為武陽又入江豈沱之類與潛蓋漢西出嶓冢東南至巴郡江州入江行二千七百六十里漢別為潛其穴本小水積成澤流與漢合大禹自廣漢疏通即為西漢水也故曰沱潛發源譜聲謂潛或為灊或為涔郫于支反灊直旃反犍其言反

疏鄭注見荊州正義及水經注二十九卷云二水亦謂自江漢出者〻亦荊州沱潛也鄭注荊州引爾疋水出江為沱漢為潛此亦名沱潛則亦是自江漢出者矣引地理志者案漢書志郫與汶江二縣皆屬蜀郡郫縣江沱在西東入大江汶江江沱在西南東入江漢中郡安陽縣灊谷水出其西南北入漢故云蜀郡郫縣汶江及漢中安陽皆有沱水潛水其尾入江漢亦皆不于此出是則與爾疋所

云水出江漢皆不合故又援引灊江及西漢水以雜采也案志江原本屬蜀郡今灊水皆受江南至武陽入江又隴西郡西縣番冢山西漢所出南入廣漢白水東南至江州入江過郡四行二千七百六十里鄭以灊水當出于沱故以當沱西漢與武都之漢分支別流故宜當潛但時俗不目此二水為沱潛故言豈言與言蓋以疑之也蓋西漢雖出番冢既流與漢合而又別為西漢水則可以當自漢出之潛矣故鄭君又云水積成澤流與漢合大禹自廣漢疏通則為西漢水也云潛或為灊或為涔皆漢書作灊史記作涔也案說文水部云灊水出巴郡宕渠西南入江其則此經之潛水與

蔡蒙旅平

注 鄭康成曰地理志蔡蒙在漢嘉縣聲謂此古文旅讀當為瀘臚之臚〻陳敘也言可陳敘與予成之功也旅力几反臚力魚反

疏 鄭注見夏本紀注引地理志蔡蒙在漢嘉皆案漢書志蜀郡青衣縣禹貢蒙山谿大渡水東南至南安入渽應劭注云順帝更名漢嘉也郡國志亦云漢嘉故青衣陽嘉二年改又蒙山鄭以蔡蒙則蒙山是一山也云此古文旅皆說文

說文云旅讀當爲鴻臚之臚者周禮司儀云皆旅擯鄭康成注云旅讀爲鴻臚之臚此經旅字釋文言韋昭音盧如韋音則亦周禮鄭讀矣司儀注云臚陳之也釋言云臚敘也故云臚陳敘也

和夷底績

〔注〕鄭康成曰和上夷所居之地也和讀曰桓地志曰桓水出蜀郡蜀山西南行羌中羌去羊反〔疏〕注見水經注三十六卷桓水經注云晉地道記曰梁州南至桓水西抵黑水東限扞關自桓水以南爲夷書所謂和夷底績也是則和夷即桓水之夷故鄭君云和夷和上夷所居之地且云和讀曰桓也惠先生曰漢書酷吏傳云瘞寺門桓東如淳曰陳留之俗言桓聲如和故桓表或謂之和表東京賦云敘和樹表是和與桓通也引地志者案漢書志蜀郡之下言禹貢桓水出蜀山西南行羌中鄭君所引雖非此志其說正與同也

厥土青黎

〔注〕馬融曰黎小疏也〔疏〕注見釋文青黎史記作青驪則黎名當解爲黑色馬不以爲黑者蓋此篇記九州之土先言其色後言其質次乃不言其色唯荊揚涂泥先色後言其質者此言青黎青是色則黎當爲

禹貢　尚書集注音疏卷三　四

質言故云小跡也王肅注亦云黎小跡也是肅襲馬誼

厥田維上上厥賦下中三錯 注 鄭康成曰此州之賦為當出下下之賦皆少餘又為當出下上中下者差得益少 差叉宜反 得厚戾反

疏 注見正義經言三錯是正賦之外雜出三等而正賦下中之下也為下下一等故知錯其上二等為三錯也孫氏傳以謂賦第八等雜出第七第九則是雜出二等錯正賦為三等鄭不數者以他州言錯者皆是正賦之外別出一等此言三錯謂是正賦之外別為三等也其錯正賦為三等則當言再錯或不言三錯矣孫氏說非也云差得益少者正賦下中閒為出下下者但少餘又或為出下上者太少差而上之又為出中下者得益少也益少正義引作益小益誤也以意改之

厥貢鏐鐵銀鏤砮磬 鏐力攸反 鐵天結反 鏤落候反 注 鄭康成曰黃金之美者謂之鏐鏤剛鐵可以刻鏤 疏 注見夏本紀注釋器云黃金謂之璗其美者謂之鏐說文金部亦云鏐黃金之

美者故鄭君云黃金之美者謂之鏐僞孔氏改鏐爲璆璆乃球之或字雖州所貢非梁州物產改鄭經字辠甚大馬云鏤剛鐵可以刻鏤者說文金部亦云然蓋孔氏古文說也案金部云鐵黑金也銀白金也鄭君不解鐵銀者以人所共知也

熊羆狐狸狸力之反

注 熊羆以爲射侯狐狸以爲裘

疏 周禮司裘職有熊侯注以爲示服猛熊大猛獸熊類也故幷言熊羆以爲射侯而有狐青裘狐白裘詩七月云取彼狐狸爲公子裘狐狸皆縟毛溫煖皆宜爲裘故云狐狸以爲裘此皆言其皮之用亦周禮獸人職云春秋獻獸物又云凡獸入于腊人皮毛筋角入于玉府又冥氏職云若得其獸則獻其皮革齒須備則四獸之爲用正多不言者可知也

織皮西傾因桓是來傾起營反

注 鄭康成曰織皮謂西戎之國也西傾雝州之山也墬理志西傾山在隴西臨洮雝戎二野之間人多事于京師者道當由此州而來桓是隴阪名其道般桓旋曲

而上故名曰桓是今其下民謂阪爲是因爲桓也聲謂雖戎之入來此州者猶叀桓是而來古是氏同字巴蜀名山岸脅之旁箸欲落墮者曰氏楊雄賦云響若氏隤（雝於用反　下雝州同　洮土高反　般步干反　上時賞反　脅呵叶反　崖多回反　箸直略反　墮大果反　隤突回反）

【疏】鄭注見水經注三十六卷及夏本紀注據下經言織皮昆侖析支渠搜西戎即敘則織皮謂西戎之國矣云西傾雝州山也且引地理志者案漢書志隴西郡臨洮縣下言禹貢西傾山在縣西南又案郡國志隴西郡屬涼州漢之涼州古雝州之地也西傾山在焉是雝州之山矣云桓是隴阪名其道般桓旋曲而上故名曰桓是者隴阪本名是以其道般桓旋曲故名之爲桓是也云今其下民謂阪爲是因爲桓也者引時俗之偁以證阪名是由偁桓也水經注引此作今其下民謂是阪因爲般也作多并誤以意改之聲謂雖戎之入來此州者猶叀桓是而來者以鄭君言多事京師猶叀此州爲來然故易其說葢當時京師在冀州冀州在北匚雝州在西

亦當冀州之西：或又在雍州之西梁州則在雍州之南雖或之乃為事京師但東向徑直而行不必紆道南行而由梁也且經于梁州言來是來于梁州非往京師矣故云來此州者道由桓是而來也說文阜部云隴天水大阪也郡國志漢陽郡隴縣有大阪名隴阺漢陽故天水郡則桓是即天水之隴阪矣西傾山在隴西郡名隴西是在隴阪之西西傾而梁州在隴阪南則自西傾而來梁州道由桓是也西傾或而來梁必由雍州則亦必由桓是矣云古是氏同字者義相覲相由太史是又鄭注云古文是為氏相記因相云五官之長由伯是職亡鄭注云是或為氏則古者是氏互通故云同字云巴蜀名山岸脅之堆旁箸欲落墮者由氏氏者說文氏部文山岸脅之堆即阪也此疑鄭云其下民謂阪為是正合相證益堆矣楊雄賦云：解嘲文也說文引以證山岸脅之堆欲落墮者名氏也響若氏隤之氏漢書楊雄傳作阺隴阺由天水為大阪名由隴阺韋昭由阺音若是理也是然則阺即隴阪即此經之桓是矣故亦引楊雄賦以證浮于潛逾于沔

入于渭亂于河沔徐扁反注鄭康成曰或謂漢為沔

禹貢　尚書集注音疏三　三十六

聲謂隴理志沮水出武都沮縣東狼谷南入江或以爲沔水正絕流曰亂詩云涉渭爲亂入渭亂河出雝州也

【注】鄭注見夏本紀注云或謂漢爲沔者漢書隴理志漢中郡有沔陽縣如淳注云北方人謂漢水爲沔水志文云東漢水受氐道水一名沔是東漢實爲沔也然用鄭注又引隴理志沮水者蓋異說也案漢書志武都郡沮縣沮水出東狼谷南至沙羨南入江過郡五行四千里說文水部云沔水出武都沮縣東狼谷東南入江似紀漢志所稱沮水矣水經亦云沔水出武都沮縣東狼谷中酈元注云沔水一名沮水闞駰曰以其初出沮洳然故曰沮水縣亦受名焉是或以沮水爲沔水也沔水有此二條故于鄭注出外別爲一說焉云正絕流曰亂者釋水文孫炎注云橫渡也是也引詩者公劉篇文毛傳亦云正絕流曰亂故引其詩以證焉云入渭亂河出雝州也者案經治梁州後及雝州而渭與河會杜雝州貢則入渭亂河是爲治雝州而往也

黑水

西河雝州【注】鄭康成曰雝州界自黑水而東至

于西河【疏】注見公羊莊十年傳疏文見詩韓奕正義爾雅云河西曰雍州故云東至于西河李巡注爾雅云河西其氣蔽壅受性急凶故曰雍雍壅也

【經】溺水既西溺如灼反儒俗本作弱非也茲从說文

【注】桑欽說溺水自張掖删丹西至酒泉合黎餘波入于流沙鄭康成曰衆水皆東此水獨西故記其西下也下遐嫁反

【疏】桑欽說見說文水部案漢書志張掖郡删丹縣下偁桑欽以爲道溺水自此西至酒泉合黎然則欽說謂禹道溺水自删丹非謂溺水出删丹也云西至酒泉合黎餘波入于流沙皆據此經下文道水文也鄭注見正義

【經】涇屬渭汭屬之欲反汭如銳反

【注】鄭康成曰涇水渭水發原皆幾二千里然而涇小渭大屬于渭而入于河地理志涇水出今安定涇陽西幵頭山東南至京兆陽陵行千六百里入渭聲謂屬注也汭之言内也幵[illegible]

賢反〔疏〕鄭注見詩谷風正義云涇水渭水發原皆幾二千里者謂初出至極窮所流行幾二千里也據地理志涇水行千六百里入渭渭水行千八百七十里入河是皆幾二千里也涇入于渭故曰涇小渭大屬于渭而入于河引地理志者漢書志安定郡涇陽下云开頭山在西南禹貢涇水所出東南至陽陵入渭過郡三行千六百里是也案志陽陵屬左馮翊鄭君言京兆陽陵者東漢時改屬京兆郡國志可攷也云屬注也者儀禮士昏記云酌元酒三屬于尊鄭注云屬注也茲涇水入渭亦多注說猶詩云豐水東注之注也詩公劉云芮鞫之即鄭箋云芮之言內也鄭注周禮職方引詩作汭坂之即則芮汭字通故云汭之言內也用詩箋之說也案周禮職方雍州其川涇汭此經亦記雍州之水也不云汭爲水名者賈公彥周禮疏云詩箋云芮之言內今爲水名者蓋周公制禮之時以汭爲水名當即皇澗名曰汭尒然則目水爲汭始于周公當公劉時猶未有汭之名此經又在前則汭非水名矣

漆沮既從〔疏〕傳以漆沮爲洛水然則漆沮一水也地理志洛水出北地歸德北蠻夷中至

乃馮翊褱惪東南入渭。緟徑皆徑渭而入于河。馮，皮仌反。

【疏】云傳曰漆沮爲洛水者，僞孔傳于下經渭水東過漆沮出文，解云漆沮二水名，亦曰洛水。案：若曰漆沮爲二水，則亦曰洛水者謂漆與，謂沮與，語無分曉。蓋傳必云一水名，二字乃誤也。故舉出曰號，則漆沮一水也。案：漢書地理志：漆水杜又扶風漆縣西，沮水出北地直路縣東西入洛水。水經云：漆水出扶風杜陽縣俞山東北入于渭，沮水出北地直路縣東過馮翊祋祤縣北東入于洛。然則雖微實見漆沮二水了于此經，不偁是二水，已說反乃僞孔曰爲洛水者，據下經道渭東會于涇，又東過漆沮，漆沮則漆沮杜涇水東矣，扶風出漆水則杜涇西，非其地所沮水則入洛，非渭所經也。且漆與沮實不同處，不得二水並舉，則此漆沮非彼二水矣。水經渭水篇云：又東過華陰縣北。酈元注云：洛水入焉。闞駰曰爲漆沮出水也。案：駰，北魏人，于時僞孔書初出，止行于南，未至北土，駰當未之見，則其曰洛水爲漆沮，蓋舊有是說，僞孔氏因之，亦非始于僞孔也，故依用之。引地理志者，漢書志北地郡歸德下云：洛水出北蠻夷中，入河。河字誤也，當爲渭。乃馮翊褱惪下云：洛水東南入渭，是也。云緟徑皆從渭而入于河。皆下經謂渭聯言東過漆沮入于河，漆沮之下不得爲又東之文。以漆沮入渭，而渭即入河，是漆沮從渭而入于河矣。

酆水逌同。酆方紅反。俗書去邑而加水于左，非也。茲从漢書。

注　地理志：酆水出右扶風鄠縣東南，北過上林苑入渭。同，合會也。言合會于渭也。鄠胡古反。苑於阮反。

疏　引地理志者，漢書志云：右扶風鄠，古國，有扈谷亭。扈，夏啟所伐。酆水出東南，又有潏水，皆北過上林苑入渭。是也。云同，合會也者，說文冃部文。

荊岐既旅。

注　地理志：荊山在左馮翊褱德南。旅讀爲臚。臚，陳敘也。言功已陳敘也。馮皮冰反。

疏　引地理志者，漢書志云：左馮翊褱德，禹貢北條荊山在南，是也。言北條者，以南郡臨沮別有荊山，故以南北水之也。云旅讀爲臚者，上文蔡蒙旅平之旅讀爲臚，此旅字音誼與彼文同也。

終南惇物至于鳥鼠。

注　地理志：終南名太一山，惇物名垂山，皆在右扶風武功鳥鼠在隴西首陽【疏】夏本紀注引鄭注云地理志終南惇物皆在右扶風武功不及鳥鼠茲據漢書志以足成之志云右扶風武功太一山古文以爲終南垂山古文以爲惇物皆在縣東又云隴西郡首陽禹貢鳥鼠同穴山在西南是也

邍隰厎績至于都埜【注】鄭康成曰邍隰在豳詩云度其隰邍是也地理志都野在武威名曰休屠澤聲謂都或爲豬度大洛反【疏】鄭注見正義及夏本紀注云邍隰在豳者詩公劉篇言公劉遷豳之事而云度其隰邍則隰邍在豳地邍隰卽隰邍也故卽引公劉詩以證也引地理志者案漢書志武威郡武威縣休屠澤在東北古文以爲豬野澤卽此都野也云都或爲豬者茲从史記作都漢書則作豬

三危旣度三苗丕敘度徒洛反【注】鄭康成曰河圖及地說云三危山在鳥鼠西南與岐山相連聲謂度讀如蒸度土功之度丕大敘順也三危山

既已經度三苗于是大順敘言不變革也度或爲宅[illegible]

文悖步內反本俗通作誖音同說文

疏　鄭注見夏本紀索隱案鄭注此經或稱墬說或稱墬記疑是一書謂即河圖括墬象此云河圖及墬說則墬說與河圖實是二書或墬記是括墬象但其書已亡不知孰可也案水經云三危山在敦煌縣南漢書墬理志及續漢書郡國志于敦煌郡敦煌縣下皆不言有三危山文不見也鄭所據墬理志悉與郡國志同蓋亦不見三危山所在故鄭據河圖及墬說以說也云三危山在鳥鼠西者鳥鼠在隴西三危在敦煌郡國志隴西在雒陽西二千二百二十里敦煌在雒陽西五千里是三危在鳥鼠之西矣太平御覽第五十卷墬部十五引河圖括墬象曰三危山在鳥鼠之西南與汶山相接汶乃嶓之叚借字此篇嶓冢既藝嶓山出陽嶓冢道漾夏本紀嶓皆作汶是叚借也鄭注下文道水引墬記曰三危山在鳥鼠之西而南當嶓山正合南與汶山相接之言則茲云南與岷山相連者以嶓寫作汶而汶與岷偏傍相似故誤作岷當云南與嶓山相連乃合也云度讀如荒度土功之度者荒度土功咎繇謨文史記云三危既度索隱云

度劉伯莊音田各反如劉音則讀如莊度矣丕大釋詁文釋詁云順敘也轉訓則云敘順也案古丕不字通據𢼸繇慕言苗頑弗即功在水土既平之後則此丕敘亦當解爲不敘茲不亦皆已此經上紀禹功著是不敘不記于此矣且三苗反覆無常或此時從順後復叛亦未可知又或頑弗即功者是其君居此言丕敘謂其民从作兩文固不相妨故解云三苗于是大順敘

厥土惟黃壤厥田惟上上厥賦中下厥貢惟球琳琅玕

球其樛反琳力壬反一音吉咸反正義本作琳蓋衛包因爾疋有昆侖虛之璆琳琅玕之文而改也據詩韓奕釋文則鄭本及僞孔本皆作玪薛季宣書古文訓即隸古定本也本作玪故从玪琅鹵當反玕果寒反

注 鄭康成曰球美玉玪美石琅玕珠也

疏 注見詩韓奕釋文云球美玉者釋器云璆美玉也璆即球之或字也今本爾疋作璆琳玉也蓋誤也玪是琳字釋文當即發音不應于後文釋隱始音琳爲林矣故知誤也云玪美石者說文王部云玪塾石之次玉者玪即

玪塾也次玉出石則美石矣云琅玕珠也者說文玉部云琅玕似珠者

浮于積石至于龍門西河會于渭汭注墬理志積石山在金城河關西南龍門山在左馮翊夏陽北龍門水門也魚游其中得過者便爲龍故曰龍門汭水相入也渭汭渭入河處也馮皮六反

疏引墬理志者漢書志金城郡河關積石山在西南羌中左馮翊夏陽龍門山在北是也偽孔傳亦云積石山在金城西南羌漢書昭帝紀始元六年取天水隴西張掖郡各二縣置金城郡墬理志亦云金城郡昭帝始元六年置然則武帝時未有金城郡也據史記孔子世家云安國爲今皇帝博士至臨淮太守蚤卒然則安國歿于武帝之世安知所謂金城郡亓傳乃言金城其爲偽託昭然可見矣余餘年來思之知其非孔氏書者不大異乎云龍門水門也魚游其中得過者便爲龍故曰龍門者高誘注淮南脩務訓云然也云汭水相入也者說文水部文上文涇屬渭汭注云汭之言內此言水相入不同者上文綜

言屬則汭不可更解爲入故訓爲內此言會于渭汭當敍處所爲言故以汭爲入謂渭入河處望文爲說也漢書志渭入河在京兆船司空渭汭即其處所也

織皮昆侖析支渠叜西戎即敍 昆戶本反侖力門反析先歷反叜色求反史記作搜正義本同茲依漢書

注 鄭康成曰衣皮之民居此昆侖析支渠叜三山之野者皆西戎也西戎則有昆侖山非河所出者也聲謂即敍敍順也衣於既反

疏 鄭注見正義云衣皮之民居此昆侖析支渠叜三山之野者皆西戎也者逸周書王會解云正西昆侖狗國鬼親析己翕耳毌匈雕題離丘桼齒孔晁注云九者西戎之別名是西戎有昆侖也史記五帝本紀云西戎析支渠廋氐羌廋乃叜之叚借字是析支渠叜亦西戎也故云皆西戎也云西戎則有昆侖山非河所出者也者據王會解云正西昆侖者河所出之昆侖則在中國之西北不在正西故知別有昆侖山也山海經云海內昆侖之虛在西北郭樸注云言海內者明海外復有昆侖山也即敍詩東方之日篇

鄭箋說也。敘傾之見上經。

道岍及岐，至于荆山。岍，苦堅反。字从水，不从山，偽孔本改从山，說文所无，俗所作也。史記、漢書皆作汧，从水，吾从之。注 馬融曰：汧爲北條，西傾爲中條，嶓冢爲南條。鄭康成曰：道汧爲陰列，西傾次陰列，嶓冢次陽列，岷山爲正陽列。地理志：汧在右扶風。傾，起盈反，下同。疏 馬注見夏本紀索隱，鄭注見正義及夏本紀注。案：漢書志亦以北條荆山、南條荆山，則馬氏三條之說有自來矣。鄭不从之，而別分爲四列，皆以嶓冢爲漢原，岷山爲江原，不應并爲一條也。索隱引此鄭注以嶓冢爲陽列，岷山爲次陽，與正義所引不同。案：山以南爲陽，北爲陰，岷山居南，當爲正陽，嶓冢在岷山之北，當爲次陽，索隱誤也，當从正義。引地理志者，案漢書志右扶風汧縣，吳山在西，古文以爲汧山，是也。

逾于河。壺口、雷首，至于太岳。注 地理志：雷首山在河東蒲反南。反讀阪音。疏 引地理志者，漢書志河東郡蒲反，雷首山在南是也。志又云：故曰蒲，秦更名。應劭注云：秦始皇東巡見長阪，故加反。然則反與阪字古通用也。續漢書郡國志云：河東郡蒲阪有雷首山。案地理志：壺口山在東北，南霍太山即太岳，在彘縣東，晉屬河東郡。注不言者，于冀州已具言之矣。

厎柱、析城，至于王屋。注 水經云：厎柱在河東大陽縣東河中。地理志：析城山在河東濩澤西南，王屋山在河東垣縣東北。疏 厎柱，地理志无文，故用水經也。案河東，西河之東也。大陽，應劭曰：在大河之陽。水北曰陽，則是南河之北也。厎柱在南河中，其直北正當大陽之東偏，故云在大陽縣東河中，謂在縣東之南河中，非謂東河也。引地理志者，漢書志河東郡濩澤，禹貢析城山在西南；又垣縣，禹貢王屋山在東北。

太行、恆山，至于碣石，入于海。行，何岡反。注 地理志：太行山在河內壄王西北，恆山在常山上曲陽西北。疏 云地理志太行山在河內野王西北者，案漢書志河內郡山陽東太行山在西北野王太行山在西北數則太行偁永兩山必知此經太行是在野王者以此經東徑一處蒲記禹貢山澤所在大云太行在野王此兼據彼文故不用山陽東太行爲說止言野王也云恆山在常山上曲陽恆北者漢書志云常山郡上曲陽恆山北谷在西北寀常山北嶽恆山文帝諱恆故改曰常數則郡以山名也上曲陽者對鉅鹿有下曲陽故云上

西傾朱圉鳥鼠至于太華

圉[illegible]與反

注 鄭康成曰地理志朱圉在漢陽南太華山在弘農華陰南

疏 注見夏本紀注漢書志漢陽縣名屬犍爲是益州郡非其地也天水郡冀縣則云禹貢朱圉山在縣南梧中聚圉與圄字同也又華陰屬京兆太華山在南鄭引志言朱圉在漢陽南太華山在弘農華陰南者案志又云天水郡武帝改曰漢陽後漢郡國志大云漢陽郡武帝置爲天水永平十七年更名又冀縣有朱圉山郡國志又云弘農郡華陰故屬京兆有太華山然則鄭君所據乃東漢之地理志故與班書志有異也說見冀州疏

熊耳外方桐柏至于陪尾

陪步回反

史記作負茲从漢書。注：鄭康成曰：地理志熊耳在盧氏東，外方在潁川崇高，崇高山也。桐柏山在南陽平氏東南，負尾在江夏安陸東北，若橫尾者。疏：注見夏本紀注。鄭注引地理志，輒與續漢書郡國志同而與漢書志或不合，惟此條注所引不繆。案漢書志云：宏農郡盧氏熊耳山在東。又潁川郡崇高，武帝置以奉太室山，是爲中嶽，有太室、少室山廟，古文以崇高爲外方山也。又南陽郡平氏，禹貢桐柏大復山在東南。又江夏郡安陸，橫尾山在東北，古文以爲負尾山。是皆與鄭君此注合。而郡國志唯盧氏有熊耳山，及平氏桐柏大復山與此注合；潁川郡陽城有崇高山，未有崇高縣；江夏郡有安陸縣，不言有負尾山。此則與鄭所據地理志不同矣。

道番冢，至于荊山。冢，之甬反。注：鄭康成曰：地理志荊山在南郡臨沮。疏：注見夏本紀注。引地理志者，案漢書志南郡臨沮下云：禹貢南條荊山在東北。郡國志南郡臨沮下亦言有荊山。

內方，至于大別。注：

鄭康成曰地理志內方在竟陵名立章山大別在廬江安豐【疏】注見夏本紀注案漢書志江夏郡竟陵章山在東北古文以為內方山是內方山亦名章山又六安國安豐禹貢大別山在西南則安豐不屬廬江鄭引地理志言內方名立章山及廬江安豐皆與漢志異者案續漢書郡國志云江夏郡竟陵有立章山本內方廬江郡安豐有大別山注云建安十年省六安國以其縣屬廬江郡然則鄭君所據乃東漢之地理志也

岷山之陽至于衡山【注】地理志衡山在長沙湘南【疏】引地理志者漢書志長沙國湘南禹貢衡山在東南案鄭注周禮職方云衡山在湘南則于此注當亦云然茲引地理志為說正與鄭意合

過九江至于敷淺原　厵水泉本也从灥出厂下于六書為指事也篆文省作原時俗用之【注】水經云九江地在長沙下雋縣西北敷淺原地在豫章歷陵縣西南雋祖兗反【疏】前文荊州云九江孔殷謂其川流也此引水經云九江

地者欲小異于旹文出九江尋陽是謂九江川流出上地也云長沙下雋縣者漢書志屬長沙國郡國志屬長沙郡皆屬荊州今下雋縣者不言九江地文不具今言敷淺原地在豫章歷陵縣西南者案漢書志豫章郡歷陵傅昜山傅昜川在南古文以為傅淺原傅昜古通用則敷淺原即傅昜川也蔡傳昜川發原于傅昜山故即以山名名其川據其流言則曰傅昜川推本其始則謂之敷淺原也水經言敷淺原地者大謂傅昜川上出地也

道溺水至于合黎［注］鄭康成曰合黎山名地說云合黎山在酒泉會水東北自此以下言過言會者皆是水名言至于者或山或澤［疏］注見正義及夏本紀索隱引地說者疑括地象文案漢書志及郡國志酒泉郡會水皆不言合黎山文不具今水經云合黎山在酒泉會水縣東北與地說同則合黎自是山名矣蔡王皆以為地名非也云自此以下皆謂自此道溺水以下至道雒也云言過言會皆是水名言至于皆或山或澤皆經文自見鄭君言此以見合黎言至于是山名矣唯是大邳東降皆是地名

皆言至于何也蓋鄭君大判言之不必執泥也鄭注文云凡言道者發原于上未成流凡言自者亦發原于上未成流然後分水言道言自而詞意無異殊無分曉故刪節之

餘波入于流沙

說文沙字重文作沙引譚長說沙或从少

注 鄭康成曰地理志流沙在居延西北名居延澤地記曰溺水西流入合黎山腹餘波入于流沙通于南海

疏 注見夏本紀注引地理志者案漢書志張掖郡居延居延澤在東北古文以爲流沙郡國志亦云居延有居延澤古流沙緣漢志言東北鄭君言西北未審孰是也引地記者疑亦括地象也云通于南海者淮南地形訓云赤水之東溺水出自窮石至于合黎餘波入于流沙絕流沙南至南海是溺水通南海也案山海經海內西經云流沙出鍾山西行又南行昆侖之虛西南入海則流沙本入南海溺水旁是通南海也

道黑水至于三危入于南海

注 鄭康成曰地理志益州滇池有黑水祠而不記此山水

所在今中國无之矣墬記曰三危山在鳥鼠之西南當岷山又在積石之西南當黑水祠黑水出其南脅滇徒年反又壬年反池直支反

疏 注見夏本紀注及杜佑通典百七十五卷云地理志益州滇池為黑水祠而不記此山所在者山謂三危水謂黑水也案漢書志及郡國志于益州郡滇池皆云為黑水祠皆不言黑水所出三危所在鄭君所據之志必大數也云今中國无之矣者三危是竄三苗之所則是西裔非中國矣黑水為雝梁二州之西界則在九州之外不經貫中國故中國无之鄭云今者據其時中國之域不為此山水也引墬記者河圖括墬象文也墬理志不言黑水三危故引墬記為說案太平御覽卷五十六墬部十五引河圖括墬象曰三危山在鳥鼠之西南與汶山相接上為天苑星黑水出其南陂此注所引不同蓋引者取節異亦實一書也又案山海經海內西經云黑水出昆侖西北隅則其原在極北之地據此經文大黑水在三危之北而墬記言黑水出其南脅者謂經于三危過出于其南脅非謂發原于此也

道河積石 注

河水出昆侖東北隅南流入于渤海重原潛發與出合流東注蒲昌海潛行而南出積石山下冒石門以西南流蒲昌以上無患害積石以上多伏流故道河積石鄭浸反俗作潛蒲非重直容反疏山海經海內西經云海內昆侖之虛在西北河水出東北隅以行其北西南又入渤海又出海外即西而北入禹所導積石山又經云積石之山其下有石門河水冒以西流水經云昆侖虛在西北去嵩高五萬里地之中也河水出其東北陬詘從其東南流入于渤海又出海外南至積石山下有石門河水冒以西南流又南出蔥嶺山其一原出于闐國南山北流與蔥嶺河合東注蒲昌海東積石當河始入中國之初蔥嶺于闐蒲昌皆在荒裔乃莫上流山海經不言蔥嶺于闐蒲昌略也水經又南出蔥嶺云云當以南流入于渤海之下又出海外云云當以東注蒲昌海之下乃先言積石後言蒲昌文誤到矣故酈元注水經據釋氏西域傳云河自蒲昌潛行地下南出積石經文似知不以積石置在蒲昌海下矣此說是也潘書

西域傳云河有兩原一出蔥領山一出于闐于闐在南山下其河北流與蔥領河合東注蒲昌海蒲昌海一名鹽澤者也去玉門陽關三百餘里廣袤三百里其水亭居冬夏不增減皆以為潛行地下南出于積石為中國河是亦謂積石在蒲昌海下也故注先言出昆侖入勃海後言重原與出合入蒲昌乃後言南出積石〻門也重原潛發與出合流即謂蔥領于闐並兩原也河自昆侖迺蒲昌出復見然皆安流無橫決故云蒲昌以上無患害據西域傳云河自蒲昌潛行地下南出積石故云積石以上多伏流無患害則不必施功多伏流則無可施功故循河施功所及止于積石

至于龍門【注】龍門山在河中阨流禹鑿之以通河阨安革反【疏】淮南墬形訓云龍門在河淵呂氏春秋愛類篇云昔上古龍門未開呂梁未發河出孟門大溢逆流是龍門在河中阨流者云禹鑿之以通河者淮南脩務訓云禹沐浴淫雨櫛扶風決江疏河鑿龍門高誘注云龍門水門禹闢而大之故言鑿

南至于華陰【注】華陰華山之北墬理志京兆有華陰縣【疏】山北曰陰故云華陰

華山之北漢書地理志華陰屬京兆尹不屬弘農云地理志弘農華陰縣者據郡國則東漢時華陰改隸弘農故鄭注肯文繫山云地理志太華山在弘農華陰南是鄭所據之地理志華陰實隸弘農茲補鄭注之以證當與鄭合故云然

東至于厎柱【注】厎柱在太河中若柱然故名地說曰河水東流貫厎柱東京賦曰厎柱輟流[illegible][illegible]汋反毌古玩反今通用貫輟止劣反

【疏】云厎柱在太河中若柱然者辥綜注東京賦云厎柱山名也居河中猶柱然也地說云云本諸鄭注所引東京賦者張衡所作也輟流謂止輟河流辥綜注云輟止也是也引此兩文者皆以證鄭厎柱在河中也水經注四卷引鄭注云案地說河水東流貫厎柱觸闕流今世所謂厎柱蓋乃闕流也厎柱當在西河未詳也聲謂據地說則闕流在厎柱之下相從而非一物據經言東至于厎柱則河經南至而東折厎柱在南河審矣故地說言東流貫厎柱與經文務合鄭君言厎柱當在西河未與經文故不用其注

又東至于孟津津子辛反【注】孟津地名在雒北都

道所湊古今以爲津盟或爲孟湊倉漱反疏云盟津地名在雒北都道所湊古今以爲津者薛綜注東京賦云號也武王伐紂八百諸侯咸會于盟津是都道所湊也云盟或爲孟者正義本作孟也

東過雒汭至于大伾伾符鄙反正義本作伾別也茲从史記

注雒汭雒入河處在鞏縣大伾地名在河南成皋北鄭康成曰大伾地喉也沇出伾際矣疏說文水部云汭水相入也故云雒汭雒入河處云在鞏縣者漢書志鞏屬河南郡雒水至鞏入河則雒汭在鞏矣云大伾地名在河南成皋北者水經云大伾地在河南成皋縣北是也伾字或誤作伾漢書溝洫志注鄭氏曰山一成爲伾在修武武德界張晏曰成皋縣山是也臣瓚曰以爲今修武武德無此山也成皋縣山又不一成黎陽山臨河豈是乎蓋諸家皆不知伾字誤而執山一成伾爲說故皆不得其實大伾實是地名非山也其字从邑水經與史記同也鄭注見水經注五義云大伾地喉也者說似出于地說是太足證大伾爲地名矣云沇出伾際矣者沇水至河內武德入

河泆出于河南爲滎澤大野蓋以從其泆出之處故曰泆出野際

北過降水，至于

大陸降下江反

注　鄭康成曰：墬說云大河東北流過降水千里至大陸爲地腹。如志之言，大陸在鉅鹿。地理志曰絳水在信都。鉅鹿與信都相去不容此數也。水土之名變易，世失其處，見降水則以爲絳水，故依而廢讀，或作絳字，非也。今河內共北山淇水共水出焉，東至魏郡黎陽入河，從所謂降水也。降讀當如郕降于齊師之降，蓋周時國于此地者惡言降，故改謂之共尒。又今河所從去大陸遠矣。館陶北屯氏河其故瀆與降下江反絳居巷反共居容反降下江反惡烏故反屯徒侖反瀆與云虛反

疏　注見水經注十卷，鄭據墬說以爲降水至大陸

千里而墬理志說言大陸在鉅鹿又云絳水在信都其
間相去不及千里故云不容此數也案漢書志信都屬
冀州信都國鄭云安平信都者郡國志云安平國故信都延
光元年改信都屬焉又絳水鄭據東漢之墬理志故云
安平也云水土之名變易者謂如所謂惡池言共也云
世代其處者說改降為共則後世不知其處為降水是
代其故處也云見降水則以為絳水故依而變讀者說
不知降水之處所見此經之降水謂即是信都之絳水
故依彼絳字居薑反之音而變此降字下江反之音矣
云或作絳字者言不但變讀且又改其字以糸作絳者
云非也者謂變讀及改字皆非也云今河內共北山淇
水共水出焉東至魏郡黎陽入河者共北山引者作北淇
共山據漢書志河內郡共縣北山淇水所出東至黎陽
入河然則以共字誤為今更正之漢志不言共水者文
不具鄭蓋據東漢之墬志又是共水也云從所謂降水
也者言河內之共水從化此經所謂降水云降讀如郕
降于齊師之降者郕降于齊師春秋莊八年文降下江
反引以正此降水之降大當讀下江反也云蓋周時國
于此降者惡言降故改謂之共亦皆當時諸侯恥降下
于人故惡言降降音如降降之古音則如洪循洪之聲

禹貢　　尚書集注音疏卷三　　四八

變故爲此也鄭玄以此水當降水因推其所以變名也是故云亦也以无明據故云蓋以疑之云文今河所從去大陸遠矣者降改爲此流名因是文此水見當河所從過州信都之去大陸頗遠益足見降水即此水而非絳水矣云館陶北屯氏河其故瀆與者漢書志魏郡館陶河水別出爲屯氏河鄭蓋據當時河瀆繇陽太大陸雖遠猶未足千里之數未合地說之文蓋從屯氏河則瀆益遠遠去大陸實多千里故鄭據地說千里之文而以屯氏河爲此水入河之故瀆太以无明據故云疑不敢質也

又北播爲九河

同爲逆河入于海

注 鄭康成曰播猶散也同合也下尾合爲逆河言相迎受也

疏 注見詩般正義播是分播故云播猶散也說文冃部云同合會也故云同合也逆之言迎故云言相迎受

嶓冢道瀁東流爲漢又東爲滄浪之水 瀁弋向反浪俞堂反

注 瀁古文瀁鄭康成曰地理志瀁水出隴西氐道至武都爲漢至

江夏謂之夏水滄浪漢之別流也今謂之夏水來同故世變名焉

漾（亦向反）

疏云瀁古文漾者說文水部文鄭注見夏本紀注及索隱及水經注三十二卷引地理志者案漢書志云隴西郡氐道禹貢瀁水所出至武都為漢又云武都郡武都東漢水受氐道水一名沔過江夏謂之夏水入江是也又案山海經云洋水出昆侖西北隅水經注引之作漾水闞駰云漾水出昆侖西北隅至氐道重原顯發而為漾水山海經又云嶓冢之山漢水出焉諸家大抵言漢有二原東原出氐道為漾水西原出嶓冢為漢水者然經當云嶓冢道漢不當言嶓冢道漾矣唯水經云漾水出隴西氐道縣嶓冢山與此經合蓋氐道與西縣接壤嶓冢綿亙而午此二縣地理志以嶓冢山志于西縣故于氐道不得言之鄭所據東漢之地理志當亦然也故亦不言嶓冢實則氐道之漾水雖與西漢異原要亦出于嶓冢山海經言嶓冢之山漢水出焉者其或即謂漾為漢爾其言洋水出昆侖西北隅者或是漾水之上原或別是一水未可知也云滄浪漢之別流也今謂之夏水者鄭據當時流俗為是目以說地理志謂之夏水之言也劉澂之永初

禹貢

山川記云：夏水古文以為滄浪，是當時目滄浪為夏水也。案地理志南郡華容，夏水首受江，東入沔。水經亦言夏水出江，東至江夏雲杜入沔。故鄭注荊州以是夏水當江沱。然則與此異。漢入江之滄浪自是二水矣。今以滄浪為夏水者，水經注云：原夫夏之為名，始於分江，冬竭夏流，故納厥稱。既有中夏之目，亦包大夏之名矣。當其決水之所出，謂之堵口焉。自堵口下，沔水通兼夏目，而會于江，謂之夏汭也。故春秋左傳稱吳伐楚，沈尹射奔命于夏汭，杜預曰：漢水曲入江，即夏口矣。然則滄浪因來于江夏，而冡夏水之稱，固非華容之夏水也。故鄭云來同，故世變名焉。

過弎澨澨上世反【注】澨，埤增水邊土，人所止者。鄭康成曰：三澨，水名，在江夏竟陵之界。埤，符支反。【疏】云澨，埤增水邊土人所止者〻，說文水部云然，且引此經以證。案左傳文十六年楚伐庸，次于句澨；又宣四年令尹子越攻王師于漳澨；又昭二十三年司馬薳越縊于薳澨；又定四年左司馬戌敗吳師于雍澨。據此諸文，則澨是水邊可止之地，說文證是也。鄭注見夏本紀索隱及注。劉澄之亦言三澨在竟陵縣界，與鄭同。於是實驗其

處有是水也漢書志江夏郡竟陵不言三澨者文不具亦索隱云今竟陵有三參水俗云是三澨水是又一證也鄭說雖與說文不同皆有明證並存可也

至于大別南入于江

東匯澤為彭蠡匯胡賄反注鄭兼成曰匯回也漢與江鬭轉東成其澤矣疏注見水經注二十八卷僞孔傳亦云匯回也僞孔好與鄭悟而不多太異也云漢與江鬭者鬭之言遇也

東為北江入于海注地理志北江在會稽毗陵北東入海會古外反毗貧夷反疏引地理志者漢書志云會稽郡毗陵季札所居北江在北東入海揚州川是也水經亦云北江在毗陵北界東入海

岷山導江注地理志江水出蜀郡湔氏道西徼外岷山徼吉料反疏引地理志者漢書志云蜀郡湔氏道禹貢岷山在西徼外江水所出是也近代有徐宏祖者曾至昆侖山歸作溯江紀原一書言禹貢岷山導江特汎濫中國之始按其發原河自昆侖之北江亦自昆侖之南其

龍脈與金沙江相竝南下環滇池㠯達五領江㞢所㠯大于河也彼親履其地目驗而言誠非虛語顧窮荒㞢外聖人所略故河自積石瀁自嶓冢江自岷山皆紀其人中國㞢始其上原不必言也且山海經中山經云岷山江水出焉荀子子道篇孔子曰江出于岷山其始出也其原可㠯濫觴殺則即㠯岷山爲江原可也不必窮濟及荒遠故止據地理志爲說東別爲沱又東至于醴醴力啓反僞孔本作澧史記漢書皆作醴據鄭注則作醴者是注鄭兼成曰醴陵名也大阜曰陵今長沙有醴陵縣其㠯陵名爲縣乎阜房九反疏注見夏本紀注及正義云大阜曰陵皆釋地文云今長沙有醴陵縣其㠯陵名爲縣乎皆案郡國志長沙郡十三城有醴陵縣蓋其縣內有醴陵故縣取名焉也言此皆㠯證醴是陵名非水名也過九江至于東陵注東陵地名地理志廬江金蘭西北有東陵鄉是也疏引地理志者漢書志也知金蘭㞢東陵鄉即此東陵者水經末一卷秝記禹貢山澤

地名所在而言東陵地在廬江金蘭縣西北故知此東陵也案漢書志廬江郡十二縣金蘭不與焉據郡國志則後漢時廬江郡十四城有金蘭縣則金蘭是地名非縣也水經言金蘭縣者水經魏人所撰蓋魏時置爲縣也

東迆北會于匯東爲中江入于海

迆弋氏反

注 迆衺行也漢入江而匯爲彭蠡遂東爲北江矣江則自東陵而東迆北會漢于彭蠡遂東出而北爲中江南江者鄭康成以東迆者爲南江聲謂地理志分江水首受江于丹楊石城東至餘姚入海此所謂南江也志又云南江在會稽吳南東入海又云中江出丹楊蕪湖西南東至會稽陽羨入海

會稽古外反　蕪文甫反

疏 云迆衺行也者說文辵部文釋文引馬融注云迆靡也誼不可曉茲不用也云漢入江而匯爲彭蠡遂東爲北江矣者據上道瀁之

文也云江則自東陵而東迆北會漢于彭蠡者鄭于上文匯澤爲彭蠡注云漢與江鬬轉東成其澤矣是漢與江俱至彭蠡者漢在北江在南于猶江言北會則是會漢矣云緣東出而北爲中江南江焉者則鄭君注楊州三江所云江自彭蠡分爲三是也鄭注見正義據經文東迆北會于匯之上南江則出于匯下則東迆時未北爲南江也鄭云東迆者爲南江者蓋江之爲三于楊州綜或明文而南江不見于經鄭君欲箸明南江故舉經東迆字以標明南江上原之所自來夫不韋南江出于匯下之實也漢書地理志丹楊郡石城分江水首受江東至餘姚入海又會稽郡吳縣南江在南東入海楊州川二文各不相謀茲已分江水爲南江引志二文已說者酈元水經注云江水自石城東出爲南江又東經宣城之臨城縣南又東經安吳縣又東經寧國縣南又東經故鄣縣南安吉縣北又北爲長瀆歷湖口又歷烏程縣南通餘杭縣則與浙江合又東經餘姚故城南又東注于海據言自石城東出爲南江至餘姚故城南而東注海則與地理志所記分江水原委同矣烏程在吳縣之南南江歷烏程故志已爲在吳南也志于石城詳南江之原委故于吳縣略之互文已見也又引志文

皆地理志于丹陽蕪湖云中江出西南東至陽羨入海

揚州川是也此南江中江之原委皆與古文可據者金

狀元榜據以著三江攷聲卽據金氏攷以為說導沇水東流為泲入

于河泆為滎泆正義本作溢史記作泆隸古定本同茲从之滎雖水名字不从水說詳

豫州【注】鄭康成曰地理志沇水出河東垣王屋山東至河

內武德人河泆為滎聲謂沇水東至河內溫為泲泆水

潒泆也【疏】鄭注見夏本紀注案漢書地理志河東郡垣縣王屋山在東沇水所出東南至武德人

河軼出滎陽北地中又東至琅槐入海過郡九行千八百四十里鄭所據地理志雖非此志而未為韋異聲謂

沇水東至河內溫為泲者水經卷之七云泲水出河東垣縣王屋山為沇水東至溫縣西北為泲水據漢志溫

屬河內也鄭注不言至溫為泲者漢書志及郡國志皆無至溫為泲之文意鄭君所據地理志蓋無文故不

言也聲據水經以增成鄭誼馬云泆水蕩泆也皆謂動蕩而泆出說文水部云泆水所蕩泆也東出

于陶[聖諱]北【注】丘再成爲陶丘鄭康成曰地理志陶丘在泲陰定陶西北【疏】云丘再成爲陶丘者釋丘文也孫炎注云形如槃兩盂李巡云再成其形再重也鄭注見夏本紀注引地理志者案漢書志云泲陰郡定陶禹貢陶丘在西南〻字蓋誤也當言之經言出于陶丘北則陶丘顯于泲者定陶在泲南則陶丘必不在其南故鄭云西北意鄭所據之地理志必言西北也又東至于菏【注】菏〻澤也【疏】徐州云浮于淮泗達于菏是山陽胡陵之菏水豫州云道菏澤是定陶東之菏澤陶丘在定陶西北又東則在定陶東矣故云菏〻澤也且鄭注前文云言至者或山或澤此言至于菏則自是菏澤非胡陵之菏水矣又東北會于汶【注】泲水至東平壽張汶水入焉【疏】云泲水至東平壽張汶水入焉者水經泲水篇云又東北至壽張縣西界安民亭南汶水從東北來注之續漢書郡國志壽張屬東平國又北東入于海【注】地理志沇水至千乘琅槐入

海以東或爲東以乘食陵反【疏】經言沇水東流爲泲則自是以下皆爲泲水茲于入海樋言沇水皆漢書地理志于河東垣縣下[illegible]志沇水所出所入以至入海不見泲水之名茲引志文故據之而云沇水實則是沇水之下流名泲水也云千乘瑕槐皆漢書志瑕槐屬千乘郡也云以東或爲東以皆史記作東以也僞孔書不可信欲以史記哲天也證不敢據史記改姑識之于注

道淮自桐柏

【注】地理志淮水出桐柏山【疏】引地理志者漢書志南陽郡平氏禹貢桐柏大復山在東南淮水所出東南至淮陵入海過郡四行三千二百四十里青州川是也案水經云淮水出南陽平氏縣胎兂山東北過桐柏山又山海經以爲出餘山餘山在朝陽東義鄉西所說各異據經言道淮自桐柏地理志說正合經文故依用之

東會于泗沂

【注】泗會沂于下邳淮會泗于睢陵相從故合言會泗沂睢息隹反【疏】漢書志云沂水南至下邳入泗故云泗會沂于下邳志又云泗水東南至睢陵入淮故云淮會泗于睢陵云相從者水經言泗水東南過下邳縣西

禹貢　尚書集注音疏三　卌三

又東南入于淮是則泗水入淮也處去下邳不遠也東入于淮【注】地理志淮水至臨淮淮陵入淮【疏】引地理志者以見上疏案志淮陵屬臨淮郡道渭自鳥鼠同穴【注】說文解字云渭水出隴西首陽渭首亭南谷杜林說出鳥鼠山地說云鳥鼠山同穴之枝榦也渭水出其中東北過同穴枝閒鄭康成曰鳥鼠之山有鳥焉與鼠飛行而處又有止而同穴之山焉是二山也鳥名爲涂似鵽而黃黑色鼠如家鼠而短尾穿地而共處鼠內而鳥外聲謂與鼠名爲突涂同都反鵽當活反突徒忽反鄭本爾疋涂加鳥傍突加鼠傍皆俗字也說文所无故依陸氏釋文之音而叚借涂突二字爲之所謂依聲託事六書叚借之灋也【疏】引說文解字者水部文也杜林者字伯山扶風茂陵人詳見今注音疏錄疏說文偁

杜林說夏書以爲出鳥鼠山，則林說正是此經之訓矣。說文所言渭水出首陽南谷，又引杜說出鳥鼠山，二說似不同。案水經云：渭水出隴西首陽縣渭首亭南鳥鼠山。然則鳥鼠山與渭首亭同處，二說似異而實同也。故前錄山海經及漢書志，皆言渭水出鳥鼠同內山，无異說也。墬說云，見水經注十七卷、太平御覽弟四十卷墬部五引河圖括墬象曰：鳥鼠同內山，墬之幹也，上爲掩畢星，渭水出其中。此文與墬說大同小異，且互有詳略，不審是一是二，然闕疑焉。鄭注見水經注四十卷。鄭以鳥鼠同內爲二山，與墬說合。云鳥名爲涂者，釋鳥云：鳥鼠同內，其鳥爲涂，其鼠爲突。李巡注云：涂、突，鳥鼠之名，共凥一內，天性然也。案鄭君所說鳥名，不應不說鼠名，蓋引者漏之也。郭璞注爾疋云：突如人家鼠而短尾，涂似鵽而小，黃黑色，內入墬三四尺，鼠在內，鳥在外。又注山海經亦云然，故同鄭說。是說也出于古書，鄭君本之，郭氏亦本之，今則不可得見矣。聲謂其鳥名爲涂者，據爾疋足以補鄭注誼也。

東會于豐，又東北至于涇。

注　或无北字，至或爲會。疏　云或无北字者，此言又東北至于涇，依史記文也。漢書志則云又東至于涇无水字云至或爲會者僞孔本作又東會于涇也案鄭君于灃水注云言過言會者皆是水名言至于者或山或澤涇是水名依鄭君說則作會是是但史記漢書皆作至唯僞孔本作會史寧从其多者且史漢皆可信故經文仍作至而亦不沒會文存之于注可也

又東過漆沮入于河【注】墬理志渭水東至京兆船司空入河【疏】引墬理志者漢書志云隴西郡首陽禹貢鳥鼠同穴山在西南渭水所出東至船司空入河過郡四行千八百七十里是也船司空者本主船之官遂以爲縣名屬京兆尹

導雒自熊耳【注】墬說曰熊耳之山墬門也雒水出其間【疏】所引墬說出水經注十五卷太平御覽卷四十二卷墬部七引河圖括墬象曰熊耳山墬門也其精上爲壁附耳不言雒水出其間蓋御覽引之不備今漢書墬理志雒水出宮巖上雒冢領山山海經海內東經云雒水出上雒西山又中山經云讙舉之山雒水出焉水經亦云雒水出京兆上雒縣讙舉山此諸說雖似不同總之不離乎上雒說者或謂冢領即讙舉竊疑

上雒冢山亦即猶冢領也故于豫州从墬理志謂雒出冢領此又用墬說以爲雒出熊耳閒者墬理志熊耳山在盧氏之東上雒之東北雒水發原冢領東北流而出熊耳之閒也以經言導雒自熊耳故用墬說雒出熊耳之說

東北會于澗瀍 注 會澗瀍于河南縣南 疏 雒誥曰我乃卜澗水東瀍水西鄭注云今河南縣是也然則澗水在于河南之西瀍水在于河南之東而雒水經河南之南二水皆南注于雒則雒水會二水于河南縣南也

又東會于伊 注 會伊水于雒陽南 疏 水經云雒水又東過雒陽縣南伊水從西來注之又云伊水又東北至雒陽縣南北入于雒是雒水會伊水于雒陽南也

又東北入于河 注 墬理志雒水東北至河南鞏縣入河 疏 引墬理志者漢書志鞏縣屬河南郡雒水出冢領山東北至鞏入河

九州逌同 注 同猶和也平也 疏 禮記禮運曰是謂大同鄭注云同猶和也平也茲用其說

四墺既宅 墺冤六反又阿報反隸古定本

作坏，古文壞也，衛包改作壞，則誤刪矣。【注】坏，四方之土可定居者也。宅，居也。【疏】云「坏，四方之土可定居者也」者，說文土部文，从文從𦊔聲，注所引今本說文作四方土可居也，誤挩三字。宅，居，釋言文。

九山栞旅。【注】旅讀大爲臚，敘也。九州之山槎識其木，表其高大者以爲鎮，而旅敘其祀秩。識，中試反。【疏】栞訓槎識者，敘說此經篇首言隨山栞木奠高山大川，史記栞木作表木，集解以奠爲定，其從隨祀秩，所視則此栞是槎識其木以表山，於是旅敘其祀秩也。云以爲鎮者，蓋周禮職方氏所紀九州皆有山鎮是也。

九川滌源。【注】源，水泉本也。九州之川皆蕩滌其源，使流通無壅塞。泉夕沿反。【疏】云「源，水泉本也」者，說文灥部文。源字作𠫐，出厂下。𠫐，三泉也。厂，崖也。三泉出崖下，其爲水原可知，此乃六書屬指事也。

九澤既陂。陂，百爲反。【注】水鍾曰澤。陂，澤障也。九州之澤皆以爲之陂障。障，之尚反。【疏】國語

周語太子晉曰澤水之鍾也故云水鍾曰澤云陂澤障也者毛詩澤陂傳說也彼正義云澤障謂澤畔障水之岸

三海會同【注】言水土既治四海之內皆會合而和同治直吏反【疏】繇水之時猶跡多爲阻絕此承四隩既宅云〻之下而言四海會同者會同專于水土既治故也故云言水土既治四海之內皆會合而和同上言九州此言四海者九州指謂中國四海則兼四夷言之廣大矣

六府孔修【注】某氏傳曰水火金木土穀謂之六府孔甚修治也治直吏反【疏】引某氏傳者文七年左傳文孔甚釋言文修治高誘注淮南多是訓乙見于既修太原疏矣

庶土交正厎昚財賦

咸則三壤成賦【注】則灋也鄭康成曰眾土美惡及高下得其正矣亦致其貢匪昚奉其財物之稅皆灋定制而入之也三壤上中下各三等也【疏】則灋釋詁文鄭注見畢本

紀注此經記九州之田爲上上以至下下九等馬鄭者以爲高下之等不謂美惡此言美惡及高下得其正者鄭君于冀州之末注云觀壤肥瘠定貢賦上下則賦之輕重視田之美惡爲差九州賦爲九等則田之美惡大約品定其等矣于是賦九等之中見之故九州田賦分言田止論其高下此言庶土交正則正者非一自是謂美惡及高下交得正也

中邦錫土姓祗台德先不距朕行台弋之反

注鄭康成曰中邦九州也天子建其國諸侯胙之土賜之姓命之氏其敬說天子之德既先又不距違我天子政教所行胙才誤反从月乍聲注見皐俗从示非說云拙反疏本紀注

云中邦九州也者周禮大行人職云九州之外謂之蕃國則中國是九州之內矣云天子建其國諸侯胙之土賜之姓命之氏者謂中國之隆天子以建諸侯予之以土賜姓以某命之氏某某國語云胙四嶽國命爲侯伯賜姓以姜氏以有呂又若隱八年左傳云天子建德因生以賜姓胙之土而命之氏是也云其敬說天子之德

孫炎皆解祗台爲敬說也。釋詁云：祗，敬也。說文口部云：台，說也。

五百里甸服。百里賦內總。二百里內銍。三百里內稭服。四百里粟。五百里米。

甸，徒練反。內，奴罪反。總，作孔反。銍，之室反。稭，八八反。正義本作禾旁箸吉。釋文云本或作稭。案說文云：稭，禾稾去其皮。依說文字當作稭。

注　甸，治田也。服，服事天子也。鄭康成曰：甸服者，堯制賦與田傳人穀。家鄉與外百里者賦人總。總謂人所以禾也。二百里銍，銍謂以禾斷去稾也。三百里稭，稭又去穎也。四百里人粟，五百里人米者，遠彌輕也。甸服之制本自內總，禹爲之差，使百里从之，亦堯之五服，服五百里。禹平水土之後，弼服更以五百里輔之，是五服服別千里，故一圖而爲邊至于五千里相距爲一萬里也其言五百里一服者是堯舊服其服之外更言三百里二百里者是宏所弼之差數也甸服以周爲王畿其所當侯服在千里之內以半吹反斷多管反去四許反豪果考反塗以空反

疏　乇詩信南山傳云甸治也禮記王制云千里之內曰甸鄭注云服治田出穀稅故云甸治田也云服服事天子也者周禮職方氏弟舉九服鄭注云服服事天子也此五服之說與彼九服同故引彼注以說此鄭注甸服至仌之介見詩甫田正義堯之五服至數也見正義及詩殷武正義甸服以周已下見詩譜正義云甸服者堯制賦其田使人穀者已偁甸服則是治田出穀稅者矣鄭又云甸服之制本自內總藝則云使人穀卯是內總也云宏弼其外百里者賦人總謂人所以禾也者鄭君以經言百里二百里之等皆謂甸服之所百里是甸服五百里外之百里在王城六百里以內也其賦人總說文云總聚束也則內總是聚禾而束之總其采豪偃內故云謂人所以禾也云二百里銍銍謂以

禾斷去稾也者二百里謂去王城七百里已內也稾者
禾莖也斷去其莖唯留穎于采而內之比內總為輕便
矣云三百里稭〻又去穎也者三百里謂去王城八百
里之內也說文禾部云穎禾末也毛詩生民傳云穎垂
穎也詩正義引此注稭又去穎而云則穎是禾采之挺
又申毛傳亦穎之證云言其采秉而穎亦也則穎非即
采乃是禾束從采之絕莖尒稭又去穎唯內其采則又
輕于內銍矣銍者比禾之器用銍斷稾而內之即謂所
內為銍稭是禾稾去及者去穎而內之則秦去其稭反
謂所內為稭也云四百里入粟五百里入米者讀麤輕
也者謂去王城九百里及千里之內也所內彌精則彌
少故云麤輕也云甸服之粉米自內總者謂初時舂之
粉也鄭知然者以甸服之鄉在五百里之外猶使其內
百里內總況正甸服不出五百里自然留內總矣云甸
為之差使百里外之介者以甸鄉成五服故云甸為之
差也云堯之不服至相距為匚萬里也者咎繇謨云鄉
成五服至于五千言鄉成則是禹更設以五服也言鄉
成而至于五千則非似昔時匚五千里之舊矣自是更
輔五服至于面各五千里四面相距為匚萬里也說互
詳咎繇謨疏云甸服之外更言三百里二百里者是禹

禹貢　尚書集注音疏三　[illegible]八

所以出賦稅也皆總謂此百里已內五百里與下四服所云百里二百里三百里之等皆是已綏服要服荒服下皆止言三百里二百里故鄭唯舉三百里二百里爲說也云甸服以周爲王畿其以當侯服者周禮職方氏云方千里曰王畿其外方五百里曰侯服此言五百里甸服是自中至外數一偏言之若合四圍則大方千里是以周之王畿也其以環面其外大圍各五百里是當周之侯服也云在千里之內皆自甸服之中至所以甸服之外畔四圍〻各千里是在王城千里之內谷縣暮注云古王城千里是也五百里侯

服百里采二百里男邦三百里諸侯

采七在反 注 侯之言候〻爲順兼司候王命采皆采取美物已當穀稅男任也謂任王事周之男服蓋取諸此鄭義成曰侯服云周禮甸服其以當男服在二千里之內司相吏反俗加人候非任如鴆反 疏 云侯之言候〻爲順兼司候王命皆者林緯文見公羊隱元年疏白虎通

夏篇大云侯者候也候逆順也候逆順謂備禦爲逆王命者司候王命謂聽命于王也云采者采取美物以當穀稅者禮記王制云千里之外曰采鄭注云九州之內地取其美物以當穀稅此經采謂當與彼同故依彼注爲解周禮采服之證蓋夫如此夏本紀注引馬融注云采事也各受王事者是則與男邦任事之證天小思未號也云男任也謂任王事者公羊隱元年疏引春秋說云男者任功立業又白虎通爵篇云男者任也又釋名云男任也典任事也習說男爲任也云周之男服詮取諸此者此侯服之外其德遠之漸與周之男服同周之取名男服證蓋本于此也鄭注見詩譜正義云侯服于周爲甸服其鄉當男服者周禮侯服外方五百里曰甸服又其外方五百里曰男服上甸服之鄉當周之侯服則此侯服當周之甸服其鄉當其男服也云在二千里之內者皆甸服之中央至侯服之鄉之外畔四面各二千里是在王城二千里之內以蘇嶽注云去王城二千里是也

五百里綏服弎百里揆文教弍百里奮武衛 注 綏安揆度也衛衛京師也周之

衛服謂取諸此鄭康成曰綏服于周爲采服其外當衛服在三千里之內度徒洛反

注　綏安釋詁文揆度釋言文諸侯所以藩衛天子故云衛衛京師也云周之衛服謂取諸此者此綏服之外去王城遠近之數同周之衛服周衛服之名蓋取謂于此也鄭注見詩與譜正義云綏服于周爲采服其外當衛服者周禮男服外方五百里曰采服又其外方五百里曰衛服上侯服之外當周之男服則此綏服當其采服其外當其衛服矣云在三千里之內者自甸服之中央至邊所外綏服之外畔四面各三千里是在王城三千里內咎繇謨注云去王城三千里是也

五百里要服五百里夷五百里蔡要古文與一遙反

注　要者要結好信而服從之夷四夷也要服以內爲中國其外在九州之外爲四夷周禮所謂夷服也馬融曰蔡法也受王者刑法而已鄭康成曰蔡之言殺減殺其

賦要服于周爲蠻服其外當夷服在四千里之内好火報反殺色界反

疏云要者要結好信而服從之者韋昭解國語蠻夷要服之證也云夷四夷也者謂夷蠻戎狄四方之夷也云要服以内爲中國其外在九州之外爲四夷周禮所謂夷服也者周禮大行人職于要服之下云九州之外謂之蕃國以要服在九州之内猶是中國其外則在九州之外是四夷矣周禮九服有夷服其陲緬與此要服之外相當故引以證此經之夷爲四夷也馬注見夏本紀注鄭注見正義及詩譜正義蔡字之證馬訓爲灋鄭訓爲殺各以意說姑存之馬云受王者刑灋而已者以在中國之外但遵奉天子之灋不襲其政役也鄭云減殺其賦者先王之制千里之内有賦无貢千里之外以貢當賦周禮大行人職侯服以至要服各有朝貢之歲所貢之物九州之外則世一見以所貴寶爲贄而已无朝貢之歲是夷服之貢減殺于中國貢所以當賦也故云減殺其賦云要服于周爲蠻服其外當夷服者周禮衛服外方五百里曰蠻服又其外方五百里曰夷服上綏服之外當周之衛服則此要服當周蠻服其外當其夷服矣周之蠻服亦名要服故鄭君注

禹貢

尚書集注音疏卷三　六十

谷繇蔡言與周要服相當也云距四百里之內者自甸服之中央至畿所以要服之外畔四面面各四百里是距王城四百里之內谷繇蔡注云去王城四百里是也

五百里荒服三百里蠻二百里流

【注】馬融曰荒者政教荒忽因其故俗而治之蠻慢也禮簡怠慢來不距去不禁流者流行無城郭常居鄭康成曰蠻者聽從其俗羈縻其人爾故云蠻蠻之言緡也荒服于周爲鎭服其以當蕃服距五百里之內郭古獲反音同鄭而讀則不同羈吉宜反縻民皮反緡迷巾反

【疏】馬注見夏本紀注云政教荒忽者韋昭解國語戎翟荒服云荒者荒忽無常之言讀與馬意同也蠻聲近慢故訓爲慢古入訓詁從之通于音也云流者流行無城郭常居者荒裔之夷逐水草而居無定箸也王制云千里之外曰采曰流鄭君解流爲夷狄流移且引此經以證則此云流謂流行無定矣鄭注見正義及詩譜正義云蠻之言緡也

者漢書地理志河南郡新成有蠻中續漢書郡國志云新城有鄤聚古鄤氏今名蠻中說文日部說曫字讀若新城䜌中則曫與䜌通說文言部云䜌不絕也鄭君蓋讀蠻爲䜌故訓爲緜々亦不絕之誼也云荒服于周爲鎮服其外當藩服者周夷服外二五百里曰鎮服又外其外二五百里曰藩服上要服之外當周之夷服則此荒服當周鎮服其外當周藩服矣云在五千里之內者自甸服之中央至要所外荒服之外畔四面皆五千里是在王城五千里之內容縣慕注云杏王城五千里四面相距爲一萬里是也

東漸于海西被于流沙朔南暨聲教訖于四海漸子銛反暨及器反訖依注空汔反

注鄭康成曰朔北方也南方不言所至容踰之聲謂暨日願見也言日所照臨之處皆聲教之所及猶中庸言日月所照也東西日所還繞故以暨言之南北當兩極之下日或不及故以日見爲言也訖

讀爲設〻直行也爾疋曰九夷八狄七戎六蠻謂之四
海見夷寥反設宄洨反足衣鄭注見學本紀注及正
瀆賣反今相承作雅詁別矣[illegible]義云晦以冖也皆釋訓
文也東言海西言流沙皆言所至之地南朱言地所
是見其無限量故云南以不言所至容踰之云蓋曰頒
見也皆說文曰部文作此解則蓋之爲言大而無限極聲
別義一說與鄭意小異也云猶中庸言曰所照也皆
中庸皆子思所作書篇名杜預記彼文言至聖之聲名
洋溢乎中國施及蠻貊曰所照之地其不尊親之猶
此言曰見之地皆聲教之所及故引以況以證此文之
蓋爲曰見之詁也云東西曰所環繞故以隆言之皆曰
環繞乎隆也上下兩旁東西則所照無止詁之地故不
可言蓋而舉海與流沙爲言也云南以當兩極之下曰
或不及故以曰見爲言也皆天文家說周髀之說以爲
天似覆盆中極而中〻高而四隤下曰則傍行繞之曰
從而見之爲晝曰繞而不見爲夜是據南以極之下所
見言也然分以後晝分以前曰杜南以極之下不見曰
春分以後秋分之前曰杜以南極之下不見曰皆半歲
爲晝半歲爲夜是南以兩極之下曰或不及照之時故

經云暨聲教，回所常見和言之，異聲教所及固已廣矣。云訖讀爲迄者，訖迄皆从乞聲，聲聲同則字可通。訖之言竟止也。云四海不至行于四海，訖爲究當，故讀訖爲迄。迄迄直行也者，說文辵部文。引爾疋者，釋墬文也。李巡注云：九夷在東方，八狄在北方，七戎在西方，六蠻在南方。孫炎注云：海之言晦，晦晦闇于禮儀也。案鄭注周禮職方氏及布憲皆引爾疋曰九夷八蠻六戎五狄謂之四海，與此不同。惟蓼蕭詩蓼蕭敘云九夷八狄七戎六蠻謂之四海，正與此同，而不偁爾疋。詩正義云：雒師謀、我應注皆與此同。職方氏及布憲注引爾疋云九夷八蠻六戎五狄謂之四海，數既不同，而俱云爾疋，則爾疋本有兩文，據此說則兩文皆可用。結以今之爾疋九夷八狄七戎六蠻之文旨。

禹錫（廟諱）圭，告厥成功。注于是上帝錫禹玄圭，告成功于天下。疏夏本紀云于是帝錫禹玄圭以告成功于天下。茲云上帝錫禹玄圭者，葢單偁帝，嫌謂帝堯，未見其爲天帝，言上帝則是天帝矣。必知玄圭錫自天者，同宗子藩謂余曰漢武梁祠堂石刻畫像祥瑞圖云：玄圭，水泉流通，四海會同則出。則玄圭乃治水功成之瑞應，天所以寵錫禹者也。

徐孝穆承薦曰太平御覽八十二卷皇王部引尚書旋機鈐曰禹開龍門導積石山玄圭出刻曰延喜王受惪天錫佩是則玄圭乃錫自天非堯錫也鄭謂據此二文則史記言帝錫禹玄圭亦謂天帝不謂堯矣又案虞書繼軒曰天乃錫禹繼軒久已天人相感理有固然以相所況則謂天錫禹玄圭語實精確不必疑也

甘誓弟十八

虞夏書十八　夏書七　尚書三

大戰于甘 注 鄭康成曰天子之兵故曰大馬融曰甘有扈南郊地名 扈魂古反 疏 鄭注見正義馬注見夏本紀注云甘有扈南郊地名皆案漢書地理志扈國在今扶風鄠縣馬君扶風人當審知其所

乃召六卿 注 鄭康成曰六卿者六軍之將周禮六軍皆命卿則三代同矣 將子匠反 疏 注見詩棫樸正義及禮記曲禮正義云六卿皆六軍之將皆以大戰而召故知六卿是軍將也

引周禮者夏官敘官文彼文云王六軍軍將皆命卿引之以見周之軍將皆命卿為之此以六卿未是軍將與周制同矣繇夏周以推則殷可知故云三代同矣

王曰嗟六事之人

注 鄭康成曰變六卿言六事之人者容軍吏下及士卒也 疏 注見正義言六卿則止謂軍將言六事之人則足六軍之執事者皆在其中矣故云變六卿言六事之人容軍吏下及士卒也

予誓告女有扈氏威侮五行怠棄三正

注 馬融曰有扈氏以姓之國為无道者鄭康成曰五行四時盛德所行之政也威侮暴逆之三正天地人之正道也 以詳吏反俗作以僞著以說文也都語所无當通用以暴蒲報反 疏 注馬見釋文云有扈氏以姓之國者說文邑部云扈夏后同姓所封戰于甘者杜預云有扈谷甘亭夏以姓扈與夏同姓是以姓之國矣鄭注見夏本紀注云五行四時盛德所行之政也者禮運云播五行于四時月令云太

春盛德在木太皞盛德在火太秋盛德在金太寒盛德
在水是也明堂月令四時之政皆順五行之德故云盛
德所行之政云威侮暴殄之者若月令孟春行夏令行
秋令之屬皆是暴殄也但政令繆王者出有扈是諸侯
而云威侮五行者王者順時出政諸侯不奉順之即是
威侮五行也云三正天地人之正道者民受天地之中是
以生故人配天地而爲三才易說卦曰立天之道曰陰
與陽立地之道曰柔與剛立人之道曰仁與誼是天地
人之正道也三才四時是爲七政威侮五行怠棄三正
則其政荒矣釋文引馬融注以三正爲建子建丑建寅
鄭不从之者蓋謂三統是王者之事非所以責有扈氏也而用勦絕其命勦子
小反徐子了反本作勦馬本作巢玆从說文所引注勦亦絕也疏說文力部云勦絕也玆勦絕聯
文故云勦亦絕今予維龔行天之罰左不攻于
左女不龔命右不攻于右女不龔命
御非其馬之政女不龔命注鄭康成曰左

車左右車右聲謂攻猶治也御使馬也政正也左右不治其職御者非馬之是正皆是不敬辭上命也疏鄭注見夏本紀注左傳成二年鞌之戰韓厥夢子輿謂己曰旦辟左右故中御而從齊侯邴夏射其左越于車下射其右斃于車中是一車三人共乘御居中其左爲車左右爲車右此文左右與御並言則左謂車左右謂車右矣云攻猶治也者周禮考工記爲攻木之工攻金之工攻皮之工鄭注云攻猶治也云御使馬也政正也者說文彳部攴部文

用命賞于祖不用命戮于社不[illegible]孔引本作弗茲从周禮鄭注所引戮力竹反社古文社

注王出軍必先有事于社及遷廟而以其主行社主曰軍社遷主曰祖書傳曰君以軍行祓社釁鼓祝奉以從曾子問曰天子巡守以遷廟主行載于齊車言必有尊也賞于祖告分之均也戮于社

甘誓　尚書集注音疏卷三　廿四

告聽之中也遷七然反大伯壓祓方多反釁吸墜反從才用反守去冑反齊仄皆反疏王出軍以下至言必有尊也用周禮小宗伯職鄭注說也云王出軍必先有事于社及遷廟者禮記王制云天子將出征類乎上帝宜乎社周禮大祝職云大師宜于社造于祖是也知以遷主行者鄭據所引春秋傳及曾子問之文也云社主曰軍社者小宗伯職云帥有司而立軍社大祝職云設軍社是也云遷主曰祖者此經是也引春秋傳者定四年左傳文衛祓鼓之言也以證軍行必以社主行也曾子問者禮記篇名彼文曾子問曰古者師行必以遷廟主行乎孔子曰天子巡守以遷廟主行載于齊車言必有尊也以證師行必以遷廟主行也然則此所引者是孔子之言而云曾子問曰者偁其書篇名也云賞于祖告分之均也戮于社告聽之中也者墨子明鬼篇文分之均謂頒賞于均聽之中謂斷辠允當也案墨子云夏書禹誓曰大戰于甘王乃命左右六人下聽誓于中軍曰有扈氏威侮五行怠棄三正天用剿絕其命有曰日中今予與有扈氏爭一日之命且尔卿大夫庶人予非尔田野葆士之欲也予共行天之罰也左不共于左右不共于右若不共命御非尔馬之政若不

故命是以賞于祖而戮于社賞于祖者何也言分命之均也戮于社者何也言聽獄之事也又云賞于祖者何也告分之均也戮于社者何也告聽之中也是其文也其隆名國名正與此經同似與此篇文而文多于此且又偁尚誓所不解也

予則帑戮女 帑納盧反从巾奴聲正義本作孥下从子衞包所改茲从史記

注 帑或爲奴當从奴謂有辠而沒爲奴也或奴或戮視其所犯

疏 云帑或爲奴者鄭仲師注周禮司厲辭引此作奴也云當从奴者以帑是子孫之偁先王惡惡止其身當止奴其有辠者必不子孫從坐故改帑从奴謂有辠而沒爲奴也案湯誓正義引鄭注湯誓帑戮云大辠不止其身又帑戮其子孫然則鄭說此經當亦謂然今不从之者左傳引康誥曰父子兄弟辠不相及虞夏政尚寬簡豈反子孫從坐其說非是周禮司厲云其奴男子入于辠隸女子入于舂槀仲師注云謂坐爲盜賊而爲奴者輸于辠隸舂人槀人之官也繇是觀之今之奴婢古之辠人也鄭引此經及論語箕子爲之奴以證奴則仲師以此經之奴止是罰其入爲奴非戮及子孫也此說似勝康成故依用之

甘誓

五子之歌弟十九　注　孔氏逸書十四今亡

虞夏書十九　夏書三

启乃淫溢康樂野于飲食將將名莧磬以力湛濁于酒渝食于野萬舞翼翼章聞于大天用弗式樂扐各反將子羊反名墨子引作銘說文无銘字古通用名莧墨子引作莧莧字不可解當為莧莧喜說也胡官反湛多含反　注　启乃當為启子字之誤也启子五觀也太康昆弟也溢讀為泆莧說也湛濁泆湎也言飲酒无度渝讀當為輸輸轉輸饋食于野言游田无度也萬舞干舞也大當為天字之誤觀古亂反說于旻反　疏　墨子非樂篇引此文偁于武觀曰云云惠先生曰此逸書敘武觀之事即書敘之五子也周書嘗麥曰其在夏

之五子從伯禹之命假國無正用胥興作亂遂凶厥國皇天哀禹賜以彭壽思正夏略五子者武觀也彭壽者彭伯也汲郡古文云帝启十一年放王季子武觀于西河十五年武觀以西河叛彭伯壽帥師征西河武觀來歸注云武觀即五觀也楚語士亹曰启有五觀若傳曰夏有觀启五子之歌墨子引其遺文周書錄其遺事與內外傳所稱無殊且孔氏遺書本有是篇漢儒習聞其事故韋昭注國語王符潛夫論皆依以爲說案今淫泆作亂之人錄老作歌以示後世者乎梅氏之經不待辯而明矣案汲郡古文雖僞書此條則有徵可信故惠先生采用其文注云启了當爲启子字之誤也者太惠先生說也启是賢王何至淫溢據楚語士亹以五觀于朱均管蔡則五觀是淫亂之人故知此文當爲启子了字誤也云启子五觀也太康羣弟者韋昭注楚語云五觀启子太康昆弟也云溢讀爲泆者溢泆同音可段昔用楚語淫溢聯文則是昔溢爲泆讀當从泆贊說虞翻注易夬五諠也湜者泆水濁者昏亂故云湜濁泆酒也云渝讀當爲輸者若隱六年鄭人來輸平左傳作渝平公羊穀梁皆作輸平則渝輸同字此言渝食諠不是同輸食則爲轉輸輸鑽食諠實爲怙也公羊宣八年傳

五子之歌　尚書今古文集注音疏三　六十六

尚書今注音疏

云蔑皆何于彝也故云蔑彝于彝也鄭君箋節兮詩亦云蔑彝于彝也云大當爲天字之誤皆據文當云章聞于天今作章聞于大則不詞大字乃天字之誤尒

廟諱征弟三十注孔氏逸書十五今亡

虞夏書弟十　夏書三

禹貢至胤征標題凡六十名注十六字

禹貢經文凡一百八十八名彙文六凡凡一百九十四言注五凡九百三十六字釋音辯字二凡八百九十八言經三萬二凡一百二十三字

甘誓經文八十八名注二百五十八字釋音辯字百二十四言經凡三百六十九字

五子之歌逸文三十五名彙文二凡三十七言注六十五字釋音辯字五十六言經五百二十三字

尚書今注音疏弎三

帝告弟弎十弌　注　篇亡孔氏書亦未分

商書弌

尚書今注音疏卷四　江聲學

施章乃服明上下　疏　尚書大傳引帝告文如此

釐沃弟弎十弍　注　篇亡孔是書亦未分

商書弍

湯征弟弎十弎　注　篇亡孔氏書亦未分

商書弎

葛伯仇餉仇其牛反餉式尚反　注　趙岐曰葛夏諸侯嬴姓也國語謂仇餉謂葛伯殺餉者是仇此餉者矣　疏　此引見孟子滕

文公篇雖未偁書篇名，然與孟子上下文與湯征敘相應，則所引自是湯征文可知矣，故錄之于此。下二條仿此。注偁趙岐曰者，皆孟子注也。云「葛，夏諸侯，嬴姓之國」者，說文女部云：「嬴，帝少昊之姓。」然則葛乃少昊之後也。云「仇餉，謂葛伯殺餉者」者，孟子言：「湯居亳，與葛為鄰，葛伯放而不祀，湯使人問之曰：何為不祀？曰：无以供犧牲。湯使遺之牛羊，葛伯食之，猶不祀，湯又使人問之曰：何為不祀？曰：无以供粢盛。湯使亳眾往為之耕，老弱饋食，葛伯率其民要而奪之，不授者殺之，有僮子以黍肉餉，殺而奪之。書曰葛伯仇餉，此之謂也。」據此，則仇餉是謂殺餉者也。

湯一征自葛始。【疏】此引見孟子梁惠王篇，彼文于引此文之下云：「天下信之，東面而征西夷怨，南面而征北狄怨，曰奚為後我。」案「天下信之」之言不似尚書之文，故止節取此二語，不錄濫采也。又滕文公篇云：「湯始征自葛載，十一征而无敵于天下，東面而征」云云。「湯始征自葛載」，與梁惠王篇所引小異，而梁惠王篇可偁書曰，滕文公篇則否，故此用梁惠王文。至言「十一征而无敵于天下」，與「天下信之」之文絕殊，信乎皆非尚書之文也。

徯我后，后來其蘇。徯，奚禮反。〇注 趙

岐曰徯待也后君也待我君來則我蘇息已【疏】此亦引見孟子梁惠王篇又滕文公篇引云書曰徯我后后來其無罰雖與此小異實非二文不兩采也注謂岐曰者梁惠王篇注也徯待后君故釋詁文

湯曰予有言人視水見形視民知治不伊尹曰明哉言能聽道乃進君國子民爲善者皆在王官勉哉勉哉湯曰女不能敬命予大罰殛之無有攸赦殛古亟字【疏】史記殷本紀云湯征諸侯葛伯不祀湯始伐之湯曰予有言云云無有攸赦作湯征據此是言湯征諸侯云云是采湯征敘文也束晳曰言作湯征則湯曰至無有攸赦皆是湯征逸文矣且其詞气不似史記之文其爲尚書無疑也案史記所采尚書多本之于孔氏古文此湯征篇則孔氏逸書所無不審司馬子長何自采取蓋亦引見于周秦諸子之書子長博洽多聞故得采之也云視民知

治不皆不謂不治〻不猶治亂也勉哉當爲茂哉史記以訓詁代經文故作勉尒尚書古文亦實作茂茲采自史記不敢改史記之文故仍勉

汝鳩弟十三　注　篇亡孔氏書亦未有

商書三

汝方弟十五　注　篇亡孔是書亦未有

商書五

夏社弟十六　注　篇亡孔是書亦未有

商書六

疑至弟十七　注　篇亡孔是書亦未有

商書七

臣扈弟三十八 注 篇亡孔氏書亦未見

商書八

湯誓弟三十九

商書九　尚書五

王曰假尒眾庶悉聽朕言 注 假來悉盡也 疏 假來釋言文今爾疋假作格悉盡釋詁文 非台小子敢行稱亂 台弋之反稱尺仍反 注 馬融曰台我也稱謂稱舉也 疏 馬注見史記殷本紀注台我釋詁文說文冓部云稱并舉也故云稱舉也釋言云偁舉也稱偁字通 有夏多辠 天命殛之 殛紀力反 注 殛誅 疏 殛誅釋言文 今尒有眾

女曰我后不恤我眾舍我穡事而割

政夏舍式者反政偽孔本作正茲从史記 注 我后謂桀也恤憂也嗇事農事也割剝也民苦桀之虐政而興怨言曰我君不憂恤我眾民舍我農事而爲割剝之虐政夏衍字也 疏 不言恤我眾則是舉君故云我后謂桀也恤憂釋詁文說文嗇部云嗇愛濇也从來㐭來者㐭而藏之故田夫謂之嗇夫故云嗇事農事也唐衞包改嗇爲穡非也茲从史記作嗇是正之割剝說文刀部文云夏衍字也者據史記所錄無夏字偽孔本雖作割正夏其傳云正政也言奪民農功而爲割剝之政是亦不解夏字則似偽孔本實亦無夏字後乃誤增之者但流傳既久不敢據史記削去姑存之而曰爲衍字可也乃後乃不加詳攷據俗本割正夏之文以作伐夏解因以我后爲亳眾稱湯謬甚矣

予維聞女眾言

夏氏有辠予畏上帝不敢不正 注 氏曰有夏辠故曰夏氏上帝天也言畏天命不敢不正夏之辠

疏 夏桀者爲天下之號令曰夏氏故釋其意云氏曰爲夏桀故曰夏桀氏案國語周語偁禹爲平水土之功皇天嘉之胙以天下賜姓曰姒氏曰爲夏是則夏桀雖今也是爲天下之號實即氏也故世輒偁夏后氏

其曰夏罪其如台台弋之反 注 如台猶柰何也夏罪其柰何哉號吁天告之是也號河刀反 疏 如台史記作柰何又高宗融日乃曰其如台西伯戡黎今王其如台史記亦皆作其柰何故云如台猶柰何也柰何是无可如何之詞故云號吁无告之是也

夏王率遏眾力率割夏邑率呂戌反 注 馬融曰遏止也聲謂言桀所爲率皆遏止眾力率皆割剝夏邑之事即上所云舍我穡事而割政也 疏 馬注見釋文遏止釋詁文云即上所云舍我穡事而割政也者遏眾力害奪民農功所謂舍我穡事也割夏邑則是割剝之虐政也

有眾率怠弗叶 注 馬融曰眾民相率怠惰不

咊同。憜，徒果反，又徒臥反。【疏】注見殷本紀注。說文劦部云：協，衆之同咊也。从劦十聲。叶，古文協从日十。故易君辭弗叶爲不咊同。

曰：旹日害喪？予及女皆亾。害，何。

葛反。喪，息浪反。【注】害讀爲曷，曷，何也。鄭康成曰：桀見民欲叛，乃自比亐日，曰：是日何當喪乎？日若喪亾，我與女亦皆喪亾。引不亾之徵，㠯脅恐下民也。聲謂此是民之詞也。桀自比亐日，民即叚日㠯諭桀，言是日何時喪乎？我寧與女皆亾。是欲桀之亾也。予者，民自予也。及，與也。女，女日也。

叚，古下反。【疏】云害讀爲曷，曷，何也者，古字多叚借，或㠯害爲曷。葛覃詩云：害澣害否。毛傳云：曷，何也。是讀害爲曷，訓爲何。此經害字說亦然也。鄭注見正義。伏生書大傳云：伊尹入告于王曰：大命之去有日矣。王僩然歎，啞然笑曰：天之有日，猶吾之有民也。日亾則吾亦亾矣。故鄭㠯爲桀自比亐日，引不亾之徵，㠯脅恐下民也。聲不如鄭誼而以此文爲民之詞皆孟子梁惠王篇引此文而申說之曰民欲與之偕亡詳孟子之意以此爲民之言矣且于有衆率怠弗協之下卽接曰字則以爲民言于文爲順于誼爲塙故易鄭君誼也云甚欲桀之亡也皆亡皆乃之大患冀桀之亡雖與偕亡而亦願是甚欲其亡也及與釋詁文云汝汝日也者文如也日介段日以諭桀實則也桀也

夏德若茲今朕必往〔注〕茲此也夏凶德若此今我必往征之〔疏〕茲此釋詁文

爾尚輔予一人致天之罰予其大賚汝賚力代反〔注〕尚庶幾也鄭康成曰賚賜也〔疏〕釋言云庶幾尚也茲云尚庶幾也轉相訓也鄭注見殷本紀注賚賜釋詁文

爾無不信朕不食言〔注〕食僞也〔疏〕食僞釋詁文孫注云食言之僞也郭注引此經以證

爾不從誓言予則孥戮汝無有攸赦無僞孔本作罔茲從史記〔注〕鄭康成曰大辠

不止其身又辠戮其子孫周禮云其奴男子入于辠隸女子入于舂稾意謂此辠人當爲奴又謂當身爲辠而漫爲奴非子孫從坐也隸力系反舂式容反稾可老反【疏】鄭注見正義云大辠不止其身又辠戮其子孫者鄭以辠爲子孫故云戮也引周禮者此官司厲職文鄭注彼文云奴從坐而漫人縣官者男女同名是亦以奴爲子孫故引以證此意以爲子孫從坐實爲濫刑殷雖先王律賞未必著是之故不以鄭君說而別爲解鄭仲師注司厲職云謂坐爲盜賊而爲奴者則奴即謂犯辠之乃非從坐也說互詳甘誓延茲從鄭仲師說故云此辠人當爲奴又謂當身爲辠而漫爲奴者亦甘誓辠戮之文也

予小子履敢用〔廟諱〕牡敢昭告于皇皇后帝牡茂后反【注】孔安國曰履殷湯名此伐桀告天之文殷牲尚白未變夏禮故用元牡皇大后君也大大君帝謂

天帝也。墨子引湯誓其詞若此，聲謂皇皇后帝或作上天后。

【疏】自此已下至辠在朕躬，茲見論語堯曰篇文。引見墨子兼愛篇注。偁孔安國曰者，論語注也。其注今亡，此條采自何晏論語集解。云履殷湯名者，履與小子聯文，故知是名也。云此伐桀告天之文者，在湯誓而云敢昭告于皇皇后帝，自是為伐桀而告天矣。云殷牲尚白，未變夏禮，故用玄牡者，禮記檀弓云夏后氏尚黑，牲用玄；殷人尚白，牲用白。茲不用白牲而用玄牡，是已未變夏禮故也。皇，大也，詩皇矣傳文。是，訓也。后，君，釋詁文。云墨子引湯誓其詞若此者，墨子兼愛篇引此偁湯說。孔君云墨子引湯誓者，蓋後人習見偽孔書之湯誥為此文，及疑墨子偁湯誓為誤，因改為湯說。孔君所據墨子實為湯誓也。國語內史過引湯誓余一人有辠云云，即此下文朕躬有辠云云也，則此信是湯誓文矣。但三得湯誓始則為眾聽誓矣，則與之已掛似皆屬完，具空無顯逸，而猶為此逸文者，蓋王者出師，必先告祭于天而後誓眾，如泰誓者王先上祭于畢，乃後誓師焉。又司馬法曰：將用師，乃告于皇天上帝、日月星辰，以禱于后土、四海神祇、山川冢社，乃造于先王，然後冢宰徵師于諸侯曰某國爲不道征之以某率某以某日師至某國是伐國必告天之詞證湯之伐桀亦然也史臣錄其告天之文與誓眾之詞以爲湯誓經秦火之餘殘文爛脫伏生所傳孔壁所出其中湯誓皆止存誓眾之詞亡其告天之文矣故孔君注論語不敢質言湯誓以據墨子以爲湯誓據此則今之所謂孔氏尚書以此文入于湯誥者其非孔氏書矣非孔氏書而託諸孔氏其爲此僞也易是了自宋以肯讀論語者悉讀何晏集解則此條孔注無有不讀矣猶不知二十五篇非孔氏古文何昏昧之至于此既云皇皇后帝或爲上天后者墨子引云敢昭告于上天后是其文也

有辠不敢赦 注包咸曰順天奉灋有辠者不敢擅赦 疏墨子所引此句上有曰今天大旱即當朕身履未知得辠于上下十七字似禱于桑林之詞不似爲伐桀而告天者論語無是語茲故不錄也注偁包咸曰者本論語注也其注今本亡此條本采自何晏集解包咸字子良會稽曲阿人少爲諸生習魯詩論語舉孝廉除郎中建武中入授皇太子論語著論語章句事詳後漢書儒林列傳

帝臣不蔽 注或作有善

不敢蔽在有辠不敢赦之上 疏 墨子引云有善不敢蔽有辠不敢赦注據其文爲說

簡在帝心 注 簡閱也鄭康成曰簡閱在天心言天簡閱其善惡也 疏 簡閱廣疋文也桓六年左傳云大閱簡車馬也是簡閱同詁也注偁鄭康成曰大論語注也今其注亡何晏集解閒采之此條則見於湯誥正義云天簡閱其善惡者善謂帝臣惡謂有辠此句總承上二句也

朕躬有辠無以萬方萬方有辠在朕躬 今本論語萬方有辠下重出辠字漢石經本不重茲从漢石經 注 孔安國曰無以萬方萬方不與也萬方有辠我身之過聲謂朕躬或爲余一人或爲夫與云茹反 疏 注孔安國曰大論語注也聲謂朕躬或爲余一人或爲夫者國語周內史過引湯誓曰余一人有辠無以萬夫萬夫有辠在余一人是也案呂氏春秋順民篇云昔者湯克夏而正天下天大旱五年不收湯乃以身禱于桑林曰余一人有辠無及萬夫萬夫湯誓

有辜在余一人無以一人之不敏使上帝鬼神傷民之命然則此文又是禱于桑林之詞與墨子曰今天大旱云云正合而內史過引偁湯誓似有可疑蓋伐桀與旱禱皆以告于天告天則必皆有自責之詞其詞不妨雷同無足怪也且周禮外史掌三皇五帝之書則湯誓當亦具在編爲內史固習見之其所偁引大可信矣

聿求元聖與之戮力同心以治天下

凡所采逸文采非一處其文或不相聯屬皆空一格寫 注 戮力并力也 疏 墨子尚賢篇引此偁湯誓僞作者竊取此文以入湯誥譌矣注云戮力并力也者說文力部文

中蘬之誥弟弎十 中直衆反蘬許鬼反 注 篇亡叚借字也今作虺

孔氏書亦未有

商書十

我聞有夏人矯天命布命于下帝式

是增用爽厥師矯几夭反 注 用无爲有謂之矯或脫布命二字非也式用也增讀當爲憎憎惡也帝式是增或作帝式是惡或作帝伐之惡伐之字誤當从式是用爽厥師或作襲喪厥師或作用闕師爽當爲喪聲之誤也師衆也言桀執有命天用是憎惡之用喪其衆惡烏路反

喪色宕反 疏 墨子非命篇凡三引仲虺之告字或互異茲擇取其誼長者錄之而存其異文于注墨子說此經云彼用无爲有故謂之矯若有而爲有夫豈謂矯哉故注云用无爲有謂之矯云或脫布命二字非也者墨子引此文凡三引其一引无布命二字據文誼當有之故謂无者脫落脫落者非也但此未必是墨子之誤自是傳寫墨子者誤脫之耳式用釋言文云增讀當爲憎者孟子盡心下篇云士憎茲多口趙岐注云爲士者益多爲衆口所訕是解憎爲增多之增則增憎字通矣此文據墨子所引或作增或作惡則增當爲憎惡之

詮故讀爲憎也憎惡說文心部文云帝式是增或作帝式是惡惡或作帝伐之惡者據墨子所引之異也帝伐之惡乃不詞故云伐之字誤當作式是云用爽厥師或作龔喪厥師或作用闕師者大墨子所引有異也云爽當爲喪聲之誤也者爽喪聲相近古者或以爽爲喪國語周語云晉侯爽二韋昭注云爽當爲喪此文據墨子一引作爽一引作喪喪師言失衆荅文王之詩所云殷之未喪師之詮也師衆釋詁文

諸侯自爲㝵師者王㝵友者霸㝵疑者存自爲謀而莫己若者亡王于況反又如字霸百駕反【注】㝵取也或曰諸侯之悳能自爲取師者王能自取友者存其所擇而莫如己者亡【疏】荀子堯問篇吳起諫魏文侯錄楚莊王之言曰其在中蘬之言也曰諸侯自爲㝵師者王云云中蘬即仲虺古叚借字也然則所偁中蘬之言是此仲虺之誥文矣注云㝵取也者說文見部文㝵字今通作得案說文彳部得字重文作㝵而見部別有㝵字訓爲取此經之言實爲

取師取友之誼故字作舉也偁或曰者呂氏春秋驕恣篇偁李悝諫魏文侯錄楚莊王言曰仲虺有言不穀說之曰諸侯之德能自爲取師者王云云荀子偁吳起呂氏言李悝傳聞異亦實非兩事所偁仲虺之言大同小異結錄荀子文爲經而存呂氏所偁于注

亂者取之亡者侮之

疏 左傳襄十四年中行獻子曰仲虺有言曰亂者取之亡者侮之推亡固存國之道也又襄三十年鄭子皮引仲虺之志云亂者取之亡者侮之推亡固存國之利也兩引仲虺之言唯道字利字爲異餘悉同則仍所引皆仲虺之誥文也聲繹其詞皆國之道謂謀國之道國之利謂國家之利意旨不同與則推亡固存二語又仍申說之意非仲虺之誥文惟亂者取之亡者侮之了足誥文與疑不能決寧乃取不備勿務多而濫入也又左傳宣十二年隨武子曰仲虺有言曰取亂侮亡茲隱括斯語非異文也茲不重錄

湯誥弟三十七 注 孔氏逸書十六篇之一見史記

尚書十七

維三月王自至于東郊告諸侯羣后無不有功于民勤力乃事予乃大罰殛女無予怨曰古禹咎繇久勞于外其有功乎民民乃有安東爲江北爲泲西爲河南爲淮四瀆已脩萬民乃有居后稷降播農殖百穀三公咸有功于民故后有立昔蚩尤與其大夫作亂百姓帝乃弗予有狀先王言不可不勉曰不道無之在國女無我怨害炎之反

注　殖居也后有立謂後世子孫有立國也后讀與後同

太戊爲土予賜也云然言者又臯云然也勉當爲勖中丞賞反勖許六反疏史記殷本紀載此文其後言旣紬夏命還亳作湯誥其辭言之令諸侯則此文是湯誥之文无疑矣漢書儒林傳云孔氏有古文尚書司馬遷從安國問故遷書載堯典禹貢微子洪範金縢諸篇多古文說案孔氏古文本有湯誥篇史記此文亦是經安國問得而采入者茲取以補其亡逸焉注云殖長也者國語鄭語云周棄能播殖百穀蔬韋昭注云殖長也云后讀與後同者禮記大學篇知止而后有定云云又物格而后知至云云諸后字皆作後解是古者或以后爲後此文后爲太誼大誤也云太戊爲土者據徐廣史記音義云一作土予賜釋詁文云勉當爲勖者勖之言勉也史記輒以詁訓代經文故作勉字杜尚書必實爲勖知者以周本紀錄坶誓文凡勖字皆作勉推之可知也

咸有壹悳弟弎十弎注孔壁逸書十七今亾

商書十弎

惟尹躬及湯咸有壹德〔注〕鄭康成曰咸皆也君臣皆有壹德〔疏〕此文引見禮記緇衣篇偁尹吉曰鄭君注云吉當爲告=古文誥字之誤也尹告伊尹之誥也書敘以爲咸有壹德今亾案鄭君言今亾則鄭君不及見此篇矣知所偁尹吉曰是咸有壹德者以尚書篇目无尹吉而有咸有壹德此文有咸有壹德之語乃其篇名所取證也則是咸有壹德文矣注偁鄭康成曰者卽采禮記緇衣注也咸皆釋詁文

惟尹躬天見于西邑夏自周有終相亦惟終相息羕反〔注〕鄭康成曰天當爲先字之誤忠信爲周相助也謂臣也伊尹言尹之先祖見夏之先君臣皆忠信以自有終今天絕桀者以其自作孽伊尹始仕于夏此時就湯矣夏之邑在亳西孽牛列反〔疏〕此經亦引見禮記緇衣亦偁尹吉曰鄭注云尹吉亦尹誥也然則此條與

上篇同篇亦是咸有壹德文矣故錄于此乃僞孔氏以上條入咸有壹德此條入太甲篇顯與禮記違倍且禮記先引太甲曰天作孽云云下即引尹吉曰惟尹躬天見云云則此文非太甲文明甚而唐宋諸人猶不知僞作者之謬異哉注偁鄭義成自亦緇衣篇注也忠信爲周國語晉語文釋詁云相導勴也則相導同誼臣所以輔導君者故云相導也謂臣也據經言尹躬先見于西邑夏此謂伊尹先時仕夏鄭必云尹之先祖見夏之先者據孟子言伊尹五就湯五就桀則伊尹仕夏之初已在桀時桀已无道亡國不得云自周有終經言自周有終自是謂夏之先世伊尹所不及見故以爲尹之先祖也云今天絕桀者以其自作孽者禮記引此文承所引太甲天作孽云云之下鄭君蒙所引太甲文而爲言故云然亦其在尚書則此文上下云何說不可知不必如所云也云伊尹始仕于夏此時就湯矣者伊尹五就湯五就桀此在放桀之後自然就湯矣惠先生曰鄭以尹誥爲咸有壹德孔氏逸書十六篇之一漢時書敘咸有壹德次于湯誥故鄭以尹誥爲伊尹告湯故云伊尹始仕于夏此時就湯矣孔穎達用僞古文以譏之非是云夏之邑在亳西者亳是湯所都故言夏邑在亳西解

經所以偁商書篇也禮記正義云世本及汲冢古文竝云宗都咸陽正當亳商也及後乃從宅以鄭以湯都偃師爲亳以則是宅以亦杜亳商也

典寶弟十七（注）孔氏逸書十八今亡

商書十七

明居弟十三（注）篇亡孔是書亦未名

商書十三

伊訓弟十五（注）孔是逸書十九今亡

商書十五

維太甲元年十有二月乙丑朔伊尹祀于先王誕資有牧方明（注）太甲太丁子

子湯之譒孫也元年者喪畢之元年十有二月者除喪
之後月誕大也資讀當爲詠十有二牧之詠牧諸侯也
方明者上下四方神明之象覲禮曰方明者木也方四
尺設六色東方青南方赤西方白北方黑上玄下黃設
六玉上圭下璧南方璋西方琥北方璜東方圭然則方
明即明堂六天堯典所謂六宗也太甲除喪即位以月
朔行吉禘之禮宗祀成湯于明堂以配上帝太丁外丙
仲壬亦從亓毀高長祀畢乃見諸侯緣率之以祀方明
也譒臣林反毀爰姑反見夷寡反𨔞所律反俗通作率疏靈詭三統秝引伊訓文如此亦爲之說曰言雖
有成湯太丁外丙仲壬之服以冬至越茀祀先王于方明以配上帝是朔旦冬至之歲也茲見漢書律秝志說

字子駿，劉向少子也。歆移太常書云：逸書十六篇，天漢之後孔安國家獻之，遭巫蠱倉卒之難，未及施行，臧于祕府。漢書歆傳云：河平中受詔與父向領校祕書。又云：歆親近，欲建立左氏春秋及毛詩、逸禮、古文尚書，皆列于學官。是則歆親見孔氏古文，孔氏古文實有伊訓篇，歆引其文實可據信，而其解說則大謬也。孟子萬章篇云：湯崩，太丁未立，外丙二年，仲壬四年，太甲顛覆湯之典刑。然則太甲元年湯與外丙之服皆除之久矣，況太丁之服又在其前乎？歆言有成湯、太丁、外丙之服，誕妄甚矣。歆欲傅會此文乙丑朔為冬至，因據周以為冬至祭于圜丘之文，而記有天墬社稷越紼行事之文，遂牽合于此，以為喪中越紼之祭，率意直言，不計及喪服。夫過三年皆釋，不計商制除喪即位元年已非喪中矣。歆說盡非，則以乙丑朔為冬至又惡可信乎？蓋商正建丑，則十二月建子，冬至誠在是月，與不必在朔月也。故聲不用歆說，而自為之注云：太甲，太丁之子，湯之適孫也。皆史記殷本紀云：帝仲壬即位四年崩，伊尹乃立太丁之子太甲。太甲，成湯適長孫也。論語憲問篇子張引書高宗諒陰三年不言，以問，子曰：何必高宗，古之人皆然。君薨，百官總己以聽于冢宰三年。又孟子萬章篇言舜避堯之子而避舜之子皆在喪畢之後然則踰年卽位改元乃周制亦然可肯則俟喪終而卽位改元也故云元年者喪畢之元年鄭箋商頌烈祖云古者君喪三年旣畢而禘于其廟是則喪終乃吉禘也春秋閔二年夏五月乙酉吉禘于莊公蓋莊公以八月薨于時未再期也故左氏云速也公羊云譏始不三年也穀梁云喪事未畢而舉吉祭故非之也是吉祭必于喪終之後此云十二月朔祀于先王則太甲必以十一月除喪矣故云十二月者除喪之後月也誕大釋詁文云訓讀當爲訓十有二牧之訓者訓十有二牧堯典文也亦書叚借之[illegible]依聲託事訓順訓皆以川聲聲同則可叚借也堯典舜卽眞而訓[illegible]牧此太宗卽位而訓有牧其事正同故讀順如從文訓也云牧諸侯也者禮記曲禮云九州之長人天子之國曰牧是諸侯謂之牧也云方明者上下四方神明之象者鄭君注覲禮云然也覲禮者諸侯秋見天子之禮義禮十七篇之弟十篇也其文云諸侯覲于天子爲宮方三百步四門壇十有二尋深四尺加方明于其上方明者木也方四尺云云鄭注云方明者上下四方神明之象也有象者猶宗廟之有主乎六色象其神六玉以禮之據此則方明者卽今文家所說堯典

六宗所謂上不謂天下不謂地旁不謂四方在六者之閒助陰陽變化實一而名六者故云號則方明即明堂六天堯典所謂六宗也云太甲除喪即位以月初吉禘之禮皆鄭君箋詩敘云古者君喪三年既畢禘于其廟此太甲元年是除喪即位之年則祀于先王是吉禘矣云宗祀成湯于明堂以配上帝者孝經聖治章云周公宗祀文王于明堂以配上帝禮記祭法云殷人祖契而宗湯商家宗祀成湯之禮當與周家宗祀文王之禮同也云太甲外丙仲壬亦從而與享辰者惠先生明堂大道錄云配天之祭百王與食多士備自成湯至于帝乙罔不配天其澤是其證也據此則外丙仲壬皆稱王自號與食太甲則太甲之父湯之冢適元子雖未稱王不獨饗故知亦從而與享也云祀畢乃見諸侯皆葢嗣王即位諸侯盡朝國語所謂終王也于時羣牧稱朝嗣王王而來因而助祭于明堂祭畢乃見之也云緣繹之即以祀方明者覲禮云公侯伯子男皆就其旂而立四傳擯乃後云天子出拜日于東門之外反祀方明則是既朝覲而繹諸侯以祀方明也案堯典舜受終而類于上帝又禋于六宗茲太甲即位而祀成湯以配上帝又祀方明方明即六宗則此祀禮同于堯典劉歆言祀先

王于仁者乃配上帝則合上帝仁者爲一祭據堯典知其非矣天誅造攻自牧宮朕載自亳亳步各反注趙岐曰牧宮桀宮朕我也謂湯也載始也亳殷都也聲謂朕伊尹自謂也言天誅罰桀造作攻伐者從牧宮起罪桀自取之我始與先王謀之于亳遂順天而誅之疏孟子萬章篇引此文偁伊訓曰趙岐注云伊訓尚書逸篇名茲稱乃取趙氏孟子注而錄之云牧宮桀宮者言天誅之所自則自是桀宮下又亦言自亳亳是殷都則牧宮是桀宮矣朕我釋詁文云謂湯也則未晳也詩周頌敘云載見諸侯始見乎武王廟也故云載始也書敘云湯始居亳從先王居故云亳殷都也趙氏注不止于此文又云言意欲誅伐桀造作可攻討之辠者從牧宮桀起自取之也湯曰我始與伊尹謀之于亳遂順天而誅之也案此篇是伊尹訓太甲之文朕載自亳之語无乃見是錄湯言也古乃朕字上下通偁案見伊尹不偁朕乎故聲謂朕伊尹自謂也乃下遂不用趙氏伊訓

注亦以己意說也

征是三朡朡子公反注三朡蓋國名也朡或爲嵕嵕子公反疏堯典正義云鄭注典寶引伊訓云載孚在亳又云征是三朡蓋孔氏古文伊訓鄭君猶及見之故得引其文是可信者茲據以采入案典寶敘云湯遂伐三朡故鄭君引此文以證也注云三朡蓋國名也者據典寶敘言伐此言征則三朡自是國名矣但鄭注無閒疑以傳文未確信姑云蓋以疑之云朡或爲嵕者史記錄尚書敘作湯遂伐三嵕

載孚在亳注孚當爲俘古字省文尒疏此文亦鄭注典寶敘所引也案典寶敘云俘厥寶玉鄭君必以此載孚在亳謂即所俘之寶玉故引此文以說故注云孚當爲俘古字省文尒

肆命弟乇三十九注孔是逸書二十今亡

商書十九

徂后弟乇三十七注篇亡孔氏書亦未爲

商書十七

太甲上第二十八 注 篇亡孔壁書未見

商書十八

太甲中第二十九 注 篇亡孔氏書未見

商書十九

太甲下第三十 注 篇亡孔壁書未見

商書二十

民非后罔克胥以寧后非民罔以辟四方 辟必亦反 注 鄭康成曰胥相也民非君不能以相安聲謂辟君也 疏 禮記衣記篇引太甲文知此注偁鄭君曰者鄭禮記注也胥相辟君皆釋詁文

辭四方謂君臨四方鄭注未解故補釋之

無越厥命以自覆也

若虞機張往省括于厥度則釋覆芳目反括古活反

注 鄭康成曰越之言蹷也厥其也覆敗也言無自顛蹷以自毀敗虞主田獵之隧者也機弩牙也度謂所擬射也虞人之射禽弩以張從機閑視括與所射參相得乃後釋弦發矢爲政亦當以己心參于羣臣及萬民可乃後施之也蹷其厥反又居衛反又居月反顛丁季反俗誦作顛射食亦反

疏 禮記緇衣篇引太甲文如此注備鄭君者亦見禮記注也越者隕越故云越之言蹷也厥其釋言文覆者傾覆故訓敗也虞是掌山澤之官周禮山虞云若大田獵則萊山田之野澤虞云若大田獵則萊澤野故云虞主田獵之隧者也機者發動所繇故以爲弩牙周易屯六三云君子機不如舍鄭君注彼文亦云機弩牙也

天作孽猶可違自作孽不可活孽牛列反或作孼孼音同字別

注　趙岐曰言天之祅孽尚可違避謂若高宗雊雉宋景守心之變皆可以德消去也自己作孽者若帝乙慢神震死是爲不可活聲謂活或爲逭鄭康成曰逭逃也　祅於喬反雊工豆反逭乎亂反

疏　孟子公孫丑及離婁兩引太甲文皆如此注偁趙岐曰者公孫丑篇注也云高宗雊雉者經云高宗肜日越有雊雉敍云高宗祭成湯有飛雉升鼎耳而雊史記云武丁祭成湯明日有飛雉登鼎耳而雊武丁懼祖己曰王勿憂先修政事武丁修政行德天下咸驩殷道復興是其事云宋景守心者呂氏春秋制樂篇云宋景公之時熒惑在心公懼召子韋而問焉子韋曰熒惑者天罰也心者宋之分野也禍當于君雖然可移于宰相公曰宰相所與治國家也而移死焉不祥子韋曰可移于民公曰民死寡人將誰爲君乎寧獨死子韋曰可移于歲公曰歲害則民飢民飢必死爲人君而殺其民以自活其誰以我

爲君乎是寡人之命固盡矣子毋復言矣子韋還走北面再拜曰臣敢賀君天處高而聽卑君有至德之言三天必三賞君今夕熒惑其徙三舍君延年二十一歲公曰子何以知之對曰有三善言必有三賞熒惑三徙舍舍行七星星一徙當一年三七二十一臣故曰君延年二十一歲臣請伏于陛下以伺候之熒惑不徙臣請死公曰可是夕熒惑果徙三舍是其事也高宗宋景皆以德弭災故云皆可以德消去也云帝乃慢神震怒者史記云帝武乙無道爲偶人謂之天神與之博令人爲行天神不勝乃僇辱之爲革囊盛血卬而射之命曰射天武乙獵于河渭之閒暴雷武乙震死是其事也故云是爲不可活聲調活或爲逭者禮記緇衣引太甲曰天作孽可違也自作孽不可以逭與孟子所引字雖有異而大指无殊惟逭之與活音訓不同故特標出之于注俾鄭義成曰者即緇衣注也逭從釋言文

顧諟天之明命諟上只反

注 鄭義成曰顧念也諟猶正也

疏 禮記太學篇引太甲文知此鄭注即太學注也顧者眷念之意故云顧念也說文言部云諟理也理則必正故云諟猶正也言顧念奉正天之明命

沃丁弟三十弌 注 篇亾孔氏書亦未有

商書弍十弌

咸乂弌弟三十弍 注 篇亾孔是書亦未有

商書弍十弍

咸乂弍弟三十弎 注 篇亾孔氏書亦未有

商書弍十弎

咸乂弎弟三十亖 注 篇亾孔是書亦未有

商書弍十亖

咸乂亖弟三十五 注 篇亾孔是書亦未有

商書弍十五

尚書集注音疏　卷四　十七

伊陟弟三十六 注 篇亡孔氏書亦未及 疏 據史記殷本紀此篇當系太戊實未及伊陟篇目辯詳敘疏

商書弟二十六

原命弟三十七 注 孔氏逸書二十一今亡

商書弟二十七

中丁弟三十八 中直眾反 注 篇亡孔氏是書亦未及

商書弟二十八

河亶甲弟三十九 注 篇亡孔氏是書亦未及

商書弟二十九

祖乙弟五十 注 篇亡孔氏書亦未及

商書弟三十

般庚上弟五十七　般步干反 注 鄭康成曰上篇是般庚爲臣時事 疏 注見正義案上篇經云曰無或敢伏小人之逌箴是般庚之言也其下云王命眾悉至于庭則是般庚傳王命其下王若曰云云然是般庚錄王言也故鄭君以此篇爲般庚爲臣時事也故鄭君于此篇敍注云陽甲立般庚爲之臣以謀徙反湯舊都

商書弟三十七　尚書中

般庚遷于殷 注 鄭康成曰般庚湯十世孫祖乙之曾孫 聲謂遷徙也 疏 鄭注見正義云般庚湯十世孫祖乙之曾孫者案史記三代世表殷自湯至般庚凡十九王其閒兄弟相及者多若除去傍支不數止數父子繼派世系則湯至般庚凡十世也湯一世太丁二世太宗三世太庚四世太戊五世河亶甲六世祖乙七世祖辛八世祖丁九世般庚十世矣祖乙之子祖辛孫祖丁則般庚乃其曾孫矣此蒙祖乙言之者舉前祖乙篇目而下也遷古文遷字从手西遷徙釋

詁文

民不適有居注適往也居謂殷疏適往釋詁文居謂殷者上敍言將治亳殷民咨胥怨則民所不欲適者殷也故云居謂殷率籲衆戚出矢言籲羊灼反戚倉歷反本作慼茲依說文所引注籲呼戚近矢誓也或曰矢古誓字民不樂徙與羣臣胥動浮言之故故呼衆近習之人出誓言以曉之樂拗各反疏籲呼說文頁部文行葦詩云戚戚兄弟毛傳云戚戚內相親也則戚之誼爲親近故云戚近矢誓釋言文云或曰矢古誓字者周易晉六五云矢得勿恤虞翻注云矢古誓字云民不樂徙與羣臣胥動浮言之故者下文云胥動以浮言恐沈于衆是羣臣以浮言恐惕下民也民之不欲徙與是故尒

曰我王來既爰宅于茲重我民無盡劉鎦力求反僞孔本作劉說文金部有鎦無劉鎦訓殺也殺則字當作鎦注我王祖乙也爰于宅居也茲此也謂殷也重尊鎦殺也言我王

來爾于此為善政以導民生雖有此患不害于民無盡殺也【疏】般庚自恥遷殷于時未遷則猶在恥而言爰宅爰于釋詁文宅居釋言文茲此亦釋詁文重導說文重部文鍾殺金部文也敘云祖乙圮于恥鄭注云祖乙又去相居恥而國為水所毀于是修德以禦之不得徙也然則祖乙賢君國圮于水而能不徙必為以為民禦災毀患不至為水所害故云為善政以導民生雖有此患不害于民無盡殺也

不能胥匡以生卜卟曰其如台匡去王反卟今繫反台大生反【注】胥相匡救也卟卜以問疑也言今民蕩析離居不能相救以生埶不可不猶矣于是卟之于卜曰其奈何哉如台猶奈何蓋問龜詞也周禮國大猶則貞龜埶式制反【疏】胥相釋詁文僖二十六年左傳云匡救其災孝經事君章云匡救其惡故云匡救也云卟卜以問疑也者說文卜部文云蕩析

般庚　尚書集注音疏四　十九

離序皆下篇文也湯誓云夏辠其如台高宗肜日云乃曰其如台西伯戡黎云今王其如台史記錄是三篇皆作其奈何故云如台猶奈何奈何則是商問之詞故云蓋問龜詞也引周禮者春官大卜職文言貞龜者問正曰貞先正龜于卜位乃從問焉說文卜部云貞卜問也是也引之以證猶國必正龜而問也

先王有服恪謹天命茲猶不常寧不常厥邑于今五邦恪苦各反寧奴靈反俗輒作寧音同誤矣注服事恪敬寧安也邑邦皆國也馬融曰五邦謂商丘亳囂相耿也囂乃刀反與疏服事恪敬寧安茲釋詁文說文邑部云邑國數誦也又云邦國也故云邑邦皆國也馬注見釋文云五邦謂商丘亳囂相耿也皆五邦與五遷不同五遷謂五遷遷都成湯仲丁河亶甲祖乙各一遷并盤庚爲五故敘言盤庚五遷五邦則謂遷邦爲五所湯自商丘遷亳一遷邦爲兩邦後又三徙爲囂相耿三處通商丘亳爲五故云五邦謂商丘亳囂相耿五邦實止四遷不數遷殷也正義謂鄭王皆數商亳囂相耿爲五是茲

與馬同，无異說。僞孔解五邦爲五徙國都，除去商至亳數，乃數殷爲五。案經言五邦，安得以敘之五乃相蒙？況且曰于今五邦，足據今以前也，時未乃殷，安得數殷爲五？謬說滑經，不可从也。今不承于古，罔知天之斷命，矧曰其克從先王之烈。斷，多管反，从斤𢇍，𢇍古文絕字。矧，式忍反。注 古謂先王也。罔，无。矧，況。克，能。烈，業也。先王審謹天命，猶不常寧，今不承先王之事，是不知天之斷絕我命，況曰其能從先王之業乎？疏 上言先王審謹天命，此承上而言今不承于古，則是謂不承先王之事，故云古謂先王也。罔，无。矧，況。克，能。皆釋言文。烈，業，釋詁文也。若顛木之有㽕櫱，天其永我命于茲新邑，紹復先王之大業，厎綏四方。顛，多年反，隸省作顛。㽕，夷周反。櫱，牛葛反。正義本作由蘖，茲从說文所引。紹，時召反。注 顛木仆木也甹木生條也櫱伐木餘也永長紹繼綏安也言往猶于殷如仆木斬伐之餘更生枝條是天引長我命于此新邑庶幾繼復先王之大業以安四方乎【疏】云槙木仆木也者說文木部文云甹木生條也者丂部文也云櫱伐木餘也者亦木部文永長紹繼綏安竝釋詁文

般庚斆于民繇乃在位斆叓孝反【注】斆學覺悟也般庚覺悟于民繇乃在位之臣以致之故下文敕其毋敢伏小人之箴箴之壬反【疏】云斆覺悟也者說文斆部文云繇乃在位之臣以致之者覺悟于民不能家諭而戶說之必使羣臣致衆民而曉告之周禮有小司寇致萬民而詢之事

以常舊服正灋度灋方乏反今省作法【注】以用也舊服故事謂詢衆庶之事也用爲常之故事正其灋度詢相旬反【疏】以用說文巳部文舊

之言故服之言事故云舊服故事云謂衆庶之事也皆周禮鄉大夫職云國大詢于衆庶則各帥其鄉之衆寡而致于朝又小司寇職云掌外朝之政以致萬民而詢焉一曰詢國危二曰詢國遷三曰詢立君是遷國必詢衆庶周制也箕子說洪範卟疑言謀及庶民則商家之制亦有大事必詢衆庶與周禮同此下言王命衆悉至于廷則是詢國遷之事矣殷衆之前以有四遷必皆有詢衆庶之事此言以常舊服是用先世遷國詢衆庶之故事也

曰無或敢伏小人之攸箴王命衆悉至于廷廷正義本作庭茲从隸古定本

注 馬融曰箴諫也鄭康成曰奢侈之俗小民咸苦之欲言于王今將屬民而詢焉故敕以無伏之聲謂王命陽守之命悉盡也廷外朝也殷衆傳王命宣衆悉至外朝將詢之也侈尺弛反屬之蜀反朝直遙反

疏 馬注見釋文箴是箴規猶治病之箴砭故訓諫也鄭注見正義云奢侈之俗皆鄭于此篇敘注云祖

殷衆

乃所以得審修逾而謂祖乃之得般庚之肯于時遷中衆奮修成俗也云今將屬民而詢焉者屬衆也詢謀也經言王命衆悉至于廷是已王命命羣臣屬民也啓謂王命陽甲之命者鄭君以此上篇為般庚為臣時事又鄭注此篇敘云至陽甲立般庚為之臣般庚為陽甲之臣則所稱王命是陽甲之命矣悉盡釋詁文云廷外朝也者說文廴部云廷朝中也蓋朝中无屋故謂之廷茲以為外朝者據周制天子三朝路門內為燕朝是內朝也路門外應門內為治朝是正朝也應門外皋門內是為外朝商之朝門其名未聞其制當如周蓋亦三門三朝矣周禮小司寇致萬民而詢是外朝之政蓋治朝已內非庶民所得入也茲命衆悉至于廷則廷是外朝矣云般庚傳王命者于是未傳命尒衆則未至其詢衆庶之事乃在中篇此下稱王若曰已訖篇末仍是告在位之臣之言也

王若曰假女衆予告女訓

注　假來也此以下般庚錄王言也

疏　假來釋言文云此以下般庚錄王言也者謂自此以下盡此上篇皆是般庚錄王言也欲見是時般庚尚為臣此所謂王非般庚也若多士多方周公錄成王

命儞王誥旨也女繇黜乃心無奡从康繇字奡字正義本皆改从俗茲从隸古定本【注】奡嫚康安也女其黜去女之惡心毋奡嫚而懷安也去羌莒反惡夕身反【疏】奡嫚說文夰部文康安釋詁文

古我先王亦惟圖任舊人共政王譒告之修不匿厥指王用丕欽罔有逸言民用丕變譒百賀反正義本作播說文引作譒隸古定本同茲从之匿奴力反指中雉反俗輒作指別矣【注】圖謀譒敷匿隱指意丕大欽敬逸過也先王謀任舊人共治其政王敷告之己所當爲舊人修旬不隱匿其指意王用是大敬之言君臣一悳一心也是故令行于下无有過言民用是大變从化【疏】圖謀釋詁文譒敷說文言部文說文乚部

云乚匿也象迟曲隱蔽形讀若隱則乚即隱字隱匿同詁故云匿隱恉意說文心部文丕大欽敬皆釋詁文逸過釋言文也僞孔傳云王布告人以所修之政則以修字上屬為句今云舊以修句之則讀修字別為一句不从僞孔讀者據說文言部引此文王譒告之不聯引修字則可知漢經師讀告之絕句茲从之

今女懖懖起信險膚予弗知乃所訟懖古活反　正義本作聒說文引作懖懖茲从之隸古定本作話話古文懖字信依注式人反膚方夫反

注　馬融曰懖懖拒善自用之意聲謂起話言也信讀當為引而信之之信之申說也話為險詖膚淺之語而申說之无以所謂胥動以浮言也訟爭辯也詖彼寄反　辯皮演反

疏　馬注見釋文案釋文云話話馬及說文皆云拒善自用之意所偁說文心部文也正義引鄭注云懖讀如聒耳之聒懖懖難告之皃難告夫懖拒善自用之意略同以馬注同故說文證之精當故舍鄭取馬長下文云女曷弗告朕而胥動以浮言恐沈于

眾然則此篇是告羣臣之浮言惑眾則此起信險膚非謂其聽信乃言也了責其之誥浮言之辭章引介故解起爲誥言信爲申說信字不从其本字讀直讀爲引而信之〻信引而信之易上繫文信者古伸字也易下繫云往者詘也來者信也詘信相感而利生焉孟子告子篇云今有无名之指詘而不信是皆以信爲伸古書輒多然皆此文信字實爲伸字證也說文云訟爭也辡从二辛辡辠辛乃相毀訟也故云訟爭辡也**非予自荒茲德惟女含德不惕予一人**惕天林反

㊟荒廢也茲德茲君臣一德也惕敬懼也言先王毀舊乃一德今予毀之不得然非予自廢此德也惟女秉含惡德不敬懼我一人介愳古文懼㊕唐風詩云好樂无荒鄭箋云荒廢亂也故云荒廢也予上先王舊乃而言故知茲德謂君臣一德荅先王毀舊乃然也說文心部云惕敬也鄭君注周易乾九三云惕懼也故云惕敬懼也**予若觀火予亦拙謀作**

乃逸觀古玩反炪出說文唐本改作拙茲从說文作炪隸古定本亦作炪注觀讀如司爟之爟燕俗名湯熱爲觀觀火猶言熱火也炪火不炎也炪謀言无焚焚之威也作使也言我譬若熱火我亦絀其炎无以威以威之使之縱逸不从令也爟古玩反燕乃長反

絀出律反疏周禮夏官司爟鄭注云爟讀如予若觀火之觀今燕俗名湯熱爲觀則爟火謂熱火與然則鄭君以此經觀火與司爟之爟同皆訓爲熱茲讀觀爲爟訓爲熱用鄭詮也云炪火不炎也者說文火部文但今本說文誤挩不字作火炎也反其詮矣賴類篇引說文作火不炎也茲得據以爲正案說文炪从火出聲讀若巧拙之拙謂音如拙爾非謂字同拙也唐衛包改炪爲拙非矣云炪謀言无焚焚之威也者炪是火不炎火不炎則无以威故解炪謀爲无以威也周禮司士職云作六軍之士執披鄭注云作謂使之也故云作使也

若网在綱有條而不紊紊亡運反注綱网紘所以

張网皆紊亂也言臣下之从聿惟在于上〻振其威則下从令而不臯縵若网在于綱〻舉則目條理而不亂

経戶蒼反〔疏〕棫樸詩云綱紀四方鄭箋云以网罟喻為政張之為綱理之為紀彼正義引說文云綱网紘也故云綱网紘所以張网皆寀今本說文糸部云綱維紘繩也與詩正義所引不同詩正義所引乃是古本當从之也紊亂說文糸部文上言予亦拙謀作乃逸謂上天威致使臣下驕逸不从上令此承上而設喻則若网在綱喻臣下之从聿惟在于上也故云上振其威則下从令而不臯縵若网在于綱〻舉則目條理而不亂言臯縵皆本上文典臯从兼之言也

若農服田力嗇乃亦有秋

服房牧反今通作服嗇正義本作穡茲从漢書成帝詔所引〔注〕服治也言穡則有秋

若農夫治田屬其呂力乃亦有秋故〔疏〕服治說文又部文漢書成帝紀陽朔四年詔引旨書云服田力嗇乃亦有秋應劭注云農夫服田屬其贅力乃亦有秋故也茲采以為注呂贅古

般庚

尚書集注音疏　卷四　廿四

今字也女克黜乃心施實德于民至于婚友丕乃敢大言女有積德注婚古文婚丕讀曰不言女能黜去女傲嫚之私心施實德于民以至于婚姻僚友俾得播于樂土不乃敢大言女有積德乎樂扐各反疏云婚古文婚者說文女部文云丕讀曰不者古字不丕通用諸丕爲誠于小民說文言部引作不爲誠于小民是丕不字通也故金縢丕子之責鄭注讀丕爲不此經丕字皆依本讀訓大則大乃敢大言不詞甚矣轉讀爲不庶爲允愜云女能黜去女傲嫚之私心皆肯文云女能黜乃心者傲嫚之私心是傲嫚之私心此言黜乃心則肯文所云黜乃心也故以爲傲嫚之私心也云俾得播于樂土者羣臣有以浮言恐衆是爲積德施于民經言施實德于民正謂其無以浮言相煽使民播棄得所則爲實德矣故注云斅

乃不畏戎毒于遠邇惰農自安不昬

作勞不服田畝粵其罔有黍稷越隸古定本作逸非也辯說詳下數米引反注戎大毒害越迺也女不昬大害徒計枝于遠迺而憚輸從之勞如息惰之農苟自安逸不勉作勞苦不治田畝于後亦無以所獲鄭康成曰昬勉也

疏戎大釋詁文說文中部云毒厚也害人之艸往往而生从中毒聲故云毒害釋詁云越迺也義亦獎亦云公降在于階階之東南郷越郷鄭注云越迺也則越越音謚同故云越迺也云女不昬大害徒計枝于遠迺者讀毒字絕之以于遠越三字別作一句也傳言不昬大害于遠迺不可為訓故變其讀鄭注見正義釋詁云斁彊也彊者謂奮勉自彊故鄭君云斁勉也

女不和吉言于百姓惟女自生毒乃敗禍姦宄以自災于厥身禍與禍同正義本作禍茲从隸古定本注吉善話也百姓謂民也災

害也。女不以善言訓諭百姓，惟女自生毒害，女爲此敗禍姦宄以自害于其身。【疏】吉，善。說文口部文。堯典釆章百姓，百姓如喪考妣三年。及此下篇告介百姓于朕志，皆謂羣臣爲百姓。茲云百姓謂民者，蓋此因羣臣以浮言恐惧下民，而責其不吉言于百姓，則此百姓是謂民矣。毛詩節南山云交勞百姓，亦謂民爲百姓也。禮記大學云菑害竝至，鄭注釋山文云，烖害滅除，菑烖皆同災，故云災害也。又說文巛部云，巛，害也。災以巛爲聲，亦兼取害誼。

乃既先惡于民，乃奉其恫，女悔身何及。先，悉薦反。恫，土紅反。【注】奉，承。恫，痛也。女以惡先導于民，女承受其痛，雖悔無及也。今文身爲命。【疏】奉，承，說文収部文。恫，痛，釋言文。云今文身爲命者，漢蔡邕所書石經尚書作女悔命何及也。石經謂之今文者，後漢書蔡邕傳云熹平四年邕與五官中郎將堂谿典、光祿大夫楊賜、諫議大夫馬日磾、議郎張馴、韓說、太史單颺等奏求正定六經文字，靈帝許之，邕乃自書丹于碑使工鐫刻立于太學門外案邕所書當時博士已課弟子之經故是今文也其碑石久已毀壞宋洪适隸釋錄其殘碑之文尚書多般庚百七十二字高宗諱○十五字盤庚二十四字洪範百八字多士四十四字無逸百二字君奭十一字多仁五字立政五十六字顧命十七字凡五百五十四字此所偁今文即據隸釋所載也得凡言今文某為某者皆同此

相時懋民猶胥顧于箴言其發有逸口矧予制乃短長之命汝曷弗告朕而胥動以浮言恐沈于衆相息亮反懋息廉反正義本作憸說文引作懋隸古定本同茲從之沈直忠反注馬融曰相視也聲謂時是也懋疾利口也逸口過言也曷何也恐讀如何恐未然之恐謂恐懼也視是利口之人尚相顧畏于箴諫之言慮其發為過言況我為之殺生制

乃短長之命，乃曾无顧畏乎？乃誠不利于猶何不以情告我，而相動以浮言，恐揭沇沈于衆民乎？今文憸爲散。

揭，火葛反。曾，祖登反。沈，直林反，俗輒以溺音詮，皆非。【疏】馬注見釋文。相視、時是，竝釋詁文。云憸疾利口也者，說文心部文。孝經卿大夫章云：言滿天下無口過。謂過言。釋言云：逸，過也。則逸口即口過，故云逸口過言也。曷，何，說文曰部文。云恐讀如何恐朱儒之恐，皆漢書東方朔傳云：朔紿騶朱儒曰：上以若曹無益于縣官，耕田力作固不及人，臨衆處官不能治民，從軍擊虜不任兵事，無益于國用，徒索衣食，今欲盡殺若曹。朱儒大恐，嗁泣。朔教曰：上即過，叩頭請辠。居有頃，聞上過，朱儒皆號頓首。上問何爲，對曰：東方朔言上欲盡誅臣等。上知朔多端，召問朔：何恐朱儒爲？是其文也。此謂相恐揭，與此經恐字詮同，故引以正其讀，且申其詮，云謂恐揭也。恐揭者，漢書王子侯表：葛魁侯戚坐縛家吏恐揭受賕棄市。師古注云：揭謂以威力脅人也。又公羊僖十四年傳云：蓋徐莒脅之。何劭公注云：是見恐曷而亡。恐曷即恐揭也。云今文憸爲散者，蔡邕石經也。

若之

易也如火之燎于原不可鄉邇其猶可撲滅左傳隱六年及莊十四年兩引商書皆如此无一字異者自是般庚原文如此僞孔氏删去惡之易也四字又改如爲若失之也當从左傳所引易以豉反燎力召反鄉許亮反上文于讀爲及此文爾字及下文无有遠爾隸古定本皆作邇案說文辵部邇近也从辵爾聲𨘢古文邇从辵𡍮聲則𨘢與邇讀雖同而聲則異自是兩字不可以𨘢爲邇了隸古定書作𨘢而茲作爾者據左傳引此文不可鄉邇以鄉歬後兩文皆爲遠邇僞孔書作𨘢非也爾字則古或段借以爲邇字爾之讀爲邇是以爾爲邇之旨證也撲普木反

注　易易居也燎放火也火燎于原不可鄉邇猶可撲滅之言不可撲滅以諭居惡不悛爲禍滋大不可遏止也居中賞反悛七全反

疏　左傳引此文杜解以爲言惡易居故云易易居也用杜說也云燎放火也者說文火部文云言不可撲滅者亦用杜解左傳說也杜豫未見僞孔書此解正與僞孔說韋反必是灋

經師舊說故循用之云以諭居惡不悛爲禍滋大不可遏止也隱六年左傳云長惡不悛從自及也雖欲救之其將能乎其下引商書此文以云云故知此文取諭之意如此則惟女衆自作弗靖非予有咎注靖龢也言禍不可遏則惟尒衆自爲不龢所致非我有過咎也疏靖龢釋詁文說昊天有成命之詩有是訓也說見國語周語自爲不咊正合上文所云不咊吉言于百姓僞孔氏訓靖爲謀非也遲任有言曰人惟求舊器非求舊惟新任如今反僞孔本乃維下有求字茲據蔡邕石經刪之注鄭康成曰遲任古之賢史聲謂引此言者明用人當用舊臣故我不絕尒善用器則不毀舊則當更新者以諭國邑圮毀當從新邑也今文承爲殺段啓字也更革行反段今下反疏鄭注見正義云遲任古之賢史者鄭君當自有據今

則无攷不必證之案論語季氏篇引子偁周任有言曰馬融注云周任古之良史此云古之賢史則遲任其以周任與疑不必涉不敢質也下文云世選爾勞予不絕爾善則此言乃維舊是起下文之意故云以用乃當用舊臣故我不絕爾善云已論國邑圮毀當從新邑皆般庚告誡羣臣欲其從揄則言器非求舊維新以是取已論當從新邑也云今文求爲殺者蔡邕石經作殺也云段借字者古乃書字輒多段借用者或无其字而段借若今書之段借令處是也亦或多其字而段借它字者如周書君牙祁記引作君雅及此文已殺爲求是也蓋殺已求爲聲故段借爲求周禮大司徒職已土圭之灋測土深正日景已求陰中鄭注云故書求爲殺是大已殺爲求又堯典言逑太爲言殺是又已殺爲逑太已逑殺同是求聲故可段借也

古我先王暨乃祖乃父胥及逸勤予不敢動用非罰

偽孔本无不字茲據五經異誼引增

注 暨及胥與也勤勞也我先王與乃祖乃父相與同其勞逸我不敢輒用非罰罰乃

疏 釋詁云及暨與也公羊隱元年傳云會及暨皆與也蓋世俗相承以暨為息因而改經典之息為暨為暨遂不得以息為字矣如此經隸古定書作息為蓋衛包了于正義本改息為暨案說文暨从旦既聲曰頗見也息从㐺自聲㐺詞與也然則息為暨訓各異作暨者非故云息及皆與也勳勞釋詁文云我不敢輒用非罰之者皆非罰謂罰之不當也

世選爾勞予不絕爾善茲予大享于先王爾祖其從與享之 選息兖反絕隸古定本作寍是不可識之字也唐本改作掩未知是否雖未審又經典詮引作予不絕爾善茲以之享喜養反與爰茹反

注 事功曰勞言女祖女父與勞于王室我先王已來世世選錄女祖父之勞故我不絕蔽爾善今我大享于先王爾祖從而與享是周禮司勳凡有功者名書于王之大常祭于大烝司勳詔之是周因于殷之禮也傳曰

大享烝嘗也古者天子錄功臣配食于廟【疏】事功曰勞周禮司勳職文引周禮者大司勳文也鄭注彼文云生則書于王旌以識其人與其功也死則于烝先王祭之詔謂告其神以詞也般庚告其卿大夫曰茲予大享于先王尒祖其從與享之是也然則司勳所云正與此經同故云是周因于殷之禮周因于殷禮論語爲政篇文也偁傳曰者僞孔氏傳也聲聞之惠先生曰王者吉禘之禮行于春夏謂之大禘行于秋謂之大嘗行于冬謂之大烝又傳所謂烝嘗禘于廟是也祭統之大嘗禘司勳之大烝皆喪畢之吉禘一也又曰烝嘗禘本四時之祭吉禘因之而爲大禘大嘗大烝之名又曰祭莫大于喪畢之吉禘一王卒嗣天子即位奉新陟之王升合食于明堂上自郊宗石室親及毀廟下逮功臣无不與食合數十世之主行配天之禮故謂之大禘然則僞孔傳言大享烝嘗也古者天子錄功臣配食于廟其說甚是故采用之

作福作災予亦不敢動用非德【注】作災猶言作威也威福之加必當功辠我不敢輒以非罰〻

女亦不敢輒已非惠賞女勉其效濟祖父之勤勞也當多宜反【箋】洪範云維辟作福維辟作威々福謂言此文作福作裁大謂言且云予不敢動用則裁非謂天降之裁了是君作之也故云作裁猶言作威也上言世繼介其勞也言不敢用非惠于已見多勞了多惠賞故云勉其效濟祖父之勤勞也予告女于難若射之有志【注】鄭康成曰我告女于我心至難矣夫射者張弓屬矢志在所射必中然後發之爲政之道亦如是也已心度之可否于彼然後出之聲謂志々矢也骨鏃不翦羽謂之志尺矢留歬重後輕惟志矢軒輊中然夕記曰志矢一乘軒輖中軒輖中則其於于於政務得其于如射之多志矢也夫房孚反屬之裕反所射時太反必中林仲反度徒洛反族子木反又七木反翦子淺反輊之

初反乘食孕反輈之柔反疏鄭注見正義云張弓屬矢者古字屬與注通昭二十一年左傳杜解云注傳矢是也聲謂已下本諸惠先生說也云志志矢也者周禮司弓矢職有八矢枉矢絜矢殺矢鍭矢矰矢茀矢恆矢痺矢鄭注云恆矢之屬軒輖中所謂志也是也云骨族不翦羽謂之志者釋器文族爾疋本作鏃案說文云鏃利也族矢鋒也則當作族也云凡矢皆前重後輕惟志矢軒摯中者軒謂前摯謂後中謂前後輕重均凡矢皆金族羽括金重于羽故前重志矢骨族骨輕于金故前後輕重得中鄭注司弓矢職云枉矢絜矢前于重後微輕殺矢鍭矢前尤重矰矢茀矢前于重又微輕恆矢痺矢前後訂訂謂平其輕重也既夕記者義禮士喪禮之下篇既夕篇之記也云志矢一乘軒輖中者記送葬之器也鄭注彼文云輖摯也則軒輖即軒摯故引之以證云軒輖中則其行平者司弓矢職注云恆矢痺矢前後訂其行平也云行政務得其平者周禮太宰職云四曰政典以平邦國孟子離婁篇云君子平其政是行政務平也此解志字雖與鄭君注異誼太精當可備一說

女毋老侮成人毋弱孤有幼各長亏

氒凥老侮，僞孔本作侮老，蔡邕石經作翕侮成人，唐石經作老侮。據鄭注以老爲輕忽之意，則作老侮爲是。

注 鄭康成曰：老弱皆輕忽之意。督謂敕羣臣敬老育幼，各居安于其凥，凥謂新邑也。今文老爲翕，弱爲流。

疏 鄭注見正義。以爲老亓侮之，以爲弱亓孤之，故云老弱皆輕忽之意。云凥謂新邑也者，從遷都言。凥于予凥必不謂凥于故凥，故知謂新邑也。云今文老爲翕，弱爲流者，蔡邕石經作女毋翕侮成人毋流，與下則闕。

長勉出乃力，聽予一人之作猷。注 作爲猷，謀也。勉出女力，聽我一人之謀，爲律令也。疏 作爲，釋言文也。猷謀，釋詁文。

亡或遠爾，用辠伐氒死，用惪章氒譱。注 言遠近一體，伐死章譱，无偏頗。疏 伐氒死，謂誅伐之也。僞孔言伐去其死，時不可解。

國之臧，則維女眾；國之不

臧則維女眾，不臧則維予一人是有逸罰。偽孔本國皆作邦，无兩則字及是字，茲悉从國語所引。注 臧善也。國俗之善，則維女眾歸功于下；逸過也，罰猶辠也，國俗之不善，則維予一人是有過辠，引過歸己也。疏 國語周語引此經，此注臧善也，罰猶辠也，用國語韋昭注也，其下則稍改潤之。臧善，釋詁文；逸過，釋言文；罰猶辠也，餘从韋說。

凡尔眾其維致告。注 尔眾其致我告于下，使咸知之。

自今至于後日，各龔尔事，齊乃位，度尔口。尔口偽孔本作迺口，茲从蔡邕石經。龔，居容反。注 龔給也。度當爲𢾕，𢾕閉也。閉尔口者，戒之勿浮言也。𢾕，杜古反。疏 龔給，說文共部文。云度當爲𢾕者，古人作字，輒多从其聲而省其文，皆如邇作爾、諸作者、說作兌之類，皆是。此經度字當爲𢾕字者，去攴傍尔。偽孔氏言以法度居女口，語實不詞，以度爲𢾕𢾕之。

言開云開尒曰說了兒當也敵開說文文說文罰及尒身弗可悔 注 示㠯懲令則予罰懲思之 疏 懲令言不率教令謂不用擴也

般庚中弟五十弎

商書弎十弎

般庚作 注 鄭康成曰作渡河之具 疏 注見正義云作渡河之具者謂造作舟檝也

惟涉河㠯民遷乃話民之弗率誕告用亶其有眾 涉今省作涉話户快反 注 話會合也誕大亶誠也會合民之不率教者亦大告之用誠㠯其有眾亶或為單 單多但反 疏 云話會合也者說文言部云話合會善言也从言昏聲譮籀文話从會是話為會合之詁誕大亶誠並釋詁文云亶或為單者據釋文云馬本作單

咸造勿褻在王廷褻依注所律反廷字仍隸古定本唐衛包改作庭非

注 馬融曰造爲也聲謂造猶建也雜帛爲勿州里所建以趣民皆褻當爲肆聲之誤也將大告衆民州里之長皆建勿以趣民肆之以來在王廷也趣七走反又七足反肆所律反長中賞反

疏 馬注見釋文造爲釋言文馬訓來爲非矣聲必易之而云造猶建者以旗勿之屬多言建不言爲且撫造大言撫建則建造同詁云造猶建亦勝馬詁也云雜帛爲勿州里所建以趣民皆〻說文勿部云勿州里所建旗象其柄有三游雜帛幅半異所以趣民故遽稱勿〻是其詁也雜帛爲勿周禮司常職文也案司常云州里建旟大司馬職云鄉遂載勿今以勿爲州里所建皆蓋周禮所云是謂師田之時不必與大物致民同且司常又云大夫士建勿州長是大夫里宰是士俱得建勿此時屬民而洵必以勿所建以號召民故解造勿爲建勿謂是州里建之也又案周禮鄉遂之官皆以致民之事夫皆建勿不獨州里此惟言州里所建者據說文成文爾

殷弟

且此是商書之商稱无攷結段周禮言之不得泥周禮之爲難也云褻當爲辥聲之誤也皆依古音讀之褻與辥聲相近褻字亏此經不可解皆作辥字則謂逮多辥民來在王徑證了兒帖故云當爲辥縣辥聲延褻亦誤作褻介

般乘乃蕓雖乎亭 注 蕓雖延之使肯 經 王徑无堂則經言蕓雖不得解爲蕓堂但招來之使肯雖介故云蕓雖延之使肯

㠯旳驄般

音毋芯丂朕㑒 注 丂讀㠯佚 經 古佚字輒肯作丂君奭云谒佚肯乃炎漢書王莽傳引作谒丂肯乃炎秉詛楚文云淫丂湿剟葦卤訓丂爲佚公羊成二季傳云佚獲也釋文云佚一本作丂史記太史公自敍云网羅天下放丂舊聞是留之丂爲佚此經丂字大號也故讀丂爲佚二之言急也

紿戲古我肯后网不雖寧之舉保后忍高鮮之不浮亏而吉 紿古文身显吳反大作繹戲昏吳反徍紿戲字皆同此 注 讀當丞保字絕句保安也言不得出音鮮息淺反

肯后无不承安與民也胥相也詩云聿來胥宇高或爲慼今文爲高當以高小山別大山曰鮮詩云度其鮮原鮮字屬上讀言肯后相度高山之外其徙居之下篇所謂適于山也浮過也緣相墜之空又審天之時當揗則揗不過于天時也相息匠反　度徒洛反　小疏徹反　屬之蜀反

疏　僞孔傳云先世賢君无不承安民而恤之民亦安君之政一保字而上下兩屬殊无分曉且不詞故正之云讀當至保字絕句洛誥曰承保乃文祖受命民則此承保二字當聯讀也保安詩天保箋及南山有臺傳皆有是訓也胥相釋詁文引詩者大雅緜文也胥之爲相多相與之證如桑柔詩載胥及溺及此上篇胥及逸勤皆相與之證非相視也此經胥字則爲相視證實不同故引緜詩以證也緜詩傳云胥相箋云自來相可居者則胥字之胥亦爲相視正與此經胥字同證也云高或爲慼今文爲高者僞孔本作慼蔡邕石經作高也僞孔本出于東晉輒欲竄改經文其

般庚　尚書集注音疏　卷四　三十三

書不足信且其解戲字之誼亦不詞故云當从高蓋蔡邕石經乃是漢經師之本是可信皆當从之也云小山別大山曰鮮者釋山云小山別大山鮮是也引詩者大疋皇矣文詩毛傳亦云小山別大山曰鮮正與此鮮字誼同故引之以證云鮮字屬上讀者鮮既是山之名目自當與高字聯文矣但鮮是別于大山之小山則恐不是高經何以云高鮮乎蓋山雖卑小从于乎隆則高矣繇乎隆而播于山故言高鮮也故云言歬后相度高山之外而從尻之下篇所謂適于山也下篇云古我先王將多于歬功適于山是繇乎隆而播于山者即此后胥高鮮之謂故引以況焉礼記表記云恥名之浮于行也鄭君注云聲譽逾行是所恥則浮多逾過之誼故云浮過也

殷降大虐先王不懷氒卣作視民利用拪女曷不念我古后之聞

注 將拪于殷後正其號名故稱殷也懷安也視古示字我殷家遷天降大虐先王不安其尻其所爲示民以利用拪之

事足爲後世法。女民何不念所聞于我先王之事乎？

【疏】鄭注般庚敘云：商家自此徙而改號曰殷亳。則上篇正義所云將治于殷先正其號名，似本鄭注，故采用之。案上篇云般庚治于殷，止謂殷墟；此言殷降大虐，則直謂國爲殷矣。前此國名惟稱商，未多稱殷者，如詩商頌云降而生商、濬哲維商、帝立子生商、實左右商王，是皆稱商；惟殷武詩稱殷，是在般庚後矣，則稱殷自此始，故云將治于殷，先正其號名，故稱殷也。釋詁云：懷、安，止也。同訓爲止，則懷得爲安也。鄭箋詩王風揚之水云：懷，安也。云視古示字者，鄭箋鹿鳴詩云：視，古示字也。文義亦士昏記云視諸衿鞶，鄭注云示之以衿鞶者，皆託戒使識之也。視乃正字，今文作示，俗誤行之，遂則古今字各異用。今人以視爲瞻視，古直以視作亦示之證。此經稱先王所作也，豈不念是，謂先王所作，是亦範後世，則視民之視當爲古示字也。

承女俾女，惟喜康共，非女有咎比于罰。

【注】俾，使；喜，樂；康，安；咎，過也。言我法先王之承安女，使女猶皆惟樂

康安與也共之業也為過咎以于放流之罰也罰辠為放流之條故云樂扬各反〔疏〕俾使喜樂康安共釋詁文咎過毛詩伐木傳詒也猶從為以放流故云以于放流之罰云罰辠為放流之條者堯典云流共工于幽州放驩兜于崇山又云五流有宅五宅三居皆謂罰辠也

予若籲褱茲新邑亦惟女故以丕从氒志〔注〕褱來也我順呼女來此新邑亦惟女故也以以字讀當絕之言褱安集女故也丕讀曰不言不从女茍安之志爲于睡反〔疏〕褱來釋言文云以字讀當絕之者亦惟女故以猶乎傳昭十三年莒人愬于晉曰我之不共魯故之以又昭十八年傳云修故之以蓋古人輒為如此句讀若讀以字屬下則不詞矣丕讀曰不說具上篇疏

今予將試以亦揂安定氒國今女不憂朕心之逌困乃咸大

不宣乃心欽念以忱動予一人爾惟自鞠自苦若乘舟汝弗濟臭厥載絕句

本以爾作以也乎國作乎粤今也不恖无今字兹改作蔡邕石經殘十洨反鞠居六反臭尺救反載塈代反

注 發心之迺困謂故數不可居也宣顯也忱誠鞠窮濟渡也臭猶朽也今我將以爾從于新邑安定厥國今汝不以我心之所困為慮乃皆大不顯白厥心敬念以誠感動我爾惟自取窮苦譬若乘舟不渡則朽敗厥所載弱與不弱已同心自取隨從也載如字徐叙咍反俗輒作溺音溢皆別

疏 云發心之迺困謂故數不可居也者播數勞事般庚豈樂于勞民職其苦于國邑圮毀不得已而播尒故所困謂故數不可居也詩淇奧釋文云咺韓詩作宣宣顯也易說卦顯為宣髮虞翻注云顯為白故宣髮鄭注般庚

尚書集注音疏四　三十五

攷工車人云頭髮顥落曰宣則宣又有白證故云宣顯白也忱誠說文心部文𥷚竆釋言文毛詩谷風傳亦有是訓說文㚔部云𥷚竆理辠人也从㚔从言竹聲𥷚則詮爲竆者字當作𥷚今毛詩亦是𥷚字省去竹而又易㚔从革流俗所改非也濟渡亦釋言文云臭猶朽也者五行皆有臭可望以令太寒盛德在水其臭朽則水生臭爲朽朽謂腐敗也此經以乘舟弗濟諭不屬生害則臭厥載謂朽敗其所載故以朽解臭也汝忱

不屬惟胥以沈不其或迪自怨曷瘳

屬之蜀反正義本迪作稽怨作怒茲依蔡邕石經瘳敕救反【注】屬連或有迪道怨恚瘳愈也汝忱誠不連屬于我同謀共濟終臭厥載惟相與沈溺不其有生道矣雖自怨恚何愈乎恚於避反瘉羊主反俗作愈下箸心非也【疏】屬連說文尾部文微子云殷其弗或亂正四方史記宋世家錄其文作殷不有治政不治四方是或之言有故云或有迪道釋詁文怨恚說文心部文說文疒部云瘉病瘳也瘳疾病瘉也故云瘳瘉也

女不謀長以思乃災女誕勸憂今其有今罔後女何生在上注女不謀慮長久以思乃災災生是女大勸憂也勸憂猶言兆憂兆憂則憂必及之有今罔後言死亡無日矣女何得生在地上乎今文誕爲永疏昭元年左傳云三大夫兆憂能無至乎杜預注云開憂兆也勸憂生詮艱辭故以兆憂相況亦兆生故云勸憂猶言兆憂兆憂則憂必及之云有今罔後言死亡無日矣者有今謂此日有今日罔後謂無有後日是謂速死于前亡不得有生日矣故緣言女何生在上蓋人生則在地上死則葬于地下則在上謂在地上故云女何得生在地上乎云今文誕爲永者蔡邕石經作永勸憂也今予命女一無起穢以自臭恐人倚乃身迂乃心穢烏廢反从艸歲聲俗作禾傍穢非臭依注許救反倚因綺反迂羽吁反注穢

惡臭也㠯用自鼻也臭讀為齅二㠯鼻就臭也亘之擾亏聲鼻之擾亏臭誦譖之間乃或不察亏理而信讒說為正言无為不辨亏之而㠯惡臭為好美者故㠯齅穢諭聽言也倚猶猗也迂回也今我命女害一與心女聽乃之浮言浮言穢惡女起穢惡而用鼻齅之恐浮言之乃倚止女身迂回女心也臭尺獸反鼻亏畀反齅肸柚反諭古坐反女讀若番倚今綺反

疏云穢惡臭也者臭是總名兼美惡言易繫詞云其臭如蘭是言臭之美國語晉語云惠公出共世子而改葬之臭達亏外呂氏春秋遇合篇云人有大臭者其親戚兄弟妻妾知識无能與居者是皆臭之惡者穢是污穢故㠯為惡臭也㠯用說文㠯部文自鼻自部文也自象鼻形六書之象形字也云臭讀為齅者古者或㠯臭為齅如荀子榮辱篇云臭之而无嗛亏鼻嘗之而甘亏口臭與嘗對舉則是皆臭為齅也此言㠯自臭則大

嗅臭爲聰故讀爲聰云聰以鼻就臭也者說文鼻部文聰从鼻臭是爲以鼻就臭此視而可識察而見意者于六書爲指事也云耳出接于聲鼻出接于臭謂之聞者說文耳部云聞知聲也穀梁桓十四年傳云聽遠音者聞其疾而不聞其舒是耳出接于聲爲聞也史記滑稽列傳云羅襦襟解微聞薌澤是鼻出接于臭爲聞也云人或不察于理而信詖說爲正言者孟子萬章篇昔者有饋生魚于鄭子產子產使校人畜之池校人烹之反命曰始舍之圉圉焉少則洋洋焉悠然而逝子產曰得其所哉此雖非不察于理猶或信詖說爲正言況其不察于理者故采苓詩云人之爲言苟亦無信青蠅詩云豈弟君子無信讒言此皆爲其易信而戒其無信也云無以不辨于氣而以惡臭爲薌美者禮記大學說惡惡臭孟子離婁篇云西子蒙不絜則人皆掩鼻而過之是鼻之于臭無有不審者也云故以聰藏諭聽言也者今人以言不中理者輒比之于尻下出氣知此云藏是諭浮言以自聰諭聽言也云倚猶掎也者小弁詩云伐木掎矣毛傳云伐木者掎其巔詩正義云掎者倚也謂以物倚其巔峯也然則倚掎掎詖相近此解倚爲掎詖了皃帖也說文言部云詖辯般亦

也文云避回也故云迂回也賈侍中注襄十四年左傳云迂徐牽曲倚說文手部云掎偏引也掎是牽引故云掎之乃身掎之與乃身則鄉之使不得自專故云迂回乃心也

予御續乃命于天予豈女威用奉畜女衆

注御讀爲訝訝迎也畜養也我先王以爾播遷迎續乃命于天也我豈脅女以威乎用奉養女衆民而已訝五駕反脅許業反

疏云御讀爲訝訝迎也者穀梁成元年傳云使禿者御禿者使眇者御眇者使跛者御跛者使僂者御僂者據公羊成二年傳云使跛者訝跛者使眇者訝眇者然則穀梁之御爲訝也又儀禮士昏禮云媵御沃盥交鄭注云御當爲訝訝迎也是則古字輒以御爲訝此經御字實亦是訝字也訝迎釋詁文畜養劉熙釋名釋言語文也虞翻注易大畜象云乃止養象故以畜其德是畜爲養證鄭注小畜卦亦云畜養也

予念我先神后之勞爾先予丕克羞爾用懷爾然失

亏政陳亏茲高后丕乃崇降辠疾曰

曷虐朕民（不僞孔本作丕茲从蔡邕石經孚不亨　羑尒用窾尒八字作一句號字形爲一句）

【注】羑維窾宷陳久也丕乃讀當爲不乃不乃猶言毋乃崇重也我念我先神后之勞尒先乃播發遠害我不窾維叀亏樂土己宷叀夫猒是我先亏政而陳久亏此也我高后毋乃重降辠疾亏我詞問我曰何爲虐我民而不使宷與所乎今文崇爲知（遠亏愿反樂朸各反　夫房專反詞火何反）

【疏】羑維釋詁文窾經典相承作懷＝宷誼具上疑釋詁云（㦗久也孫炎注云陳尻之久久則生㦗㦗古皆㦗陳）同故云陳久也云丕乃讀當爲不乃皆丕出言大＝乃之云不詞故段丕爲不古字丕不通說具上篇疑矣得尻言丕乃皆㑥此云不乃猶言毋乃皆不與毋誼相近毋乃之詞書傳多爲之如論語憲問篇毋乃爲佞乎隱

四年左傳曰乃不可與之屬不乃語乞與之相似故云猶言也崇重釋詁文上文既言奉養汝眾此荅言大亂謂尒害尒則語煩意襍襍改不亨爲丕亨非也當从漢石經作不亨爲是不亨義尒用褻尒兒是先政故云我不亂謂此于樂土已害汝夫號是我先于政于隙久于此也夫號絶句正解經之號字爲一字句號之言如是也云詞問者說文言部云詞大言而怒也則詞問謂怒責之云今文崇爲知者據蔡邕石經也知謂高后曰乃知之將降辠疾于我諠大誦

汝萬民乃不生生暨予一人猷同心先后丕降與汝辠疾曰曷不暨朕幼孫有比

猷正義本作反猶字兹从隸古定本與于許反此仔與之與俗輒作與乃當與字音同諠別从于礿反

注　猷從也幼孫盤庚自謂已也从下順从也汝萬民不永生生之猶與我一人相從同心故事先后丕將大降辠疾與汝詞責汝之不順从

乎我【疏】說文系部云繇隨從也故云繇從也繇先王之言而云朕幼孫則是據先王偁己故云幼孫般庚繇先王謂己也云比下順從也皆易彖傳文故有爽德自上其罰女女罔能迪【注】故今爽貳也今女不與我同心是有貳德矣先后其自上下罰于女女無能解免之道先后靈爽在天故言自上下戶嫁反【疏】故今釋詁文毛詩云女也不爽士貳其行爽貳對言則同詁矣故云爽貳也國語周語云實有爽德賈侍中注亦云爽貳也云先后靈爽在天者召誥云茲殷多先哲王在天言先王必以在天言之與之也古我先后既勞乃祖乃父女共作我畜民【注】畜謂順于教令古我先后既勞女之祖若父與共播都女當效灋女祖若父共爲我順從教令之民從我播殷矣【疏】云畜謂順于教令者禮記祭統

云順于道不逆于倫是之謂畜。鄭注云畜謂順于悳教女有戕則在乃心

注　戕，殘。在，察也。女之梗令是何心哉？女苟有所殘害，則先后洞察女心，思有誅罰也。今文戕為殘。梗，革杏反。疏　春秋宣十八年邾婁人戕鄫子于鄫，公羊傳云殘賊而殺之也。故訓戕為殘。梓材「戕敗人宥」，鄭君注亦云戕，殘也。在，察，釋詁文。云今文戕為殘者，蔡邕石經作女有殘。

我先后綏乃祖乃父，乃祖乃父乃斷棄女，不救乃死。綏，依注湯果反。斷，多緩反。

注　綏，古文妥字。妥，止也。斷，絕也。我先后降罰于女，且止女之祖若父，令勿救女。女祖女父于是絕棄女，不救女死矣。妥，湯果反。令，力呈反。疏　義禮士相見禮云妥而後傳言，鄭注云古文妥為綏，故云綏古文妥字。妥，止，釋詁文。綏之詮為安，不正訓安而必轉為妥訓為止者，蓋以情求有寬則不顧念子孫者，謂先后安女祖父，女祖父遂不救女死。

不迪情以綏爲古文綏＝乃之謂先后此乃祖父乃救乃祖父斷不救乃于語如帖也說文糸部云絕斷綏也故云斷絕也

茲予有亂政同位具乃貝王【注】具共置也字从収从貝省貝海介蟲也居陸名猋在水名蜬古者以貝爲貨玉爲幣今茲我有亂政之臣與同位者共置貝玉言其貪貨賄省色耿反猋甫浮反蜬何坎反賄呼罪反【疏】云具共置也从収从貝省者說文収部文云貝海介蟲也居陸名猋在水名蜬者說文貝部文也貝外骨故曰介蟲介甲也釋魚云貝居陸猋在水者蜬說文所云本諸爾雅也云古者以貝爲貨者亦収部文貝部亦云古者貨貝而寶龜云玉爲幣者周禮小行人職云合六幣圭以馬璋以皮璧以帛琮以錦琥以繡璜以黼管子國蓄篇云玉起于禺氏金起于汝漢珠起于赤野距周七千八百里先王爲其途之遠至之難故託用于其重以珠玉爲上幣以黃金爲中幣以刀布爲下幣又陰數揆度二篇亦皆云然此經皆據周言之而孟子梁惠王下篇偁

太王居邠狄人侵之事之以皮幣犬馬珠玉不得免焉又逸周書王會解伊尹湯命伊尹為四方獻令伊尹為四方令其正北諸國之獻令有白玉是商時固已玉為幣矣乃祖乃父丕乃告我高后曰作丕刑于朕子孫迪高后丕乃崇降弗祥今本云作丕刑于朕孫无子字唐石經本有之案偽孔傳云作大刑于我子孫則舊本實有子字據增

注 丕乃讀當皆為不乃刑罰辠也弗祥殃禍也言汝祖若父惡子孫之貪不乃告我高后曰為大罰于我子孫乎繇啟迪我高后不乃重降之殃禍乎今文崇為興弗祥為丕永惡烏路反

疏 云丕乃讀當皆為不乃皆說見上疏云刑罰辠也皆說文井部文云弗祥殃禍也皆說文示部云祥福也祥為福則弗祥為殃禍矣云今文崇為興弗祥為丕永皆蔡邕石經作興降丕永

於戲今予告汝不易

注 鄭康成曰：我所以告女者，不變易，言必行之。疏 注見正義。

永敬大恤，無胥絕遠，女比猶念以相從，各翕中于乃心。僞孔本比作分，猶作繇，翕作設。茲竝从蔡邕石經。比，平畀反。翕，喜急反。注 恤，憂；翕，合也。長敬大憂，無相絕遠，言當同患相恤也。女比所與謀猶念慮以相從于指所，各合中正于女心。諭令同心，无責也。比或爲分，翕或作設。令，力成反。疏 恤憂翕合，竝釋詁文。云比或爲分，翕或作設者，謂僞孔氏本也。

其有顛越不龔，則劓殄無遺育，無俾易種于茲邑。哀十一年左傳吳伍員引般庚之誥如此。僞孔本作乃有不吉不迪，顛越不龔，暫遇姦宄，我乃劓殄滅之，無遺育，無俾易種于茲新邑。案僞孔氏于經文輒妄改妄刪妄增，此文亦必僞孔氏妄增益故詞語繁冗，不如左傳所引簡

栔左傳所引乃是尚書原文吾从之可也顛丁田反劓牛器反殄徒典反種之勇反注顛越不龔

縱橫不承命者也劓割殄絕育長俾使也易種轉生種

類言并劓之乃當割絕之無遺長其類無使轉生種類

于此邑茲此也此新邑也縱足容反長中賞反疏顛越不龔至轉生種類采杜豫

左傳哀十一年注也左傳引此文故用彼注多匚云〇說劓割鼻也則劓割同誼故云劓割殄絕育長俾使茲

此皆釋詁文往哉生生今予將試以女遷永建

乃家注往哉與生生于新邑哉今我將用以女遷則

長久建立女家矣

般庚下弟五十三

尚書弟三十三

般庚既遷奠厥攸居乃正厥位 注 鄭康成曰徙主于民故先定其里宅所處次乃正宗廟朝廷之位 朝直遙反 疏 注見正義云徙主于民者播遷之意爲民蕩析離居謀所以安之也云正宗廟朝廷之位者鄭注周禮辨方正位引召誥太保乃以庶殷攻位于洛汭粵五日甲寅位成以爲正位謂此定宮廟與此解正厥位意略同 綏爰有衆 注 綏安也鄭康成曰爰于也安隱于其衆也 疏 綏安釋詁文鄭注見三國魏志僭號是帝紀注爰于亦釋詁文云安隱于其衆者隱亦安也 曰無戲怠懋建大命 懋亦本作曰亡戲怠楙建大命茲爾蔡邕石經勖許浴反 注 曰讀當爲繇繇䌛也羣臣初以浮言恐衆是䌛繇愚民故戒毋繇民也勖勉也鄭康成曰勉女我大命使之識教令常行之 繇徒弔反 疏 云曰讀當爲繇繇䌛也者

穀梁僖元年傳云惡公子之紿范甯注云紿欺紿也漢書東方朔傳朔紿騶朱儒上欲盡殺若曹朱儒大恐啼頃聞上過朱儒皆號泣頓首上問何爲對曰東方朔言上欲盡誅臣等上召問朔何恐朱儒爲是則恐愒紿是欺紿上篇言女曷弗告朕而胥動以浮言恐沈于衆恐衆是紿民矣紿从糸台聲此文台民諠不可解台必是紿之誤故讀當爲紿羣臣初時以浮言恐衆則此自是咸與共紿民矣據鄭注言使心識教令亦是欺紿之意也勵勉釋詁文鄭注見正義

今我其敷優臤揚秝告尒百姓于朕志

我優以本作孚茲从蔡邕石經優臤揚三字優以本作心腹腎腸四字堯典正義云鄭注尚書篇與夏侯等同而經字多異夏侯等書心腹腎腸曰憂腎陽是鄭本不同也據此則優以本心腹二字鄭本乍一憂字亦劉淵林注左思魏都賦引尚書般庚曰優賢揚秝林荅據依以本則般庚不多此文了知鄭本作憂腎陽皆了優賢揚之譌徐乃傳寫誤亦鄭本實作優賢揚與下秝字聯讀也臤古文以爲賢字說文云

注 敷讀爲溥臤古文賢秝試也今我其溥求賢皆

而傳以之揚其所歷試百姓百官族姓也 疏 禹貢曰禹敷土荀子成相篇云禹溥土楊倞注云溥讀爲敷禮記祭誼云溥之而橫乎四海釋文云溥本亦作敷則古字溥敷通此文當作溥詁故云敷讀爲溥云臤古文賢皆說文臤部云臤古文以爲賢字又公羊萅秌經成四年鄭伯臤卒穀梁萅秌作鄭伯賢卒是古皆或以臤爲賢也劉淵林注魏都賦引此經而解之曰歷試也三國魏志管寧傳注引此經而解之曰謂揚其所歷試其人皆用舊說蓋漢人之注也故皆采用之上篇之不昧吉言于百姓注云百姓謂民此以百姓爲百官族姓不同彼注者蓋彼文不昧吉言于百姓是謂羣臣之胥動下民故言百姓謂民此告羣臣而言告尒百姓則百姓即謂羣臣之吏屬故以爲百官族姓望文爲誼也天保詩云羣黎百姓毛傳亦云百姓百官族姓也

罔罪尒眾尒無共怒叶比讒言予一人 比乎系反讒士咸反 注 叶古文協協合也兼除前過與尒更始无加罪于尒眾尒無共相從怒合以爲

般庚　尚書集注音疏卷四　四十三

讒言誘我更果分反忿芳粉反疏云叶古文協者說文劦部文又鄭注周禮大行人職云故書協辭命作叶詞命則叶協古今字也正以詩云洽比其鄰毛傳云洽合僖二十二年左傳引作協比其鄰則協與洽同故云協合也云蠲除前過與尒更始者前過謂浮言思罪之過令不加之辠使之革故自新是蠲除前過與之更始若漢書哀帝紀元初元年詔曰其赦天下與民更始又元狩元年詔曰已赦天下滌除與之更始是

古我先王將多于前功適于山用降

我凶德綏績于朕邦綏僞孔本作嘉茲从蔡邕石經注將大適往降下也我我民也凶謂隱墊陷之如也德者績業也我先王恢大增多于前之功緒往徙于山用能下拯我民于墊陷之中而爲之爽塏之所使安業于我國綏或爲嘉墊臣念反恢苦回反拯蔡之上聲塏開之上聲疏將大適往竝釋詁文降下說文𨸏部

文云我我民也者說文云我施身自謂也竊攷詩書之文輒多偁我而非自謂者如卷耳詩云我馬虺隤鄭箋云我我使臣也又云我姑酌彼金罍箋云我我君也又如周書大誥云洪惟我幼沖人則是周公我成王也此經對下文今我民用蕩析離居而言先王之時集斯民則降我謂下我我民故以我爲我民也說文云凶惡也象墜穿交陷其中故云凶謂墜埶陷之如也對凶之高而言則凶爲下陷之如矣德者說文彳部文案德與惪自是兩字惪之訓爲得不與德同經傳相承以德爲惪學者習見惪字緣謂德之言得不得知多德者之訓此文與降爲對則訓當爲升字了當作德也續業大釋詁文云升之爽塏之所者爽明塏燥也高則明且燥也昭三年左傳云請更諸爽塏者僞孔氏本也

今我民用蕩析離居罔有定極今爾惠朕曷震動萬民以遷今爾惠僞孔本作今字改惠爲謂茲據蔡邕石經曾改得正注惠順也今我民播蕩分析離其室居无有定止之極今爾順我教令

般庚　尚書集注音疏　卷四　四四

以導民使知悔則必安則必皆以順何至震動萬民以

悔乎今文震爲祗 疏 惠順釋言文羣臣肯以浮言恐衆是不順上之教令故民不欲從亓至于震動萬民以悔也則此經自當作今尒惠朕解爲順我教令以導民何至震動萬民以悔斯爲允當孫氏改惠作謂非也云今文震爲祗者蔡邕石經作祗也雖古字祗與震通在此經則震字爲安帖故不从石經

肆上帝將復我高祖之悳𤔔粵我家

朕及篤敬龔承民命用永墬于新邑

復逢福反篤多毒反俗作篤音同證切墬籀文地从阜土彖聲 注 肆今𤔔治粵于也及猶汲汲也今天將興復我高祖之悳治于我家我汲汲于篤敬龔承民命以順天心用久居與墬于此新邑寋去至反 疏 肆今𤔔治茲釋詁文粵于說文亏部文及猶汲汲也者公羊隱元年傳文

肆予

沖人非廢厥謀弔繇靈各非敢違卜用宏茲賁弔多叻反經典相承用弔案說文云弔至也茲訓爲至字當作弔賁巫分反

注 沖幼也言沖人皆謙也羣臣皆不欲徙殷亦不聽故曰廢厥謀弔至也宏賁皆大也今我沖人非廢爾衆之謀也已至極之則必謀於龜靈謀及爾衆各非敢違卜則我用已大此大業

疏 後漢書殤帝紀皇太后詔曰皇帝幼沖文沖帝紀注引謚法幼少在位曰沖故云沖幼也殷庚實非幼少而言沖人故云謙也弔至說文辵部文釋詁云弔至也今相承通者之字實亦當作弔也釋詁云宏墳大也樊光注引詩有賁其首已證則墳字亦作賁故云宏賁皆大也云已至極之則必謀龜靈者禮記禮運云麐鳳龜龍謂之四靈周易頤初九云舍爾靈龜是龜爲靈物此文弔繇靈之下即云各非敢違卜卜必用龜故解靈爲龜靈也

經 嗚呼邦伯師長百執

事之人尚皆衆哉尚中賞反。衆，舍仍反。僞孔本作殷，正義本作隱，茲从蔡邕石經。

注 邦伯，州伯也。師長，師謂連帥也，長，屬長也。百執事之人，在朝之臣也。衆，治也。尚皆治其職哉。帥，色類反。朝，直遥反。

疏 云邦伯州伯也者，禮記王制云：千里之外設方伯，五國以爲屬，屬有長；十國以爲連，連有帥；三十國以爲卒，卒有正；二百一十國以爲州，州有伯。鄭注以爲殷制。此云邦伯，則是邦國之伯，故以爲州伯也。云師長師者，鄭注周禮墜官敘官爲是言也。云謂連帥也，長屬長也者，師長與邦伯聯言，自是邦伯之屬，故以師爲連帥，長爲屬長也。案王制文，尚多卒正，此不及之者，蓋卒正之上爲州伯、連帥，其下爲屬長，舉其上下，則卒正該在其中矣。云百執事之人在朝之臣也者，金縢云：二公及王乃問諸史與百執事，蓋惟在内之臣乃得問及也，則百執事在朝矣。蓋遷都之時，畿外諸侯各率其屬以衛從王，故邦伯、師長與百執事之人並呼告也。衆，治，鄭君箋七月詩誼也。

予其勸簡相爾念敬我衆勸，僞孔本作楙。

茲作蔡邕石經相息亮反 注 簡閱相視也我其勉閱視女其念思敬我眾民哉 疏 易繫詞曰坤以簡能虞翻注云簡閱也坤閱藏物故以簡能故云簡閱相視說文曰部文

朕不肩好貨敢恭生生 肩令賢反俗作肩好火皋反隸通作恭 正義本作恭茲作隸古定本 注 肩任也敢進取也恭給也生生猶生息謂貸人于人以取息也好貨之人取給于生息貨財以自私我不任用之 任如音反貸湯代反 疏 肩所以擔任物者故云肩任也釋詁云肩勝也勝亦堪任之詮鄭君箋敬之詩亦云仔肩任也云敢進取也者說文受部文恭給其恭部文也云生生猶生息者息亦滋生之詮也云謂貸人于人以取息也者周禮泉府職云凡民之貸者與其有司辨而授之以國服為之息鄭仲師注云貸者謂從官借本賈也故有息使民弗利康成注云以國服為之息以其于國服事之稅為息也于國事受園廛之田而貸萬泉者則朞出息五百是貸者必于本賈之外加息以償貸者貸者得取

盤庚　尚書集注音疏卷四　四十六

息己爲利如是者數爲之則財貨之不窮矣此之謂之之也必知之之謂如此者此舉將貨而言之之下文舉總于貨寶而言之之則之之自是謂之財矣若號中篇云安萬民乃不之之又云往哉之之之之之謂當同此也乃中篇徵其不之之而勸其之之此則己之之爲義與中篇韋反者漢書董仲舒傳仲舒對冊云皇皇求財利常恐乏匱者庶人之意也皇皇求仁義常恐不能化民者大夫之意也然則庶人唯己治之爲急大夫則以治民之貴不當與小民爭利中篇告庶民故欲其之之此篇告羣臣故欲其之之夫言豈一端而已夫各有所當也

鞠人謀人之保居敘欽鞠居六反注鄭康成曰鞠養也言能謀養人安其居者我則次敘而敬之疏注見正義鞠養之詩蓼莪傳謂

今我既羞告爾于朕志若否罔有弗欽注若順也今我既進告爾于我志矣于爾心順否乎無不敬忌之也疏若順釋言文

無總于貨

寶生生自庸【注】總聚也。庸，用也，讀若庸。毋總聚貨寶，生生自足用也。【疏】說文糸部云：總，聚束也，故云總聚也。云庸用也讀若庸者，說文庸部文。

式敷民德，永肩一心。【注】式，用。敷，敷也。用敷于民以德，居任一心以為政。【疏】式用，釋言文。敷敷，說文攴部文。

若德明哉，湯任父言，卑應言。【疏】伏生大傳引殷書文如此，則是逸文矣。誼不可曉，此錄其文，不敢強為之說。

說命上弟五十三　說，爰焫反。【注】篇亡，孔氏書亦未亡。

商書弟十三

說命中弟五十五【注】篇亡，孔是書亦未亡。

商書弟十五

說命下弟五十九 注 篇亡孔氏書本未备

商書之十九

若金用女作礪 注 韋昭曰使摩厲己也 若津水用女作舟 若天旱用女作霖雨 注 韋昭曰雨三日已上爲霖 霖上時賞反 啓乃心 沃朕心 注 韋昭曰啓開也己賢者之心以霖雨也 若藥不眄眩厥疾不瘳 眄莫甸反國語孟子皆引作瞑眩从說文目部所引眩黃絢反瘳敕留反 注 韋昭曰己藥諭忠言也眄眩頓瞀攻己急也瘳瘉也 瞀莫外反瘉羊主反 若跣不視地厥足用傷 跣息典反 注 韋昭曰己見道而徒跣而不視地必傷也 按 國語楚語云白公子張曰

昔殷武丁能聳其德至于神明以入于河自河徂亳于是乎三年默以思道卿士患之曰王言以出令也若不言是無所稟令也武丁于是作書曰以余正四方余恐德之不類茲故不言如是而又使以象夢求四方之賢聖得傅說以來升以爲公而使朝夕規諫曰若金用女作礪云云賈逵唐固皆以武丁所作書爲說命韋昭曰非也其時未得傅說聲案以余正四方云云不類尚書之文蓋是子張說武丁求傅說之意未可據采此若金以下則皆命說之詞又孟子滕文公篇引若藥不瞑眩句偁書曰自是說命之文矣故斷章取此注偁韋昭曰者皆國語注也昭字宏嗣吳郡雲陽人三國志爲晉諱改爲韋曜爲吳中書僕射封高陵亭侯後忤吳主皓指下獄卒所著有國語解漢書注辯劉熙釋名又補釋名官職一篇事見三國吳志本傳云雨三日以上爲霖者隱九年左傳云凡雨自三日以往爲霖云以賢者之心所霖雨也者霖雨所以沃灌萬物經言沃朕心故云所霖雨云瞑眩頓瞀攻以急也者頓是困頓瞀是憒亂藥力峻猛攻疾太急所致也故云攻以急以猶太也

念終始典于學注鄭康成曰典常也念事之

終始常于學學禮誼之府又曰典經也言學之不舍業也舍式者反【疏】此經引見禮記文王世子及學記篇皆偁兌命兌則說字古文省尒故鄭君注彼兩文皆云兌當爲說注偁鄭康成曰者文王世子注也又曰以言下學記注也典常釋詁文典經釋言文案文王世子言古之君子舉大事必慎其終始而下引此經故鄭云念事之終始常于學學禮誼之府府歸也言禮誼之所歸學則合于禮誼而後可舉事也學記言人不學不知道古之王者建國君民教學爲先而下引此經故鄭云言學之不舍業望文爲誼故兩注不同也茲采以備人尙書則在尙書之中此文之上下文不可得聞不達其意恐鄭君兩注未知孰者得尙書之本恉不敢專輒姑竝錄之

斅學半學學上夾孝反注學人同下于狂反注學半同【注】鄭康成曰言學人乃益己之學半【疏】此經引見學記亦偁兌命鄭注則學記注也云學人者學與斅同斅敎也謂敎人乃益己學之半

敬孫務時敏厥修乃來孫先困反【注】鄭康成曰敬孫

敬遜業也敏疾其與也學者務及時而疾其所修之業乃來【疏】此經亦引見學記亦偁兌命鄭注亦見學記注也云敬孫敬遜業也者學記云皮弁祭菜示敬道也入學鼓篋孫其業也兌命所云敬孫此之謂也敏疾也毛詩甫田江漢傳皆云敏疾也論語學而云敏于事而慎于言孔安國注亦云敏疾也其與釋言文惟口起羞惟甲䩜起戎惟衣裳在笥惟干戈省厥躬䩜直祐反說文月部冑字重文作䩜云司馬法冑从革笥息吏反【注】鄭康成曰羞猶辱也衣裳朝祭之服也惟口起辱當慎言語也惟甲䩜起戎當慎軍旅之事也惟衣裳在笥當服之稱其德也惟干戈省厥躬當恕己不尚害人也朝直遙反【疏】此經引見禮記緇衣篇亦偁兌命鄭注亦云兌當為說此引鄭注緇衣注也說文辰部云辱恥也孟子公孫丑上云羞惡之心誼之端也則

養之證未爲祀，故云養猶厚也。云衣常朝祭之服也，皆以言在祠則非其時常服者，故以爲朝祭之服。朝祭之服，故云當服以爲祀。

爵無及惡德，民立而正事。純而祭祀，是爲不敬。事煩則亂，事神則難。【注】鄭康成曰：純猶皆也。言君祭祀賜諸臣爵，毋與惡德之人也。民將立以爲正，言放效之，疾事皆如是。而以祭祀，是不敬鬼神也。惡德之人使事煩，事煩則亂，使事鬼神又難以得福也。純或爲煩。放，分网反。【疏】此經亦引見緇衣篇，亦僞兌命。鄭注亦卽緇衣注也。鄭君此注上尚有惡德无亟之德，自茲節去之。皆蓋緇衣上文先引南人有言曰：人而无亟，不可以爲卜筮。乃後引詩及此經，後又引易不亟其德云云，故鄭君解此惡德爲无亟之德。其在尚書，則篇終亾缺，其上下文不可攷知，則无亟之證未見，不必指實惡德爲无亟，故節鄭注也。云言君祭祀賜諸臣黷典與惡德之乃也者，緇衣正義申其說云：經直言黷無及惡德，以知因祭祀賜諸臣黷者，以下云事純而祭祀是爲不敬，故知因祭祀也。鄭注祭統曰：古者明君爵有德而祿有功，必賜爵祿于太廟，示不敢專也。故祭之日，一獻，君降立于阼階之南，南鄉，所命北面，史由君右執策命之。又曰：古者于禘也發爵賜服，是賜諸臣黷以因祭祀也。

高宗融日弟五十七

商書十七　尚書十七

疏　伏生尚書般庚合爲一篇，故此云尚書十七。

高宗融日，粵有雊雉。融，于戎反。僞孔本作肜，傍箸彡，俗字也，說文所无，不可書。鄭君箋絲衣詩云：周曰繹，商謂之融。然則字當作融。雊，工豆反。注　高宗，武丁也，般庚之弟子。融者，融融不絕也。祭之明日又祭謂之融，周

謂之繹夏曰復胙粤于也乃者不安乃也雊雄雉鳴也

胙才故反或作昨才各反　疏　禮記喪服四制云高宗者武丁武丁者殷之賢王也繼世即位而慈良于喪當此之時殷衰而復興禮廢而復起故善之善之故載之書中而高之故謂之高宗故云高宗武丁也殷本紀云般庚崩弟小辛立小辛崩弟小乙立小乙崩子武丁立則小乙為般庚之弟而武丁則小乙之子故云般庚之弟子何休注公羊宣八年傳云殷曰融周曰繹繹繹者據今日道昨日不敢斥尊言之文意也融者融融不絶據昨日道今日斥尊言之質意也故云融者融融不絶也釋天云繹又祭也周曰繹商曰融夏曰復胙故云祭之明日又祭謂之融周謂之繹夏曰復胙是三者三代異其名亦實則同是又祭也詩敘云絲衣繹賓尸也春秋宣八年經云壬午猶繹此周曰繹之明文商曰融則此經是也夏曰復胙則无文以言之或說胙者祭肉復設祭肉以賓尸也一本作得胙言得胙曰事也二說未知孰是粤于釋詁文云乃者不安乃也者說文乃部云乃不安乃也春秋傳曰日乃食之深安乃而乃之不以爲異則不書乃故春秋哀十四年西狩獲麐穀梁傳云其

不言有不使聲不頤有亏中國也皆不宜有者則有之
爲異著秋莊十八年經云秋有蜮文十四年云有星孛
入亏北斗昭十七年云有星孛亏大辰又昭二十五年
云有鸜鵒來巢諸凡言有者皆以不宜有而異之也則
此言粵有雊雉是不宜有矣云雊雉鳴也者說文隹
部文詩小弁云雉之朝雊尚求其雌言求雌則是雄者
矣故劉向五行傳云雉雊鳴者雄也案夏小正云雉震
雊傳云震也者鳴也雊也者鼓其翼也此錯誤也震者
振動實爲鼓翼雉則鳴也鄭君注此篇
敍云雉升鼎耳而鳴亦解雊爲鳴也祖己曰惟
先假王正厥事假正義本作格漢書五行志及孔光傳後漢書律厤志皆引作
假據改注鄭康成曰此謂其黨也聲謂假讀爲假君心之
非之假假正也言異變之來起事有不正也惟先正王
以正厥事疏鄭注見正義云此謂其黨也者黨謂同僚之人下文別言乃訓于王則此言非言于
王自是謂其同僚矣云假讀爲假君心之非之假者孟
子離婁篇云惟大人爲能假君心之非是其文也彼雖

高宗融日　尚書集注音疏四　卅一

婁下文云君正莫不正一正君而國定矣然則假君心謂正君心也故云假正也云異變之來起事有不正者漢書孔光傳光繇上丞相博山侯印綬罷歸閭里會元壽元年正月朔日有食之徵光詣公車問日食事光對有云書曰惟先假王正厥事言異變之來起事有不正也案孔光安國從曾孫也則此說乃孔氏古文家說其誼不可易也

乃訓于王曰惟天監下民典厥誼降年有永有不永

注 監臨視也典常也經也言天臨視下民以誼爲常經降年于人有修有短誼則永不誼則否年命乃尤愒焉故引以訓王也愒可蓋反

疏 說文臥部云監臨也釋詁云監視也此文監字兼是二誼乃足故云監臨視也典常釋詁文典經釋言文茲亦當兼此二誼正義引鄭注云年命者蠢愚之人尤愒焉故引以諫王也聲以爲于此經言蠢愚化未安執精節而錄之故不偏鄭康成曰洪範五福壽爲首六極凶短折爲先鄭彼注云福是人之所欲以尤欲者爲先極是

乃之所惡以爲所不欲者爲先故云奉命乃爲饕饕之爲言貪也非天夭民々中絕命民有不若德不聽辠注民不當有重文重者衍字也中猶間也若順也言奉之不從者非天夭折此民間絕其命也以民有不順之德不聽之辠故亦不聽之辠謂惡深隱无乃知聽斷所不及者一說不聽辠者王制所謂四誅者不以聽是也重直容反間令莧反斷丁亂反

疏蔡邕石經民字上屬其文不可知史記載此文則云非天夭民中絕其命民止一字不重出僞孔本于中絕命上別出民字殊无謂故云民不當有重文重者衍字也云中猶間也者義亦與殊亦云上殊先有三等下殊從之中等又士虞記云中月而禫又喪服小記云喪祔于喪祖姑亡則中一以上而祔又學記云中年攷校鄭注此諸文皆云中猶間也云不聽之辠謂惡深隱无乃知聽斷所不及者々蓋辠惡乃所知者乃爲聲

高宗融日　尚書今注音疏卷四　卅二

之于官々聽之而治其辠咨入所不及知則官无繇聽之而幸從于共辭是之謂不聽辠此則鬼神无不知之訬不爲天所讙此其天所之冑也云一說不聽辠咨王制所謂四誅者不已聽是也者王制者禮記篇名所云不已聽謂辠大惡極當殺誅之不待聽斷者是大爲不聽辠故引已補一說

天既付命正氒悳乃曰其如台付僞孔本作孚史記作附漢書孔光傳所引及蔡邕石經殘碑作付當从付自父之反

注　降年視誼所在是天所已正民之悳也天旣付之命已正其悳乃曰其如台哉如台之言奈何也言如台者思正悳已順天也付或爲附

疏　降年乃已誼爲修短是天已誼繩民也天已誼繩民則民不容不正其悳故云降年視誼所在是天所已正民之悳也云如台之言奈何也者史記殷本紀此文作乃曰其奈何湯誓及西伯戡黎殷本紀引其如台之文史記亦皆作其奈何則如台之云猶言奈何也如台猶奈何則是思謀知事之詞其文承正氒悳之下故云言如台者思正悳

以順天也漢書孔光傳光日食對云書曰天既付命正厥德言正德以順天也此序其說也云付或爲附者史記殷本紀作天既附命正厥德古字附付通也烏虖王司敬民罔非天胤諱典祀無豐于昵司祥事反昵奴禮反注司讀曰嗣古字省文尒言王嗣位敬民無非天之裔嗣胤皆胤統遠常祀毋特豐于昵廟馬融曰昵考也謂昵廟也肅曰高宗豐于昵故有雊雉見遠祖成湯廟鼎之異疏王司敬民史記作王嗣敬民案晉姜鼎銘云晉姜曰余隹司朕先姑君晉邦宣和博古圖呂大臨攷古圖王俅嘯堂集古錄薛尚功鐘鼎款識皆載此鼎此鼎銘皆釋司爲嗣是古文省嗣爲司此經司字據史記作嗣則此亦是省也故云司讀曰嗣古字省文尒義不然服虔云諸侯及其太祖天子及其始祖之所自出胤皆胤統上宗皆胤統下鄉注云上猶遠也下猶近也故云胤皆胤統遠馬注見釋文云昵考也謂昵廟也皆昵之言近也自始祖等而下

高宗融日

之至于是為最正故于廟曰咏俗書咏字輒作示傍箸爾謬也肅注見正義

高宗之訓弟五十八 注 篇亡孔子書大序為

商書弟三十八

□三年其惟不言言乃讙 注 鄭康成曰三年不言

為父小了與之時也讙當為歡聲之誤也其餘言天下皆歡喜樂其政教也 樂盧各反 疏 此經引見禮記坊記篇案周書无佚亦有此文惟讙作雝為與知坊記所引非无佚文者蓋此文非高宗之言而坊記偁高宗云則高宗是書篇名自是此高宗之訓矣故鄭注坊記云名篇在尚書亦指謂此篇也又案檀弓篇云子張問曰書云高宗三年不言言乃讙雖與此小異當即此文又論語憲問篇云子張曰書云高宗諒陰三年不言何謂也雖其文又小異疑亦是子張引之而問與檀弓所偁同則亦非異文矣茲不得重出注偁鄭康成曰者即坊記注也云三年不言為父小了

武丁時也者殷本紀云帝小乙崩子帝武丁立是武丁之父小乙也无佚篇高宗云乃或諒陰三年不言諒陰謂居中所凶廬也是不言當所居時也云讙當爲歡聲之誤也者讙是讙譁此經之說當爲歡喜之讙歡俱取歡聲二同爲誤故曰聲之誤案檀弓大引此文鄭注直訓讙爲喜說不改字蓋讙歡大可通也

西伯戡黎第五十九

商書十九　尚書八

西伯既戡黎戡可含反黎力兮反注鄭康成曰西伯周文王也時國於岐爲雍州伯南兼梁荊國在西故曰西伯戡黎人紂畿內諸侯謂戡殺也黎殷諸侯國在上黨東北今戡竹乙反或作文黎爲耆岐同雍於用反疏鄭注見正義及詩二南譜正義孟子離婁盡心二篇皆言伯夷太公聞文王作興曰盍歸乎來吾聞西伯善養老者故云西伯周文王也說文邑部云郊周文王所

封在右扶風美陽中水鄉是文王國于岐也漢書地理志云右扶風高帝元年屬雍國案漢之雍國即三代之雝州也故云時國于岐爲雝州州伯禮記王制云二百一十國以爲州州有伯八州八伯鄭彼注云殷之州長曰伯此言爲雝州伯則是八州八伯之一矣案王制又云分天下以爲左右曰二伯鄭必知西伯是州牧之伯非東西二伯者周禮大宗伯職云八命作牧鄭仲師注云一州之牧又云九命作伯鄭康成注云上公有功德者加命爲二伯楚詞天問云伯昌號衰秉鞭作牧言作牧則是八命爲一州之伯非東西二伯矣故王逸注天問亦謂文王爲雝州牧與鄭說合皆是也又王肅欲爲異說以爭勝于鄭謂西伯爲二伯之伯太公知己說之無稽不足以攻鄭而取勝乃又僞作孔叢子書託諸子思錄子思之言謂王季以九命作伯于西文王因之得專征伐陰與己說相援助已而誣鄭是說易以惑人不可不辯云南兼梁荊者逸周書大匡解云維周王宅程三年遭天之大荒作大匡以詔牧其方三州之侯咸率是文王雖爲雝州伯實兼牧三州也知三州是兼梁荊者詩敘云文王之道被于南國美化行乎江漢之域是荊州之境也則文王兼牧荊州矣梁在荊西雖南兼之可

知也云國在西故曰西伯者嫌西伯之稱以東西二伯之號故辯之言以國在西而亦是稱也云伐黎人紂畿內者紂城朝歌之墟于周為衛國詩式微敘云黎侯寓于衛則其國近衛可知鄭箋旄丘詩云黎國在衛西周之黎侯或是此黎之子孫或因其故墟遂仍其國名者總之其墟同矣則黎在朝歌之西是在紂畿內矣伐殺說文戈部文也文王伐黎特誅其无道之君非欲滅其國也故訓伐為殺也云黎殷諸侯國在上黨東北者說文邑部文案漢書地理志上黨郡壺關縣應劭注云黎侯國也所稱黎侯蓋謂周之黎侯實本殷之黎國也則黎國在上黨矣依說文黎字从邑今詩書皆作黎音同而誼則異云今文黎為耆者伏生大傳作西伯伐耆今文尚書傳自伏生則必作耆矣

祖伊恐奔告于王曰天子

天既訖我殷命假人元龜罔敢知吉

凡尚書假字正義本悉改作格隸書亦字下摩滅遂讀為人故偽孔傳訓為至人正義本直作格人謬甚矣王符潛夫論卜列篇引作假爾元龜古爾字止作介此所以謬為人也是足以正正義本之謬茲從之史記作大

作假爾元龜今史記作假人乃后人惑
于偽書而誤改之者假依注吉下反【注】訖止也訖我
殷命謂天命絕也假讀曰嘏嘏爾元龜命龜詞也曲禮
曰嘏爾泰龜有常當時烝彝多七十卜而皆凶故曰
罔敢知吉馬融曰元龜大龜也長尺二寸嘏吉下反長直尚反【疏】
訖止釋詁文訖止則絕竟故云訖我殷命謂天命絕也
云假讀曰嘏者假之言至嘏之言嗇詁訓不同假雖以
嘏為聲而轉作入聲音格嘏則上聲音賈音大遼異而
自漢以來經典相承皆以假為嘏矣此言假爾元龜謂
藉爾龜以卜吉凶則假當為嘏嘏之言詁故讀曰嘏以為
命龜詞也曲禮者禮記篇名其文曰為日嘏爾泰龜有
常嘏爾泰筮有常鄭注以為命龜筮詞此經惟言龜不
言筮故節引其文以證此嘏爾元龜為命龜詞也云當
時烝彝多七十卜而皆凶故曰罔敢知吉者王充論
衡卜筮篇文也知當時七十卜皆凶者充自有本而言
但書缺有閒今無以為之證矣馬注見殷本紀注云元
龜大龜也長尺二寸者禮三正記曰天子龜長一尺二

子諸侯一尺大夫八寸士六寸是龜居尺二寸皆爲大
矣禹貢曰九江内錫大龜亦謂居尺二寸之龜也此據
天子之守龜故云居尺二寸
非先王不相我後人惟王
淫戲用自絕故天棄我不有康食不
虞知天性不迪率典相息亮反正義本无知字史記有之據儒行傳
云王不度知天性命所在則儒行本必亦有知字正義本誤挩尒茲故从史記增入注戲當爲虞
字之誤也書亦或爲虞虞度也鄭康成曰王暴虐于民
使不得安食并亂陰陽不度天性敖很明惪不修教灋
聲謂非先王不輔相我後人也惟王淫虐用自絕于天
故天棄我毀將使滅亡不得有安食王猶不度知天性
不遵循典灋言其昏亂度待洛反數色角反很河本反疏云戲當爲虞字之誤也皆

西伯戡黎　尚書集注音疏四　五十六

史記云惟王淫虐用自絕據文誼戲字不如虐字安帖故云當爲虐虐字从虍爪人戲字偏旁之虘亦从虍是以致誤故云字之誤也云書亦或爲虐者以據史記文也虞度釋言文鄭注見殷本紀注經言不有康食承故天棄我之下是謂殷爲天所棄不得有安食鄭君言王暴虐于民使不得安食似不合經意故聲易其說云王淫虐用自絕于天故天棄我殷將使滅亡不得有安食云言其昏亂皆不度知天性是昏不遹循典灋是亂也

今我民网不欲喪曰天曷不降威大命胡不摯网不从論衡所引正義本作网弗喪息浪反後同胡字从史記增唐石經胡字傍增蓋初刻誤脫後改得其實而增者則古本實有胡字摯中利反正義本改作摯說文引作𡠗隸古定本亦作𡠗茲从之

注胡何摯至也今我民无不欲王亡皆與言曰天何不降威于殷乎有大命宜王者何不至乎大命天命也宜王于況反

疏胡何毛詩日月傳詁也摯至說文女部文論衡藝增篇云尚書祖伊諫紂曰今

我民罔不欲喪罔無也我天下民無不欲王亡者夫言欲王之亡可也言無不增之也紂雖惡民臣家恩者非一而祖伊增語欲以聳紂也案紂之恩惟惡臣得家之邑臣則否況民安得家恩乎邑臣雖不家恩未無欲紂亡者知祖伊之痛告未惟恐王之亡故也若民則不堪虐政實無不欲王亡祖伊固言我民罔不欲喪不言臣也安得以爲增語論衡之說非也 今王其如台 台弋之反 注 天命乃心皆大今王其柰何哉欲王徹悟省改也 疏 上言天既訖我殷命謂天命大矣民罔不欲喪則乃大離心故云天命乃心皆大如台史記作柰何故云今王其柰何哉 王曰嗚呼我生不有命在天 注 言有命在天民無能爲也 疏 不有命在天是反言以決其有命故注云言有命在天民無能爲也史記錄此文云我生不有命在天乎語意尤明白 祖伊反曰嗚呼乃罪多參在上乃能責命于天 參七南反 注 反還也祖伊以

西伯戡黎　尚書集注音疏卷四　卅七

紂不可諫乃還返而言曰於虖女辠眾多參列于上天將亂女＝猶然責命于天乎虖荒吳反疏返還說文辵部文說文且引商書曰祖甲返以證返還之訓今商書无祖甲返之文說文豈引此文而伊誤爲甲與所引杜孔氏逸書中與不可知矣史記云祖伊反曰紂不可諫矣故云祖伊以紂不可諫乃還返而言曰云＝釋文引馬注云參字以杜上宋陳鄂改以字从參上爲田乃流俗謬字不可書且所引馬注不詳其說不可曉始闕不用

殷之即喪指乃功不无戮于尒邦注功事也殷之即于喪亡指斥也所爲之事不能无戮于尒國言後王將數其辠而戮之斥昌石反數色主反疏言殷之即喪而紂不免于戮是爲伐殷者所戮也故云言後王將數其辠而戮之卒後武王誅紂縣首大白是其驗矣

微子弟九　十

商書三十　尚書九

微子苐卌 注 微采地名在畿內子爵也異畿內謂之子鄭康成曰微子启殷紂同母庶兄紂之母本帝乙之妾生启及衍後立為后生受德 采七在反。启俗通作開。啓案說文啓教也启開也二字詮異史記避景帝諱偁微子開則微子之名當作启 疏 鄭志張逸問殷爵三等公侯伯也尚書多微子箕子何鄭荅云微子箕子實是畿內采地之爵非畿外治民之君故云子故云微采地名在畿內子爵也云異畿內謂之子者鄭注王制云殷爵三等公侯伯也異畿內謂之子言樂異畿內特謂之子異于畿外之公侯伯也鄭注見詩大序正義呂是春秌當務篇曰紂之同母三人長曰微子启次曰中衍次曰受德受德乃紂也是少矣紂母之生微子启與中衍也尚為妾已而為妻而生紂此鄭君注說所本也

父師少師殷其弗或亂正三方 少式照反 注 或為亂

治也言殷不有治政以正四方矣【疏】傳以父師爲箕子少師爲比干正義引家語以證僞孔傳不可信家語乃王肅所誣大不足信鄭注則無閒據下文父師荅曰鄭注言少師不荅志在必死此大以少師爲比干則大以父師爲箕子與案史記宋世家錄此篇文作太師少師不言父師其後文先言殺王子比干刳視其心乃後云于是太師少師乃勸微子去遂行又殷本紀云紂愈淫亂微子數諫不聽乃與太師少師謀遂去比干曰爲人臣者不得不以死爭乃彊諫紂紂怒曰吾聞聖人心有七竅剖比干觀其心箕子懼乃詳狂爲奴紂又囚之殷之太師少師乃持其祭樂器奔周又周本紀云殺王子比干囚箕子太師疵少師彊抱其樂器而奔周據此諸文則父師少師非箕子比干矣然下經言我罔爲臣僕我不顧行遯又實似箕子語气疑不能決故注闕焉鄭君箋天保詩云或之言有也故云或有廣雅釋詁文云或有也亂治釋詁文史記云殷不有治政不治四方大以或爲有亂爲治也據史記正字作政政大正也故云殷不有治政以正四方矣

我祖厎遂陳于上陳直仁反俗誦作陳【注】馬融曰我

祖湯也聲謂敶列也傳曰言湯致遂其功敶列于上世

疏馬注見史記宋世家注敶列說文攴部文偁引傳以我祖爲湯與馬注合又下文馬注云下下世也此傳以上爲上世太與馬意合故采用之

我用沈酗于酒用亂敗厥德于下沈直壬反酗况寓反从酉句聲俗作酉傍凶非矣注我我紂也酗醉醟也馬融曰下下世也傳曰沈湎酗醟敗亂湯德于後世醟爲敬反又休正反湎名沇反

疏沈酗于酒實言紂也故史記錄此文言紂沈湎于酒此則言我用沈酗于酒故云我我紂也蓋微子不忍斥言君惡而隱忍言我若欲言我君而多所訕毀也云酗醉醟也者說文酉部文馬注見宋世家注史記云亂敗湯德于下傳言敗亂湯德于後世與史記合故錄用之

殷罔不小大好艸竊姦宄好火臯反注小謂庶民大謂群臣也艸竊者以莠況盜也莠害苗爲艸竊言

殷之臣民无不好盜竊爲姦宄莠羊九反疏无逸云至于小大鄭注云小大
謂萬民上及羣臣也此經小大誼亦當然故云小謂庶
民大謂羣臣也云艸竊者以莠況盜也莠害苗爲艸竊
者呂氏春秋辯土篇曰凡耕之道无與三盜任地夫大
甽小畝爲青魚胠苗若直獵地竊之也既種而无行耕
而不長則苗相竊也弗除則蕪除之則虛則艸竊之也
故去此三盜者而後粟可多也孟子盡心篇引孔子之
言曰惡莠恐其亂苗也然則害苗者莠艸竊是莠害苗
也民爲盜竊以病善良亦如莠之害苗則此言艸竊是
以莠況盜也卿士師師非度注馬融曰非但小人學爲
姦宄卿士以下轉相師效爲非法度疏注見宋世家注凡有
辜辠乃罔恆獲注鄭康成曰凡猶皆也獲得也
督謂佗爲不灋乃有辜辠是辜辠有常得也刑罰不中
則有辜辠非必得其所當得故曰罔恆獲疏正義引鄭注云凡猶皆也說文

二部云尸寀括也寀括則无不統括故尸主誼猶主也史記云皆爲辠辜鄭云尸猶皆與史記合矣宋世家注引鄭注云獲得也羣臣皆爲是辠其竊祿又无常得之者言辠相攻竊案經言罔恆獲祖謂辜辠无常得介鄭言竊祿无常得非經意也且皆爲辠則竊祿在所當竊豈乙无常得爲言鄭誼似非故止取其獲得之訓而舍其餘言也公羊昭二十三年傳云生得曰獲故云獲得也云刑罰不中則爲辠非必其所當得者蓋任意刑殺尸所惡輒辠之非必其人果應得辠言罰无辜也

小民方興相爲敵讎

注方竝興起也刑濫无常故小民竝起爲讎敵

疏說文方部云方併船也象兩舟省總頭形故鄭注義禮鄉飲酒禮文云方猶併也鄭注鄉飲酒禮文云竝併也又注聘禮云今文竝皆爲併則竝與併通方之誼爲併則大可訓竝故云方竝據史記云小民乃竝興則此經之方誼實爲竝也云興起釋言文云刑濫无常者舉上辜辠罔恆獲爲言也刑濫无常則小民无所措手足故小民竝起爲讎敵也

今殷其典喪若涉大水其無津涯典僞孔本

作論若微子云殷其論喪下又云殷遂喪于文不重絫于史記作典喪典喪則國无所倚恃與涉水无津厓之諭正相當故知作典爲是且史記錄尚書輒以詁訓代經文易其字而不變其誼所以開示後學也典之與論詮訓絕異若尚書作論史記必不以典字易之據史記則知尚書作典无疑矣若名蒸反以下皆同厓五佳反从厂圭聲俗加水傍非

注　典灋也殷制天官六太典司六典之所以爲國也典亡則國將從之涉徒行厲水也津濟渡處厓水邊也若涉水无津厓言必漫然以諭國无灋守必亡也砅力世反今通用厲然㲻吻反俗輒作溺別矣

疏　云典灋也殷制天官六太典司六典皆所記曲禮下云天子建天官先六太曰太宰太宗太史太祝太士太卜典司六典鄭注云典灋也此蓋殷時制也是則正此經所云典矣故據以爲說也云典所以爲國也者周禮太宰職云掌建邦之六典以佐王治邦國爲猶治也云典亡則國將從之者言國將從之而亡也云涉徒行厲水也者說文沝部文釋水云繇膝以上爲涉

故云徒行厲水說文水部云津水渡也故云津濟渡處鄭君注論語微子篇亦云號也釋水云汙水厓李巡注云汙水邊隆名厓故云厓水邊隆也

殷遂喪越至于今

【注】粵于也今是時也殷亡之則于長至矣于是時矣【疏】粵于釋詁文今是時也者說文亼部文宋世家注引馬融注曰粵于也于是至矣于今至矣案于今至矣于是至也詞重意復茲從取而潤改之

曰父師少師

【注】馬融曰重呼告之重直容反【疏】注見宋世家注

我其發出往

往徐邈本作狂狂乃古文狂字史記作往據鄭注則可知尚書實作往與史記同故定作往【注】鄭康成曰發起也紂禍敗如此我其起作出往也作子昨反今通用作【疏】注見宋世家注詩噫嘻云駿發爾私謂發起其土也是發為起說故云發起也

吾家旄遜于荒

旄莫号反隸古定本作耄釋文云字又作旄蓋據鄭本也故作旄遜孫寸反隸古定本如此姑作之【注】馬融曰卿大夫稱家

鄭康成曰耄昏亂也聲謂孫讀為公孫于齊之孫我卿大夫或昏亂或孫遁言無可與謀也一本曰吾家保于喪保安也我卿大夫安于喪亡之事皆不知畏忌言無可與謀孫色寸反遁徒頓反皆秋粘反

疏馬注見宋世家注云卿大夫偁家皆卿大夫受采邑賜氏於太宗廟世不絕祀故偁家周禮家宗人家司馬皆謂卿大夫之臣也鄭注見正義禮記緇衣曰耄期偁道不學乃不學為是異則耄期昏亂皆為常也昭元年左傳云諺所謂老將知而耄及之是謂昏亂為耄故云耄昏亂也鄭又注禮記曲禮云耄惛忘也與此注意同也云孫讀為公孫于齊之孫者左傳昭二十五年昭公伐季氏不克而出奔齊春秋書之從內諱奔故書曰公孫于齊言孫避而去也此經字雖作孫訓實當為孫避故讀如公孫于齊之孫葢遜从孫聲故字通借用也云一本曰吾家保于喪者史記宋世家錄此文云然也班固偁司馬子長從安國問故其書載尚書多古文說則所云吾家保于喪者其古文與漢時尚書當不下百本今無

一本惟東晉枚賾之本頒行于世以至于今豈可深信此似當从史記但據鄭注旨字爲訓則鄭本亦作旨恉于茲故不敢據史記以改經文而存其文于注而爲之疏解說焉云寧于舊亾之事皆不知其者其所爲之事皆足以亡國後猶寧之自荅不知其思惟改云**今尒無恉告**恉中雉反从心旨聲僞孔本作指音同而誼別非矣

注　恉意也今尒無意告我乎此微子求訓誼也

疏　恉意說文心部文**予顛隮若之何其**顛丁季反說文顛讀若顛經典遂相承作顛矣隮子儕反从足齊聲正義本改从旨傳非矣茲从說文所引與今日反

注　顛走頓也馬融曰隮猶隊也恐顛隊于非誼當如之何也鄭康成曰其語助也齊魯之閒聲如姬記曰何居隊直類反忐古文以爲魯衞之魯居今日反

疏　顛走頓也者說文走部文言行走而頓跌也馬鄭注竝見宋世家注昭十三年左傳云小人老而無子知擠于溝壑矣此擠訓爲隊馬云隮猶隊也者馬讀隮爲擠也蓋隮擠皆[illegible]

與聲〻同可通借也云遜遯隊于非譌者言若不當太而去則遯隊于非譌是所遜也說父師少師告之當如之何也鄭云其語助也與此之問聲如如者說文云六下基也薦物之六象形讀若箕同又云其籒文箕則其箕同字又其字古或作六則其為下基之譌故之為語助詩宗小篇章淇與如叶又僖十五年左傳譜嫁伯姬繇詞如與旗叶淇旗皆其聲則其聲如姬矣必言與之之問者鄭之伏生傳今文於君傳古文伏生與乃於君此乃也鄭君於海高密人青與之域故備悉與此之語也引記曰何居者禮記檀弓云公儀仲子之喪檀弓免焉仲子舍其孫而立其子檀弓曰何居我未之前聞也是其文也檀弓故此乃也其言何居正與此文何其音譌皆同故引之證鄭君注禮記亦云居讀為如姬之如與此之問語助也

父師若曰

王子天毒降災荒殷邦方興沈酗于酒乃罔畏畏咈其耇長舊有位人沈昏黃反正義本作荒茲從隸古定本咈扶弗反耇工口反長中賞反

注 王子偁微子也帝乙之

子故曰王子毒厚降下荒亡也方興沈酗于酒六字衍也畏畏讀當為畏威古威畏字同也咈違也耇長者乃也耇陳黎也老乃固以陳黎故曰耇舊有位乃致仕者天厚下裁亡殷國乃不畏天威咈違老成舊乃不用與言言紂距諫

疏正義及宋世家注皆引鄭君注云少師不答志在必死則以少師為比干與史記不合辯見前疑且忠臣思國之心雖死不渝豈以志在死而遂默置之不答乎于詮太未安故不用也殷本紀云帝乙長子曰微子啟故云帝乙之子毒厚說文屮部文史記毒作篤篤乃竺之段借字竺亦訓厚也降下釋詁文荒亡殷邦史記作亡殷國故云荒亡也史記无方興沈酗于酒六字據文言天厚下裁亡殷國乃不畏天威于文詞為順實不容有此六字故云六字衍也蓋因前文多小民方興及我用沈酗于酒之言而誤衍其字于此爾云畏畏讀當為畏威古威畏字同也者禮記表記引甫刑曰德威惟威鄭注云德所威則人皆畏之是

微子　　尚書集注音疏卷四　　卆三

以威爲畏又攷工記弓人云夫角之中恆當弓之畏注云故書畏作威是古者威畏同字也此經重言畏畏若兩字皆解爲敬畏則不詞故讀下畏字爲威也咈違說文口部文云耇凍黎也老人面似凍黎故曰耇者說文老部云耇老人面凍黎若垢鄭注儀禮士冠記云耇凍黎也賈疏云凍黎面如凍黎之色是也云舊有位人致仕者〻言舊有位則于時退仕可知故以爲致仕者

今殷民乃攘竊神祇之犧牷牲用以容將食無烖攘如羊反犧本皆作犧說文牛部犧字下偁賈侍中說此非古字宋衷詛楚文云圭王犧牲犧則古此作犧吾仍古可也牷夕荃反

注有因而盜曰攘馬融曰往盜曰竊天曰神墬曰祇鄭康成曰犧純毛牷體完具聲謂民盜祭祀之牲牷紂用以勹容之于是民無畏忌謂將食之無有烖禍著烋傳曰紂爲天下逋逃主萃淵藪勹百茅反今通用包緣廢囊勹字矣逋百胡反

岸或淵字云今因亓壇㠯禷者用鄭君注呂㓝之說
蘙邑口反疏也馬注見釋文及宋世家注周禮大宗伯
職云掌建邦之天神人鬼墬示之禮又大司樂職輒言
天神墬示〻當作祇故云天㠯神墬㠯祇鄭注見周禮
犬人疏周禮牧人職云凡時祀之牲必用牷物凡外祭
毀事用尨可也㠯牷與尨對言尨為雜則牷是純矣故
鄭仲師注周禮牧人及犬人職皆云牷純也此云羲純
毛牷體完具者蓋牷兼純說單言牷可兼純毛體完二
說此羲牷竝言當分兩解牷字从全故㠯為體完具故
康成注周禮牧人不从仲師牷純之訓亦㠯為體完具
其純毛之訓則牧之云羲牲曲禮云天子㠯羲牛鄭君注
亦云羲純毛也引詩閟宮傳者彡傳昭古季文誦從卽埤
蒼所謂多皇誦從也紉容受亓
為之主正此經㠯證故引㠯說

降監殷民用乂

稠斂㠯敵讎不怠
稠直由反正義本作讎釋文
云馬本作稠茲从馬斂力驗
反

注 監臨稠多也馬融曰斂賦斂也詹謂怠解弛也與
下臨殷民用㠯為治者率多斂㠯召讎怨致使小民竝

微子

爲斂讎猶急征不解弛率呂戌反又力遂反解吉隘反弛式修反疏說文臥部云監臨下也故云監臨馬訓稠爲數密數斂之證不若多斂之證密故不用馬訓而訓多也稠多說文禾部文馬注見釋文怠者解怠解怠則廢弛故云怠解弛也辠合于一多膌罔詔膌才益反又子益反宋徐鉉于說文曾益十九字詔其一也則詔非壁君原書之字矣鄭注禮記禮器云詔或爲紹然則古通用紹故說文不出詔字茲仍作詔者據秦原刻繹山石殘文有云臣請具刻詔書又倉頡篇有幼子承詔之文見于說文解字敘然則詔字秦時已有之是可用矣注君臣同惡相濟故辠合于一膌瘦詔告也淨民之膏故民多膌上下並爲威虐故民无告瘦色柚反淨私淨反疏膌瘦說文肉部文詔告鄭注周禮太宰職有是訓也云淨民之膏故民多膌者淨謂瀝乾之也淨乾民之脂膏則民膌矣國語晉語曰淨民之膏澤以實之

商今其有災我興受其敗商其淪喪

嘉慶三年補刊爲諮字不安疑非原文原文必實作告

咸或淵字藪邑日反【疏】云予因而遂以變皆用鄭君注呂刑之說也馬注見釋文及宋世家注周禮大宗伯職云掌建邦之天神人鬼地示之禮又大司樂職輒言天神地示示當作祇故云天曰神地曰祇鄭注見周禮犬人疏周禮牧人職云凡時祀之牲必用牷物凡外祭毀事用尨可也以牷與尨對言尨爲雜則牷是純矣故鄭仲師注周禮牧人及犬人職皆云牷純也此云羲純色也牷體完具者蓋牷予純對單言牷可兼純色體完二誼此羲牷竝言當分兩解牷字从全故以爲體完具故康成注周禮牧人不从仲師牷純之訓亦以爲體完具其純色之訓則從之云羲曲禮云天子以羲牛鄭君注亦云羲純毛也引春秋傳者左傳昭七年文逋逃郘坤聲所謂多辠逋逃也紂容受而爲之主正此經以證故引以說

降監殷民用乂

稠斂召敵讎不怠

稠直油反正義本作讎釋文云馬本作稠茲从馬斂力驗反【注】監臨稠多也馬融曰斂賦斂也聲謂怠解弛也與下臨殷民用以爲治皆率多斂以召讎怨致使小民方

微子

尚書集注音疏四　又六十四

但疑事無質姑寘一見詔告兩存竢後賢酌奪

爲斂讎猶急征不解弛率呂戌反又力豫反解吉隘反弛式移反〔疏〕說文臥部云監臨下也故云監臨爲訓稠爲數案數斂之誼不啻多斂之誼字故不用爲訓而訓多也稠多說文禾部文爲注見釋文息皆解息解息則廢弛故云息解弛也

辠合于一多膌罔告

膌才益反又子益反此告及下文告王子儀外本皆作詔案說文原書本无詔字徐鉉等爲坿益不可用也文選九錫文注引蔡邕獨斷云詔猶告也三代無其文秦漢乃也然則商書安得有詔字今據上文微子云今爾无指告則父師答之此云告王子也紬此不作詔之證此文亦作多膌罔告自是僞孔氏改告爲詔吾不敢从

〔注〕君臣同惡相濟故曰辠合于一膌瘦也浚民之膏故民多膌上下共爲咸虐故民無告瘦色柚反浚私俊反〔疏〕膌瘦說文肉部文也云浚民之膏故民多膌皆浚謂取乾之也浚乾民之脂膏則民膌矣國語晉語曰浚民之膏澤以實之

商今其有災我興受其敗商其淪喪

我罔為臣僕𣀔蒲邁反。正義本作敗，茲從說文所引。淪，力純反。注興起𣀔淪，率也。商今其有禍烖，我起受其𣀔敗之名，商其淪胥亡之，我無所為臣僕，言不臣服于它人也。𣀔，戶怪反。疏興起釋言文。𣀔敗，說文攴部文。淪率，亦釋言文也。云我起受其𣀔敗之名者，言任受其亡國之名，過則歸己之誼也。

詔王子出迪，我舊云刻子，王子不出，

我乃顛隮隮子本刻作初，不作弗，茲從論衡所引。注迪，道也。道猶行也。舊云，舊時之言，蓋帝乙欲置紂為嗣時，父師曾有言也。于是紂尚刻提，故曰刻子。告王子與出行乎，我舊言此刻子必亡其國，王子不出行，則淪胥亡，我商家宗祀乃顛隊矣。曾，才登反。隊，直類反。疏迪道，釋詁文。鄭君箋棠棣詩云：行道也。道猶行，猶行道也。是道猶行同爾迪繇訓繇故轉釋之云繇猶行也釋文引馬注云云言也故云舊云舊時之言呂氏春秋當務篇云紂之同母三人其長曰微子啟其次曰中衍其次曰受德受德乃紂也甚少矣紂母之生微子啟與中衍也尚為妾已而為妻而生紂紂之父紂之母欲置微子啟以為太子太史據法而爭之曰有妻之子不可置妾之子紂故為後案是時父師必在必與太史爭言孩子不可置此言舊云孩子自是追錄其時之言故云蓋帝乙置紂為嗣時父師曾有言也云于是紂尚孩提故曰孩子者蓋初時不立微子為太子者以來未賢也當帝乙欲置微子之時微子之母賢必未久紂則生于其母既賢之後則于時猶是孩提可知矣孩者說文以為古文咳咳小兒笑也提者小兒需人提攜也孟子盡心上云孩提之僮趙岐注以為知孩笑可提抱者是也王充論衡本性篇引云我舊云孩子王子不出且說之云紂為孩子之時微子睹其不善之性性惡不出衆庶長大為亂不變故云也案此是父師之言而云微子睹其不善之性誤矣且解不出為性惡不出衆庶則是以王子為紂亦大謬矣故止取其所引經文而不用其說

自靖人自獻于先王我

不顧行遯釋文云顧徐音故注靖謀也王子與自謀哉人唯致己无慙可自獻于先王而已我則不顧慮而行遯也靖或爲清馬融曰清絜也絜紀吉反俗書加水傍非疏靖謀釋詁文云靖或爲清釋文云馬本作清馬注見釋文訓清爲絜葢謂勸微子自絜其身而去歟殆存以備一說

帝告至微子櫟頭凡四百四十三名注二百八十字音二十七言疏百三十四字

微子　尚書集注音疏四　六十六

尚書集注音疏

帝告逸文七名疏十字

湯征逸文七十一名彙文三凡七十四言注四十五字音十六言疏六百三十八字

湯誓經文百四十四名注三百四十六字釋音辯字八十四言疏九百五十四字

湯誓逸文五十五名彙文三凡五十八言注百四十八字釋音辯字五十三言疏千八十一字

仲虺之誥逸文五十三名注百二十二字音二十三言疏七百六十六字

湯誥逸篇經文百二十五名彙文一凡百二十六言注四十字音十二言疏二百六十四字

咸有一德逸文二十六名注八十字音八言疏六百三十六字

伊訓逸文四十三名注二百五十字音三十二言疏千七百六十四字

太甲逸文五十四名注百八十二字釋音辯字六十三言疏七百六十八字

般庚上篇經文五百八十二名彙文一凡五百八十三言注千六百三十字釋音辯字八百九十六言疏五千一百七十一字中篇經文四百六十

八名重文七凡四百七十五言注千三百三字釋
音辯字五百九十九言疏三千八百一十六字
下篇經文二百二十一名重文二凡二百二十三
言注五百八十二字釋音辯字四百一言疏二千
六十九字
般庚逸文十一名疏二十九字
說命逸文百八名重文一凡百九言注二百七十
七字釋音辯字百三言疏千一百一十六字
高宗肜日經文八十一名從文重一凡八十二言
注三百三十八字釋音辯字百三十九言疏千五
百八十八字
高宗之訓逸文八名重文一凡九言注三十七字
音四言疏三百八字
西伯戡黎經文百二十六名注三百五十五字釋
音辯字三百六言疏千六百五十八字
微子經文二百三十五名重文二凡二百三十七
言注八百八十八字釋音辯字七百五十言疏三
千五百一十一字

尚書集注音疏卷四　終

太誓上弟四十七

〔注〕太誓上中下三篇，孔氏古文亦有之，不在二十四篇逸書之數者，以當時無于學官博士所課，不目之為逸書也。今亡。〔疏〕知孔氏古文有此三篇者，漢書藝文志云：尚書古文經四十六卷，為五十七篇。劉向別錄則云五十八篇。案伏生書二十八篇，後更出二篇為三十，加逸書二十四篇為五十四，加太誓三篇則五十七。別錄依古文顧命分出康王之誥，故五十八。著无太誓三篇則不符其數，故知古文亦有之也。今文本有此三篇，而古文亦有，故云亦也。劉向別錄云：武帝末民有得太誓書于壁內者，獻之與博士，使讀說之，數月皆起傳以教人。劉歆七略亦云然。是當時太誓出于學官博士所課者也。自東晉別有偽作，而是篇遂為所奪，以至于亡。今采入其遺文，各不聯屬，不可排次，約略錄之，十不存一，故曰今亡。

周書五

尚書集注音疏卷五　江聲學

維三月太子發上祭于畢下至于孟津之上注鄭康成曰四月周四月也發周武王也卒父業故偁太子孟津地名聲謂畢星名西方宿也畢爲天网主网羅无道之君故武王將伐紂上祭于畢求天助也宿息柚反疏經文見尚書大傳及詩思文正義鄭注四月至太子大傳注也唯孟津地名句乃此經之注見詩思文正義云四月周四月也者太誓敘云一月戊午師渡孟津史記周本紀則云十二月戊午師畢渡盟津是建子之月在商爲十二月在周爲一月也號則太誓所紀皆是周月故以此四月爲周四月謂建卯之月也云發周武王也卒父業故偁太子者坶誓云今予發惟龔行天之罰是武王名發也周本紀云武王自偁太子發言奉文王以伐不敢自專是太子之偁爲卒父業故也詩文王有聲敘云武王能廣文王之聲卒

其伐功也是武王交乂業之以文也周本紀注引馬融注以畢文王墓地名案經言上祭則所祭者在上非祭文王墓矣故不用馬注而以畢爲星名西方白虎宿爲畢星是也後漢書蘇竟傳延岑護軍鄧仲況擁兵據南陽陰縣爲寇劉歆兄子龔爲其謀主竟以書曉龔其書曰云畢爲天網主網羅無道之君故武王將伐紂上祭于畢求天助也是正說此經之事故用其說以說之詩大東傳云畢所以掩兔也釋天云濁謂之畢孫炎注云掩兔之畢或謂爲濁因名星然則星之所以名畢正取證于兔網故云畢爲天網又史記天官書云畢曰罕車說文網部云罕網也

周公曰都懋哉予聞古先哲王之格言〔注〕格當爲假假言至言也〔疏〕此經及下條竝引見周禮太祝疏蓋是篇舊亦猶在賈公彥孔穎達顏師古司馬貞諸人皆及見之其所稱引皆可信者故從采之案太祝疏云太誓云周公曰都懋哉予聞古先哲王之格言已下太子發拜手稽首據爲已下二字則所引之文上下不聯屬中必別爲文詞矣今不可考見姑分其文爲二條空一格而錄之可也今以此二條附在此者

太誓

據下條偁太子是未偁王之時自當在今負人月之前而此條又在其上詳繹經文自乃告司徒云云已下至今負人月文化一貫不可離人也文故已此二條移于乃告司徒之上孟津之上之下亢未知其于上下文直相舉據否結皆空一格已小之已後雜采諸文荅不聯屬輒仿此空一格為注云格當為假皆尺尚書假字書乃輒改作格此據賈公彥引作格推其原文當為假矣今原文不可攷疑事無質故不直改作假但見其證于注而已說文乃部云假至也故云假言至言也

太子發拜手稽首

【疏】上疏已具詳茲無庸疏

乃告司徒司馬司空諸節亓齊栗信哉齊矢皆反【注】司徒司馬司空三公官也馬融曰諸節諸受符節有司也【疏】此經見周本紀及尚書大傳大傳無齊栗字信哉作亓才古才哉字通亓哉之證未聞故所以周本紀文注云司徒司馬司空三公官也皆大傳引此經釋偁傳曰天子三公司徒公司馬公司空公是伏生緒舊說如此則是古經師之證也故所以為說馬注見周

本紀注

予無知以先祖有惪臣左右小子受先公功畢立賞罰以定其功于先祖之遺㒸興師㒸徐醉反俗通作遂 ⦿注 左右助也

言我無所知惟以先祖之臣助我小子以定所受于先公之功也畢或爲必以或作太先祖之遺先祖所留遺明先公功也 ⦿疏 此經亦見尚書大傳及周本紀二文略有異同大傳以先祖下有先公字先公下無功字又無㒸興師三字茲則从本紀文本紀無左右字小子在予字下又無于先祖之遺五字茲則从大傳文注云左右助也皆說見欲辭暮疏云畢或爲必以或作太皆周本紀作畢太大傳作必以茲擇長而从而抒其異字于注

師尚父◦𠂇杖黃戉又把白旄以號曰蒼兕蒼兕◦總爾衆庶與爾舟楫後至

者斬父方武反。杖直尚反。戉于伐反，俗作鉞。麾詡危反。兕徐履反。楫子聶反。注鄭康成

曰：師尚父，文王于磻谿所得聖人呂尚，立以爲太師，號曰尚父，尊之。號令之軍濤重，皆聲謂師之尚之父之，故曰師尚父。杖持鉞，右把麾也。馬融曰：旄，犛牛尾。蒼兕，主舟楫官名。或說蒼兕者，水中之獸也，善出浮揚，一角九頭，善覆人船。尚父緣河有此異物，因以威衆，欲令急渡，不急渡，蒼兕害之。磻百末反。令力信反。犇莫文反。覆芳目反。欲令力仁反。疏此經見史記齊世家，索隱以爲今文太誓以號曰。齊世家實作以誓曰，據周本紀作號曰，而裴駰引鄭注爲號字之證，則太誓實作號可知，故從號。鄭注見詩大明正義及周本紀注。尚書中候雒師謀云：文王在豐，豐人一朝扶老至者八十萬戶。至磻谿之水，呂尚釣崖，王下趍拜曰：望公七年矣。齊世家云：太公望呂尚者，東海上人。西伯

出獵遇太公於渭之陽與語大說曰自吾先君太公曰當有聖人適周周以興子眞是邪吾太公望子久矣故號之曰太公望載與俱歸立爲太師故云師尚父文王于磻谿所得聖人呂尚立以爲太師也云號曰尚父尊之者毛詩大明傳云尚父可尚可父是尚父爲尊之之號也說文卪部云令發號也是號令相類故云號令之軍灋者蓋號嚴于令也云師之尚之父之故曰師尚父者劉向別錄文也見齊世家注云杖持戉把握也者說文木部戉部手部文也馬注見坶誓釋文及齊世家索隱云蒼兕主舟楫官名者以云總尔衆庶與尔舟楫故以爲主舟楫之官也或說云云出王充論衡是應篇其說與馬異蓋今文家說也雖近于怪異姑存之以廣異聞可也

太子發升舟中流白魚入于王舟王跪取出涘以燎羣公咸曰休哉

跪去詭反涘鉏吏反燎力召反或作燎則別矣

注 馬融曰魚者介鱗之物兵象也白者殷家之正色言殷之兵衆與周之象也鄭康成

㠯白魚入舟天㞢瑞也魚无手足象紂无助白者殷正色天意若曰㠯殷與武王當待无助今尚仁人在位未可伐也得白魚㞢瑞即變稱王應天命定號也渡津也王出亏岸上燔魚㠯祭變禮也膂謂跪拜也燎柴祭天也

【疏】此經見詩思文正義及後漢書杜篤傳注易注見周本紀注禮記檀弓云殷人尚白故云白者殷家㞢正色鄭注見詩思文正義云今尚仁人在位未可伐也者謂微子箕子比干三仁尚在也鄭知此時三仁尚在者據周本紀史記白魚入舟火流爲烏㞢後說諸侯皆曰紂可伐矣武王曰未可乃還師歸居二年聞紂昏亂暴虐滋甚殺王子比干囚箕子太師疵少師彊抱其樂器而奔周亏是武王徧告諸侯乃東伐紂是觀兵㞢時三仁猶在也云得白魚㞢瑞即變稱王應天命定號也者鄭㠯中候我應說文王爲武王曰我終㞢後但稱太子河洛復告遵朕稱王亦此經武自稱太子白魚入舟㞢下即云王跪取出以燎得魚即稱王也緯書㞢

書雖未可深信顧與此經適相符合足可據以爲說矣釋丘云涘爲厓故云涘厓也云燔魚以祭變禮也者祭天之禮本用特牛茲因受瑞而報祭即以所得之魚爲牲是權時之禮故云變禮云跪拜也燎柴祭天也皆說文足部火部文

至于五日有火自上復于下至于王屋流之爲鵰其色赤其聲魄五至以穀俱來

注　馬融曰王屋王所居屋流行也鵰鷙鳥也明武王能伐紂魄然安定意也鄭康成曰五日燎後日數王屋所居之舍上流猶變也鵰當爲雅雅烏也燎後五日而有火爲烏以天報武王以此瑞書說曰烏有孝名武王卒父大業故烏瑞臻赤周之正色穀紀后稷之德而說曰武王卒父業烏以穀至應周尚赤用兵王命曰爲

乃天意若曰須假紂五年乃可誅之武王即位於此時已

三年矣穀蓋麰麥也詩曰詒我來麰麰台私反數色主反雅众家反然盟

鄭反假移嫁反牟莫浮反〔疏〕此經及鄭注見詩思文正義彖注見周本紀注及索隱云雖麰麥也皆謂猛麰

疾擊之彖象王皆誅伐不證故云以武王遂伐紂云魄然宓定意也皆解魄之證為宓定若善誅紂則天下宓定也鄭云五日資後日數皆謂燔炙已祭之以鄭已日為一日數之祭之事六日為五日也鄭以知熯皆鄭已日五日是天須暇紂五年之意一日當一年文王受命七年而繇武王踰年即位為八年至十三年伐紂是而五年至事六年乃為須暇紂五年故知此是餘資日數為五日也云王屋所在之舍上皆時在師中未以為屋故已舍上解之謂軍行舍止之処或設車宮轅門或為壇壝宮棘門若周禮掌舍職所云會同之舍是其上以張帷幕已為屋王屋指謂此介故鄭云所在之舍上象云王所居屋蓋大謂是但未見舍止之意不如鄭說以權也云雖當為雖〻然也皆書大傳引此經云為火流于王屋以為大然三足漢書董仲舒傳仲舒對策大引云為火

復于王屋流爲烏毛詩小弁傳云鸒卑居卑居雅烏也說文隹部云雅楚烏也一名鸒一名卑居秦謂之雅案秦故周地雅烏同物異名當時火流爲烏周乃謂之雅引尒雅與雕偏傍同容或譌誤故云雕當爲雅雅烏也引書說所說者證天報武王之瑞實是烏非雕也鄭君所據故不得易說其說優于馬矣書說者據詩思文正義謂是尚書緯旋機鈐及合符后之文所說者所緯也未聞其書名緯書皆謂之說者鄭志張逸問所注曰書說書說者何書也鄭答曰尚書緯也當爲注時在文网中嫌引祕書故諸所牽圖讖皆謂之說云烏孝名者說文云烏孝鳥也象形緣古文烏象形於象古文烏省云穀紀后稷之德者詩正義引書說注云稷好農稼令烏銜穀故云紀之也云天意若曰須假紂五年乃可誅之者假暇夏皆同字多方云天惟五年須夏之子孫鄭注徦文云夏之言暇天覬紂悛改故待暇其終至五年欲使復傳子孫五年者文王受命八年至十三年也是須假五年之說也云武王即位此時已三年矣者文王受命七年而崩武王踰年即位爲八年至此十一年是已有而三年矣云穀蓋麰麥也者據所說言穀茲又言王命曰牟牟即麰之者文麰是穀之多茲者又思文詩云

詒我來麰，故以穀爲麰麥，且引思文詩以證。武王喜，諸大夫皆喜。周公曰：茂哉茂哉！天之見此以勸之也。恐恃之。見戈寫反 注 茂，勉也。天見此瑞以勸，詩所謂上帝臨女也。恐恃之，言天命不可恃，當敬承之，非所當喜。茂或爲優。疏 此經見尚書大傳注。茂，勉，釋詁文。云詩所謂上帝臨女也者，所謂大明篇文也。鄭箋彼詩云：臨，視也。女女武王也。天護視女，伐紂必克。則詩意是言天助武王，與此勸武王同意，故引以爲況。云茂或爲優者，漢書董仲舒傳仲舒對策引云周公曰優哉優哉是也。

正卟古立功立事，可以永年，傳于亡窮，丕天之大律。注 卟，攷也。鄭康成曰：丕，大也。律，灋也。疏 漢書郊祀志下匡衡等奏議引太誓曰：正卟古立功立事，可以永年，丕天之大律。又平當傳，當上書引書云：正卟古建功立事，可以永年，傳于凡此二文所引上三句同而末句則異蓋皆太誓之文實一文而引者節之各互異爾此經當備各其異文故并合而錄之注云卟攷也者說文卜部云卟讀與稽同則卟稽古今字多履上九云視履攷詳虞翻注云攷稽此經兩見引于漢書者實皆作稽茲特以古作卟爾故云卟攷也鄭注見後漢書班彪子固附傳注丕大律灋竝釋詁文

使上帝以周公書報誥于王勤予變

疏此經見周禮太祝疏所稱周公書今无從攷知其為何語據周禮疏稱太誓得火烏之瑞使上帝以周公書云云號則周公書其即大傳所引周公曰茂哉茂哉云云與或不止是茂哉云云也據漢書所引正卟古云云類從似周公書之辭未敢謂必是亦未可謂必非經之正卟古云云次茂哉云云之下而以此文又承其下而各空一格以別之庶不蹈于勉強牽合之郤也

八百諸侯不召自來不期同時不謀同辭皆曰受可伐矣王曰尒未知天命未可伐

維丙午王還師前師乃鼓鼗譟師乃慆前歌後舞極于上天下隆咸曰孜孜無怠天將有立父民將有政有居

鼗方庚反譟色到反慆土刀反二古文下

注 天命武王誅紂五年時猶未也故曰未可伐鼓擊也大傳鼗爲鼗依字當爲鼗鼗形如小鼓以革爲之旁出以鐶綴鈴謂曰搖鞀是也譟讙也慆者拔劍以習擊刺也詩曰以旅之慆慆或爲慆鄭康成曰慆喜也衆大喜前歌後舞也格謂極至也至于上天下隆讙呼出聲徹上下也衆皆勸勉武王無解怠天將有立聖德者爲民父母民賴有善政得有安居

⿱付鼓方庚反誓止葛反慆土刀反解居隘反

疏　馬融書敘偁太誓云八百諸侯不召自來不期同時不謀同詞

詩閟宮正義云太誓說十一年觀兵孟津之時八百諸
侯皆曰受可伐王曰介未知天意未可伐尚書大傳云
維丙午王還師前師乃鼓⿱付鼓譟師乃慆前歌後舞詩大
明正義引太誓曰師乃鼓⿱付鼓譟前歌後舞假于上天下地
咸曰孜孜無怠詩譜敘正義云大誓說武王伐紂眾咸
曰孜孜無怠天將有立父民之有政有居此經今合
諸文而錄之大傳維丙午云云雖不偁書曰據鄭注周
禮引書曰前師乃鼓⿱付鼓譟說文手部引周書曰師乃慆
則大傳所云是太誓文矣史記曰諸侯皆曰紂可伐矣
武王曰女未知天命未可也乃還師歸據此則未可伐
下當據維丙午還師云云也注云天命武王須暇紂五
年時猶未也皆說見前疏說文攴部云鼓擊鼓也故云
鼓擊也云大傳拊為⿱付鼓依字當為拊皆⿱付鼓拊皆以付為
聲大傳云前師乃鼓⿱付鼓譟皆蓋晚近俗學以拊是鼓類
因變文以鼓而為⿱付鼓介說文無⿱付鼓字則似拊為是故云
當為拊云拊形如小鼓以韋為之著之以穅皆鄭注周
禮太師職及禮記明堂位皆云然其說本諸伏生書大
傳其書來舊矣引卻繇慕皆據鄭注卻繇慕亦云搏拊

太誓

尚書集注音疏卷五　八

以韋爲之裝之以穅形如小鼓則彼文搏拊正與此鼓拊同故引以證此鼗字當爲拊也周禮大司馬職云車徒皆譟鄭注云譟讙也且引此經以證茲云譟讙也用鄭君周禮注誼也云搯者拔兵刃以習擊刺也詩曰左旋右搯者說文手部文詩曰者鄭風清人詩也今毛詩作左旋右抽蓋三家詩有作左旋右搯者說文所偁引也云搯或爲慆者說文引此作搯大傳則云師乃慆蓋大傳是今文本說文所引則古文故爲異也鄭注云云大傳注也說文心部云慆說也鄭云慆喜也喜說誼同也慆與搯雖異字異訓然二家其誼均是故並取之極道釋詁文云天將爲太聖德者爲民父母民賴爲善政得爲安居者鄭箋鴻鴈詩敘引此天將爲太父母民之爲政爲居彼正義申之云言天將爲太聖德者爲天下之父母民之得爲善政爲安居案詩正義悉宗鄭誼此條以得鄭恉故取其說而改潤之○據正義謂此太誓上篇是觀兵時事中下二篇是伐紂時事此以上諸條發繹其文則皆觀兵時事也茲錄爲上篇

太誓中弟六十三

疏 太誓遺文爲三條是伐紂時書茲錄爲中篇并雜采

傳記諸子所引太誓而太誓亡逸皆傳于其後大略不聯屬約略詮次區爲中下二篇云

周書

司馬在師注肅曰司馬太公也疏此經及王肅注竝見詩大明正義逸周書序殷解云武王使尚父與伯夫致師焉則爲司馬而在師者當是太公故用肅注今殷王紂乃用其婦人之言自絶于天毀壞其三正毀況偽反壞古外反注馬融曰動亦天地人也離逖其王父母弟逖古文逷注逖遠也鄭康成曰王父母弟祖父母之族必言母弟舉親者言之也乃斷棄其先祖之樂乃爲淫聲用變亂正聲怡說婦人故今予發維龔行天罰

勖哉夫子斷多管反㠯弋之反說余辥反【注】勖，勉也。鄭康成曰：夫子，丈夫之偁。不可再，不可弎【注】再，重舉也。重舉則連前觀兵爲三矣，故曰不可再不可三，言今必誅紂。觀古玩反【疏】自今殷王紂㠯下至此，皆周本紀文，今采入此經，皆從本紀。上文曰言武王乃作太誓，告于衆庶，下即接此文，知此是太誓文矣。且裴駰采入馬鄭注㠯爲注，馬鄭注則故是太誓之注也，則其文爲太誓无疑矣。又漢書谷永傳永引書曰：乃用其婦人之言，自絕于天。顏師古注㠯爲今文太誓，舉一㠯反三，則餘文從同，益可知矣。馬鄭注凡三條，竝見周本紀注。三正者，天地人之正道，故馬鄭云動逆天地人也。逖，遠，釋詁文。王父母弟，即從父昆弟，與己同祖者，故鄭云祖之族也。云必言母弟舉親者言之也者，謂不曰從父昆弟而曰王父母弟，是欲㠯母弟見其親也。勖，勉，大釋詁文。周本紀實作勉哉夫子，茲易爲勖者，蓋史記錄尚書輒用詁訓代經文字，故作勉。今據牧誓篇有四勖字，史記錄之皆作勉，則此文史記作勉，其在太誓原文必實作勖可知。

矣說文夫部云夫丈夫也馬融注論語學而云子者男子之通稱故鄭云夫子丈夫之稱云再變舉也者謂此後變舉也蓋此時以是再舉故此後變舉通前觀兵爲三矣爲此解者欲見經言不可三卽是不可再之意罔句意實一貫也

附下而罔上者死附上而罔下者刑與聞國政而無益于民者退在上位而不能進賢者逐與羊御反臤古文以爲賢字

疏此經見劉向說苑第二卷○自上篇維四月以下及此司馬在前以下皆太誓殘文今文古文皆有之漢儒皆誦習之馬鄭皆爲之注自東晉僞古文出然後太誓三篇世無具正眼乃緣翕號信舉以爲孔壁古文因以此爲今文且反疑其僞以故寖駁而遂于亡今采摭其殘文也此而以未知得多什之一二否于是以意定之約分爲上中二篇將變以傳記諸子所引者備于其後焉觀其殘文記火流數逆之事且無諸傳記所引之語故馬融雖爲之注不能無疑今姑備錄馬說而辯之于左馬融書敘曰太誓後得案其文似若淺露又云八

太誓

尚書集注音疏四五　十

百諸侯不召自來不期同時不謀同辭及火復于上至
于王屋流爲雕五至以穀俱來舉火神怪得無在子所
不語中乎又若斯引太誓曰民之所欲天必從之國語
引太誓曰朕夢協朕卜襲于休祥戎商必克孟子引太
誓曰我武惟揚侵于之疆則取于殘殺伐用張于湯有
光孫卿引太誓曰獨夫紂禮記引太誓曰予克紂非予
武惟朕文考無罪紂克予非朕文考有罪惟予小子無
良今之太誓皆無此語吾見書傳多矣所引太誓而不
在太誓者甚多弗復悉記略舉五事以明之亦可知矣
馬此說甚正義聲辯之曰案融之意以太誓非伏生所
傳故疑之今融獨不見伏生之尚書大傳今太誓維四
月太子發上祭于畢云云大傳係引其文矣其所以不
傳者蓋生季耆容有遺忘自所得二十八篇之外不錄
記意其全故亦大傳引九共曰予辯下土使民平平使
民無敘引帝告曰施章乃服明上下以錄其片語而不
傳其全文是其不以記意之明驗也然則太誓雖不出
于伏生不得謂非秦火以前伏生所藏（才桑反）之舊文矣且漢
書藝文志云尚書古文經四十六卷爲五十七篇計伏
生書二十八篇三分般庚則爲三十加孔氏多出之二
十四篇才五十四加太誓三篇適五十七無太誓則不

符其數又李顒集注尚書亏此太誓輒引孔安國曰則孔氏古文亦有此篇安國且作傳矣而兩漢諸儒莫見今文古文皆未嘗疑太誓有今古文之異然則今文太誓同乎古文又可知矣馬融獨以其後得而疑之則五十四篇惡在其可信邪若其所偁八百諸侯不期而會則婁敬說高帝嘗言之矣司馬子長亦錄其文亏本紀矣不兹信而有徵乎又若火流爲雕以穀俱來斯乃符命之應猶讖書緯圖之屬也孔子繫易曰河出圖洛出書聖人則之論語記孔子之言曰鳳鳥不至河不出圖吾已矣夫然則符瑞之徵聖人且覬希遇之而乃以火流穀至爲神怪謂爲子所不語豈論乎且思文之詩不云乎詒我來麰帝命率育知此以穀俱來之謂融亦將并詩爲誕乎不然詩則信之書則疑之進退皆无據矣融又以書傳所引太誓甚多而疑此太誓皆无有聲又案湯誓篇傳自伏生兹又出諸孔壁今文古文皆合符乃亓予小子履敢用玄牡云云載亏墨子兼愛篇而湯誓未有其文故孔安國注論語堯曰篇不敢質言湯誓之文而云墨子引湯誓其詞若此又墨子尚賢篇引湯誓曰聿求元聖與之勠力同心以治天下而湯誓中亦无之然而謂湯誓有逸文可也謂湯誓爲僞書則不可

太誓

以此相況太誓猶是爾夫復奚疑哉不獨此也大傳引般庚曰若德明哉湯任父言卑應言引無逸曰厥兆天子爵今般庚無逸具在而皆無是言經與傳偶出于伏生不應傳錄其文經反遺其語然則伏生所傳之後歐陽夏侯遞為師承猶不能無闕逸況太誓經暴秦之餘百年而出反謂其為遺逸邪且夫傳記諸書夫乃而見之矣苟欲偽造必不能張空發以自吐其匈肊舞不能止神奇以騁乃出觀聽將摭拾典籍以襲補綴依據證理以為干城以承離合其辭于後世知彼偽孔氏之所為矣安用故留此闕除以滋後人之議哉蓋惟當時實有其事史官據事直書而無所顧忌故為之流載至之文隸其後遺文殘闕傳之者謹守殘編而不能補緝故無諸傳記所引之語斯何足怪乎季居之說吾不謂然故為此辯

紂夷居不肎事上帝鬼神禍厥先神祇弗祀乃曰吾有命無僇其務天亦縱之棄而弗葆居君御反　肎可等反　僇力竹反　縱子用反

注　夷居倨嫚也僇讀爲戮

力之勞言以有命不畏鬼神毋爲勞力于鬼神之務墨子以此言紂之執有命也述王以太誓非之【疏】自此以下雜采傳記及諸子所引皆漢學官之太誓所無者今以意次其先後而臚錄焉大各不聯屬皆空格以別之此條則三見引于墨子而字多互異今墨子非命上篇云于太誓曰紂夷處不肎事上帝鬼神禍厥先神禔不祀乃曰吾民有命無廖排漏天亦縱之棄而弗葆又非命中篇云先王之書太誓之言然曰紂夷之居而不肎事上帝棄闕其先神而不祀也曰我民有命毋僇其務天不亦棄縱而不葆又天志中篇云大明之道曰紂越厥夷居不肎事上帝棄厥先神祇不祀乃曰吾有命無廖僨務天下天亦縱棄紂而不葆察蓋墨子之道爲孟子所譏其書遂寖微故至今而字多譌舛故同一文而再引輒異今合是三引各擇其誼理明順者而從錄之注云夷居倨嫚也者說文几部云凥處也又尸部云居蹲也又几部云凥処也然則三字各異而此文夷居當解爲蹲居而乃云倨嫚者蓋蹲居即倨嫚之狀誼實相從其字亦通史記酈生陸賈傳云不宜倨見長者漢書作踞見

太誓

又張晏所傳云高祖箕倨詈漢書作箕踞罵詈踞即居字也是居與倨字通矣此文皆解為蹲居則是以形狀言形狀則時而與時而不與斬事介倨嫚則言其心性心性則有常者也據言不肯事上帝鬼神則倨嫚之解為允當矣云僇讀為勠力之勠者說文人部云僇癡行僇僇也力部云勠并力也又戈部云戮殺也三字誼各異而古者輒叚借通用之成十三年左傳云勠力同心孔氏正義本作戮力陸氏釋文所據本則作勠力又史記項羽本紀云將戮力而攻秦漢書項籍傳作勠力是勠戮字通而礼記大學云辟則為天下僇矣史記錄甘誓湯誓之文奴戮作帑僇是皆以僇為戮然則大可以僇為勠矣此文僇字必解為勠力乃與其務文相從矣云毋為勠力于鬼神之務者解其務為鬼神之務也必為是解者墨子明鬼篇云古者聖王必以鬼神為其務又云今執無鬼者曰鬼神者固無有則此反聖王之務此非命天志引書之意與明鬼篇大恉略同且舉不肯事上帝鬼神不祀先神祇之文下而云毋僇其務自是謂毋勠力于鬼神之務也引墨子者非命中篇文是墨子說太誓之意

小人見姦巧乃聞不言也發

辠鈞〔注〕墨子曰此言見淫辟不以告者其辠亦猶淫辟者也辟匹益反〔疏〕墨子尚同下篇引太誓之言然且說其證云云茲引以爲注案發謂發覺也鈞同也言知姦巧之情而匿不以告以事發覺則其辠與彼姦巧者同故云其辠亦猶淫辟者也

紂有億兆夷人亦有離德余有亂十人同心同德億於力反〔注〕十萬曰億十億曰兆一說萬萬曰億萬億曰兆夷人平民也余我亂治也十人謂文母周公太公召公畢公榮公太顛閎夭散宜生南宮括召上照反夭衣小反又一番反散色但反〔疏〕昭二十四年左傳引太誓文如此注云十萬曰億十億曰兆者十萬曰億說文心部文國語楚語云百姓千品萬官億醜兆民以百千萬推之則億兆大名以十相等是十萬爲億十億爲兆也云一說萬萬曰億萬億曰兆者毛詩豐年傳云數萬至萬曰億鄭注禮記內則云萬億曰兆億兆

之數有異說者韋昭注楚語云十萬曰億古數也今人以萬萬為億是舊有此二種之數故先儒說有不同于此經當兼是二說詳見前釋詁云夷于也億亦是民數故云夷人于民也杜預注左傳以夷為四夷案商紂衆本億中夏且叛之安得有四夷杜解非也余我亂治也釋詁文云十人謂文武周公太公召公畢公榮公太顛閎夭散宜生南宮括者論語泰伯篇引武王曰予有亂十人與此文也彼文疏引此而又記孔子之言曰有婦人焉九人而已故馬鄭注彼文皆以文母當十人之數茲則依彼注以為注案毛詩敘云卷耳后妃之志也又當輔佐君子求賢審官知臣下之勤勞則文母之內治所以佐文王治理周家者至矣故十人數及之論語釋文云予有亂十人本或作亂臣十人非陸則古論語本無臣字子惠子曰古文論語及左傳皆無臣字故馬鄭皆以文母與十人之數晉人無識輒增臣字宋人遂疑婦人為邑姜先生是矣

天眂自我民眂天聽自我民聽眂古文視注趙岐曰自从也言天之眂聽从人所欲也疏孟子萬章篇引太誓文如此注趙岐

自皆訓用孟子注也

民之所欲天必從之

疏 左傳襄三十一年及昭元年再引太誓文如此國語周語及鄭語亦再引太誓文同韋昭注國語云今周書太誓无此言其散亡乎杜預注左傳亦云今尚書无此文案此文與孟子所引天視自我民視云云語意一毌文當相屬疑宂宋語必今以此二文相次以示疑空一格以區之

朕㝱協朕卜襲于休祥戎商必克 㝱莫鳳反俗作夢了非爲一字

注 韋昭曰朕武王自謂也旪合也襲亦合也休美也祥福之先見者也戎兵也言武王㝱與卜合又合美善之祥以兵伐殷當必克之 見矣寫反

疏 國語周語單襄公引太誓文如此注韋昭曰皆訓用國語注也旪之訓咊襲誼爲重故以爲合也休美釋詁文禮記中庸云國家將興必有禎祥故云祥福之先見者也戎商猶中庸言戎衣鄭注中庸云戎兵也衣讀如殷齊人言殷聲如衣壹戎殷者壹用兵伐殷也韋于此注云戎兵也以兵伐殷與

太誓

鄭注中庸說同

文王若日若月之照臨光于四方顯于西土注墨子以爲此言文王之兼愛天下之博大也譬之日月兼照天下之無有厶也厶息夷反俗作私則別矣疏墨子兼愛下篇引太誓文而說其說云云茲從采經文即用其說以爲注

予克紂非予武惟朕文考無罪紂克予非朕文考有罪惟予小子無良注鄭康成曰克勝也非予武非我功也文考文王也無罪則言有德也無良無功善也疏禮記坊記篇引太誓文如此鄭注云此是武王誓衆以伐紂之詞今太誓無此章則其篇殘亡注鄭康成曰皆即坊記注也克勝釋詁文

太誓下弟六十与三疏凡四條皆作在誅紂之後故編以爲下篇

周書曰

惡乎君子天有顯德其行甚章爲鑑不遠在彼殷王謂人有命謂敬不可行謂祭無益謂暴無傷上帝不常九有以亡上帝不順祝降其喪惟我有周受之大帝惡威故反其行下孟反喪息浪反注墨子曰昔者紂執有命而行武王爲太誓太發以非之疏墨子非命下篇言太誓之言也云太發曰惡乎君子云云且說其證曰昔者紂執有命而行武王爲太誓太發以非之所云太發不可改以其備太誓之言故錄之且引其說以爲注昔者字疑誤以意改爲昔者

獨夫紂注紂殘虐衆叛親離故曰獨夫孟子曰殘賊之人謂之一

夫獨夫猶一夫也【疏】荀子議兵篇引太誓文止此一句紿大錄之注引孟子曰皆梁惠王下篇文也彼文齊宣王問湯放桀武王伐紂臣弒其君可乎孟子對曰殘賊之人謂之一夫聞誅一夫紂矣未聞弒君則孟子所云一夫正指謂紂故引以證

紂有臣億萬人亦有億萬之心武王有臣三千而一心

【疏】管子法禁篇引太誓文如此與左傳所引相似故據論語偁武王曰予有亂十人則左傳所引是武王誓師之言此言武王有臣三千而一心則是史臣贊美武王蓋在既誅紂後且有臣三千與有亂十人不同知是兩文故以分屬于中下二篇焉案孟子盡心篇偁武王伐殷虎賁三千人則此有臣三千謂虎賁也

我武惟揚侵于之疆則取于殘殺伐用張于湯有光畺與疆同【注】趙岐曰我武王用武之時惟揚也侵紂之疆界則取于殘賊者以張殺伐之

功也民爭簞食壺漿之獻以迎湯伐桀爲爭先親美者

王惪優肯伐也　鷹於陵反簞多寒反食祥吏反　疏　孟子滕文公下篇引太誓文如此似當在太誓篇矣今以肖于下篇之末注趙岐曰者即孟子注也云我武王用武之時惟鷹揚也者毛詩大雅傳云鷹揚如鷹之飛揚也云民爭簞食壺漿之獻者彼孟子上文言其君子實玄黃于匪以迎其君子其小人簞食壺漿以迎其小人其下乃引此經以證故趙是云獻

坶誓弟四十三

周書三　尚書十㕣

時甲子昧爽　注　昧爽旦明也鄭兼成說以詩曰肆伐大商會朝清明　疏　昧爽旦明也者說文日部文昧闇也爽明也由闇而明之時故曰旦明也鄭注引詩者大明篇文案鄭箋大明詩云肆故今也會合也以天期以至殷中之彊師帥之武故今伐殷

坶誓

合反以清明書坶誓曰時甲子昧爽云〻蓋鄭以詩言清明則此經昧爽故箋詩引此經而于此又引詩文相為證又案鄭注此經必先解昧爽之誼乃後引詩以證但大明正義止偁鄭注坶誓引詩不見引鄭注今不得詳聞其注故不云鄭兼成曰而變文言鄭兼成說以曰云〻蓋鄭注攷工記繢人偁鄭司農說以論語曰繪事後素

王朝至于商郊坶野乃誓 坶蒙六反正義本作牧字形矣依說文作坶僞古文亦作坶

注 坶朝歌南七十里地鄭兼成曰郊外曰坶將戰于郊故至坶野而誓

疏 云坶朝歌南七十里地皆說文土部文朝歌紂所都地名也鄭注見正義郊外曰坶〻古野字也案釋地云郊外謂之牧〻外謂之野茲云郊外曰野者毛詩坰傳云坰遠野也又云郊外曰野〻外曰林〻外曰坰是郊外可通偁野矣杜子春注周禮載師職云五十里為近郊百里為遠郊鄭注君陳敘亦云天子之國五十里為近郊近郊坶在朝歌南七十里是在遠郊之內近郊之外經言至于商郊坶野故鄭云郊外曰野

王左杖黃戉右秉

白旄以麾（麾許爲反以手麾靡聲俗書麻下著毛非）注 秉執也麾指麾也 疏 秉執釋詁文說文手部云麾旌旗所以指麾也故云麾指麾也 曰逖矣西土之人 注 逖遠 疏 釋詁文 王曰嗟我友邦冢君 注 天子爲友諸侯之誼故偁友邦冢君大也 疏 周禮大宗伯職云以賓射之禮親故舊朋友鄭注云天子亦有友諸侯之誼且引此經以證茲云天子爲友諸侯之誼故曰友邦用周禮鄭注誼也冢注見周本紀注冢大釋詁文 御事司徒司馬司空亞旅師氏千夫長百夫長（長中賞反）注 御治也治事之臣總曰司徒以下亞次旅眾也謂次于公之眾卿師氏中大夫也周禮屬地官凡軍旅王舉則從蓋周先時本爲是官周公因之者也鄭兼成以千夫

長師衛也百夫長亦衛也下衍嫁反從才用反衛色類反或者作率夫作帥疏鄭箋思齊詩云御治也且引書越乃御事以證故云御治也以御事爲治事之臣也案僞孔書傳以太誓司徒司馬司空爲天子三公則此司徒司馬司空當與上同大三公矣三公無職而云御事之臣總目司徒以下者蓋三公于時坐而論道無所職司今在軍中不無所治且司馬掌兵軍旅乃其所專司也故以御事爲總目司徒以下也亞旅釋言文旅衆釋詁文司徒司馬司空既是三公則亞旅是旅于公者自是卿矣故云謂旅于公之衆卿云師氏中大夫也周禮屬地官者周禮教官之屬爲師氏職中大夫一人敎官是地官也云凡軍旅王舉則從者師氏職云凡祭祀賓客會同喪紀軍旅王舉則從鄭注云舉猶行也茲但云軍旅者以祭祀之等于此經無當故節引其文以證王親自行軍則師氏從也云蓋周先時本爲是官周公因之者也者周禮是後此周公攝政時所作而此經以爲師氏從者王伐紂是周初本爲師氏官君行則從者其後周公作周禮爲師氏官爲王舉則從之職是因襲先時之制也鄭注見正義周禮夏官敍官云二千五百人爲師師皆中大夫

五百人爲旅旅之帥皆下大夫故鄭曰千夫長爲師帥百夫長爲旅帥千夫百夫皆不必限定一千一百之整數周禮又各百人爲卒之文王肅據之亦曰百夫長爲卒長其千夫長則曰爲師長何不限定一千人之長乎肅說非也

及庸蜀羌髳微纑彭濮人羌去羊反髳莫包反纑洛乎反正義本改作盧茲从史記濮百木反

（注）八國皆戎蠻之國馬融曰武王所率將來伐紂也戎如融反隸者从戎率所律反俗者从率又讀从帥將即匠反

（疏）云八國皆戎蠻之國皆謂西戎南蠻也文十六年左傳云庸率羣蠻以叛楚則庸是南蠻漢書司馬相如傳相如使蜀長老多言通西南夷之不爲國用則蜀在西南說文羊部云羌西戎牧羊人也後漢書西羌傳偁武王伐商羌髳率師會于牧野言羌髳則髳亦西戎矣微纑見立政篇彭則無聞此三國皆未詳其所在案周國于西而化行于南國則微從于周者其爲西戎南蠻可知逸周書王會解正南之國爲百濮又國語鄭語史伯曰叔逃難于濮而蠻則濮亦南蠻國故知八國皆戎蠻也馬注見周本紀注

稱爾戈比

爾干立爾矛予其誓爯尺夌反俗譌作稱偁俗別也比亏費反

注 爯舉也戈句孑戟也比相次比也干盾也矛酋矛句果矦反

戟几逆反盾食尹反酋夕修反

疏 說文冓部云爯幷舉也故云爯舉也是俗譌用偁爲爯故釋言云偁舉也是从俗而別也云戈句孑戟也者鄭注考工冶氏云戈今句孑戟也或謂之雞鳴或謂之擁頸云比相次比也者說文比部文釋言云干扞也孫炎注云干盾所以自蔽扞故云干盾也公羊昭二十五年傳云朱干玉戚以舞大夏何休注云干盾也以朱飾盾周禮攷工記有酋矛夷矛也云矛酋矛不及夷矛者攷工記言車有六等之數酋矛常有四尺崇于戟四尺謂之六等斯最崇矣夷矛三尋太長不與六等之數是乘車不建夷矛則此止是酋矛矣

王曰古人有言曰牝雞無晨牝雞之晨惟家之索牝步忍反晨食珍反从曰晨俗作晨音同而誼別矣

注 雞知時畜也當晨而鳴牝雞則否諭婦人无與事也索猶

散也畜吸柚反【疏】云雞知時畜也者說文隹部文云當晨而鳴者易說卦云巽為雞九家注云應八風也風應節而變變不失時雞時至而鳴與風相應也二九十八主風精為雞故雞十八日剖而成雛二九順陽歷故雞知時而鳴也又春秋說題辭云雞為積陽南之象火陽精物炎上故陽出雞鳴以類感也云牝雞則否者漢書五行志云元帝初元中丞相府史家雌雞伏子漸化為雄冠距鳴將是化為雄乃鳴牝雞不晨鳴也云諭婦人无與事也者漢書外戚傳班倢伃賦云悲晨婦之作戒兮張晏注云書云牝雞之晨維家之索諭婦人无與事也茲用其證云索猶散也者鄭注禮記檀弓證也

今商王紂維婦言是用

紂僞孔本作受史記作紂案太誓引見左傳以紂有億兆夷人引見禮記以予克紂又以紂克予引見荀子以獨夫紂引見管子以紂有臣億萬人僞孔氏取以入其所為之太誓悉改作受數則此文亦僞孔氏改作受爾史記作紂紂亦是尚書本字茲故作紂【注】婦謂妲己也史記以妲己之言是用妲多譇反己吉里反【疏】云婦謂妲己也者妲字己姓也國語晉語云史蘇以殷辛

伐有蘇有蘇氏以妲己女焉妲己有寵于是乎與膠鬲比而亡殷引史記者殷本紀文以證婦之謂妲己也

昏棄厥肆祀不荅昏棄厥遺王父母弟不迪

不荅僞孔本作弗荅茲从史記荅多合反

注 鄭康成曰肆祀祭名荅問也誓者言此者神怒民怨紂所以亡也聲謂迪進也言不勞進之今文王為任

疏 鄭注云肆祀祭名者見詩雝正義案雝詩云相予肆祀鄭箋云助我陳祭祀之饌是解肆為陳與此不同者彼詩正義引此注而通解之云祭必陳之故言肆祀尚書指言紂之所棄故知祭名此言所助是與為肆故不以為祭名理大相通也荅問也句見周本紀注不荅是謂置之不問故解荅為問誓者以下見正義迪進釋詁文云言不勞進之者史記云遺其王父母弟不用不勞進即不用也云今文王為任者蔡邕石經作任父母弟不迪任蓋字之誤姑存其字于注而不用其說

乃惟四方之多辠逋逃是崇是長是信是使

信是使是以爲大夫卿士俾暴虐于百姓以姦宄于商邑逋百亏反長中賞反注逋亡崇尊也崇或爲宗〻亦尊也尊長逋逃之辠乃而信使之以爲大夫卿士使暴虐百姓爲姦宄于商國邑國也某株

傳曰紂爲天下逋逃主疏逋亡說文辵部文宣十二季左傳云師叔楚之崇也謂楚之尊貴者故云崇尊也漢書谷永傳永對尚書問引此經作是宗是長故云崇或爲宗禮記檀弓云天下其孰能宗予鄭注云宗尊也茲兼崇尊之訓故云宗亦尊也邑國說文邑部文商邑史記作商國故解邑爲國引某株傳皆昭七季左傳文也臧匿逋逃之辠乃著爲其主乃號傳所云爲天下逋逃主正此經崇長逋逃多辠之事故引以證焉

今予發維龔行天之罰今日之事不愆于六步七步乃止齊焉愆起虔反注

愆過也鄭康成曰好整好暇用兵之術好火[illegible]反【疏】愆過釋言文籀文愆作諐釋言諐乃籀文也鄭注見詩大疋正義成十六年傳欒鍼曰日臣之使于楚也子重問晉國之勇臣對曰好以衆整曰又何如臣對曰好以暇是用兵貴整齊閑暇故云好整好暇用兵之術好好暇解經之字好整解齊字也

夫子勖哉【注】勖勉【疏】釋詁文也

不愆于四伐五伐六伐七伐乃止齊焉【注】六伐七伐衍字也鄭康成曰伐謂擊刺也始前就敵六步七步當止齊正行列及兵相接少者四伐多者五伐又當止齊正行列也行何岡反【疏】云六伐七伐衍字也者鄭注禮記樂記引此文云不過四伐五伐又曲禮正義及樂記正義引此經皆无六伐七伐字且鄭注此云多者五伐則不合為六伐七伐可見鄭本古文尚書實无六伐七伐字但史記及漢石經皆為此四字故不敢削去姑存之而目為衍字可也鄭注見禮記曲禮

正義云伐謂擊刺也者擊用戈刺用矛也鄭注樂記云一擊一刺爲一伐案周禮大司馬職云徒三刺此言四伐五伐不同者彼是大閱此謂臨敵故爲異也

勖哉夫子尚桓桓桓胡官反正義本作桓茲从說文所引【注】鄭兼成曰桓桓威武皃【疏】注見周本紀注云桓桓威武皃者釋訓云桓桓烈烈威也詩敘云桓武志也桓桓字譌也

如虎如貔如熊如羆貔貧夷反【注】鄭兼成曰其威當如獸之將攫搏也貔一名白豹虎類也聲謂今文曰如虎如貔如豺如离歐陽喬說离猛獸也攫居縛反离丑知反【疏】鄭注見[illegible][illegible]正義云貔一名白豹虎類也者說文豸部云貔豹屬出貉國字林云豹似虎員文然則貔是豹之種類豹又爲虎類則貔亦虎類矣云今文曰如虎如貔如豺如离者史記曰如虎如羆如豺如離徐廣音義曰離與螭同文選思玄賦注引歐陽尚書說曰螭猛獸也檢尚書二十八篇未有螭字歐陽何由有是說據史記如離之文則必歐陽尚書作螭而爲是說歐陽

書故是今文也蓋然今文作螭茲引今文作离者說文螭與离自是兩字後學輒混用螭以爲离字故史記音義及文選注皆作螭說文禸部引歐陽喬說离猛獸也與文選注所引歐陽尚書說是也字當以說文爲正據說文虫部螭若龍而黃或曰无角曰螭則非此經所云也茲故从离案漢書儒林傳歐陽氏无名喬者歐陽和伯之曾孫名高爲博士疑是尚書家歐陽氏學歐陽喬當即歐陽高喬高字相似音讀又俱相近兩字可通也

于商郊弗禦克奔以役西土禦僞孔本作御解爲迎衛包奉詔改尚書字緣于正義本改御爲訝大謬矣釋文云馬作禦案史記亦作禦據鄭注則鄭本亦作禦茲故从禦

注　于往也坶在紂都近郊之外故言往商郊鄭康成以禦彊禦禦謂彊暴也奔敗也不得暴殺紂師之奔走者當以爲周之役也

疏　于往鄭箋棫樸詩語也云坶在紂都近郊之外故言往商郊者天子之國五十里爲近郊坶在紂都七十里是在近郊之外矣言此者以上文言至于商郊坶野似坶即在郊而此

又言于商郊故特以此是指近郊上文商郊坶野乃是遠郊近郊之間亦可云郊也案敘云與受戰于坶野則戰時未至近郊此訓于爲往言往商郊者蓋紂師就至坶野迎戰故即戰于坶野此誓師之時紂師未至武王本欲前進至近郊故言往商郊與敘文不相妨也鄭于上文注云將戰于郊故至坶野而誓大謂武王欲至近郊而戰也鄭注見周本紀注云彊禦彊禦謂彊暴也皆毛詩蕩傳云彊禦彊梁禦善也彊梁禦善是彊暴矣釋詁云殺克也公羊隱元年傳云克之者何殺之也故云克殺也

勖哉夫子尔所弗勖其于尔躬有戮 注 鄭康成曰所言且也

疏 注見周本紀注云所言且也皆所且皆語詞故解所之爲言且也

武成第十五 注 孔是逸書二十二今亡鄭康成曰武成逸書建武之際亡 疏 鄭注見正義建武者東漢光武皇帝年號也建武之際亡然則鄭君不及見乎

武成

周書五

維一月壬辰旁死霸若翼日癸巳王乃朝步自周于征伐紂旁鋪光反霸鋪百反俗作魄非

其說矣【注】一月斗柄初昏建子之月殷之十二月在周為正月也不言正月者時未改正朔故但以數紀言一月也壬辰初二日也旁死霸月偏體皆晦也月三日為哉生霸故二日為旁死霸也翼明日也周鎬京也鎬禾豪反

【疏】云一月斗柄初昏建子之月者謂以斗之柄于初昏時正指北方子位是為建子之月周正建子則以是月為歲首知經言一月謂是月矣云殷之十二月者商正建丑則建子之月是其十二月矣云不言正月者時未改正朔故但以數紀言一月也者然是建子則是月為正月矣茲不言正月而言一月故復出云以未改正

朔故也蓋改朔必得統定天下之後此時猶未以建子之正朔頒于天下也云壬辰初二日也者以下云二月既死霸粵五日甲子則二月庚申朔也并而推之是月月小則辛卯朔故壬辰為初二日也云旁死霸月偏體皆晦也者逸周書世俘解曰旁生霸孔晁注云旁廣大月大時也旁生霸是月大盛滿之時則旁死霸自是偏體皆晦不可見之時矣云月三日為哉生霸者禮記鄉飲酒誼云月者三日則成霸又康誥哉生霸馬融注云謂月三日始生兆朏名曰霸是也月三日為生之始則二日為死之極故云故二日為旁死霸也劉歆解旁為傍謂死霸為朔二日旁之韋反古誼異說非也釋言云龔同也故云龔日同日也文王有聲詩云宅是鎬京維龜正之武王成之則武王是時必自鎬京往故云周鎬京也

粵若來二月既死霸粵五日甲子咸鎦商王紂

〔注〕若猶而也粵若來者于是而來也以晦為死霸既死霸朔也是以庚申朔鎦殺也

〔疏〕鄭注周禮旅師云而讀為若聲之誤也則若與而聲相近也又

義禮鄉飲酒禮云公如大夫入鄭注讀如爲若隱七年左傳云歃如忘釋文引服虔注云如而也然則若與如如與而而與若皆同詁故云若猶而也月以生爲生霸則以盡爲死霸晦則以盡故云月晦爲死霸其死霸則是晦生於日故云朔也云是月庚申朔皆據書序文日甲子乙未推此其死霸是庚申朔矣鎦歆說文金部文

維三月既旁生霸粵六日庚戌武王燎于周廟翼日辛亥祀于天位粵五日乙卯乃以庶國祀馘于周廟廟古文庿馘古麥反與聝同【注】旁生霸月盛滿時謂望也其旁生霸猶其望也是日下以于中乃當爲十七日蓋是月十六日望也庚戌二十二日也庚戌燎于周廟獻紂及紂妻生馘也馘所俘獲者生首也乙卯祀馘獻庶馘也俘孚枸反【疏】云旁生霸

月盛滿時謂望也者說見上經望者月滿與日相望以
朝君也故从月从臣从壬俗輒作望非也云亓旁生霸
猶亓望也者猶名諸言二月亓望也云是日乃巳者據
言粵六日庚戌知此日是乃巳矣云于宗乃當為十七
日者劉歆三統麻謂是歲二月月後有閏月二月庚申朔
閏月庚寅朔三月己未朔四月己丑朔知此者以上文
月日推之者无閏月則四月不得有庚戌故知信有閏以
月四月是己亥朔當不誤也準此己亥朔以推則乃以
是十七日矣云蓋是月十六日望也者蓋日月之行皆
有遲速故日月相望或在十五日或在十六日此亓旁
生霸本應十六日今以宗乃推此乃以乃是十七日容
或望在十六日故十七日為亓旁生霸也準此以推則
庚戌是二十二日矣云庚戌燎于周廟獻紂及紂妻之
馘也乃卯祀馘獻庶馘也者逸周書世俘解云時四月
亓旁生霸粵六日庚戌武王朝至燎于周維予沖子綏
文武王降自車乃俾史佚繇書于天號武王乃廢于紂
夫惡臣人百人伐右厥甲小子鼎大師伐厥四十夫家
君鼎師司徒司馬初厥于郊號武王乃夾于南門用俘
皆施佩衣〻先馘入武王在祀太師負商王紂縣首白
旂妻二首赤旂乃以先馘入燎于周廟若翼日辛亥祀
武成

于天位。粵五日乙卯，武王乃以庶祀馘于國周廟，是其事也。故據以爲說。毛詩皇矣傳云：不服者殺而獻其左耳曰馘。禮記王制云以訊馘告，鄭注亦以爲馘爲耳，此云馘所俘獲者之首也者，蓋或首或耳皆爲馘，故馘字大徐本或从耳或从首，此經據世俘解，則馘是首，故言首也。以上經文，據劉歆三統術所引，見漢書律曆志

血流浮杵杵，昌呂反 疏 此經引見王充論衡語增篇

鴻範弟六十六

周書六　尚書十七

維十有三祀王訪于箕子 注 汎謀曰訪。箕子，紂諸父，名胥餘。箕，采地名，在畿內。子，爵也。畿內謂之子。大傳曰：武王勝殷，繼公子祿父，釋箕子之囚。箕子不忍爲周之釋，走之朝鮮。武王聞之，因以朝鮮封之。箕

子既受周之封不得无臣禮故亐十三祀來朝武王因

其朝而問洪範采七在反又方老反朝鮮上止遙沉反下相然反來朝其朝並直遙反謀

肖說說文言部文史記周本紀言武王問箕子殷所以亡箕子不忍言殷惡以存亡國宜告武王亦醜故問以天道是沉謀也云箕子紂諸父者馬鄭皆云然也云名胥餘者莊子大宗師云箕子胥餘司馬彪注以胥餘爲箕子名也云箕采地名在畿內子爵也者鄭志荅張逸云微子箕子實是畿內采地之爵非畿外治民之君故云子也云異畿內謂之子者鄭注禮記王制云殷爵三等公侯伯也異畿內謂之子言樂異畿內故謂之子異於畿外之公侯伯也大傳言繼公子祿父者謂封武庚也祿父武庚字也云釋箕子之囚者箕子彊諫紂紂怒囚之今武王釋之也云箕子不忍爲周之釋走之朝鮮者箕子以殷之亡國今乃爲周釋故不忍而走之朝鮮朝鮮在中國之外東北海隅遠竄海隅自己不臣於周也云武王聞之因以朝鮮封之箕子既受周之封不得无臣禮故亐十三祀來朝者蓋武王封箕子亐朝鮮遠在海外所以異亐中國之諸侯以示不純臣之意以全

洪範

箕子不詘之志如此，則在箕子大可受之矣。既受周之封，不可全不爲臣，故于十三祀來朝也。十三祀者，順經而說也。案武王伐紂乃十三年事，此言十三祀，則不出一年內也。計武王誅紂已二月五日，其釋箕子之囚，雖即在此時，箕子得釋而去，當亦不甚後，武王于是遣使即朝鮮而封之，不過兩三月爾，箕子既受封，乃後來朝，容可及秋冬之間，猶是十三年也。觀商曰祀，周曰年，此云十三祀，以周之紀年，仍商之偁號者，蓋爲與箕子，不以爲臣，故不欲變祀爲年也。

王乃言曰：烏虖箕子，維天陰騭下民，相協厥居，我不知其彝倫逌敘。

陰，於今反。騭，之日反。相，息匠反。〔注〕馬融曰：陰，覆也。騭，升也。升猶舉也，舉猶生也。聲謂合之者，所以發之也。相，助也。協，咊也，合也。彝，常。倫，理也。言天覆生下民，王者助天舉發明之以仁誼，以昧合民所居之理，我不知其居天常理所

攸敘也覆方救反 疏 馬注見釋文云侌覆也者說文雲部云霒雲覆日也侌古文霒省是侌爲霒覆誼也隲升釋詁文云升猶舉也舉猶生也皆展轉訓釋欲解隲之誼爲生也云侌之者所以發之也者呂氏春秋君守篇引此經而申說之云然茲用其誼釋詁相助同訓勴也故云相助也云旪和也合也者說文劦部云協眾之和同也重文作旪又作叶皆古文協也則旪爲和誼正月詩云洽比其鄰毛傳云洽合僖廿三年左傳引作協比其鄰則旪又爲合也彝常釋詁文侖理說文侖部文云言天覆生下民王者助天舉發旬之以仁誼者采用高誘呂氏春秋注也呂氏春秋引此經而說之云侌之者所以發之也高氏爲此注則所云助天舉發旬之以仁誼可爲此經相旪氒凥之正訓蓋仁誼爲民所凥之常理卽所謂彝侖也云以和合民所凥之理者足成高誘誼也云我不知其凥天常理所攸敘也者漢書五行志引此經而應劭注云云茲節用其注

箕子乃言曰我聞扗昔鯀垔洚水垔於眞反洚王氒反从水夅聲僞孔本作洪蓋趙宋以來俗字盛行因與夅繇

于天下故汩謡爲汩也必知此經當爲汩而非汨者詳經意當爲亂誼汨則是汨羅淵乃水名非其誼也匸言曰汩疾也疾流則灑亂上林賦曰汩乎混流是汩爲亂也又古乃訓詁多反誼如亂之爲治徂之爲存是也說文云汩治水也反其誼則爲亂故知此當作汩蔡邕石經作曰蓋汩字省水亦聲直乃反 注 垔塞汩亂也水性流行而鯀障塞之失其本性其餘所陳皆亂故曰亂陳五行今文垔爲伊汩爲曰塞所則反 疏 垔塞五行漢書五行志應劭注也蓋五行志引此經故采用其注垔塞說文土部文且引此經已證則其誼確矣司馬相如上林賦云汩乎混流張衡南都賦云漻戾淢汩則汩誼爲亂故云汩亂也云其餘所陳皆亂者水是五行之一塞水而五行皆亂故曰其餘云今文垔爲伊汩爲曰者據蔡邕石經本

帝乃震怒弗畀洪範九疇彝倫攸斁

弗正義本作不茲依漢書五行志所引畀必二反疇直猶反斁當路反正義本作斁茲依說文所引 注 鄭康成曰帝天也

天以鯀如是乃震動其威怒不與天道大法九類言王所問所由敗也畀謂畀與洪大範法疇類斁敗也與余呂反賜予也俗混作毀乃形是一字〔疏〕鄭注見史記宋世家注符瑞皆天所命下言天乃錫禹洪範九疇此言帝乃震怒弗畀洪範九疇故云帝天也說文丌部云畀相付與之約在閣上也故云畀與洪範古今字洪大範法竝釋詁文易否九四云疇離祉九家注云疇者類也疇毀疇誦故云疇類斁敗說文攴部文鯀則殛死禹乃嗣興〔注〕殛死先殛後死也嗣繼興起也鄭兼成說以善殊傳自釋之誅也殛鯀其舉也興禹〔疏〕云殛死先殛後死也者殛止是誅戮非殺也殆時殛之云羽山其後鯀乃其季命而死云其所介以經言殛死嫌似殺之故辯之必知殛非殺者四凶同惡共工讙兜或流或放鯀是死之又方將用禹豈反殺鯀躬故高誘注呂覽行論篇引此經文以爲先殛後死也又鄭志答趙商云鯀非誅死鯀放居東裔至死不得反于朝

禹乃其子也以爲聖功故堯興之若以爲殺乃又用其子而舜禹何以忍乎而尚書云鯀則殛死禹乃嗣興者蓋子見堯王誅殺今毀已言思其意爲慙悳爲說又不肖則舉子賢則舉之以滿堯王意也是鄭君大謂殛鯀實非殺也嗣繼釋詁文興起釋言文鄭注見宋世家注引舊疏傳者僖三十三年左傳文也

天乃錫禹洪範九疇彝倫攸敘【注】錫賜也天賜禹大法九類謂洛書也即下文所陳是【疏】錫賜釋詁文云天賜禹大法九類謂洛書也即下文所陳是者班固漢書五行志引此下文初一曰五行至畏用六極五十六字謂洛書本文所謂天乃錫禹大法九章常事所次者也是漢經師舊說以九疇即洛書即下文所陳是也

初一曰五行【注】言行者欲言爲天行氣之謂也爲于僞反【疏】此班固白虎通五行篇說也播五行于四時謂相休王是爲天行氣之謂

次二曰羞用五事羞僞孔本作敬漢書五行志及孔光傳引此皆作羞茲從之【注】羞當爲苟古

文苟字從善與羗相似故誤也苟自急敕也苟己力反善同〔疏〕云羗當爲苟者說文苟部云苟自急敕也从羊省从包省从口口猶愼言也从羊羊與義善美同意案五事乃切身之事乃當自整敕者于苟說爲允當于羗說无取也云古文苟字從善與羗相似故誤也者說文苟字重文從善云古文苟不省是古文苟從善也漢書多古字顏籀意原書必實從善作苟字善與羗字畫相似又經典羗字多而苟字絕少學者藐于罕見故誤苟爲羗也孔穎文志亦引從羗且云言能用五事以脩五行也則班氏已誤從羗矣

次三曰農用八政〔注〕鄭康成曰農讀爲醲聲調醲厚也一說農者食之本食爲八政首故以農爲名醲奴冬反〔疏〕鄭注見正義案說文云醲厚酒也鄭讀農爲醲蓋欲訓爲厚也但正義不具引鄭注其說未明故增成其說云醲厚也一說者漢書五行志張晏注也釋文引馬融注與此略同蓋舊有是說姑采之以備一說不偏馬融曰者以馬注不若此詳也

次四曰叶用五紀〔注〕叶協敕

合也合成五位爲之綱紀 疏 漢書五行志引此經應劭注云叶合也合成五行爲之綱紀也案五紀非紀五行劭言五行非也茲故改爲五位五位者國語周語云王欲合是五位三所而用之韋昭注云五位歲月日星辰也據此則星辰當五位之二五紀則合星辰爲一并曆數而五是不同矣茲以五位解五紀者蓋曆數紀所以紀歲月日星辰固不外乎五位也言合成五位爲之綱紀則曆數亦該在其中矣

次五曰建用皇極 注 建立皇君也皇或爲王〻大君也極中也 疏 建立鄭注周禮天官敍也皇君釋詁文云皇或爲王者尚書大傳作王極也釋詁王大訓君故云王大君也大傳云王之不極是謂不建鄭注云王君也極中也建立也茲悉从其詮

次六曰艾用三德 注 艾牛廢反僞孔本作乂漢書五行志及蔡邕石經皆作艾案實是⿱辟乂字艾則古通嗇字乂則俗所用也寧从艾 注 艾當爲⿱辟乂〻治也 疏 云艾當爲⿱辟乂者漢書五行志引曰艾用三德應劭注云艾治也案說文屮部云艾冰臺也从屮乂聲辟部云⿱辟乂治也从辟

乂聲然則艾是艸名與嬖之訓治異以同是乂聲故古通借艾爲嬖依應氏訓詁則字當作嬖二

次七曰明用卟疑卟今兮反正義本作稽兹依說文所引〔注〕卟卜以問疑也稽疑事明攷之于蓍龜蓍式脂反〔疏〕云卟卜以問疑也者說文卜部文也漢書五行志引此文應劭注云疑事則攷之于蓍龜兹采其注以說二

次八曰念用庶徵念奴坫反〔注〕庶眾徵驗也謂眾行得失之驗行下孟反〔疏〕禮記禮器正義引此注而不言誰氏注以意度之必是鄭注叀不敢意必故不偁鄭君也庶眾釋詁文孟康注漢書五行志以休徵爲善行之驗是徵爲驗也下經言肅艾哲謀聖則休徵應之狂僭豫急蒙則咎徵應之是眾行得失之驗二

次九曰嚮用五福畏用六極嚮許羕反畏正義本作威乃衞包奉詔所改據書古文訓則僞孔本實作畏：古文畏也案史記宋世家漢書五行志及谷永傳皆引作畏故仍畏〔注〕天所以嚮樂人用五福所以畏懼人用六極以勸戒

上洛書文也初一曰等字禹所由敍龜背凡三十八字一說著用等字大禹所加洛書止二十字未知孰是樂勤臛反

【箋】漢書五行志引此文應劭注云言天所以嚮樂乃用五福所以畏懼乃用六極茲采用之宋世家注引馬融注不具引止云言天所以畏懼乃用六極未聞其詳然圖不用也云以上洛書文也者謂五行以下至六極也五行志引劉歆說以為虙羲氏繼天而王受河圖則而畫之八卦是也禹治洪水賜洛書法而陳之洪範是也則以九疇為洛書先儒多是說也但五行志備引此文而云凡此六十五字皆洛書本文則統初一曰等字皆為龜文矣今云初一曰等字禹所由敍龜背凡三十八字者蓋天錫窈冥未必盡宣祕蘊當止示以九疇不復一一為之注由且以禹之聖豈不能定九疇之先後而必需天為之由乎劉向說以為著用嚮用等二十八字龜背所出總三十八字此說似勝五行志故依以為說言龜背者鄭注易繫詞引春秋緯云洛龜書成是則洛書龜負而出者也一說者劉向之子歆之說也雖毀其文說不同大致近似今不能定其孰是故並錄之釋

文引馬融注云從五行已下至六極洛書文也未詳馬意隸古者用等字言之與此否與未分曉故置不錄

五行一曰水二曰火三曰木四曰金五曰土僞孔本此五行及下五事八政五紀皇極三德以下疑庶徵五福等字上各為一二以至八九等字史記宋世家全載此篇並无此等數目字漢書谷永傳永對策引此篇皇極皇建其有極无五字說文卜部引此篇卟疑亦不言七數猶可曰引書皆不必盡如本文也若蔡邕石經則是寫尚書矣宋洪适隸釋錄石經殘碑此篇有爲天下王三德一曰正直二之文三德上无六字則可知尚書本无此等數目字也且古文簡質上既爲敘一二等第此以下必不重出一二等字明是僞孔氏謬增以亂經以欺世也今悉去之以還其初

注水位在北方北方者陰氣在黃泉之下任養萬物水之爲言準也言養物平均有準則也火在南方南方者陽在上萬物垂枝火之爲言委隨也言萬物布散火

之爲言匕也陽气用事萬物變匕也木在東方東方者陽气始動萬物始生木之爲言觸也陽气動躍觸地而出也金在西方西方者陰始起金之爲言禁也言秋時萬物陰气所禁止也土在中央土之爲言吐也主吐含萬物鄭秉成也此數本諸陰陽所生之謂也任如深反乂吟午反

俗化化則詃別水位在北方坐吐含萬物茲白虎通矣躍以虐反五行篇文也今本白虎通多脫誤茲則據禮記月令正義所引以正之云水位在北方者易說卦曰坎者水也正北方之卦也是水位于北方也云陽气在黃泉之下任養萬物者北方子位于二十四气爲冬至于卦爲復一陽動于下而未秀故云在黃泉之下明堂月令仲冬之月陰陽爭諸生蕩鄭注云爭者陰方盛陽欲起也蕩謂物動將萌芽也是陽气在黃泉任養萬物也云水之爲言準也者周禮攷工記云匠人建國水地以縣葢水无不平準言平也準地必須平水故水

之言準也說文亦云水準也又攷工㮚氏云權之然後
準之鄭注云準故書或作水則水準同物也云火在南
方者月令云某日立夏盛德在火又云迎夏于南
郊是火在南也云陽在上萬物垂枝者夏時陽气在上
長養萬物萬物皆盛長艸木皆垂枝也云火之爲言委隨
也者春秋元命包文火必委附于物而後然亦隨物俱
滅是委隨之誼也云火之爲言化也者火象化物故爲
化也云陽气用事萬物變化也者夏時火王故云陽气
用事堯典云平秩南譌譌之言化是夏時萬物變化也
云木在東方者月令云某日立春盛德在木又云迎春
于東郊是木位在東也故于文東从木云東方者陽气
始動萬物始生者說文云東動也書大傳云東方者何
也動方也物之動也易說卦傳云萬物出乎震震東方
也又云震動也是東方陽始動物始生也云木之爲言
觸也陽气動躍者亦元命包文說文云木冒也冒地而
生冒亦觸之誼故云觸地而出也云金在西方者月令
云某日立秋盛德在金又云迎秋于西郊是金在西也
云西方者陰始起者白虎通云少陰見于申壯于酉申
酉是西方也云金之爲言禁也者金主秋周禮秋官掌
邦禁是金爲禁也云土在中央者月令云中央土是也
洪範

云土之爲言吐也主吐含萬物者說文云土地之吐生萬物者也二象地之中地之下丨物出形也鄭注爲貢大云地當陰陽之中能吐生萬物者以土是也鄭注見宋世家注云此數本諸陰陽所生之次也者漢書五行志云天以一生水地以二生火天以三生木地以四生金天以五生土五位皆以五而合而陰陽易位是陰陽所生之次也者夫播五行于四時而木火土金水更相休王則是相生迭王之次與此次不同故鄭君以此爲陰陽所生之次

水曰潤下火曰炎上木曰曲直金曰从革土爰稼穡下行嫁反注同上時掌反注同曲區玉反

注 水陰也卑故下火陽也尊故上木皆少陽金皆少陰爲中和之性故可曲可直从革从革者从火而革也土吐生萬物故可稼穡壽曰種之曰稼斂之曰穡少式部反種之用反斂力驗反

疏 水陰也至从革大白虎通五行篇文也云水陰也卑故下皆漢書李尋傳尋對曰水曰潤下

陰動而客不先其猶是也云火陽也賓故上皆火炎外銷故爲陽氣記云火賓而不親是火賓生司文也木王于春春爲陽中金王于秋秋爲陰中故云木皆少陽金皆少陰爲中和生性宋世家注引馬融注云金生性剛火而更可銷鑠茲云剛革皆剛火而革也雖未用馬注而意實與馬同也云土吐生萬物皆謂是上經馬注見宋世家注鄭注周禮司稼敘官云種穀曰稼如嫁女以有所生說文禾部云穀可收曰穡馬言種生曰稼斂生曰穡證可用也潤下作鹹炎上作苦曲直作酸從革作辛稼穡作甘鹹夷齒反注水王于冬冬主固臧故味鹹鹹所以堅生也猶五味得鹹乃堅也火王于夏夏主長養故味苦苦者所以養也猶五味需苦可以養也木王于春春主發生故味酸酸所以肆生也猶五味得酸乃肆也金王于秋秋主殺傷成物故味辛辛

所㠯殺傷之也猶五味得辛乃委殺也土王亏四季含載四行爲中味之性故味甘猶五味㠯甘爲主也王亏況反

臧才郎反居之賁反【疏】此注大用白虎通五行篇說而改潤之皆明堂月令云某日立冬盛德在水是水王亏冬也禮記鄉飲酒誼云冬之爲言中也中者臧也書大傳亦云冬者中也中也者萬物方臧亏中也是冬主固臧也固臧欲堅故水味鹹故云鹹所㠯堅之也云猶五味得鹹乃堅也者凡物腥者易朽腐㠯鹽之之則乾薧腒久是得鹹乃堅也此皆驗亏食味故云猶㠯下言猶五味云云皆同此月令云立夏盛德在火是火王亏夏矣書大傳云夏者假也吁荼萬物而養之外也鄉飲酒誼云夏之爲言假也養之長之假之仁也是夏主長養也云苦者所㠯養也猶五味需苦可㠯養也者鄭注周禮疾醫云五味醯酒飴蜜薑鹽之屬是鄭君㠯酒當苦味又注酒正云取醴恬與酒味異則酒味㠯苦爲正也禮記射誼云酒者所㠯養老也所㠯養病也是需苦可㠯養也月令云立春盛德在木是木王亏春也國語周語曰農祥晨正日月底亏天廟土乃脈發韋昭

以爲孟春月〻令季春云生气方盛陽气發泄句者畢出萌者盡達是春主發生也云酸所以達生也者高誘注呂氏春秋孟春紀云酸者鑽也萬物應陽鑽地而出是酸所以達生也云猶五味得酸乃達也者鄭注周禮疾醫五味以醯當酸味又注醯人云齏菹醬屬醯人者皆須醯成味醯人職云王舉則共齏菹醯物六十甕是則醯所以宣導食物生性故云五味得酸乃達也月令云大秋盛德在金是金王于秋也秋時物皆成孰月令孟秋言天地始肅仲秋言殺气浸盛是秋主殺僇成物也云猶五味得辛乃委殺也者辛者茖薑桂之屬所以制食物之性使无過偏是五味得辛乃委殺也云土王于四季者一歲三百六十五日餘四時各九十一日爲奇奇以五行分配之則土于四時之季季王十八日爲奇總七十三日其木火金水各王一時大略得七十三日故十二辰配十二月辰戌丑未四辰當四季之月皆屬土也白虎通云土所以王四季何木非土不生火非土不榮金非土不成水无土不高土扶微助衰歷成其道故五行更王亦須土也是土王四季含載四行也云爲中味之性故味甘者土位中央中故味〻故味甘故月令云中央土言其味甘也云猶五味以甘爲主者

周禮食醫云凡和春多酸夏多苦秋多辛冬多鹹調以滑甘鄭注云各尚其時味而甘以成之猶水火金木之載于土是五味以甘為主之證五事一曰貌二曰言三曰視四曰聽五曰思皃籀文作貌注鄭康成曰此數本諸陰陽昭明人相見之次也疏注見正義云人相見之次皆人相見則先見其皃皃既見則必有言因其言則可以知其所視所聽且可以知其所思故先皃次言次視次聽次思是人相見之次也貌曰恭言曰從視曰明聽曰聰思曰睿睿以芮反古文作睿籀文作叡注馬融曰發言當使可從睿通于政事也鄭康成曰睿通于政事此恭明聰睿行之于我身其從則是彼人從我似幾上下章皆我是而彼從亦我所為不肅勅也聲謂從順也睿深明也肅古衰反勅勒李反从束力幾勅字

亦未【疏】馬注見宋世家注。睿通，說文𣦼部文。睿訓通，故異■。鄭君以為通亏政事，鄭注見詩譜序正義及正義。馬鄭皆解从為聽从，則从是就人說。與恭、明、聽、睿就以身說皆不同。鄭从明其不異，故反覆以淺之云：此恭、明、聽、睿竝之亏我身。其从則是彼人从我，佀與上下韋，皆此特設難詞也。乃後解之云我是而彼人从，大我所為不述來也，是固然矣。聲竊以為費解，故別解為从順，則从謂其言之順，大是就以身說，與恭、明、聽、睿不韋。諸佀差勝也。禮記孔子閒居云氣志既从，鄭彼注云从順也。此大當為是解也。文十四年左傳晉人內捷菑亏邾〻人曰齊出貜且長，宣子曰其詞順。禮記冠義云順詞令，是言詞取其順。此訓从為順，實為皃愿也。說文𣦼部云：睿，深明也，通也。睿字多此二證，馬注止云通也，其證未備，故聲足成之云睿深明也。

恭作肅，

从作乂，明作晢，聰作謀，睿作聖。乂，偽孔本作乂，非也。詩小旻云或肅或艾，艾〻乃叚昔字，依治訓則字當作乂。晢，之舌反。

【注】肅，敬。乂，治。晢，曉也。心明曰聖。鄭康成曰：皆謂政所致也。君皃恭則臣禮

肅君言从則臣職治君眂明則臣昭晢君聽聰則臣雖謀君思睿則臣賢智瞭力小反智陟枝反

疏礼記樂記云肅〻敬也故云肅敬乂治說文辟部文鄭注書大傳五行傳云悊爲瞭也彼文悊即此經晢也故云晢瞭也鄭注周禮春官敘官云瞭目明皃說文日部云晢昭晢明也此經晢屬眂證爲明故爲瞭也云心明曰聖者鄭注五行傳證也鄭注見正義文見詩小旻正義云皆謂政所致也者謂君致其臣也蓋君爲龔从明聰睿則其政必修臣下奉行之必爲肅乂晢謀聖而致休徵矣案鄭注大傳五行傳云君皃不龔則是不爲敬其事君言不从則是不爲治其事君眂不明則是不爲瞭其事君聽不聰則是不爲謀其事君思心不誦則是不爲心明其事是肅乂晢謀聖皆就君言此注以肅乂晢謀聖屬臣言者鄭注五行傳又云君臣不敬則倨慢如狂矣君臣不治則僭差矣君臣不瞭則荼緩矣君臣不謀則急矣君臣心各不明則相雺冒矣是則君臣皆當肅乂晢謀聖固不專屬之君也君能龔从明聰睿矣則自然肅乂晢謀聖事理相因不言可知故鄭君以肅乂晢謀聖屬臣言也蓋正以率下〻自則

效之理所固然孔穎達了無駁之謬矣

八政一曰食二曰貨三曰祀四曰司空五曰司徒六曰司寇七曰賓八曰師

注 鄭康成曰此數本諸其職先後之宜也食謂掌民食之官若后稷者也貨掌金帛之官若周禮司貨賄是也祀掌祭祀之官若宗伯者也司空掌居民之官司徒掌教民之官也司寇掌詰盜賊之官賓掌諸侯朝覲之官若周禮大行人是也師掌軍旅之官若司馬也 賄呼罪反 詰豈吉反 朝直佋反

疏 注見正義云此數本諸其職先後之宜也者食者民之天故爲最先貨所以通有無利民用故貨則次之食貨既足民生畢矣聖王成民而後致力于神故祀又次之王制云食節事時民咸安其居樂事勸功尊君親上然後興學故司空在司徒之先〻教而後誅滑範

故司寇林司徒之後惪太刑作錄亡賓服故汸之己賓
其爲暴虐无道不率化者則出六師己征之故又汸己
師是其職先後宜也云食謂掌民食之官蓋后稷者
也者國語周語云昔我先王世后稷又云夏之衰也棄
稷弗務我先王不窋用失其官則后稷是官名也堯典
云弃后稷播時百穀是掌民食之官也云貨掌金帛之
官蓋周禮司貨賄是也者案周秋官爲掌貨賄之官
職闕无攷其汸杜掌客訝掌交掌察之後當是書掌
[illegible]嬪之貨賄鄭所云司貨賄疑不謂是天官爲太府玉
府内府外府及職内職歲職幣之屬皆是掌貨賄之官
鄭蓋謂是與云祀掌祭祀之官蓋宗伯者也皆周禮大
宗伯之職掌建邦之天神人鬼地祇之禮是也云司空
掌居民之官者周禮司空官亡王制云司空執度∶地
居民是掌居民之官也云司徒掌教民之官也皆周禮
云了太地官司徒使師其屬而掌邦教是也云司寇掌
詰盜賊之官者案周禮司寇爲刑官小宰職云五曰刑
職己詰邦國己糾萬民己除盜賊是司寇掌詰盜賊也
云賓掌諸侯朝覲之官蓋周禮大行人是也皆周禮大
作乃掌大賓之禮及大客之義己親諸侯春朝諸侯而
圖天下之事秋覲己比邦國之功己下荀數夏宗參遷

時會殷同等事又云以九義辨諸侯之命等諸臣之爵以同邦國之禮而待其賓客是大行人掌諸侯朝覲也小云師掌軍旅之官皆司馬也皆周禮大司馬卿一人小司馬中大夫二人軍司馬下大夫四人輿司馬上士八人行司馬中士十有六人凡制軍萬有二千五百人爲軍王六軍軍將皆命卿二千五百人爲師師帥皆中大夫五百人爲旅旅帥皆下大夫百人爲卒卒長皆上士二十五人爲兩兩司馬皆中士是司馬掌軍旅也案食貨之等鄭必皆以官言之皆以言八政政事必各有官司之經或舉事或舉官互相備也鄭於三官各舉其事於食貨等各舉掌之之官與經互相備以證甚精當於頗緯殺之非也

五紀一曰歲二曰月三曰日四曰星辰五曰御名數

注 分至啓閉以紀歲朔望朏晦以紀月永短昏昕以紀日彤星見伏昏旦中日月躔次以紀星辰會合贏縮經緯矣殆相望以紀秝數朏分尾反昕吸斤反見亦寓反躔直然反次七䣪反 疏 此注用戴氏震

說也。震字東原，徽州休寧人，善天文，精于算數，所著有原象、迎日推策記等書，茲采用其原象語也。云分至啟閉以紀歲者，分謂春分、秋分，至謂冬至、夏至，啟謂立春、立夏，閉謂立秋、立冬，是爲八節。冬至日在牽牛，南之極；立春在營室；春分在婁，當南北之中，交于交道而北；立夏在畢；夏至在東井，北之極；立秋在翼；秋分在角，大當南北之中，交于交道而南；立冬在尾；冬至仍復于牽牛。日循黃道一周而成歲矣，是分至啟閉以紀歲也。云朔望朏晦以紀月者，朔謂日月合會，以是日爲月之初一。朔之言始也。望字从月从臣从𡈼，𡈼，朝廷也，月滿與日相望，以朝君也，謂月之十五日也。朏字从月出，謂月三日之昏始生小霸見于西方也。晦謂月之二十九日或三十日，月行將及日，其外畔向天者受日光，而背明甹地上望之，則冥闇无見，故曰晦也。是紀月之盈虧消息也。云永短昏昕以紀日者，永謂仲夏晝長，短謂仲冬晝短。昏字从日从氐省，日氐下而冥也。鄭注士昏禮云：日入三商爲昏。昕者旦明，日將出也。晝長則宵短，晝短則宵長，以昏昕爲度，是所以紀日也。云歲星見伏昏旦中日月之躔度以紀星辰者，見謂見于東方也。詩云：三星在天。毛傳云：三星，參也。在天，謂始見東方也，是昏見也。夏小正云四月昴則見五月參則見國語云辰角見而雨畢天根見而水涸本見而草木節解駟見而隕霜火見而清風戒寒昭四年傳云西陸朝覿是皆謂旦見東方也伏者日躔其宿則其星藏日光漫而不見若夏小正云三月參則伏傳曰伏也者非亡之詞也星无時而不見我有不見之時故曰伏云是也昏旦中者中謂中于南方若明堂月令孟春昏參中旦尾中仲春昏弧中旦建星中之屬是也日月躔後者躔謂行歷其後謂行過而去之者月令孟春日在營室鄭注云日月會于諏訾仲春日在奎注云日月會于降婁之屬是然則此星見伏昏旦中所以紀星日月躔後以紀辰會今合言星辰者蓋辰即此星之分爲十二次者故經合星辰爲一注大合言之也云贏縮經緯失始相差以紀歷數者贏謂行疾而前侵縮謂行遲而不及經謂恆星緯謂土木火金水五星也天左旋日一周而日又行一度月又行十三度十九分度之七故日一歲一周天月則二十七日九百四十分日之三百二彊而一周天日月交會之後積二十九日九百四十分日之四百九十九月一周天之外又行及日而一會是其常也惟是日月之行皆有遲疾故有二十九日不及九百四十分日之四百九十九而一

會者天有調乎九百四十分日之四百九十九而一會者以審乎此而後可定月之大小矣故今憲書或兩月頻小且或三月相仍皆大是日月有贏縮也日月在天必假亙星以識其躔舍而亙星則六十九年二百九日半而又移一度故日循黃道一周起乎此仍復乎此而星則稍移一歲多矣古不然而星之見伏昏旦中曆久必變曆家必隨時修改以示民不可執古以律今也故云贏縮經緯并始相差以紀曆數但五緯止以占變亐曆數无關茲併言經緯者便文順言之亦非有取亐五星也戴氏震又云紀歲者察之日行發斂紀月者察之日月之會交道舍寘紀日者察之晝夜刻漏出入里差紀星辰者察之十有二次辰星與黃赤道相直紀曆數者察之圭臬隨時測驗積數成曆修正而不先

皇極　皇建其有極

注　君以性情覆成五事太中和之政覆孚救反

疏　伏生大傳五行傳以王極配五事為六鄭注五行傳云五事象五行則王極象天也天變化為陰為陽覆成五行王象天以性情覆成五事為中和之政也案鄭言以性情覆成五事為中和之政是正說建極之誼故竊取以注此言性情者性中也情者

性之發也發而中節則和故以性情覆成五事大中和之政

斂時五福用敷錫厥庶民【注】斂聚敷布錫與也馬融曰當斂是五福之道用布與眾民與爰五反今輒佮與音同詮形【疏】斂聚釋詁文敷布說文攴部文也釋詁云錫予賜也說文勺部云与賜予也故云錫与也馬注見宋世家注

維時厥庶民于汝極【注】馬融曰以其眾斂是五福故眾民于汝取中正以歸心也【疏】注大見宋世家注

錫汝保極【注】鄭兼成以又賜汝以守中之道【疏】注大見宋世家注云又皆言眾民不但于汝取中又賜汝以守中之道舉上而言故云又也云守中皆鄭解保為守也周禮小祝云寇戎之事則保郊祀于左氏傳云越子以甲楯五千保于會稽是保為守詮也

凡厥庶民无有淫朋人无有比悳維皇作極朋步登反說文云朋古文鳳象

形朋飛羣鳥從以萬數故以爲朋黨字比貧私反〔注〕人謂臣也凡其眾民无又淫泆爲朋黨者臣无又比周爲惪者維君爲中道以示之則故也〔疏〕云人謂臣也者以經既言庶民又別言人則人非謂民自是謂臣矣假樂詩云宜民宜人毛傳云宜安民宜官人是大人爲臣也

凡氒庶民又猷又爲又守女則念之〔注〕猶謀也馬融曰凡其眾民又謀又爲又所執守當思念其行又所趣舍也行下孟反趣七寓反舍式者反〔疏〕猶謀釋詁文馬注見宋世家注云行又所趣舍者又謀又爲是又所趣又守則不爲不善是又所舍也

不叶亏極不離亏咎皇則受之〔注〕離麗皇大則灋也言民之行雖不合亏中而亦不麗亏咎惡是其人可教之使合亏中者當寬大其灋以受之

行下孟反 疏 離麗易象傳文皇大毛詩皇矣傳誼也則灋釋詁文不合于中不麗于惡則是猶可爲善之人故云可教之使合于中者云寬大其灋者雖未合于中且受而教之是寬大其取人之灋也 而康而色曰予攸好德女則錫之福旹人斯其維皇之極 好火報反今誦作好 注 而女康安也女其安咊女之顏色以宣示人曰我所好者皆悳使人知上之所好而從之庶幾叶于極也夫然後者則予之以爵禄則是乃斯其勉于君之極矣 夫防無反 疏 禮記中庸云抑而強與鄭注云而之言女也故云而女康安釋詁文經文曰字屬而康而色之下則予逌好悳之言自是君上宣示其意于人也故云以宣示人曰我所好皆悳孝經曰示之以好惡而民知禁禮記緇衣曰上好是物下必有甚者矣大學曰其所令反其所好而民不從是民輒從上之所好也故云使人知上之所好而從之經言錫之福注言與之以爵

洪範　尚書集注音疏卷五　三九

祿皆君所加乃之福則是齎祿下文雖錫之福鄭注亦解爲齎祿也云斯勉于君之極者解經其字爲斯勉也召誥云其旨我受天命丕若有夏歷年式勿替有殷歷年是其有斯勉之證也**毋侮鰥寡而畏高明**毋侮鰥寡加史記本也偽孔本作亾虐煢獨釋文云馬本作亾侮據此則馬本當與史記同必作亾侮鰥寡茲故加史記

注 无妻曰鰥无夫曰寡是皆窮民毋侮侮之易亂曰高明顯寵者不桂濾畏之聲謂一讀畏爲威言威以御之也

疏 禮記王制云老而无妻者謂之鰥老而无夫者謂之寡茲云无妻曰鰥无夫曰寡不言老者蓋男子三十女子二十爲嫁娶之限過是而无妻无夫卽爲鰥寡非必老者皆也云是皆窮民者王制偁鰥寡孤獨四者天民之窮而无告者孟子梁惠王篇亦以此四者爲天下之窮民也馬注見宋世家注釋文云畏如字徐云鄭音威聲謂一讀畏爲威者用鄭讀也案鄭讀與馬注雖各不同與皆允當宜故存之

人之有能有爲使羞其行而邦

其昌（行下孟反）【注】羞進也邦或為國肅曰使進其行任之以政則國為之昌【疏】羞進釋詁文云邦或為國者史記作國許沖進說文解字其上書引此經亦作國肅注見宋世家注

凡厥正人旡富方穀汝弗能使有好于而家時人斯其辜【注】旡盡也方猶常也穀祿也凡其正人盡富之以常祿則可使人勸于善而為好于汝家矣乃若汝不能使之為好于汝家者是人斯為辠惡之人矣一曰旡已也【疏】公羊桓三年傳

云既者何盡也旡古文既字故云旡盡也云方猶常也者禮記檀弓云左右就養無方鄭注云方猶常也穀祿釋言文周禮太宰職云以八柄詔王馭群臣二曰祿以馭其富鄭君注云班祿所以富臣下書曰旡富方穀據鄭注所引則此經之意謂旡富之以方穀故解云盡富之以常祿乃合經意也云一曰旡已也者毛詩汝墳傳

亦云以之訓于此言以富之以常祿謂大誦但經言凡厥正人凡是最括之詞皆當以云盡之訓爲正解云以之誼閒抒可也

于其無好，女雖錫之福，其作女用咎。僞孔本于好下增德字而以好字屬下讀。史記无德字，據鄭注則鄭本亦无德字而以好字屬上讀，正合史記，茲從之。

注　鄭康成曰：无好于女家之人，女雖賜之以爵祿，其動作爲女用惡，謂爲天子結怨于民。爲于僞反　惡烏路反

疏　注見宋世家注。經承上文女不能使有好于而家，而言无好女，則无好女謂无好于而家也，故鄭云无好于女家之人。云謂爲天子結怨于民者，以當可令云無或說優以爲庶州民以爲天子取怨于下結怨于民猶取怨于下也。

無偏無頗，遵王之誼。頗滂禾反。誼取宜聲，宜則多省聲，則頗與誼音本相叶。唐開元詔令改頗爲陂，改誼爲義，殊屬无謂，茲改正復古。

注　遵，循。誼，宜也。

疏　遵循，釋詁文。呂氏春秋貴公篇引此經，高誘注云：誼，宜也。茲采用之。

無有作好，

遵王之道㚖正義本作好茲从說文所引 注 㚖厶㚖也儥公乎亏
由惠也厶息吏反俗作私音同訓乃儥余六反 疏 此注亦用高誘呂氏春秋注也云㚖厶㚖也者
㚖惡本亏性情不必皆厶己言作㚖則是爲意作之故己爲厶㚖下言作惡亦同此矣云儥公乎亏由惠也者
儥之言賣讀育厶恩由意己行惠也若昭三季左傳言與陳氏己家量貸而己公量收之是也宋世家注引馬
融注亦云㚖厶㚖也己此不若此詳故舍彼取此無有作惡遵王之路
惡烏路反 注 作惡擅作威也 疏 此注亦用高誘呂是春秋注也云擅作威者擅之言專讀
專爲威虐無偏無黨王道蕩蕩案說文云攩朋羣也从手黨聲然則此文
黨當爲攩但經典黨字相承用之久矣蓋錄者叚借字也姑仍作黨 注 鄭康成曰黨朋黨
聲讀蕩蕩乎易也詩云歨道有蕩易羊豉反歨古文魯 疏 鄭注見宋世家
注聲讀己下亦用高誘呂是春秋注也引詩者齊風南山篇文彼毛傳亦云蕩乎易也訓與此同故引己爲證
洪範

無黨無偏王道采采采皮覓反輕讀則皮征反僞孔本作采與亏字古文作采皆相似唐開元中衛亏正義本改从爲平己亏堯典辯之矣此文據史記張釋之馮唐列傳贊引作王道便便則與五帝本紀錄堯典文采章作便章采豑作便程采扗作便扗正同己相以況則此實是采采非亏亏矣【注】采采辨治也治直吏反【疏】云采采辨治也皆毛詩采尗傳證也案今毛詩云亏亏乡又釋文己爲韓詩作便便則與史記引此作王道便便乡正同豑則今詩作亏亏與尚書采誤爲亏夾正同其毛公元文必是采采故此用詩傳證爲說襄十一年乡傳引詩作便蕃乡又服虔注云辨治不絕之兒證與毛詩傳合又案僞孔氏將改古訓而亏此傳夾云辨治蓋叀辨治之證无象易之故無反無側王道正直【注】馬融曰反反道也側傾側也頃起盈反今通作傾【疏】注見宋世家注會其有極【注】鄭康成曰謂君也當會聚於中之乃己爲臣也【疏】注亦見宋世家注歸其有極【注】

鄭康成曰謂臣也當就於中之君而事之【疏】注亦見宋世家注

曰王極之敷言篇中皇極字大傳作王極史記則皆作皇極而唯此一處作王極則此王極不與上皇極同且據馬注王不屬極為證則固殺於異此當從史記作王偽孔本乃作皇極非也【注】馬融曰王者當盡極行之使臣下条敶其言【疏】注亦見宋世家注云王者當盡極行之不已王極字聯屬為證者據下文云凡厥庶民極之敷言參觀兩文則此王謂王者言王者盡其極所謂極即是皇極之極王則不作皇字解也

是彝是訓于帝其順順偽孔本作訓史記作順據馬注則馬本亦作順案史記及馬本皆本孔氏古文當從之【注】彝常也馬融曰是大中而常行之用是敎訓天下于天為順也【疏】彝常釋詁文馬注亦見宋世家注案當云是大中而常行之道用是敎訓天下疑引者脫一道字

凡厥庶民極之敷言【注】馬融曰亦盡極

洪範

尃敶其言亏上【疏】注亦見宋世家注是順是行此順字僞孔本亦作訓訓茲亦作史記【注】肅㠯民内言亏上而得中者則順而行之内奴合反【疏】注亦見宋世家注案肅誼是謂天子順行民言柰鄭注不可得聞无可折衷據云民内言亏上與上條馬注合則順行民言誼蓋不謬姑如其說㠯近天子之光近其靳反【注】近附也天子順行民言庶民得㠯附天子之光矣【疏】近附說文近附文宋世家注引王肅注云近猶益也順行民言所㠯益天子之光案近之爲益古无是訓肅誼非是故不用曰天子作民父母㠯爲天下王【注】庶民歸附天子乃曰天子爲民父母爲天下所歸往矣大傳曰父母之於子也爲生之爲食之父爲教之爲誨之聖王曰甫之者也爲生之爲食之爲教之爲誨之也故曰作民父

往以爲天下王食夕吏反 疏 經言爲天下王注云爲天下所歸往者白虎通號篇云王者往
也天下所歸往風俗通皇霸篇亦云王者往也爲天下
所歸往也蔡邕獨斷亦云天下之所歸往故偁天王是
王之證爲歸往也引大傳者周傳鴻範傳文是正說此
經之證故取以爲注案彼傳文亦云爲之城郭以居之
爲之宮室以知之爲之庠序學校以敎誨之爲之畍地
制畝以飲食之是乃申說生之食之敎之誨之之證也

三德一曰正直二曰剛克三曰柔克

注 鄭康成曰正直中平之人克能也剛能柔能謂寬猛
相濟以成治立功剛則彊柔則弱此陷于滅亡之道非
能也治直吏反 疏 注見詩鄭羔裘正義彼正義亦引此注且申說之曰然則正直者謂不剛不柔執事
得中也剛克者雖剛而能以柔濟之柔克者雖柔而能
以剛濟之故三者各爲一德是也克能釋言文云謂寬
猛相濟以成治立功者昭二十年左傳云寬以濟猛猛
以濟寬政是以和惟能和政故可以成治立功也云剛剛
鴻範

則彊柔則弱者謂一于剛一于柔者若左傳稱陽處父以剛見殺溫大夫趙羅無勇而被獲故云陷于滅亡之道非克也

平康正直彊不友剛克燮友柔克

不正義本作弗茲加史記燮心叶反

注 鄭康成曰乃臣各有一德天子擇使之安平之國使中平守一之乃治之使不失舊職而以國有不順孝敬之行者則使剛克之乃誅治之其有中和之行者則使柔克之乃治之差正之聲謂燮和也

燮或爲內 行下孟反 差初宜反

疏 鄭注見正義上經言乂用三德是謂君之治民當用三德之乃以治之效則三德當屬臣言故鄭云乃臣各有一德天子擇使之云使不失舊職而已者安平之國無事紛變故使中平守一之乃治之但使守其舊職而可矣云不順孝敬之行者爾疋云善父爲孝善兄弟爲友言不友則不孝可知故云不順孝敬云使剛克之乃誅治之者若周禮大司寇職所云刑亂國用重典也云使柔克

之乃治之塗正之皆中和之行當寬以御之故傳柔之乃靜以鎮撫之而以燮和釋詁文云燮或爲內皆史記云內友柔克

沈漸剛克

沈直炎反漸即炎反僞孔本作沈潛文五年左傳引作沈漸史記亦作沈漸茲从之

〔注〕沈陰也漸積也陰謀漸積謂賊臣亂子非

一朝一夕之故君親无將將而誅焉

〔疏〕宋世家注引馬融注云沈陰也潛伏也陰伏之謀謂賊臣亂子非一朝一夕之漸君親无將將而誅案馬本葢作沈潛故云潛伏今攷覈其實从古作沈漸與馬本不同故稍改其意而用之葢沈陰足該潛伏故以爲漸積之訓似愈于馬注也明堂月令以季春行秋令則天多沈陰是沈陰同證故云沈陰也王逸注楚詞云稍積以漸故云漸積也云陰謀漸積謂賊臣亂子非一朝一夕之故者易文言傳以積善之家必有餘慶積不善之家必有餘殃臣弒其君子弒其父非一朝一夕之故其所由來者漸矣是賊臣亂子由積漸使然也云君親无將將而誅焉者公羊莊三十二年傳文以言亂賊之乃大當使剛克之乃誅治之也

高明柔克

〔注〕馬融以高

明君子亦以惪褱也褱今通作懷【疏】注見宋世家注云亦以惪褱也者亦上變文柔克也

維辟仛福維辟仛威維辟玉食辟必益反

【注】馬融曰辟君也不言王者關諸侯也鄭康成曰此凡君臣之言也仛福專爵賞也仛威專刑罰也玉食備珍美也射亦即反竹反卬俗作手旁箸仍非

【疏】馬注見宋世家注辟君釋詁文云不言王者關諸侯也者禮記坊記及喪服四制皆云土無二王坊記又云春秋不書楚越之王喪恐民之惑也是諸侯不得偁王若言王則尊擬天子今不言王而言辟〻之言君諸侯于其國內全爲君故云關諸侯也禮記王制云次國三卿二卿命于天子一卿命于其君小國二卿皆命于其君是諸侯得專命大夫也康誥是周公誥康叔之書而云敬明乃罰禮記文王世子云獄成有司讞于公是諸侯得專刑罰也禮記玉藻云諸侯朝服以食特牲三俎祭肺夕深衣祭牢肉朔月少牢五俎四簋是諸侯亦得備珍美故知言辟是關諸侯也鄭注見公羊成元年

疏及宋世家注云凡君所臣之言凡是最括之詞猶則鄭意亦以維辟訓天子諸侯與馬說同

臣亡有作福作威王食臣之有作福作威王食其害于而家凶于而國人用側頗辟民用僭忒辟卑益反忒土得反

注 鄭康成曰害于而家福去室凶于而國亂下民肅曰大夫稱家言秉權之臣必滅家復害其國也聲謂辟象僭差忒疑也權歸于臣則下僭諂用是頗側不正民將生心用是僭差疑貳矣今文以上為而字復伏救反頗起盈反

疏 鄭注見公羊成元年疏肅注見正義云大夫稱家者周禮載師以家邑之田任稍地謂大夫之采地也昭二十五年左傳叔孫氏之司馬鬷戾曰我家臣也是大夫稱家也詩板篇云民之多辟鄭箋云民之行多為邪辟者是辟為邪也僭差毛詩抑篇傳說也

洪範

釋文引馬融注云忒惡也今不用之者漢書王嘉傳嘉上封事諫封董賢引此經而說之云言如此則逆尊卑之序亂陰陽之統而害及王者其國極危國人傾仄不正民用僭差不壹則忒之爲誼不壹也詩鳲鳩敘云諫不壹也其詩云其儀不忒毛傳云忒疑也疑是疑貳則不壹之謂訓忒爲疑似優于馬誼也云權歸于臣則下僭諂附者秩伐皆發悉數乃留更僕未可終也經典之中凡人與民對舉者皆以民爲庶民人爲官僚故此以人爲下僭也云民將生心者若隱元年左傳云若弗與則請除之無生民心謂太叔侵國而君弗除之恐民疑君欲授之國而生貳心也然則臣侵君權民將多生疑貳之心者故云也云今文凶上多而字者蔡邕石經作而凶于而國

卟疑擇建立卜筮人筮人世反从竹𢍰𢍰古文巫字俗者从竹巫

【注】鄭康成曰將攷疑事選擇可立者立爲卜人筮人發謂問龜曰卜問蓍曰筮蓍式脂反

【疏】鄭注見正義建則立也經言建復言立故鄭云選擇可立者立爲卜人筮人亦兩言立也鄭注周禮春官敘官云問龜曰卜問蓍曰筮茲用與

說文卜部云卜灼剝龜也象炙龜之形一曰象龜兆之縱橫也又竹部云筮易卦用蓍也是龜爲卜蓍爲筮也云問者謂命蓍龜以詞也易繫詞上云問焉而以言其受命也如嚮虞翻注云謂問于蓍龜

乃命卜筮曰雨曰濟曰圛曰雺曰克曰貞曰悔凡七卜五占之用二衍貣濟子詣反正義本改作霽史記及鄭注周禮所引皆作濟偽孔本同圛羊益反正義本改作驛說文及周禮注皆引作圛偽孔本亦同茲皆从其舊雺莫浮反偽孔本作蒙且以曰蒙置曰圛上茲據史記及周禮注更正其事悔荒佩反正義本作悔茲从說文所引貣土得反偽孔本作忒茲从史記

注 鄭康成曰卜五占之用謂雨濟圛雺克也二衍貣謂貞悔也將大卜筮乃先命名之卦而分之之卦之名凡七龜用五易用二審此猶者乃太生也雨者之生體气如雨然也濟者如

雨止㞢雲气在上也圛者色澤而灮明也雺者气不釋鬱冥冥也克者如祲气㞢色相犯也内卦曰貞貞正也外卦曰悔悔㞢言晦晦猶終也卦象多變故言衍貞悔閒舊說云圛者如[illegible]雲半有半无衍演也廣也貞悔也

古文圛為悌雺為蟊小彼利反鬱紆勿反祲子沁反又七狂反悌代易反又夷笞反蟊茲浮反鄭注見宋世家注云卜五占㞢用謂雨霽圛雺克也者言卜㞢兆象有此五者為占者㞢用也據此則鄭本作卜五占㞢用與史記同徐於本脫去㞢字非也釋文引馬注云占筮也是己占屬貞悔則馬己占㞢用二為句矣鄭不以㞢者說文卜部云占視兆問也以卜曰[illegible]則占本為占卜兆故周禮占人掌占龜又云君占體大夫占色史占墨卜人占坼但以卦者為籀詞者須推究故卜筮皆得言占故人云己八筮占八頌己八卦占筮㞢八故又義爾士冠篇云筮人還東面旅占是筮卦亦云占也此文占與衍貞對舉則占為占兆衍

爲推衍卦意不得已占屬龜故鄭以卜五占之用爲句馬說非也云雨者兆之體气如雨然也者鄭注周禮占人云體兆象也色兆气也然則謂兆之气色潤澤形象如欲雨然也云濟者如雨止之雲气在上也者釋天云濟謂之霽說文雨部云霽雨止也故知兆象如雨止之狀得名爲濟也云圉者色澤而光明也者案鄭箋載驅詩云圉明也又注周禮占人云凡卜象吉色善墨大坼明則逢吉此言色澤而光明則是吉兆矣云雺者气不釋鬱冥冥也者說文雨部云霚地气發天不應也雺籀文霚省然則雺是气不揚越兆气如之故云气不釋鬱冥冥也云克者如祲气之色相犯也者周禮眂祲掌十煇之灋一曰祲鄭仲師注云祲陰陽气相侵也兆名爲克如彼陰陽之气相侵犯也云內卦曰貞貞正也外卦曰悔者易卦乾下坤上爲泰坤下乾上爲否泰彖曰內陽而外陰內健而外順否彖曰內陰而外陽內柔而外剛是卦以下爲內上爲外也蠱卦巽下艮上巽爲風艮爲山僖十五年左傳云蠱之貞風也其悔山也是內卦曰貞外卦曰悔說文卜部𠧪云悔易卦之上體也貞正子夏易傳說也云悔之言晦晦猶終也者晦是月之終卦終于上猶月終于晦故上卦曰悔取終之說也云卦

象多變故言衍貣者易繫詞上云爻者言乎變者也說卦云觀變于陰陽而立卦是卦象多變也衍貣者謂推演之以廣其誼以盡其情狀易繫上云通其變遂成天地之文極其數遂定天下之象又云變而通之以盡利鼓之舞之以盡神是之謂衍貣與聲聞舊說者說文口部引此經曰圛而說之云圛升雲半有半無是其說也鄦尗重受學于賈侍中逵所纂說文解字頗用師說此賈君經圛字古文作悌賈君以今文定爲圛則此說必賈君尚書說也杜鄭君之肯故曰舊說鄭君不用是說者蓋嫌其與雨止之雲气在上相似故介聲以爲升雲半有半無以雨止之雲气在上見闓明矣與鄭所言色澤而光明誼合而與濟之水象夾不嫌相同故采以廣鄭誼云衍演也廣也者易繫上云大衍之數五十鄭注云衍演也王肅蜀才皆云衍廣也案衍謂演而廣之當兼此二誼乃足也貣忒劉熙釋名釋天之文也貣字或作忒俗文謬作匿下心今釋名作俗文矣說文云忒意也貣之言忒則衍貣謂推衍其意也云古文圛爲悌雺爲蟊者鄭箋載驅詩云古文尚書以悌爲圛彼正義云鄭轉卟疑論卜以爲五者圛注云色澤光明蓋古文作悌今文作圛賈逵以今文校之定以爲圛故鄭依賈氏所奏

從定爲圛于古文則爲悌案今史記作曰涕蓋篆書偏旁心字作忄與水相似容或譌耳司馬子長從安國問故其書多古文說其亦從古文作悌後人寫其書誤作涕今鄭注周禮太卜引此文作曰圛曰蟊是古文霚爲蟊也

立時人作卜筮【注】鄭康成曰立是能分小兆卦之名者以爲卜人筮人【疏】注見宋世家注

三人占則從二人之言【注】鄭康成曰卜筮各三人大卜掌三兆三易從其多者蓍龜之道幽微難明者之深【疏】注見賈公彥儀禮士喪禮疏及宋世家注云卜筮各三人者士喪禮筮宅卒筮執卦以示命筮者命筮者受視反之東面旅占鄭彼注云旅衆也反與其屬共占之謂掌連山歸藏周易者又卜葬日占者三人鄭彼注云占者三人掌玉兆瓦兆原兆者也案卜日則占兆者三人則筮宅占易者亦三人可知矣云太卜掌三兆三易者以三兆三易證卜筮皆必三人也案周禮云太卜掌三兆之灋一曰玉兆二曰瓦兆三曰原兆鄭彼注云兆者灼龜發於火其

洪範　尚書集注音疏卷五　四八

形可占者其象似玉瓦原之舋罅是用名之焉杜子春云玉兆帝顓頊之兆瓦兆帝堯之兆原兆有周之兆又云掌三易之灋一曰連山二曰歸藏三曰周易鄭彼注云連山似山出內气也歸藏萬物莫不歸而藏于其中杜子春云連山虙羲歸藏黃帝是鄭說三兆三易綜用子春說矣鄭君易贊又云夏曰連山殷曰歸藏與周所注書者案鄭志趙商據子春三兆三易之注而問云子春何由知之鄭荅之曰此數者非无明文改之无據故箸子春說而已近師皆以為夏殷周鄭則三兆三易其說難定鄭君且不敢專從姑兩存可也云從其多者〻一人為少二人為多成六年左傳欒武子曰善鈞從眾商書曰三人占從二人眾故也是其證也案三人之占卒與盡同故曰從二人苟三人悉同則從固不待言矣

女則或大疑 注 女〻武王也 疏 白虎通蓍龜篇偁尚書曰女則多疑謂武王也茲從其說

謀及乃心

謀及卿士謀及庶人謀及卜筮 人古文民僞孔本作人蔡邕石經作民 注 鄭康成曰卿士六卿掌事者聲謂謀及

卿士庶民先盡乃事，念而不能得，思而不能知，然後問于蓍龜。聖人獨見先睹，必問蓍龜者，示不自專也。或曰精微無爲，蓋非聖人所及，聖人亦疑之。爲多寄反〔疏〕鄭注見正義。士之言事，故云卿士。六卿掌事者，案周禮六官，唯冢官掌邦事，此言六卿掌事者，蓋冢官雖專事官之目，其實治教禮政刑各分事，五官各掌一職，不得謂非掌事，故曰諸侯六卿爲六事之人也。且卿字從卯，卯卯者事之制也，則卿必分事矣。謀及卿士已下，並白虎通蓍龜篇文。

女則從，龜從，筮從，卿士從，庶民從，是之謂大同。而身其康彊，而子孫其逢吉。僞孔本脫兩而字，茲從史記增。〔注〕而，女也。馬說曰：逢，大也。〔疏〕馬注見釋文。禮記儒行云衣逢掖之衣，鄭注云大掖之衣，大袂襌衣也，是逢爲大。

女則從，龜從，筮從，卿士逆，庶民

屰吉卿士从龜从筮从女則屰庶民屰吉庶民从龜从筮从女則屰卿士屰吉屰俗溷逆許音同而誼別矣注鄭康成曰此三者皆从多故爲吉疏注見宋世家注女則从龜从筮屰卿士屰庶民屰作內吉作外凶注鄭康成曰此屰者多以故舉事于竟內則吉竟外則凶竟吉梗反俗加土僞非疏注亦見宋世家注案龜从筮屰內吉外凶若龜屰筮从則作內亦凶知者僖四年左傳云晉獻公欲以驪姬爲夫人卜之不吉筮之吉公曰从筮卜人曰筮短龜長不如从長云云公弗聽卒立之後卒爲亂是龜屰筮从雖作于內亦凶也龜筮共韋于人用靜吉用作凶注鄭康成曰龜筮皆與人謀相韋人雖三从猶不可以舉

事【疏】注大見宋世家注庶徵曰雨曰暘曰燠曰寒曰風燠於六反以史記作【注】鄭康成曰雨木氣也春始施生故木氣爲雨暘金氣也秋物成而堅故金氣爲暘燠火氣也寒水氣也風土氣也凡氣非風不行猶金木水火非土不處故土氣爲風【疏】注見正義文見詩漸漸之石正義五事貌屬木言屬金視屬火聽屬水思心屬土五行傳曰貌之不龔是謂不肅厥咎狂雨言之不从是謂不乂厥咎僭暘視之不明是謂不悊厥咎豫燠聽之不聰是謂不謀厥咎急寒思心之不容是謂不聖厥咎霿風故鄭君以雨爲木氣暘爲金氣燠爲火氣寒爲水氣風爲土氣也曰旹五者來備各以其敘庶艸緐廡緐附袁反正義本作蕃茲以史記及說文所引廡文甫反【注】旹是也言是五者備至各順其敘則庶艸緐殖茲豐矣廡豐也

【疏】旹是釋詁文。子惠子曰：後漢書李雲傳云：得其人則五氏來備。注引此文為說，而云：氏與是古字通。又荀爽朗傳云：五韙咸備，各以其敘矣。注云：韙，是也。亦引此經為說。然則五是來備，猶言是五者來備，則此經曰時五者來備之文。偽孔氏讀曰時絕句，屬上為說，與漢儒異讀矣。聲案：若如偽孔，言五者各以時，則曰時，則是各以其敘矣，何又言各以其敘乎？偽孔詮非是，茲讀曰時屬下，故云：言是五者備至，各順其敘也。橆，豐，說文林部文。案：說文解橆字云：橆，豐也。从林𡘲，或說規模字，从大卌，卌，數之積也。林者木之多也。卌與庶同意。商書曰：庶艸緐橆。此橆之詁所以為豐也。

弌極備凶，弌極亡凶。古或以亡為无，故史記作亡，偽孔本同，善本則改以時俗字矣。

【注】極備，卽所謂亙也。亡讀曰无。五者之中，一者極備，或一者極无，皆凶。

【疏】備是具足之詮，言極則過多矣。下文亙雨亙暘之等，皆謂常久，如是常久則太過多，故云：極備卽所謂亙也。云亡讀曰无者，古字輒或以亡為无，如周禮司市云：亡者使有，鄭仲師注云：无此物則開利其道，使之有。又詩谷風云：何有何亡。是皆以亡爲无此經此字證亦然也曰休徵【注】善行之驗也行下孟反【疏】漢書五行志引此經孟康注云善行之驗也茲采用之案休徵以下文時雨時暘之屬是皆肅乂哲謀聖所致故云善行之驗曰肅時雨若【注】貌曰木肅則貌事得貌事得則木氣應故時雨順之【疏】貌曰木鄭誼也漢書五行志云凡貌傷者病木氣故貌曰木也貌曰恭恭作肅故云肅則貌事得鄭注上文已雨爲木氣故云木氣應故時雨順之曰乂時暘若【注】言曰金乂則言事得言事得則金氣應故時暘順之【疏】言曰金亦鄭誼也漢書五行志云凡言傷者病金氣故言曰金也言曰從從作乂故云乂則言事得鄭注上文云暘金氣也故云金氣應故時暘順之曰哲時燠若【注】哲則視事得視曰火火氣應故時燠順之【疏】視曰明明作哲故云哲則視事得視曰火亦鄭誼也漢書五行志云凡視傷者病火氣故視曰火鄭君注上文云燠火氣也故云火

洪範

气應故時燠順之

曰謀時寒若注謀則聽事得聽曰水水气應故時寒順之疏聽曰聰々作謀故云謀則聽事得聽曰水亦鄭君說也漢書五行志云凡聽傷者病水气故聽曰水鄭君云上文注云寒水气也故云水气應則時寒順之

曰聖時風若注孔子曰聖者通也兼四而明然則聖者乃皃言視聽而載之以思心者猶土之含載四行故思心通聖則土气應土气應則時風順之乃酉茅反今通作包疏鄭注大傳五行傳云孔子說休徵曰聖者通也兼四而明然則所謂聖者乃皃言視聽而載之以思心者所引孔子之言蓋或尚書緯文今不可攷矣據云說休徵曰則是正說此經也故節取以注此云聖者乃皃言視聽而載之以思心者乃鄭君之言今取其言以釋兼四而明之下故云然則也云兼四而明者謂聖兼肅乂哲謀四者而明之其所以為通也聖兼四而明土亦乃含金木水火故云猶土之含載四行鄭注五行傳云思心曰

土，故思心通堅則土气壅出。鄭注上文以屬爲土气，故云土气壅則時暘順出也。

曰咎徵。【注】惡行之驗也。行，下孟反。【疏】咎與休對。孟康注漢書以休徵爲善行之驗，則咎徵是惡行之驗矣。

曰狂恆雨若。【注】鄭康成曰：君臣不敬則倨慢如狂矣。貌曰木，木主春，春气生，生气失則踰其節，故恆雨。倨，君御反。【疏】此鄭注大傳五行傳注也。漢書五行志云：凡君行己體貌不恭，怠慢驕蹇，則不能敬萬事，失在狂易，故其咎狂。故鄭君云君臣不敬則倨慢如狂矣。云貌曰木者，說見前疏。明堂月令云：某日立春，盛德在木，故云木主春。月令季春云：生气方盛，陽气發泄，句者畢出，萌者盡達，故云春气生。云生气失則踰其節故恆雨者，鄭注上經云春始施生，故木气爲雨。是鄭意以雨爲物所賴以生，故以雨當生气，生气得則時雨若，生气失則无節而恆也。案五行志云：上慢下暴則陰气勝，故其罰常雨。又云：春與秋日夜分，寒暑平，是以金木之气易以相變，故貌傷則致秋陰常雨，言傷則致春陽常旱也。至于冬夏日夜相反，寒暑殊絕，水火之气不得相并，故視傷常燠驢燠常寒皆其氣然也知其說則以雨爲金之暘爲木之以皃燠言燠之故金木相沴而相變也若皃言不燠則金木不相沴何以肅則時雨若乂則時暘若乎是知雨爲木之暘爲金之志說以非故鄭君不以其說

曰僭恒暘若【注】鄭康成曰君臣不治則僭差矣言曰金金主秋秋氣殺殺氣先故恒暘【疏】此注大五行傳注也漢書五行志云言上號令不順民心虛譁憒亂則不能治海內失在綱差故其象僭僭差也故鄭云君臣不治則僭差矣云言曰金者說見前疏明堂月令云某日立秋盛德在金故云金主秋月令孟秋云天地始肅仲秋云殺氣浸盛故云秋氣殺云殺氣先故恒暘者月令孟秋云行萅令則其國乃旱仲秋云行萅令則秋雨不降行夏令則其國乃旱是殺氣先而恒暘也

曰荼恒燠若荼式奐反僞孔本作悆正義本作豫皆非史記漢書皆作舒大傳作荼古以荼爲舒字也故以荼燠悁六反大傳作燠史記漢書皆作燠茲以燠【注】荼讀爲舒舒遲之舒鄭康成曰君視不瞭則舒緩矣視曰

火〻主夏〻气長〻气失故爲燠燠於六反長知賞反**疏**禮記玉藻說班殺云諸侯荼鄭注云荼讀爲舒遲之舒舒是古字或以荼爲舒也此經據大傳作荼史記及漢書則皆作舒何休注公羊成元年傳引此文作舒豫則大傳作荼乃是段借以爲舒字故以鄭君禮記注讀也此鄭注本五行傳注也漢書五行志云上不明暗昧蔽惑則不能知善惡親近習長同類亾功者受賞有辠者不殺百官廢亂失在舒緩故其咎舒故鄭云君視不明則舒緩矣云視屬火者說見前疏明堂月令云某日立夏盛德在火故云火主夏禮記鄉飲酒義云夏之爲言假也養之長之假之仁也故云夏气長云長气失故爲燠者五行志云盛夏日長暑以養物政緩故其罰常燠也

曰急恆寒若**注**鄭康成曰

急〻促自用也君臣不謀則急矣聽屬水〻主冬〻气

藏〻气失故爲寒藏才浪反**疏**云急〻促自用也者急與謀反不謀則自用矣唯此一語是此經之注見正義君臣不謀以下則本五行傳注也漢書五行志云上偏聽不聰下情隔塞則不能謀慮利[illegible][illegible]

害矣杜嚴急故其咎急故鄭云君臣不謀則急矣云聽
以水皆說是肯延司堂月令云某曰大寒盛惪在水故
云水主冬鄉飲酒誼云冬之爲言中也中者藏也故云冬
气藏云藏气矣故亟寒者五行志云盛冬日短寒以殺
物政促迫故其罰常寒也**曰雺亟風若**雺从雨矛聲當音亡浮反或音莫紅反聲
之轉也僞孔本隸作蒙矣大傳作雺史記作霚霚雺
同字漢書作霿以瞀爲聲矛敄瞀皆同聲也茲从雺【注】
鄭康成以雺聲近冡冡冒也君臣心爭不明則相冡冒
矣思心曰土土主四時四時主消息生殺風藏之气風
大出內雨暘寒燠之徵皆所以植萬物之性命者也植
气矣故亟風冡毛紅反居中賞反藏才浪反內奴荅反【疏】雺與冡皆脣音是爲雙聲音轉最近
故云雺聲近冡唯此四字是此經之注見爾疋釋天邢
氏疏冡冒以下則皆五行傳注也說文冃部云冒冡而
前也故云冡冒也漢書五行志云皃言視聽以心爲主
四者皆失則區霿無識故其咎霿案皃言視聽以心爲

生則四者皆先區霜無識專心不可生故也故云君臣心爲不可則相家冒矣五行志云凡思心傷者病土氣故云思心皆土白虎通五行篇云土王四季各十八日故云土主四時案一歲三百六十五日四分日之一五行迭相休王均分之應各王七十三日九百四十分日之四十七析其土王之日于四季則每季王十八日九百四十分日之二百八十二但夏氣舒長冬氣短促四時日數不能齊一則土之寄王應大修短不齊故略其奇分正言十八日也四時春生夏長秋殺冬藏四氣迭爲消長故云四時主消息生殺長藏生氣風象致雨大象之雨南風則寒北風則寒谷風詩云習習谷風以陰以雨是風而雨也釋天云日出而風爲暴是風而曀也七月詩云一之日觱發是風而寒也月令季夏云溫風始至又孟秋云行夏令則煖風來至是風而熱也故云風大出內雨暘燠寒之徵釋名云風者汜也爲能汜博變物案淮南天文訓云何謂八風距冬至四十五日條風至又四十五日明庶風至又四十五日清明風至又四十五日景風至又四十五日涼風至又四十五日閶闔風至又四十五日不周風至又四十五日廣莫風至史記律書云不周風居西北主殺生廣莫風居北方廣

箕者言陽氣在下陰其陽廣大也條風居東北主出萬物條之言條治萬物而出之明庶風居東方明庶者明衆物盡出也清明風居東南維主風吹萬物景風居南方景者言陽氣道竟故曰景風涼風居西南維主地地者沈奪萬物氣也閶闔風居西方閶者倡也闔者藏也言陽氣道萬物闔黃泉也白虎通八風篇云風之爲言萌也養物成功是八風秝四時而生順萬物故云所以順萬物生性命者也云順氣成故經風者順氣成則生殺風滅之氣以亂矣故經風五行志云雨旱寒暑太乙風爲本四氣以亂故其學常風也

曰王書維歲卿士維月師尹維日歲月日時毋易百穀用成辥用明畯民用章家用平康日月歲時既易百穀用不成辥用昏不明畯民用微家用不寧

僞孔本書作省毋作無正義本畯作俊茲从史記

注 馬融曰言王者所書職如

歲隸四時也聲謂眚讀爲夕者其典執之者卿士分職
治事如月統于歲師眾尹正也眾正之官統于卿如日
統于月畯民材子乃皆章顯微隱也鄭康成曰所以擧
休徵咎徵言之皆休咎五事得失之應其所致尚敘故
大徽君臣之象成皇極之事其諧得則其美應如此其
諧失則敗惪如彼非徒屬雨燠寒而已○疏馬注見宋世家注王省總
攝羣臣故云王省所眚職如歲隸四時也云眚讀爲夕
者其典執之者省夕者其典執國語楚語文古字眚省
通公羊春秋莊二十二年肆大省左氏穀梁春秋皆作
肆大眚康誥云乃有小辠非眚又云乃惟眚災潛夫論
引之兩眚字皆作省是眚省同字也此經據馬注言所
眚職則眚實爲省察正如國語所云者其典執之證故
讀如彼文之省云卿士分職治事如月統于歲皆馬解
王眚維歲謂王省所眚職如歲隸四時卿士則分職治
濬斡

事皆統于王者，則卿士維月當謂卿士之統于王如月之統于歲。是依馬說為說也。師，眾，釋詁文。尹，正，釋言文。云眾正之官統于卿，如日統于月，皆眾正之官謂正官大夫，若周禮太府、司會、載師、師氏、太卜、太祝之等，皆與其屬為長者，或屬天官，或屬地官，或屬春官，是皆統于卿者，其餘不能悉數也。卿士統于王，如月統于歲，則師尹之統于卿，如日統于月矣。云畯民材千人者〻，說文人部云：俊，材過千人。馬融注咎繇謨云：才德過千人為俊。畯與俊古字通也。章謂表明之，故云章顯。釋詁云：隱，微也。說文彳部云：微，隱行也。故云微，隱也。鄭注見正義。云大陳君臣之象，成皇極之事，皆王省維歲云云，言君之統臣，如歲之統月日，是陳君臣之象也。歲月日時無易，舉王省云云而言，則是諭君臣位正，成皇極之事也。日月歲時既易，則所謂王之不極，是謂不違也。王極配五事為六，故舉庶徵而言之也。云其道得，皆謂歲月日時無易；其道失，皆謂日月歲時既易也。

庶民維星，星有好風，星有好雨。

注：星，經星也。經星是眾庶民之象，且多好尚，大化民。此以下段諭以言王

極出政之事也馬融曰箕星好風畢星好雨鄭康成曰中央土氣為風東方木氣為雨箕東方木宿木克土土為妃尚妻之所好故好風也畢西方金宿金克木木為妃尚妻之所好故好雨也推此則南宮好暘北宮好燠中宮四季好寒也是皆己所克而得其妃從其妃之所好故也宿息救反

疏云星經星也者舊據莊七年夏四月辛卯夜經星不見公羊傳云經星者何列星也何休注云經常也常以時列見然則有天除五緯之外皆經星也故云經星是眾庶民之象案史記天官書云中宮天極星其一明者太一常居也傍三星三公又云匡衛十二星藩臣又云紫宮房心權衡咸池虛危列宿部星此天之五官坐位也然則列星是王公賢臣之象今以為庶民之象者蓋有天之星除列宿三垣之外尚多不可勝計且多無名之星不書萬數其列為于天知民之機處于地故經以星諭民言庶民維星注鴻範

順經文而云庶民之象也云且有好尚亦似民皆民各有情欲故有耆好之空无耆好矣乃亦有好風有好雨與民之有情欲相似也云此以下段諭以言王極出政之事也皆上文鄭注云大陳君臣之象成王極之事則自歲月日時無易以至下文則以風雨皆言王極之事特段星以諭民段日月之行以諭出政亦象注見宋世家注詩云月離于畢俾滂沱矣春秋緯曰月離于箕則風揚沙鄭仲師注周禮大宗伯云風師箕也雨師畢也故云箕星好風畢星好雨鄭注見正義及詩漸⺀之石正義云中央土气爲風東方木气爲雨皆說見前疏東方蒼龍七宿角亢氐房心尾箕西方白虎七宿奎婁胃昴畢觜參故云箕東方木宿畢西方金宿云木克土⺀爲妃金克木⺀爲妃皆陰陽家有五行妃合之說甲乙木也丙丁火也戊己土也庚辛金也壬癸水也木克土⺀畏木以己爲甲妃金克木⺀畏金以乙爲庚妃火克金⺀畏火以辛爲丙妃水克火⺀畏水以丁爲壬妃土克水⺀畏土以癸爲戊妃故昭九年左傳云火水妃也又十七年傳云水火之牡也劉歆說云水以天一爲火二牡木以天三爲土十牡土以天五爲水六牡火以天七爲金四牡金以天九爲木八牡陽奇爲牡陰偶爲妃

故曰水火之牡也又曰火水妃也是五行已受克皆爲妃也云推此則南宮好暘北宮好燠中宮四季好寒也者由箕畢所好推之則南宮火也火克金暘金氣爲火妃故南宮好暘北宮水也水克火燠火氣爲水妃故北宮好燠中宮四季土也土克水寒水氣爲土妃故中宮四季好寒此鄭君推廣言之皆是由己所克而得其妃從其妃之所好也

日月之行則有冬有夏

注日爲中道月爲九行中道者黃道一曰光道日冬則南夏則北冬至于牽牛夏至于東井日之所行爲中道冬至日南極晷長南不極則溫爲害夏至日北極晷短北不極則寒爲害月爲九行者黃道一黑道二出黃道北絑道二出黃道南白道二出黃道西青道二出黃道東立春〻分月東從青道立秋〻分西從白道立冬〻至北從黑

道太夏二至南從絑道發用之一渡房中道故曰日月之行則為冬為夏鄭康成曰四時之間合于黃道聲謂論王者政令四時各為空也畧居紉反【疏】日為中道已下至為冬為夏按漢書天文志文彼文眾道二上脫黃道一三字茲以河圖帝覽嬉增之彼文絑道北黑道孚己天體中央去南北極道均以為黑道之名嫌其名同易混故易名絑道絑者純黑也明堂月令云仲夏之月日在東井仲冬之月日在斗此云夏至于東井與月令合云冬至于牽牛與月令異者月令據月初夏至冬至則月中也仲夏日在鶉首鶉首之初至中皆東井度也仲夏月初至中日總在東井故志與月令无殊仲冬日在星紀釋天云星紀斗牽牛也劉歆三統曆云大雪日在斗十二度冬至日在牛初度是月初月中不同宿志與月令所舉異時故不同也冬至日南極云二至則寒暑害者僖五年左傳云春王正月辛亥朔日南至是冬至日南極也冬至日南極則夏至日北極矣蓋二十八宿環列于天當日所行之黃道而絆絡于黑道之南北其東角西畢當黃黑道

之交南北適中也自亢氐而漸南至牽牛爲南之極自胃昴而漸北至東井而北之極故春分日在婁秋分日在角當南北之中冬至在牽牛則南之極夏至在東井則北之極也此據古秝也與今不同今冬至日猶在尾尾最在南矣易緯通卦驗云冬至日置八神樹八尺之表日中視其景如度者歲美人和晷不如度者歲惡人僞注云神讀如引言八引者樹杙于地四維四中引繩以正之故因名之曰引立表者先正方圜于視日審矣案晷者表之景也如度者冬至晷景丈三尺是長之極也蓋夏至之景則尺有五寸爲短之極知者周禮大司徒云日至之景尺有五寸謂之地中鄭注引司農注云土圭之長尺有五寸以夏至之日立八尺之表其景適與土圭等謂之地中是夏至晷景尺五寸也鄭注周禮馮相氏云冬至日在牽牛景丈三尺夏至日在東井景尺五寸此長短之極極則氣至冬无愆陽夏无伏陰案景長短之極由于日南北之極然則南不極則爲愆陽故溫爲害北不極則爲伏陰故寒爲害也黃道一以下至南從緯道鄭注攷靈曜引河圖帝覽嬉文略與之同則其說繇來舊矣戴氏震曰月道出入黃道內外二十七日有奇而交道一終交終不復于原如其差一度又

幾半度。按李之差自東而西十九度奇，古秝家名九道八行之說，所以攷其差也。謂青朱白黑以別之，謂八節之名以命之。春分青道爲正東，立春青道爲東南；冬至黑道爲正北，立冬黑道爲東北；秋分白道爲正西，立秋白道爲西北；夏至朱道爲正南，立夏朱道爲西南。如交在冬至南緯二十三度半而入陰秝，半交必在春分黃道內五度半，春分无南北緯，則四北緯五度半，是爲春分青道。尺三十交後在立冬南緯十六度奇而入陰秝，半交必在立春黃道內五度半，立春南緯十六度奇，則四南緯幾十一度，是爲立春青道。又三十交後在秋分无南北緯而入陰秝，半交必在冬至黃道裏五度半，冬至南緯二十三度半，則四南緯十八度，是爲冬至黑道。又三十交後在立秋北緯十六度奇而入陰秝，半交必在立冬黃道裏五度半，立冬南緯十六度奇，則四南緯幾十一度，是爲立冬黑道。又三十交後在夏至北緯二十三度半而入陰秝，半交必在秋分黃道裏五度半，秋分无南北緯，則四北緯五度半，是爲秋分白道。又三十交後在立夏北緯十六度奇而入陰秝，半交必在立秋黃道裏五度半，立秋北緯十六度奇，則四北緯幾二十二度，是爲立秋白道。又三十交後在春分无南北緯而入陰曆半交必在夏至黃道裏五度半夏至北緯二十三度半則月北緯二十九度是爲夏至絑道又三十交復在立春南緯十六度奇而入陰曆半交必在立夏黃道裏五度半立夏北緯十六度奇則月北緯幾二十二度是爲立夏絑道又三十交還在冬至月復循青道已四年過半循二青道四年過半循二黑道四年過半循二白道四年過半循二絑道十八年過半八行一周古曆以自南而北交于黃道爲中交常以中交爲主今曆謂之正交古曆自北而南爲正交今曆謂之中交日食朔當交也月食望當交也九道自宋乃疑之至元而遂廢攷諸古曆未有明晳其必分之故皆譌今思之可以知交道出入者可以攷當交半交距赤道遠近者可以明交究所差幾月交于某宮某度者可以辨交之中弁幾朔望不與[illegible]朔望去交遠近及當交而食者古灋之廢而定舉皆若此類是也案戴氏所言南北緯皆在赤道南爲南緯在赤道北爲北緯蓋戴氏善天文又居于曆算故多言之精審如此也鄭注見禮記月令正義云四時之間合于黃道皆謂四季土王之日也合于黃道則與日同道矣漢志紀月之行止言其四時巡青絑白黑之道而不及黃道故用鄭注以補其未備案鄭君

此注以夏令言當不止此八字而禮記正義所引止此而已不得聞其詳矣云已論王者政令四時各有宜皆王者出政以順天時者明堂月令所紀十二月之令是也者孟春行夏令之等謂之反令反令則以為災月令具言之矣漢書魏相傳相奏云東方之神太昊乘震執規司春南方之神炎帝乘離執衡司夏西方之神少昊乘兌執矩司秋北方之神顓頊乘坎執權司冬中央之神黃帝乘坤艮執繩司下土茲五帝所司各有時也東方之卦不可以治西方南方之卦不可以治北方春興兌治則饑秋興震治則華冬興離治則泄夏興坎治則雹是四時政令各有所宜也此經是說王極之事則此言日月之冬夏異行乃是論王者政令四時異宜也

月之從星則以風雨【注】言失中道而東西也

月太中道移而東北入箕若東南入軫則多風移而西入畢則多雨詩曰月離于畢俾滂沱矣言多雨也若然說曰月離于箕則風揚沙不言日者日之從星不可見

故也以諭王之不極政教失中雖從民欲不從无亂晚

黃反沱度河反

疏

言失中道云云逆言多雨也大漢書天文志文案志云箕星為風東北之星也與杜東南為風箕星軫也月去中道移而東北入箕若東南入軫則多風是則熒矣志又云西方為雨〻人少陰之位也月失中道移而西入畢則多雨此則非鄭君說也於鄭君之說雨為木氣畢西方金宿金克木〻為妃畢好其妃故多雨也志又云月失躔度而疾行出陽道則旱風出陰道則陰雨是亦一說也東北東南皆陽道西則陰道也引詩者小疋漸漸之石篇文彼毛傳云月離陰星則雨與志言出陰道相似也云言多雨也者釋滂沱之證為多雨以證月入畢則多雨也史記仲尼弟子列傳云孔子既沒弟子思慕有若狀似孔子弟子相與共立為師師之如夫子時也它日弟子進問曰昔夫子當行使弟子持雨具已而果雨弟子問曰夫子何以知之夫子曰詩不云乎月離于畢俾滂沱矣昨莫月不宿畢乎它日月宿畢竟不雨有若无以應是滂沱為多雨之證也引春秋說者春秋緯文以證月入箕則多風也春秋說本鄭注所引云不言日者日之從星不可見故也者大洪範

鄭注也茲見正義不解鄭者欲以箸烘說與所引詩詞聯从以同證月之從星則以風雨不便識小故也日在下而炎盛星在上而炎殷故日見時星不可見上言日月之行此从止言月故解所以不言日之故以日從星不可見也云以諭王之不極政教失中雖从民欲不象无亂者上以日月之行諭王者政教則此言月失道而從星是諭政教失中也庶民維星則從星是諭從民欲以從星而風雨則風雨非時風時雨故知以風雨諭亂也

五福弌曰壽弍曰富弎曰康寧亖曰逌好悳五曰考終命六極弌曰凶短折弍曰疾弎曰憂亖曰貧五曰惡六曰弱𣂺籒文折从艸在仌中仌寒故折

注 鄭康成曰此數本諸其尤者福是人之所欲以尤欲者爲先極是人之所惡以尤所不欲者爲先以下緣人意輕重爲次尒康寧人平安

也迪我惠民皆我好惠也考終命考成也終性命謂皆生順好己至者也此五者皆是善事自天受之故謂之福福者備也凶短折皆是夭枉之名未齔曰凶未冠曰短未昏曰折愚懦不毅曰弱案大傳凶短折思不睿之罰疾視不明之罰憂言不從之罰貧聽不聰之罰惡貌不恭之罰弱王不極之罰反此而云王者思睿則致壽聽聰則致富視明則致康寧言從則致攸好德貌恭則致考終命所以然者不但行運氣性相感以誼言之思睿則無擾神安而保命故壽若蒙則不通傷神夭性所以短折也聽聰則謀當所求而會故致富違而失計故

貧也視可昭曠性得而安寍不可以擾神而疾也言以

畏于惪故能皆惪也不以而无惪所以恩尒皃聾則頌

儼形美而成性以終其命皃毀故戕惡也不象爲大中

所以弱也所惡烏路反佼吉窈反夭衣少反齔初受反[illegible]古覺反當多浪反擾如少反俗作手傍憂非頌余封反俗輒作容音同而誼異矣【疏】注見正義及詩疏醉正義云此數本諸其人者二謂福先壽極先凶短折者其欲惡之人者壽是乃所人欲凶短折是人所不欲也云以下緣乃意輕重爲次者謂富以下四者亦皆乃所欲疾以下五者亦皆乃所惡其欲惡皆各是與不是各適其是不是爲先後也釋詁云寍康安也故云康寍乃亏安也考成釋詁文云終性命謂皆之攸好以至者也皆考終命與六極之惡相對惡是皃醜故解考終命隸攸好言之攸好非必彩繪但須皃端莊尒云福者葡也者礼記祭統文葡者百順之名无所不順之謂也說文示部亦云福葡也云未齔曰凶者說文齔部云齔毀齒也男八月生齒八歲而齔女七月生齒七

歲而齔从齒七聲鄭注周禮司厲云齔毀齒也男八歲女七歲而毀齒則未齔謂七歲已下義禮喪服傳所謂无服之殤也男子二十而冠三十而娶則未冠曰短謂不及二十未昏曰折謂不及三十也案男子三十是昏冠之限非必三十而始昏容有既昏而夭猶未滿三十者亦爲折也漢書五行志云傷人曰凶禽獸曰短艸木曰折一曰凶夭也兄喪弟曰短父喪子曰折案極皆止就人言若兼禽獸艸木則何有貧富何有好惪不可通矣又兄喪弟父喪子自是屬憂不得以爲短折其說謬甚吾从鄭誼可也引大傳皆伏生書傳之五行傳也案彼傳云皃之不龔是謂不肅厥罰恆雨厥極惡言之不从是謂不艾厥罰恆暘厥極憂視之不明是謂不悊厥罰恆奧厥極疾聽之不聰是謂不謀厥罰恆寒厥極貧思之不容是謂不聖厥罰恆風厥極凶短折王之不極是謂不建厥罰恆陰厥極弱是傳以咎徵爲罰不以六極爲罰鄭君引之而以六極爲罰皆以六極是天所以畏見人卽是天所降之罰矣鄭用大傳之誼不況其文也其所以某極由于某事失皆其誼見于大傳之注案鄭注大傳以思心屬土土觸萬物觸气先則于人爲凶短折視屬火主夏夏气長長气先故于人爲疾

言屬金主秋秋氣殺殺氣先故于人爲憂聽屬水主冬冬氣藏藏氣先故于人爲貧貌屬木主春春氣生生氣先故于人爲惡王極象天天爲剛德剛氣先故于人爲弱是其證也云反此而云以下皆以五行傳之有致極之文無與福之事故鄭君反覆推言之以見福亦與于五事也壽皆凶短折之反思不睿則凶短折故睿則致壽富皆貧之反聽不聰則貧故聰則致富兼寧皆疾之反視不明則疾故明則兼寧攸好德皆憂之反言不從則憂故從則致攸好德考終命皆惡之反貌不恭則惡故恭則致考終命言考終命則壽可知大戴禮武王踐阼篇武王帶名有云恭則壽證與此合云所以然皆不但行運之性相感皆人之福澤關乎命運稟乎初生故云行運之性言所以致福極之故不但行運之性相感以實有至理存焉也云以證言之以下反覆推以五事得則致福失則致極自然之理也

分器弟四十七　注　篇亡孔氏書亦未有

周書七

尚書卷弟十八（注）孔氏逸書二十三今亡

周書八

尚書卷弟十九（注）篇亡孔氏書大半存

周書九

大誓至尚書命標題凡九十二名注九十二字疏

三百二十九字

大誓上經文三百五名重文六凡三百一十一言

注七百一十八字釋音辯字百四十三言疏三千

六百三十三字　中經文二百四十七名注三百

三十字音百九言疏三千三百六字　下經文百

尚書集注音疏五　卒

五名，注百六字，音二十九言，疏四百四字。

坶誓經文二百四十四名，彙文一尺二百四十五言，注四百九十一字，釋音辯字三百九十言，疏二千八百五十五字。

武成逸文八十六名，注百八十五字，釋音辯字四十三言，疏千一百一十四字。

洪範經文千三十二名，彙文三尺千三十五言，注三千七百五十四字，釋音辯字千九百五十四言，疏萬九千三十四字。

尚書集注音疏卷五終

金縢弟七十

周書十　尚書十七

尚書今注音疏卷六　江聲學

既克商二年王有疾不悆悆爰茹反偽孔本作弗悆正義本作弗豫說文引作不悆茲从說文

注　克商之年歲在鶉火是年歲在壽星故曰二年悆喜也

疏　詩豳譜正義引鄭注以爲武王于文王崩後六年伐紂後二年有疾正義引王肅注以爲克殷明年案如肅說則當云維克商二年矣經言既克商二年是不數克商之年而云二年鄭說誠是肅說非也云克商之年歲在鶉火此年歲在壽星故曰二年皆國語周語伶州鳩曰昔武王伐殷歲在鶉火歲謂歲星也歲星爲陽又行于天太歲爲陰𠂇行于地●皆歲移一辰歲星在鶉火則太歲在協洽鶉火午也協洽未也明年歲星在鶉尾則太歲在涒灘鶉尾巳也涒灘申也又明年歲星在壽星則太歲

壯，作噩，壽星辰也；作噩，酉也。是年歲在壽星，則克商之後二年矣。此雖未用鄭注，實從鄭誼以說也。悆，喜，說文心部文。

二公曰：我其爲王穆卜。爲，云僞反。【注】二公，太公、召公。穆，敬也。鄭康成曰：二公欲就文王廟卜。召，上照反。【疏】史記魯世家錄此篇文，稱武王克殷二年，天下未集，武王有疾不悆，群臣懼，太公、召公乃繆卜，故此云二公，太公、召公。釋訓云：穆穆，敬也。單言穆，當亦同誼。又尚書大傳虞傳說於穆清廟之誼云：穆者，敬之也。故云穆，敬也。鄭注見史記魯世家注。據下文周公言未可以戚我先王，故知二公欲就文王廟卜。

周公曰：未可以戚我先王。【注】鄭康成曰：戚，憂也。周公意內知武王有九軨之命，又有文王曰吾與爾三之期，今必瘳，不以此死，故止二公之卜，云未可以憂怖我先王也。【疏】樊毅修華嶽碑云：永燿蕙軨。又繁陽令楊君碑云：偉徵蕙軨。則古者年軨字作車傍，與車闌之軨同字，俗變作齒傷非也，故說文齒部无。疏注見正義。小明詩云「自詒伊戚」，毛傳訓戚爲憂，故鄭云「戚，憂也」。予瘳，敕留反。悇，涂故反。云「周公既內知武王有九齡之命，又聞文王以吾與尒三之勸，今必瘳，不以此終」者，禮記文王世子云：文王謂武王曰：「女何夢矣？」武王對曰：「夢帝與我九齡。」文王曰：「女以爲何也？」武王曰：「西方有九國焉，君王其終撫諸。」文王曰：「非也。古者謂年齡，齒亦齡也。我百，尒九十，吾與尒三焉。」文王九十七乃終，武王九十三而終。是其事也。周公爲文王之子、武王之弟，不容不聞是言。既聞是言，則武王于時年未九十三，周公必知其疾必瘳矣。然謂周公以此之故而止二公之卜，則似周公將欲以功自居，不欲二公爲其功也。周公豈其然乎？鄭云然者，以公既知武王必瘳，則无庸卜矣，何爲止二公之卜而自潛自卜乎？且經言「公乃自以爲功」，又言「乃得周公所自以爲功代武王之說」，夫謂公欲以武王疾瘳爲己功也，鄭蓋據此爲說也。

公乃自以爲功，爲三壇同墠。壇，徒丹反。墠，常單反。注馬融曰：壇，土堂。鄭康成曰：時爲壇墠于豐，壇墠之處猶存焉。謂封土曰壇除地曰墠三壇皆大王王季文王各一壇也功或為質之日處反疏馬注見釋文云壇土堂皆築土為壇以四面起堳埒如堂基然故曰土堂鄭注見正義云時為壇墠于豐壇墠之處猶存焉皆案漢書地理志豐水出右扶風鄠縣東南後漢書言鄭君西入關事扶風馬融則鄭君嘗至豐目驗其壇墠遺址而云然也云封土曰壇除地曰墠皆鄭注禮記祭法云然除地者猥去艸萊辟除空地為廣平之場墠即場也其中聚土而築之為壇故云封土曰壇猶鄭注周禮封人敘官所云聚土曰封也云三壇皆大王王季文王各一壇也者時將告大王王季文王又別為一壇于南方周公所立故知此三壇是三王各一壇也云功或為質者史記云周公于是乃自以為質案質讀當如周鄭交質之質謂公以己為質：于三王以代武王此經當是顧後文云乃得周公所自以為功代武王之說史記大抵自以為功據文當前後相應故于經仍作功而存質字于注

為壇于南方北面

注別為一壇于三壇之南周公所立也言北面則三壇

南鄉可知鄉許亮反【疏】于三壇之南北面則鄉三壇矣然則三壇大鄉是壇故云三壇南鄉可知斯大君南面臣北面之證也周公立焉植璧秉珪乃告大王王季文王【注】鄭康成曰植古置字聲謂秉執也珪古文圭【疏】鄭注見正義論語微子篇云植其杖而耘蔡邕石經作置其杖而耘是置爲今文植乃古字故云植古置字又說文木部植字重文作[木置]从置是古字植與置同也秉執釋詁文云珪古文圭者說文土部文史乃冊祝曰祝之六反注同【注】鄭康成曰冊謂簡書也周公所作祝者讀此簡書以告三王【疏】注見魯世家注冊者編竹簡爲之其製字也象其札一長一短中有二編之形故云冊謂簡書也案義禮聘禮記云百名已上書于冊不及百名書于方蓋方用一板局于多盡故字少者用之冊編竹簡輒可聯續故字多者用之此祝詞凡百二十有八字故書于冊云周公所作者以祝詞親誠之至非史乃所能代爲自是周公自作云祝者讀此簡書

乃告三王者，謂史官讀此周公所作之祝詞。曰惟爾

告于三王也。偽孔氏乃謂史爲冊書祝詞，非是。

元孫某遘厲虐疾。遘，工豆反。【注】鄭康成曰：諱之者

由成王讀之也。發謂遘，遘厲惡也。【疏】鄭注見正義。曰文

太王、王季、文王當名，故王偁元孫發，今此諱發而云某

者，由後來成王開金縢之書，得此冊文讀之，不敢斥名

而云某。後錄書者以成王之讀，因遂作某，其實周公冊

書本作發字，故云諱之者由成王讀之也。下云以旦代

某之身同此，可知矣。遘，遇，易彖

傳文。厲，惡也，詩瞻卬傳詞也。若爾三王是有

丕子之責于天。子，將吏反。注曰子同。【注】鄭康成曰：丕讀曰

不，愛子孫曰子。元孫遇疾，若汝不救，是將有不愛子孫

之過，爲天所責，欲使爲之請命也。爲爲，于僞反。【疏】注見正義。云丕讀曰

不者，古丕不二字通，說見般庚上篇疏。劉緜慕云居

明而法乎？弗子，謂不暇子愛其子，故云愛子孫曰子。不

記中庸云子庶民鄭𢓊注云子猶愛也誼與此同也史記云是爲負子之責于天是言三王不救元孫將負上天之責故云將爲不慈子孫之過爲天所責也

以旦代某之身【注】旦周公名也君父疾病方困臣子不忍默尒視其虧絕爲之請命于鬼神求以身代非不知命不可請身不可代也出于忠孝之誠不得已尒周公優爲之注兩爲字先者于僞反後者如字

【疏】逸周書柔武小開武寶典寤敬諸篇輒言召周公旦大開武言誥于周公旦是旦爲周公之名此文言以旦代某是周公自名于三王之前也故云旦周公名也正義引鄭志弟子趙商問曰荅武王未疾固當獨信命之矣雖請不得自古以來何患不爲鄭荅曰君父疾病方困忠臣孝子不忍默尒視其虧絕歸其命于天中心惻然欲爲之請命周公達于此禮箸在尚書荅君父之病不爲請命豈忠孝之志也此注君父疾病方困以下云云祖鄭意以爲說也

予仁若考能多材多藝能

事鬼神乃元孫不若旦多材多藝不能事鬼神丂字从書古文訓本正義本作考藝牛祭反【注】仁若衍字也丂古文巧俗讀丂爲考或且改作考字非也能字屬丂讀巧能故多材藝也周公自譽而謂元孫不若皆謂三王欲取元孫無寧予旦屬之欲反譽云諸反【疏】史記魯世家云旦巧能多材多藝无仁若字故云仁若衍字也案漢書儒林傳稱司馬遷從安國問故遷書載堯典禹貢洪範微子金縢諸篇多古文說然則史記所錄實爲孔氏古文是正當據之以訂正僞孔氏書也云丂古文巧者說文丂部云丂气欲舒出丂上礙于一也丂古文以爲亏字又以爲巧字則以丂爲巧乃古文叚借也云俗讀丂爲考或且改作考字非也者崇文總目云開寶中詔以陸德明所釋尚書乃古文與唐明皇所定今文駁異令陳鄂刪定其文改从隸書然則今之尚書正義乃開元時所改之本非僞孔氏原書矣薛季宣書古文訓敘云隸古定書最古者以

皇帝更以正隸改定而俗儒學詔文多并駁古文是訓不勞于是正之也據此則書古文訓即所謂隸古定乃僞孔氏之本矣其書中凡考字無不作于而于咎繇謨巧言令色則仍作巧是不以丂為巧而以為考也于此文則考能二字不可聯屬因而增仁若字毀丂字為句解云仁能順父是其有意變經故誤讀巧為考善乃據其讀而改為今文隸作考字則亦誤矣故云非也言僞孔之解及善之改字皆非也案薛尚功鐘鼎款識載召仲考父壺銘其文有云谷中丁父自作壺則古者考字亦有省作丂者而此經丂能聯文據說文則古或以丂為巧據史記則實作巧能且多材多藝所以為巧能意實一貫故云能字屬巧讀巧能故多材多藝也僞孔氏以丂為考則毀能字不屬不得不以能字屬下讀

乃命于帝庭敷右四方用能定爾子孫于下地

注 敷布右助也武王受命于天帝之庭布其道以助四方用是能定爾子孫于下地對帝庭言故曰

下地【疏】尃系說文寸部文右助說文口部文說文又部又重出右字訓手口相助則詮校詳也云武王受命于天帝之庭布其道以右助四方者馬融注也見史記世家注不偁馬融以者欲使注文融洽不便識小也禮記文王世子云文王謂武王曰女何夢矣武王對曰夢帝與我九齡是武王受命帝庭之事也云對帝庭言故曰下地者帝謂天帝對上天言則地爲下矣言此者欲見下地即指謂人世不謂地之下也四方之民罔不祗畏【注】祗敬【疏】祗敬釋詁文說文示部同於戲無隊天之降葆命我先王亦永有所依歸史記無於戲字僞孔本有之始从僞孔隊直類反正義本葆作寶無所字茲从史記依因稀反毀依同【注】鄭康成曰降下也葆猶宔也亦所依歸爲宗廟之宔也聲謂宔命使元孫爲祭祀宔之命也依亦歸也無隊失天之所下宔命使元孫得爲宗廟之宔則我先

王太丕子所負歸矣葆或爲寶疏鄭注見史世家注降下說文𨸏部文云葆葆主也者史記留侯世家云果見穀城山下黃石取而以祠之謂大是石爲主而祀之也是葆之詁猶主也鬼神象乎宗廟宗廟爲主則爲所負歸故云爲所負歸爲宗廟之主也據此注則鄭本大作爲所負歸與史記同僞孔本作太所字非也聲謂主命使元孫爲祭祀主之命者申明鄭君葆猶主之詁也云祭祀之主者凡天地社稷山川之祀皆主之不獨宗廟宗廟其一爾旣命之爲天下則凡所當祀者皆命主之矣此即上文命于帝庭之命也說文貝部云負歸也此經負歸聯文故云負大歸也云葆或爲寶者正義本作寶也

今我其即命于元龜僞孔本无其字茲依史記增注傳曰就受三王之命于大龜疏卽之言就故云就受三王之命

爾之許我〻其以璧與珪歸俟爾命史記其以作以其俟上有以字未知是否姑仍僞孔本歸字屬上讀注許聽俟待也馬融曰待我命者王當瘉我

金縢

當作也瘉羊主反俗作愈下心非疏許聽竢待說文言部立部文彖注見宋世家注爾不

許我我乃屏璧與珪屏必郢反注傳曰屏藏也言不

得事神藏才郎反疏說文尸部云屏屏蔽也鄭注曲禮云屏猶退也隱也是屏為隱蔽之意故得為

藏也禮記曾子問篇孔子曰天子諸侯將出必以幣帛皮圭告于祖禰遂奉以出反必告設奠卒斂幣玉藏諸

兩階之閒斂則以玉示神事畢必藏其玉傳訓屏為藏當不謬然用其說乃卜三龜一

習吉注敘三王而卜故卜三龜習重也重直容反疏史記云于

是乃即三王而卜卜人皆曰吉故云敘三王而卜故卜三龜三王即謂太王王季文王也僞孔傳乃云以三王

之龜卜其意亦謂用三代之兆兆各一龜故卜三龜案周禮太卜掌三兆之灋是一龜而用三兆占之非三兆

必占三龜也士喪禮卜葬日占者三人鄭注謂三人掌玉兆瓦兆原兆是三兆占一龜之明證則此三龜不

為三兆而小異傳說非是云習重也者易彖傳云習坎重險也是習訓為重也開籥見書

乃并是吉開，僞孔本作啟，鄭注周禮卜師引此作開，吾從鄭所引。籥，以灼反，俗作籥，乃別一字。

【注】鄭康成曰：籥，開藏之管也。開兆書藏之室以管，乃見三龜占書，亦合于是吉。聲謂籥，關下牡也。開藏兆書室之關牡也。并或爲逢。注三藏字，前兩字才盎反，後才郎反。

【疏】鄭注見正義。鄭注周禮司門引先鄭注云「管謂籥也」，故于此注以籥爲開藏之管也。云「開兆書藏之室以管」者，藏兆書之所謂之兆書藏，謂以管開藏兆書之室也。云「乃見三龜占書，亦合于是吉」者，周禮太卜掌三兆之灋，其經兆之體皆百有二十，其頌皆千有二百。鄭彼注云：「頌謂籀也，每體十籀。」然則龜兆之體總三兆，凡三百六十，籀詞凡三千六百，皆爲成書，藏于太卜。既卜得兆，據兆體以檢其籀以占其吉凶，占書即籀也。周公既卜三龜，開籥見三龜占書皆吉也。云「合于是吉」者，解并之誼爲合，言以占書合于是兆，果吉也。云「籥，關下牡也」者，說文門部文。先鄭注周禮司門云「鍵謂牡」，此云「關下牡」，則籥即鍵矣。案鄭以籥爲管，則是籥鍵以開門者，乃是牡。非今以爲牡，則與鄭韋昭。又案月令孟冬云：修鍵閉，慎管籥。籥與管聯文，與鍵異文，則籥是管非鍵，鄭說是矣。茲必用說文易鄭誼者，以經言開籥，當謂以管開此籥，故不以籥爲管，而以爲關下牡，故云開藏之書室之關牡也。云籥或爲鑰者，王充論衡卜筮篇引此作鑰也。

公曰：體，王其無害。予小子新命于三王，維永終是圖。茲逌竢，能念予一人。無，僞孔本作罔，史記所錄及鄭注周禮所引皆作無，吾从無。

注　體，兆象也。圖，謀也。鄭康成曰：茲，此也。馬融曰：一人，天子也。聲謂公既得吉兆，人告若王曰：王其無害，我小子絜新以請命于三王，維長終是謀。茲所待三王之命，皆示以吉兆，是能念我天子，保安之矣。絜，令盧反，俗加水傍，非。

疏　云體，兆象也者，周禮占人云：凡卜簭，君占體。鄭注解體爲兆象，且引此經以證，故此用彼注證也。圖，謀，釋詁文。鄭注、馬注並見魯世家注茲此亦釋詁文案經傳言予一人皆是天子自偁此周公言予一人而馬云一人天子也者白虎通號篇云王者自謂一人者謙也欲言己材能當一人耳故論語曰百姓有過在予一人臣謂之一人何所以尊王者也以天下之大四海之內所共尊者一人耳故尚書曰不然予一人是臣下亦得偁天子爲一人馬說是也經止言公自注云入告武王曰者史記言周公入賀武王曰王其無害云云入則是告武王之言矣史記云旦新受命三王此云絜新己請命于三王不如史記說者蓋史記下句云維長終是圖茲逌無逌俟之文故己新命爲新受命可也尚書則予茲逌俟之語蓋己新命爲新受命則逌俟更何所俟哉故云絜新己請命于三王之文爲說也云絜新者絜清自新將告三王必先齋宿故言絜新也云維長終周道是謀者史記云維長終是圖茲道偽孔傳云武王惟長終是謀周之道案偽孔傳時或采取漢儒之說其說閒有是者此言謀周之道與史記說合當不謬故略仿其意言長終周道是謀也又案漢書偁史記所載尚書多古文說然則史記云維長終是圖茲道能念予一人實是孔氏古文元本謂所受三王之命維長終是謀此周道則必能念我天

子保宲之㠯是知王之无害也如此解說大甚允當此文茲迺矣當从史記作茲道爲正惜不必爲易文㠯相參證故不敢直改从史記既識之于此

公歸乃內冊于金縢之匱中內奴突反注縢緘也公藏其冊于金緘之匱中識字皆勿敢言鄭康成曰凡藏祕書藏之于匱必㠯金緘其表緘今咸反藏才桑反祕必至反疏縢緘說文糸部文云議字皆勿敢言皆史記魯世家文也下經王得周公之冊㠯問諸史與百執事對曰公命我勿敢言是公藏冊時爲此議也鄭注見正義云必㠯金緘其表皆謂㠯銅爲瑣㠯固合之若司掌月令所云鍵閉是也

王翼日乃瘳瘳敕留反注翼明也瘳疾瘉也疏翼明釋言文云瘳疾瘉也皆說文疒部文

武王既喪管叔及其羣弟乃流言于國曰公將不利于孺子子籒文子注鄭康成曰管國名叔字

周公兄武王弟對于管羣弟蔡叔霍叔武王崩周公免
喪服意欲攝政小人不知天命而非之故流公將不利
于孺子之言于京師孺子謂成王也聲謂武王已十二
乃崩踰年周公攝政管叔之當武王周公之閒習聞商
王舊灋兄弟相及謂武王崩嗣王幼沖當及己今己爲
監于殷而公反攝疑公蓄異志而踊躐己故爲是流言
尒孺子幼少之稱時成王年十三故曰孺子 霍火各反 少式紹反

疏 鄭注見詩豳譜正義又見七月正義史記周本
紀云封弟叔鮮于管故知管是國名叔其字也又管
蔡世家云長子曰伯邑考次曰武王發次曰管叔鮮次
曰周公旦是管叔爲周公之兄武王之弟也管蔡世家
又云管叔蔡叔疑周公之爲不利于成王衛世家亦云
管叔蔡叔疑周公皆不言霍叔鄭云羣弟蔡叔霍叔者

以言羣弟則管叔之外不止蔡叔一人逸周書作洛解云武王克殷立王子祿父俾守商祀建管叔于東建蔡叔霍叔于殷俾監殷臣是霍叔與管蔡爲殷三監則羣弟是蔡叔霍叔可矣洛誥云孺子來相宅立政云孺子王矣故云孺子謂成王也是皆然矣惟是言周公免武王之喪意欲攝政而致流言則是以爲武王崩後三年事恐未然也論語憲問篇云君薨百官總己以聽於冢宰三年禮記檀弓云古者天子崩王世子聽於冢宰三年定四年左傳云周公爲太宰然則周公攝政當在武王崩時不應從免喪後若謂免喪而始攝政則三年之內誰攝政乎豈曠年無攝政乎必不然矣故聲不從而別爲之說作洛解云武王既歸乃歲十二月崩鎬肂于岐周周公立相天子三叔及殷東徐奄及熊盈以畔下又云元年夏六月葬武王于畢然則周公攝政三叔流言皆在未葬武王之時故以爲武王初崩踰年之事云管叔之當武王周公之間者據管蔡世家文以見于上云習聞商王舊法兄弟相及者據史記殷本紀自湯至紂凡二十九王計其世數不過十七是兄終弟及者多也周承殷後若依殷法則武王崩成王幼以次當及管叔是不無覬覦今乃監殷于外不得握朝權周公乃

其來也反杜斡攝政自不能无疑于公之欲篡忌己而使之監殷故云疑公蓄異志而踊躍己知管叔監殷是周公使之者據孟子公孫丑篇文云踊躍己者何休注公羊僖十年傳云踊豫也齊人語管叔監殷在遠王來蒙之前故云踊也說文子部云孺輸也輸尚小也故云孺子幼少之偁云時成王年十三者伏生大傳云周公攝政四年建侯衛康誥云侯甸男邦采衛則康誥作于攝政四年大傳又云天子太子年十八曰孟侯康誥偁成王爲孟侯則周公居攝之四年成王年十八并而推之成王踐阼周公始居攝之元年則成王年十五其前爲周公居東之二年是時周公將避流言而出則是始居東之年則是時成王年十三也

周公乃告二公曰我之不𨐨我无以告我先王

不𨐨正義本作弗辟茲从說文所引𨐨必益反

注 𨐨治也我之所以不𨐨治流言之事者以疑謗未明无以告我先王也

疏 𨐨治說文辟部文諸本𨐨或作辟諸家輒讀爲避史記云周公乃告太公望召公奭曰我之所以弗辟而攝行政者恐天

下叛周，無以告我先王。詩七月正義引鄭注云：我今不避孺子而去，我先王以謙讓爲德，我反有欲位之謗，無以告于我先王。言愧無詞也。案：史記以公實不避而說所以不避之意，鄭注以公實避而言不得不避之故，詮雖相反，其讀則均爲避也。今皆不从而从說文作辟訓爲治者，蓋說文敘自言其偁引書皆孔氏古文，又賈侍中逵傳孔氏古文，許君受古學，是實淵原于孔氏，皆當从之也。云我之所以不治流言之事不云不治三年者，蓋流言雖出于三年，而公毀三年同我罪弗不虞三年之叛已雖間流言不將其出于三年，且下云罪人斯得，則居東之時乃始審知流言之所自來，初時固未知也。然則公言我之不辟，但謂不窮治流言之事，非謂不治三年之罪也。

周公居東二年，則罪人斯得。

注　鄭康成曰：居東者，出處東國，待罪以須君之察己。罪謂罪人，謂流言者，初聞流言，未知所自出，居東二年，探得其實，知其出于三年，故曰罪人斯得。須，相俞反，俗譌作須。探，土南反。

疏

鄭注見詩七月正義逸周書作洛解云武王既歸乃歲十二月崩鎬肂于岐周〻公立相天子三叔及殷東徐奄及熊盈以叛周公召公內弭父兄外撫諸侯元年夏六月葬武王于畢二年又作師旅臨衛攻殷〻大震潰據此則作流言之明年即東征者故僉人王肅輩據之而以居東爲東征鄭云居東者出處東國待罪以須君之察己者墨子耕柱篇云古者周公旦非關叔辭三公東處于商蓋案關叔即管叔音之轉尒商蓋即商奄〻蓋謚同也是周公遭流言實爲避居東國之事居東實是避居非東征也故鄭云然皆作洛解所紀年次則或夌越而過非比年擇敍者即如武王之崩在克殷之後五年作洛解于克殷云〻之下即云武王既歸乃歲十二月崩鎬則合作一年內事故比鼂注辭之云謂乃後之歲是夌越不聯比者也然則元年葬武王者謂武王崩後逾年改元之年二年又作師旅者謂周公攝政之二年其閒實曠隔周公居東之年以居東之避于作洛事无涉故作洛解不敍及之不得以其元年二年文相舉次緣謂是比年之事而漫其避居東國之年也云罪人謂流言者〻詰作異言流播京師搖動王室是罪人矣云初聞流言未知所自出者詰播流言之人必匿其

名不使人知其所諧公雖聖智而于三叔則同衆署者推己之心以度三叔謂三叔與己必无二心始聞流言必不料其出于三叔故未知所自也經言管叔及其羣弟乃流言于國者是從後書之爾非初時即知之者經于居東二年之下言則罪人斯得司初時未知罪人爲誰居東徐揆而始知之故云居東二年揆得其實知其出于三叔詩鴟鴞正義引鄭注云罪人周公之屬與知居攝者周公出皆奔二年盡爲成王所得又鴟鴞正義引鄭注云謂之罪人史書成王意也聲雖重于韋鄭顧此說殊荒誕不敢从

于後公乃爲詩以詒王名之曰鴟鴞鴟尺脂反籒文作鴞鴞于喬反

注 鄭康成曰于後于二年後啓謂詒遺也公既得流言情實乃爲詩遺王言己勤勞王室管蔡傾之王室將毀詒鴟鴞之諭因以鴟鴞名篇詩在豳風遺唯季反

疏 鄭注見詩豳譜正義云于二年後者謂居東二年之後也正義引鄭注云公作鴟鴞之詩救其屬臣請勿奪其官位土地詩鴟

鴟鴞正義引鄭注云詒說也周公傷其屬黨無辠將死恐其刑濫又破其家而不敢正言故作鴟鴞之詩以詒王今豳風鴟鴞也又鄭箋鴟鴞詩大義是說案毛公鴟鴞傳解所取我子無毀我室云寧亡二子不可以毀我周室解鬻子為成王則詩意實不如鄭君所說故上文辠人斯得及此為詩詒王皆不用鄭注而聲自為解說詒遺釋言文云言已勤勞王室管蔡傳之王室將毀託鴟鴞以諭皆其詩皆言鴟鴞鴟鴞以下皆託鴟鴞以為言也其言綢繆牖戶以為巢諭己之勤勞王室也言今女下民或敢侮予或之言有下民有侮予皆諭管蔡也言予室翹翹風雨所漂搖諭王室將毀也云詩在豳風皆豳風詩七篇鴟鴞其弟二篇也案鄭君豳譜言周公一思不回純化于公劉太王之所為太師大錄其志主意于豳公之事故作其詩以為豳國變風焉是說鴟鴞以下諸詩所以傳于豳風之意也

王亦未敢誚公誚才肖反

注 誚讓也●成王疑周公之意未解得公之詩怒其歸功于己委辠于人故欲讓之推其恩親故未敢

疏 詩鴟鴞正義引鄭注云成王非周公

意未解今又爲辠乃言欲讓之推其恩親故未以案鄭以公作詩詒王爲救其屬臣故云欲兹于上經殺不从其說故此大不用其注也楊雄方言云譙讓也說文言部云誚古文譙故云誚讓也云怨其婦巧于己羞辠于乃故欲讓之皆公詩云恩斯勤斯鬻子之閔斯言己爲王餘病也又云綢繆牖戶言己勤勞王室也成王疑公爲不知方謂公爲辠見公此言必怨其婦巧于己矣詩又云今女下民或敢侮予又云自予未有室家咨論管蔡之儆王室成王必已此言謂公爲辠于乃亢欲讓公矣云推其恩親故未敢皆公于成王爲未又故云恩親此語則用鄭注

秋大孰未穫天大雷電已風禾盡偃大木斯拔邦人大恐穫戶郭反拔步八反

注 鄭秋成曰秋謂周公出二年之明年秋也聲謂穫刈穀也偃仆也古文家說管蔡流言王意狐疑周公周公奔楚故天雷雨以悟成王刈牛廢反仆方遇反

疏 詩豳譜正義引鄭注云秋謂周公出二年

之後明年秋也案鄭以周公出居東二年之明年秋然反而居攝則自出迎反不出三年此秋然是似雖稱詩之年之秋也答云出二年之後明年秋則仍作詩之明年于居東爲第四年矣故冊敘後字而錄之以見此秋是居東之第三年與上于後爲一年內也云穫刈穀也皆說文禾部文說文人部云偃僵也字林云仆僵也則偃仆同詁故云偃仆也論語艸尚之風必偃孔氏注亦云偃仆也古文家說云云見王充論衡感類篇案史世家云初成王少時病周公乃自揃其蚤沈之河以祝于神曰王少未有識奸神命者乃旦也亦藏其冊于府成王病有瘳及成王用事人或譖周公周公奔楚成王發府見周公禱書乃泣反周公是言周公奔楚不爲流言與古文說異未知其所本其說似不經與世家又云周公卒後秋未穫暴風雷雨禾盡偃大木盡拔周國大恐成王與大夫朝服以開金縢書云云又後漢書周舉傳詔問以言事皆多云昔周公攝天子事及薨成王欲以公禮葬之天爲動變及更葬以天子之禮然後反風之應注引鄭玄伏傳曰周公死成王不圖大禮故天大雷雨禾偃大木拔及成王寤金縢之冊改周公之葬以王禮申命史祝而天大復風雨禾稼盡起皆以雷風

示變成王開金縢書爲周公歿後事大與古文說異蓋今文家說也論衡感類篇引此經而僞儒皆說之以爲成王狐疑于周公欲以天子禮葬公公人臣也欲以人臣禮葬公公有王功狐疑于葬周公之間天大雷雨動怒示變以章聖功古文家以武王崩周公居攝管蔡流言王意狐疑周公周公奔楚故天雷雨以悟成王是當時今文家古文家太說各異故有此兩說也茲以古文說而不用今文說者蓋雷風之變著是周公歿後事則經于秋大熟之上當明言周公從殷以迎其文以見與爲詩詒王異時知上是王從歿之文小異于周公請命時矣茲于王亦未敢誚公之下然云秋大熟未穫天大雷電以風明雷風之變爲王惑于流言不爲王疑于葬公故知古文說是且鄭注以秋爲居東二年之明年秋與古文說合故用古文說案周公居東據墨子則云東處商蓋古文說則云奔楚處所雖異其于鎬京則商蓋也楚也皆東也二說皆未可非疑不能定竝存弗論

王與大夫盡覍開金縢之書覍皮面反　開僞孔本作以启正義本作以啓鄭注周禮占人引此作開無以字

注　鄭康成曰覍爵覍天子

諸侯十二而冠成王此時年十五于禮已冠必爵弁者承天變降服亦如國家未道將開金縢之書者省察變異所由故事也冠古玩反○疏注見穀梁文十二年傳疏及正義案周禮司服及弁師皆不見爵弁之文而天子爵弁見于經者唯禮記檀弓天子崩諸侯爵弁紂衣一條也无所見鄭必知此經之弁是爵弁者周禮司服云眂朝則皮弁服禮記玉藻云皮弁以日視朝燕則皮弁是天子平時視朝之常服此時承天變宜各異必非皮弁也司服又云凡兵事韋弁服凡甸冠弁服凡凶事服弁服凡弔事弁絰服此數者又皆不宜于此時故推以為爵弁亦云天子諸侯十二而冠者此无正文約左傳之文也襄九年左傳云公送晉侯晉侯以公宴于河上問公年季武子對曰會于沙隨之歲寡君以生晉侯曰十二年矣是謂一終一星終也國君十五而生子冠而生子禮也君可以冠矣鄭據此而言也云成王此時年十五者鄭以周公居攝四年作康誥康誥有孟侯之文謂是天子太子年十八之稱而推成王于時年十八又以此年從周公反郊為居攝之元年

故推此時成王年十五也云于禮已冠者大戴禮公冠篇云成王冠周公使祝雍祝王曰達而勿多也祝雍曰使王近于民遠于年嗇于時惠于財親賢使能此記成王之冠而不詳其冠時之年故鄭引十二而冠之禮以推成王是時已冠矣鄭必推求成王之冠者以經言弁弁則已冠者之服也案成王年十二乃武王崩之年也武王未崩必不急于為成王冠武王既崩則成王將為傳重之任宜早冠之然則成王因喪服而冠矣但武王已十二月崩或歲內不及事而踰年則成王十三而冠亦未可知鄭言十二而冠者特舉可冠之期節非必謂成王十二而冠實亦不妨十三而冠也云必爵弁者舉天變降服者案儀禮士冠禮始加緇布冠再加皮弁三加爵弁則爵弁尊于皮弁鄭注士冠禮亦云爵弁尊茲以爵弁為降服者蓋以爵弁非天子之服而王服之故為降服也云亦如國家無道焉者玉藻云國家未道則不充其服焉無道猶未道言遭天變降服亦如國家未道之不充盛其服也云開金縢之書者省察變異所由故事也者蓋金縢之匱中多先王故事必多可以效驗災異所由起者即可以知消伏之術故云省察變異所由故事

乃得周公所自

以爲功代武王之說〔注〕得周公所藏請命冊書及命龜書藏才浪反〔疏〕言周公所自以爲功代武王之說即上文所云公乃自以爲功告于太王王季文王者是周公之請命冊書故云得周公所藏請命冊書云及命龜書者周禮占人職云凡卜筮既事則繫幣以比其命鄭注云既卜筮史必書其命龜之事及於冊繫其禮神之幣而合藏焉然則周公當日卜三龜必有命龜之事書之于冊與請命冊書竝內于金縢之匱中王得周公請命冊書必并其命龜書俱得之矣故鄭注占人職引此經亦謂是命龜書

二公及王乃問諸史與百執事〔注〕鄭康成曰問者問審然否〔疏〕注見魯世家注

對曰信噫公命我勿敢言噫於其反正義本作懿音誼同別釋文云馬本作懿大非〔注〕噫懿詞命猶議也言信有是事公議我勿敢言爾〔疏〕毛詩噫嘻傳云噫懿也故云噫懿詞史記魯世家言周公藏其冊于金縢匱中誡守

者勿敢言此言公命我勿敢言故云命猶誨公誨我勿敢言王執書以泣【注】鄭兼成曰泣者傷周公忠孝如是而无知之者【疏】注見史世家注

曰其勿穆卜昔公勤勞王家惟予沖人弗及知今天動威以章周公之德惟朕小子其親逆我國家禮亦宜之

親息仁反正義本作新詳釋文云馬本作親逆茲用馬【注】親讀爲新鄭兼成曰新逆改先時之心更自新以逆周公發謂衆惪報功裒之親之所宜也裒百袍反【疏】云親讀爲新者古字親新輒或同用禮記太學云在親民是已親爲新此經親字據鄭注讀是新字故讀爲新鄭注見詩東山正義案鄭箋詩東山敘云成王既得金縢之書親逆周公此解親逆爲自新以逆者蓋但言親逆則自新之意未見言自新以逆自然親自逆之故新逆可

詠親迎之意東山箋言親迎者依尚書作親迎字亦宜知鄭箋詩意非以親爲新于此可見鄭本尚書亦作親迎與馬融本同矣據經言昔公勤勞王家惟予沖人弗及知是成王有深自悔過之意則云朕小子其親迎乃者實謂我小子其改過自新以迎之也若但言親自迎之未合成王語意故鄭云改先時之心更自新以迎周公云褒德報功尊尊親親禮所宜也者周公有聖德有王功且又成王之叔父也尊親兼宜于禮在所宜崇也

王出郊天乃雨反風禾則盡起

注 王出郊迎周公也馬融曰反風風還反也鄭康成曰易傳曰陽感天不旋日陽謂天子也天子行善以感天不回旋經日

還夕沿反　傳直偏反

疏 云王出郊迎周公也者上言惟朕小子其親迎故知此出郊是郊迎周公也馬注見史世家注云風還反者謂風還轉復其常也鄭注見正義引易傳者易緯卟覽圖中孚傳文也後漢書周舉傳舉對策引易傳曰陽感天不旋日善章懷太子賢注以爲易卟覽圖文又郎顗傳顗條便宜七事大

引此文㠯爲易中孚傳章懷注引易中孚傳旨陽感天不旋曰諸矦不旋時大夫不過稘絳引鄭注云陽者天子爲善一曰天太應㠯善爲惡一曰天太應㠯惡諸矦爲善一時天太應㠯善爲惡一時天太應㠯惡大夫爲善一歲天夫太應㠯善爲惡一歲天夫太應㠯惡一說不旋曰太應㞢不旋時三辰閒不過稘徑今旦坐旬曰旦也陽鄉指天子也此云陽謂天子也與彼注說同云不回旋經曰者謂不旋矣曰與彼太應㞢〻說同王出郊天乃反風是太應㞢驗故引易傳㠯說

弍公命邦人凡大木所偃盡起而築之歲則大熟築中六反正義本作築釋文云本亦作築案馬注訓拾則字當作築

注　馬融曰築拾也禾爲大木所偃者起其木拾其下禾无所亡失爲亐僞反

疏　注見釋文及史世家注節拾釋言文也正義引此㠯爲馬鄭及肅三家注同

大誥弟十七

周書十七　尚書十三

王若曰〔注〕鄭康成曰王周公也周公居攝命大事則權稱王〔疏〕注見正義云王周公也者亦記明堂位云昔者周公朝諸侯于明堂之位天子負斧依南鄉而立既言周公朝諸侯又言天子負斧依明天子卽指謂周公故鄭注彼文云天子周公也明堂位文云周公踐天子之位以治天下周公既踐天子之位則稱王自號曰王此篇是周公之誥則所云王若曰自是謂周公稱王矣若謂是周公錄王命以誥則當如多方言周公曰王若曰或如多士先言周公告乃後言王若曰今此文不然則王是謂周公矣云命大事則權稱王者見周公不欲宾亏爲王故乎時不常稱王特以大事之命必繇王出故當大事則權稱王以命之云權稱者不正稱矣權者公羊桓十一年傳云反于經然後有善者也

大誥繇爾多邦粵爾御事僞孔本繇字在大誥上正義云鄭王本繇在誥下釋文云馬本作大誥繇爾多邦兹從之〔注〕繇道粵于御治也大誥

大誥

猷尒邦國于尒治事之臣【疏】繇猷粵于竝釋詁文。思齊詩云：以御于家邦。鄭箋訓御爲治，且引此經以證，茲故云御治也。漢賊王莽因翟義起兵，而思乃依此作大誥一篇，以自比于周公，其文見于漢書翟方進傳。莽雖矯誣，然其時尚書今文古文見在，其所依倣，皆乃大誥之舊文，足可援以究大誥之文證矣。茲輒據之以爲注。莽誥曰：大誥猷諸侯王三公列侯于女卿大夫元士御事。故此注云大誥猷尒邦國于尒治事之臣。

弗弔天降害于我家不少延害，僞孔本作割。延字僞孔屬下讀。釋文云：馬本作害，馬讀弗少延爲句。正義云：鄭王皆以延上屬爲句。茲从之。【注】弔讀爲𨑩，𨑩之言至，至猶善也。延，長也。言不善乎天降凶害于我家，謂武王崩也。不少且延長之，謂三監及淮夷叛也。𨑩之力反。【疏】云弔讀爲𨑩，𨑩之言至也者，說文人部云：弔，問終也，从人持弓。辵部云：𨑩，至也，从辵弔聲。二字不同，今經典多通用弔爲𨑩，如詩神之弔矣、不弔昊天，及爾疋赴來弔艐訓爲至者，字皆作弔，不復爲𨑩字矣，文字當从說文爲正，凡弔字訓至者，文當从辵。此經弗弔與節南山詩不弔昊天之誼同，彼毛傳云：弔，至。則此弔亦當訓至，字當作𨑩，故讀爲𨑩。云至猶善也者，毛詩不弔昊天傳云弔至，鄭箋云至猶善也，茲用其誼。延長，釋詁文。云天降凶害于我家，謂武王崩也者，周家克商而後，武王未崩以前，未有朕郤，故知降害謂武王崩也。云不少且延長之者，正義以爲鄭王皆言害不少，乃延長之，茲从其誼。云謂三監及淮夷叛也者，武王崩之明年，周公出居東都，居東者二年，又明年秋，成王迎周公反，是爲居攝之元年，于武王崩後爲四年。此篇是居攝二年時事，于武王崩後五年矣，而猶云叛國，則凶害之延長是謂諸國叛也。且此篇之敘必推本武王崩、三監及淮夷叛言之，益可見降害及不少延指謂是二者矣。

洪惟我幼沖人，

嗣無疆大歷服，弗造哲，迪民康，矧曰

其有能格知天命。矧，式忍反。注：洪惟，詞也。我幼沖人，周公；我成王也。嗣，繼；疆，竟；歷，數；服，事也。造之言遭也。迪

道康安矤況也有讀曰又格量度也言我幼沖人承繼

前人无竟之大歷大事弗遭逢明哲之人以道民于安

況曰其又能量度以知天命乎言不能也量力羊反度徒洛反

【疏】云洪惟詞也者謂止是發語之詞不爲證也多士云洪惟圖天之命語與此同足相參證矣云我幼沖人周公我成王也者我是自謂然古人之言我輒有非自謂者如卷耳詩云我馬虺隤鄭君箋云我我使臣也又云我姑酌彼金罍箋云我我君也又礼記礼器云孔子曰我戰則克鄭注云我我知礼者也諸文言我皆非自謂此文周公言我幼沖人幼沖人實是成王故云周公我成王也嗣繼歷數服事迪道康安茲釋詁文畺竟也詩七月傳證也云誥之言遭也者以弗网誥見魯史記作网遭見魯史記以詁訓代經文也此經據王莽擬誥云予未遭其明悊則誥之證爲遭也矤況釋言文云有讀曰又者亦以詩云不日有曀鄭箋云有又也春秋隱公十有一年正義引干寶云十盈則更始以奇從盈數故言有也是古字輒有以有爲又者此經有字證未然故讀

當爲又也。云「格，量度也」者，蒼頡篇文，見文選蕪城賦注。

已！予惟小子若涉淵水，予惟往求朕攸濟。敷賁敷前人受命，茲不忘大功。予不敢閉于天降威，用寧王遺我大寶龜，紹天明。即命

注 已，歎詞。敷讀當爲傅，賁讀當爲奔。周公謂己所以爲攝之意，言我念小子若涉淵深之水，我惟往求我所與濟度者，疏傅奔奏之臣，與之共濟，以傅近前人之所受命，如此則不忘大功矣。我不敢閉距天之降威，不顧畏之也，用寧王遺我之大寶龜，以紹繼天之明意。于是即命爲攝，繼兼成以受命。以寧王，聲謂爽則文王武王

稽是也傳段借以爲附字亾寒反

【延】云尃讀當稽爲傳賁讀當爲奔者傳走段借以爲奏字則候反旦尃聲賁者卉爲奔字生聲其聲同則其字通也故漢書地理志引禹貢禹傅土隸古定本作禹尃土是尃與傅通應劭風俗通云虎賁言猛怒如虎之奔走是賁與奔通也王莽傳倣此作誥云熙我念孺子若涉淵水予惟往求朕所濟度奔走以傅近高皇帝所受命據此則經賁字讀當爲奔尃步乃之尃讀當爲傅也經凡二尃字以此推彼音讀當同故云讀當稽爲傳〻奔聯文奔爲奔走則傅當爲疏傅疏傅奔走〻大作走古字通也詩緜之卒章云予曰有疏傅予曰有先後予曰有奔走予曰有禦侮是謂文王之四臣茲舉其二个毛傳云率下親上曰疏傅諭悳宣譽曰奔走鄭箋云疏傅使疏者親也奔走使人歸趨之尚書大傳云孔子曰文王得四臣丘亦得四友焉自吾得回也門人加親是非胥傅邪自吾得賜也遠方之士日至是非奔走邪云云然則胥傅奔走非必指實何人凡爲率下親上諭悳宣譽者皆是也周公言我往求我所濟尃賁是謂求所與共濟之人則尃賁自是謂疏傅奔走之臣周公所欲與共濟者也云不弔開延天之降威者說文門部云閎閭門也从門

者所以延門是開爲延謚云用寧王遺我之大寶龜以紹錄天之明意者用龜以卜知天意是爲紹錄天明也云于是以命爾攝者王莽倣誥云太皇太后以月后之箋迪紹天明意詔予以命爾攝踐能如周公故事據此則以命謂爾攝也鄭注見詩何彼襛矣正義詩文王敘云文王受命作周也大明敘云文王有明德故天復命武王也下武敘云武王有聖德復受天命是文王武王皆受天命如鄭所云受命曰寧王則文王武王皆爲寧王故云然則文王武王皆是也

曰有大囏于西土西土人亦不靖粵茲蠢

囏籀文艱吉顏反蠢古文𧕝尺尹反

注 曰者錄流言也艱靖寧蠢動也三叔流言謂公將爲不利于孺子爲大艱于京師京師之人惑于流言大不寧靖于是蠢動艱居閒反

疏 云曰者錄流言也者周京在西流言播自東來則曰爲大艱于西土以流言所云公將爲不利也王莽倣誥云故東郡太守翟義擅興師動衆曰有大艱于西土王莽以翟義比管蔡以彼誥推此經誣信爲大

蠢之云是流言矣蠢蠢釋詁文靜安者說文立部云竫亭安也靖立竫也則靖可訓安也說文䖵部云蠢蟲動也𢦔古文蠢故云蠢動也殷小腆誕敢紀其敘天降威知我國有疵民不康曰予復反鄙我周邦腆土典反誕徒旱反疵才賫反音以圯反今輒從鄙音同讀與注鄭康成曰腆謂小國也聲謂誕大紀理敘緒疵病康安也言殷小小之國大敢紀理其已墜之緒已天降凶威知我國有疵病民心不安乃言曰我將復殷之王業反鄙我周國矣顧君蕭結謂祿甫曰武王既崩矣今王尚幼矣周公見疑矣此百世之時也請舉事然後祿甫及三監叛也知我有疵者我周邦也之謂隊直類反復扶救反郁因广反疏鄭注見正義誕

大，釋詁文。鄭箋棫樸詩云：理之爲紀。故云紀理敍緒。疵，病；康，安，亦竝釋詁文。經言天降威，知我國有疵，則降威即上文所謂天降害于我家也，故云天降凶威。上言予不敢閉于天降威，亦言凶威也。云反啚傷我周國者，啚傷謂輕傷之。說文人部云：傷，輕也。奄君蒲姑以下至三監叛也，尚書大傳文。祿甫者，紂子也，乘周之變而舉事，是知周有疵病亦傷之，故云知我有疵，啚我周邦也。此之謂。王莽誥云：嚴鄉侯信誕敢犯祖亂宗之敍。天降威遺我寶龜，固知我國有咎災，使民不安，是天反復右我漢國也。與此經絕異。案莽擬此經作誥，而此條異者，蓋莽心念亂詑，假託周公，實與周公相反。翟義、劉信爲漢起義兵，與管蔡武庚之叛[illegible]大異，若謂劉信紹紀其敍，則是興復漢室，名正言順，不可誅矣，故變言犯祖亂宗之敍。又翟義、劉信實扶漢室，不得謂其啚我漢國，故變文言是天反復右我漢國也。此莽竄于詞誥，故支吾其說，止竊此經之字而意實亦異，此則不可據以推求經誼者也。

今蠢，今翼日，民義有十夫予翼，以于敉寧武圖功。義，牛奇反。僞孔本作獻，尚書大傳引作儀，義則古儀字也。

敉民豐反 注 今翼日者謂聞其來叛之日及明日也民義民之家義謂賢者翼敬也以謂左右之也于往敉撫其繼圖謀也今民雖蠢動而于外間殷叛之時賢人之足爲民家義者欥爲十人我敬以之往以撫定民心以寧國難以繼所謀之功 欥余永反 難乃旦反 疏 王莽誥云粵其聞日謂翟義起兵事聞之日以況此經則今翼日謂聞其來叛之日也云及明日者翼之言明言今翼日則是今日明日二日之閒也云民義民之家義謂賢者二莽儗誥云民獻義九萬夫孟康注云民之家義謂賢者此云民義則所謂民之家義也僖二十六年左傳云凡師能左右之曰以言能以之左右之也故云以謂左右之也于往與箋棫樸詩誼也撫釋言文翼敬者繼圖謀並釋詁文云欥爲十人者欥與聿通語詞也云我敬以之往以撫定民心者十夫足爲民家義以此十夫往征則可以撫定民心矣云以繼所謀之功者莽儗誥云予敬以終于此謀繼嗣圖功

我有大事休朕卜并吉【注】大事戎事休美也

鄭康成曰卜并吉者以三龜皆从也時緜卜乃後出誥故云然肅曰何以言美以三龜一習吉【疏】成十三年左傳云國之大事在祀與戎此為征伐而出誥則所云大事謂戎事矣周禮大宰云祀大事則戒于百官大謂戎事為大事休美釋詁文鄭注見正義云卜并吉者以三龜皆从也皆吉乃卜用三龜而以玉兆瓦兆原兆三兆各占一龜說見洪範經時緜卜云云正義引以人紹天明即命之下蓋孔穎達悉于僞孔傳以紹天明即是出誥時之卜與此卜并吉合為一事故于上經正義引此鄭注今詳觀上下文誼紹天明皆謂武王既崩時周公將欲居攝而卜此卜并吉乃是將出誥時之卜自是兩事鄭君必不于紹天明即命之下為此言也故錄其注于此肅注亦見正義

肆予告我友邦君越尹氏庶士御事曰予得吉卜予惟以尒庶邦于伐

殷逋播臣（肆，古肆字，息紉反）注 肆，故；于，往；逋，亾；播，散也。殷逋播臣謂祿甫。疏 肆，故，釋詁文。于，往，詁見上疏。逋，亾，說文文。征誥文播散，李登聲類文。敘言將黜殷，此言于伐殷逋播臣，故云殷逋播臣謂祿甫。殷雖于周為客，然亦受周之封，不得全无臣禮，亦臣于周，而猶叛，則是叛亾之臣矣，故目之為殷逋播臣。

爾庶邦君越庶士御事罔不反曰：囏大，民不靜，亦惟在王宮邦君室。越予小子考翼，不可征，王害不違卜？（考字屬上讀。害，河葛反）注 鄭康成曰：友國君及下羣臣不與我同志者，无不反我之意，云三監叛，其為難大。聲謂：反，復也。考，猶父也。害讀為曷；曷，何也。友國君及眾臣无不復于我曰：諸叛國之為難大，民不安靜，亦惟三監在王宮邦君之室于我小子爲父行所當敬亦不可征試王何不韋卜乎難乃旦反行河岡反疏鄭注見正義周禮宰夫云諸臣之復鄭彼注云復之言報也反也是臣下反報于上爲復也鄭于此注云无不反我之意是解反爲韋反不知反復之誼長故易鄭誼訓反爲復也禮記曲禮下云生曰父死曰考故云考猶父也云害讀爲曷〻何也者說見湯誓疏三監者王之弟于成王爲尗父故云亦惟三監在王宮邦君之室于我小子爲父行也翼不可征翼之言敬故云所當敬亦不可征試王莽儗誥云介國君或者无不反曰難大民亦不靜亦惟在帝宮諸侯宗室于小子族父敬不可征帝不韋卜

肆予沖人永思艱曰烏虖允蠢矜寡哀哉予造天役遺大投艱于朕身粵予沖人不卬自卹矜古頑反卬吾岡反卹心即反與恤同注永長允誠造遭役使卬我卹憂也故我沖人

民思其艱而害凶終始今起師於誠擾動於矜寡實可哀哉予我遭天之役使以重大艱難之任遺投于我身于我沖人惟思不亯任不敢自卹也亯任如淫反〔疏〕尒厥允誠丝釋詁文誥之爲遭說見前文弗誥擣縱役使廣足文釋詁卬我同訓我故云卬我卹恤說文血部文也鞣擬詁云故予爲沖人惟思其難以爲虐義信所於誠動鰥寡哀哉予遭天役遺大解艱于予身以爲孺子不敢自卹

義尒邦君越尒多士尹氏御事綏予曰無毖于卹不可不成乃寧考圖功

是古以爲氏字毖兵媚反卹正義本作恤丝從說文所引隸古定本同〔注〕義讀爲儀儀度也古者書儀但爲義從者也寧考謂武王也度尒國君及衆士羣臣當安我曰無徒憂于卹不可不黽勉以成

乃寧考所謀之功也賁其不然度大洛反【疏】儀度說文人部文云古者書儀但為義者鄭注周禮肆師云故書儀為義鄭司農云義讀為儀古者書儀但為義茲據以為說欲言義讀當為儀也從者釋詁文上文邦君及庶士御事皆言不可征則反阻撓東伐之事不以卒成寧考圖功相勸勉故云賁其不然

以予惟小子不敢替上帝命替帖諂反【注】替廢也卜并吉則天命我東征可知韋卜則廢上帝之命所不敢也【疏】替廢釋言文上文云我有大事休朕卜并吉是為東征有卜也卜所以紹天明意卜并吉則天意許可矣故云卜并吉則天命我東征可知

我小邦周寧王惟卜用克綏受茲命今天其相民矧亦惟卜用相息亮反【注】周發迹于百里故曰小邦周相助也天休美寧王興我周國寧

王惟卜是用，故爲安受此天命。今天其相助我民，況我亦惟卜是用，則敬承天意，必獲吉矣。明卜不可違。【疏】孟子公孫丑篇云「文王由方百里起」，又云「王不待大，湯以七十里，文王以百里」，故云周發迹于百里。相，助也，詩清廟傳、雝傳皆爲是訓。

【經】烏虖！天明畏，弼我丕丕基。【注】畏讀曰威。弼，輔。丕，大也。天之明威，輔我以大此大基也。【疏】云畏讀曰威者，古字威畏通，此據王莽擬誥云「烏虖！天明威輔漢始而大大矣」，則畏讀當爲威也。弼，輔，說文弜部文。丕，大，釋詁文。

王曰：爾惟舊人，爾丕克遠省，省，息井反。爾知寧王若勤哉！【注】丕讀曰不。舊人當識故事。爾國君及衆臣，爾惟舊人，爾乃不爲省識于遠，爾豈知寧王若此勤勞哉？責其不知矣。【疏】云丕讀曰不者，古字不丕通，此據莽疑詁云爾不克遠省者爾豈知太皇太后若此勤哉則丕讀當爲不舊乃肆事先王及見先王之所行事故云舊乃當遠識故事言舊乃又言不克遠省則云爾知寧王若勤乃是責其不知也

天閟毖我成功所，予不敢不極卒寧王圖事。閟必至反

注 閟，勞也。極讀曰亟。卒，終也。天勞慎我周家成功之所在，我不敢不亟卒竟寧王所謀之事。

疏 說文示部云：「祕，神也。」鄭箋閟宮詩云：「閟，神也。」是閟與祕通。廣疋云：「祕，勞也。」故云：「閟，勞也。」王莽誥云：「天毖勞我成功所。」易毖爲閟，則彼勞字疑此經閟字，非疑毖字也，故訓閟爲勞也。僞孔氏從以毖爲勞，因訓閟爲慎，非也。云「極讀曰亟」者，荀子賦篇云：「出入甚極。」楊倞注云：「極讀爲亟。」又易說卦傳「坎爲亟心」，荀爽本作「極心」，則古字極與亟通，此經極字讀當爲亟也。卒，終，釋詁文。孟康注漢書云：「天慎勞我國家成功之所在。」彼順莽誥從勞之文，故云慎勞。茲則順經閟從之文，故云天勞慎我周家成功之所在。勞慎猶慎勞，文雖到而誼則同。

肆予大化誘我

友邦君天棐諶辭其考我民予害其不于前寧人圖功攸終棐方尾反諶十湥反害河葛反篇內皆同

注 肆今誘道棐輔諶誠考累也今我大化道我友邦諸侯天輔成誠道者天其累我以民我曷其不于前王寧人之功謀其所終乎 疏 肆今釋詁文說文厶部㕗字重文作誘古文作羑則誘羑同字也馬融注顧命云羑道也故云誘道又毛詩板傳云牖道也正義云牖與誘古字通用故以爲道也棐輔說文木部文諶誠者釋詁文淮南氾論訓以夫夏后氏之璜不能無考又說林訓以白璧爲考不得爲寶是則考爲瑕累之證茲據莽誥云天輔誠辭天其累我以民則考當訓累故云考累也漢書翟義傳義◎今龜對云書曰天棐諶辭言成誠道天輔之也故云天輔成誠道者用以證天亦惟用勤毖我民若有疾予曷敢不于前寧人攸受

休畢注畢終也天亦惟用勤毖我民視民若有疾咎文王視民如傷故爲天所用而受美命我曷敢不于前王安人所受之美命終畢之乎疏禮記檀弓下云生事畢而鬼事始已謂生人之事終而鬼神之事始畢對始言則詮爲終故云畢終也文王視民如傷孟子離婁文

王曰若昔朕其逝朕言艱日思若考作室既厎灋厥子乃弗肯堂矧肯構厥考翼其肯曰予有後弗棄基厎中雉反構古候反一音居覺反此經厥考翼已下十二字偽孔本刪鄭之止一見于矧肯穫下正義云鄭王本于矧肯構下亦有此一經吾从鄭注若順逝往構蓋也言順前王之事則我其當往征征討之事我大言艱而日思之我思子孫不終祖父

之業祖父其曷賴。譬若作室若考既厎定其灋矣其子弗肯爲堂基況肯爲蓋屋乎或㠯構爲桷字椽方曰桷況肯[illegible]其榱桷乎言不肯也鄭康成曰其父敬職之乃其肯曰我有後子孫不廢棄我基業乎椽直攣反桷古岳反榱所追反

疏 若順釋言文逝往釋詁文構蓋說文木部文云或㠯構爲桷字者說文木部云構蓋也从木冓聲杜林㠯㠯爲椽桷字云椽方曰桷者亦說文木部文云況肯[illegible]其榱桷乎者木部又云榱秦名爲屋椽周謂之榱齊魯謂之桷字林亦云周人名椽曰榱齊魯名榱曰桷則椽榱桷三者異名而同物也云言不肯也者經擧弗肯之下而云矧肯則矧肯是反詞㠯決言其不肯也鄭注見詩文王有聲正義經云厥考翼翼之言敬也故鄭云其父敬職之乃

厥父菑厥子乃弗肯播矧肯穫厥考翼翼其肯曰予有後弗棄基菑側其反穫戶

亭反〔注〕菑反艸也一歲曰菑播布穀也穫斂禾也

〔疏〕云菑反艸也者董遇注易无妄六二誼也田一歲曰菑釋墜文孫炎注云菑始災殺其艸木也郭樸注云今江東呼初耕墜反艸爲菑然則一歲曰菑以初反艸而得名二誼本相仿也說文手部云播種也一曰布也七月詩云其始播百穀故云播布穀也大田詩云彼有不穫穉此有不斂穧是則穫斂同誼故云穫斂禾也

肆予曷敢不越卬敉寧王大命〔注〕今我曷敢不于我身撫定寧王所受之大命乎〔疏〕敉之言撫故云撫定寧王所受之大命莽誥云予害敢不于身撫祖宗之所受大命

若兄考乃有友伐厥子民養其勸弗救〔注〕管叔于周公兄也于成王則父行也友謂管蔡啓商惎閒王室是兄考乃友伐厥子也養長也民長牧君御事者是也

大誥　尚書集注音疏　卷六　三七

叚若兄考乃友殷共伐其子厥民皆其相勸之不救乎

可予君御事當相救助也故下文曰肆哉勉之衍河閤反甚录

記反閤吉莧反厥云管叔于周公兄也于成王則父知賞反段古下反疏衍也皆欲見經言兄考是以況管

叔也云考翼者弟也皆同志為考管叔殷者弟同謀則譬翼者同志也考也云管蔡啟商惎閒王室皆宅四方

傳文夏小正曰朝養宮事傳曰養厥也茲據王莽擬誥云民厥其勸弗救則養也詮當為厥故云養厥也云民

厥予君御事皆是也皆予君予士予民御事夾予治民之事是皆為民厥也上文予君越庶士御事言翼不可

征是其相勸弗救則此是責其當相救助下文故曰肆哉勉之王曰烏虖肆哉

爾庶邦君越爾御事爽邦繇哲亦惟

十人迪知上帝命粵天棐諶爾旹罔

敢易定法矧今天降戾于周邦繇正義本作由茲以隸古

定本（注）肆力也勉肆君御事務力也爽之言貳貳猶輔也十人民義十夫也迪道也寧亦宷亦于其證宷也于也故書宷作定定乃古灋字變古者緣改作法矣此誤也當為定厎大定也輔國必繇賢哲大惟十人賢哲道之乃知上帝命宷于天意輔誠爾當知天命有定無敢易定命矣況今天降定命于周國乎宷即審字今皆用審（疏）肆力釋言文爽有差也忒也惑也明也四證皆不可數于此經唯詩云女也不爽士貳其行則爽有貳證故賈逵注國語云爽貳也貳則副貳有輔義之證故轉一解云爽之言貳貳猶輔也云十人民義十夫也者王莽誥擬此經云民義有十夫云宗室之儁有四百人民獻義九萬夫擬此經云大惟宗室之俊民之表義迪知上帝命則此十人亦指文所云民義有十夫也迪道釋詁文說文云于於也云寧也宷慎之詞也亦于亦宷故云寧亦宷亦于其證宷也

于也。宋篆文作審，古今字也。云故書定作金皆隸古定本作金也，云金乃古寧字者，說文寍部寧字重文作怯，又作金，云怯今文省，金古文，云變古皆隸改作怯矣者，唐開元時衛包奉敕改隸古爲時俗字，隸改金爲怯矣。云此誤也當爲定者，謂隸古定之金及後改之怯皆誤也。據王莽誥云寧天輔誠尒不得易定，則此當爲定也。火據莽誥而不以隸古定者，蓋隸古定書起于東晉，其書輒多改竄增損，多不可信。王莽雖篡漢之賊，其所擬皆乃西漢時之尚書伏孔二家之舊文也，故寧从之焉。桑柔詩云民之未戾，毛傳云戾定也。假正義引釋詁云戾定止也，偁訓爲止，是戾得爲定。此經據王莽誥云況今天降定于漢國，則戾當訓定，因經文先言定字，故云戾亦定也。

惟大艱人誕鄰胥伐于厥室，尒亦不知天命不易。

注：惟大爲艱之人，謂三監也。鄰，近也。三監于王室爲近矣，乃相伐于其同室，并天叛親，不容不討。今尒不欲征之，尒亦不知天之定命不改易

乎難乃旦反 疏 三監與武庚及淮夷俱叛今云惟大爲難生乃謂三監也皆三監于周公爲同戚罤弟經云誕辭言大誕也則是專謂三監矣辭延毛詩正月傳詮也云三監于王室大延矣皆讀誕辭二字上屬爲句也正義引王肅注云惟大爲難生乃謂管蔡也大延相伐于其室家是讀誕辭屬下則不詞矣 予永

念曰天惟喪殷若嗇夫予害敢不終朕畝 喪色宕反 注 田夫謂之嗇夫我居念曰天之喪殷如田夫之務去艸焉我曷敢不順天意以終竟我田畝之事乎 去丘呂反 疏 云田夫謂之嗇夫者說文嗇部云嗇愛濇也所來合來者合而藏之故田夫謂之嗇夫是其證也云如田夫之務去艸焉者隱六年左傳云爲國家者見惡如農夫之務去艸焉芟夷蘊崇之絕其本根勿使能殖田夫即農夫也 天亦惟休于前寧人予害

其極卜害敢不卜从 害敢不卜从莽擬誥云[illegible]也僞孔本作敢弗于

大誥　尚書集注音疏六　二十九

卬【注】天休美于寧王寧人出功吉可知矣予曷爲究極之于卜哉以爾眾心不安故今歸卜矣曷爲不惟卜是從乎【疏】云以爾眾心不安故者寧文言爾庶邦君越庶士御事罔不反曰艱大是眾心皆惶懼不安也

率寧人有旨疆土矧今卜并吉肆朕誕以爾東征天命不僭卜陳惟若茲

旨疆字本作指茲據王莽誥所擬【注】率循旨美也率循寧王安人出功以寧天下固有美私于天下之疆土況今卜三龜皆吉乎故我大以爾眾東征也天命不僭言必信也卜龜所陳之狀若此則天命可知矣【疏】率循釋詁文旨美說文文旨說文云天命不僭言必信也皆鄭箋詩巧言及瞻卬二篇皆云僭不信也不信爲僭則不僭言必信矣云卜龜所陳之狀若此則天

命可知矣皆卜所以紹天明意卜之所皦如此其吉則天命以周可知以東征之必吉所以屬庶邦君及庶士御事也

微子之命弟七十弌 注 篇亡孔氏書亦未亡

周書十弌

歸禾弟七十弍 注 篇亡孔氏書亦未亡

周書十弍

嘉禾弟七十三 注 篇亡孔氏書亦未亡

周書十三

周公奉鬯立于阼階延登贊曰假王涖政勤龢天下 鬯丑亮反阼才故反涖力系反 注 曉皦天子也

命當在廟中方東征之時所凥无廟當爲壇壝宮以象廟而于其中獻之也鬯者釀鬱爲酒芬芳條鬯故曰鬯所以祀神能降東降也延逢之也從後詔侑曰延周公奉鬯大于東降贊者延之登堂乃贊曰假王肄政勤龢天下此成王命書發端之語也假者肄習也蓋王以嘉禾之瑞歸美于公言公者王始習政事勤勞燮龢天下其下當言致治者乎天報休祥之意今其書亡餘文不可得聞矣明堂位曰周公踐天子之位以治天下是假王肄政之事也釀女恙反鬱紆呂反端多完反燮心叶反致治直吏反

疏　漢書王莽傳羣臣上奏引逸書嘉禾文如此且文飾其證以媚莽意其說雖[illegible]辭號其所引故是尚書逸文不得以其引

自謂臣而遂廢之也故錄其文而解之但孔氏古文無此篇不審薛臣何自引之蓋或見于先秦諸子之書而得引之與今不可攷矣注云時獻天子之命者此篇敘云周公既得命禾旅天子之命作嘉禾旅者獻也云當在廟中者義禮娉禮云主乃曰不腆先君之濯既拚以俟矣禮記娉義云君親拜迎于大門而廟受是諸侯受娉君之命猶且在廟中況獻天子之命乎自當在廟中矣云方東征之時者大誥云肆朕誕以尒東征歸禾敘云王命唐叔歸周公于東是周公于時東征未返也東征暫出于外但以戎車奉遷廟主而以不須太廟故云所凡无廟云當爲壇壝宮以象廟而于其中獻之也者周禮掌舍職爲壇壝宮之事謂築壇而又爲壝土起堳埒以爲宮也于時无廟自當爲此以象廟而于其中獻天子之命焉云鬯者釀鬱爲酒芬芳條暢故曰鬯者鄭注周禮鬯人敘官云鬯釀秬爲酒芬芳條暢于上下也秬如黑黍一稃二米云鬯所以祀神者禮記曲禮云凡摯天子鬯鄭注云天子无客禮以鬯爲摯者所以唯用告神爲至也是鬯所以祀神云阼階東階也者鄭注義禮士冠禮云阼猶酢也東階所以答酢賓客是東階爲阼階也云延進之也從後詔侑曰延者義禮特牲饋

命不以尸延于階祝延尸尸者人鄭注云延進從後詔相以延案彼文尸延而階此則公太保階階雖不同其專階登堂則同則延之之義大同大是從後詔相者矣敘言於天子之命則延登贊以是陳成王之命故以假王肄政勤勞天下爰成王命書發爲之語假爲釋詁文肄臨說文太部文爲不敘言王命書未爲周公于東是成王以嘉禾之瑞爰周公之德所致故云蓋王以嘉禾之瑞爲美于公也其以假王肄政勤勞天下是但言其致瑞之專而語意未了故知其下當言致治爲乎天報休祥之意但此篇已亡不得聞其詞矣而堂皆古書篇名在不記引之者以證假王肄政之事

康誥弟十五

周書十五　尚書十三

惟三月哉生霸霸普百反正義本作魄誥說文所引隸古定本同（注）哉始也霸月始生霸然也承大月二日小月三日馬融曰

霸朏也謂月三日始生小朏名曰霸朏方尾反疏哉始釋詁文云霸月
始生霸然也承大月二日小月三日說文月部云然且
引此經以證然則善本改霸為魄非也承大月二日者
謂前月為三十日則是月合朔早至二日初昏月去日
差遠以為紋昏見于西方矣小月三日者謂前月二十
九日小盡則是月合朔晚至二日之昏月去日未遠未
可得見必三日之昏乃始見西方也馬注見釋文說文
月部云朏月未盛之明也从月出聲漢書律曆志引古
文月采曰三日曰朏禮記鄉飲酒義云月者三日則成
霸故云謂月三日始生小朏名曰霸案說文兼二日三
日言之馬專言三日者以二日則月為時未見三日則
必見故也說雖化異要皆以生霸為月始生是
則同也劉歆特擬異說以生霸為望誕妄甚矣周公
初基作新大邑于東國洛四方民大
和會注鄭康成曰基謀也岐鎬之域處五嶽之外周
公為其于政不均故東行于洛邑合諸侯謀作天子之
康誥

尻四方民聞之同心來會樂即功作效其力焉是時周公尻攝四年也（爲于僞反　樂扐各反）

疏　注見正義及周禮天官敘官墬官大司徒春官大司樂等疏基謀釋詁文云岐鎬之域處五嶽之外者五嶽東嶽岱在沇州南嶽衡山在荊州中嶽嵩山西嶽華山皆在豫州北嶽恆山在并州岐鎬則雍州之墬是處五嶽之外也史記封禪書云昔秦稱帝都咸陽則五嶽四瀆皆并在東方秦故周之墬也云周公爲其于政不均者岐鎬偏在西坐領政令于天下四方遠近不平均也多士云今朕作大邑于茲洛予惟四方罔攸賓召誥曰王來紹上帝自服于土中是洛邑爲土中于四方遠近繇均也周禮大司徒云以土圭之灋測土深正日景以求墬中日南則景短多暑日北則景長多寒日東則景夕多風日西則景朝多陰日至之景尺有五寸謂之墬中天墬之所合也四時之所交也風雨之所會也陰陽之所和也然則百物阜安乃建王國焉是周公爲岐鎬之域于政不均故東作于洛邑謀作天子之居也云是時周公尻攝四年也者伏生大傳言周公攝政四年建侯衞即此下所云侯甸男邦采衞是故鄭云尻攝四年

也案大傳言周公攝政五年營成周此時居攝四年則周公初基不得謂是經營之始故鄭君不以基為始而解為謀也侯甸男邦采衛百工播注侯甸男采衛九服之五也大傳以周公攝政四年建侯衛謂是也周禮職方氏辨九服之邦國方千里曰王畿其外方五百里曰侯服又其外方五百里曰甸服又其外方五百里曰男服又其外方五百里曰采服又其外方五百里曰衛服又其外方五百里曰蠻服又其外方五百里曰夷服又其外方五百里曰鎮服又其外方五百里曰藩服蠻服以內為中國蠻服亦謂之要服時蓋建此九服止言五服皆蠻服以外遠于役事而要略焉也工官播布

也百官各政職于五服也周禮大司馬掌邦國之政職其各之者則百官也【疏】云大傳曰周公攝政四年建侯衛謂是也者國語周語云侯衛賓服韋昭注云此總言之也侯侯圻衛衛圻言自侯圻至衛圻其間凡五圻五圻者侯圻之外曰甸圻甸圻之外曰男圻男圻之外曰采圻采圻之外曰衛圻周書康誥曰侯甸男采衛是也然則侯衛是總言侯圻至衛圻故知大傳所言建侯衛即謂此經侯甸男邦采衛也引周禮職方氏者見服之名九也案職方氏之九服于大司馬職為九畿故書又為九近韋昭注國語則皆作圻古畿圻近三字皆通九畿即九服也云變服以內為中國變服大謂之要服者周禮大行人職衛服外方五百里謂之要服鄭注云要服蠻服也于要服下云九州之外謂之蕃國鄭云九州之外夷服鎮服蕃服也是則變服以內為九州九州則中國也據大傳止言建侯衛今云時蓋建此九服者周公分天下置九服自然九服同時俱建大傳依此經之文故止言建侯衛亦唯是九服既同時俱建而經止云侯甸男邦采衛故又推其止言五服之故云變服以外遠于役事而羈縻焉也正義

引鄭注云不見與服皆謂于役事而亟躬焉茲用其證也工官毛詩臣工傳說也播布說文手部文周禮大司馬職云乃以九畿之籍施邦國之政職也皆謂據其籍而頒其令令其布于九畿則大司馬不必親自布之必還百官分頭頒布故以百工播爲百官布政職于五服且引大司馬文以證而又推其當爲百官布政職之事

民咊見士于周見夾燚反注同注士事也民皆咊說勸見職事于周說爰霙反疏士事說文士部文又毛詩東山傳說周公咸勤注勤勞也民見士于周皆周公皆勞之勞鄭到反疏勤勞釋詁文

乃洪大誥治治直吏反注同注鄭康成以洪代也周公代成王大誥康未以治諸聲聞之師以周公代成王誥故下篇王若曰猷乃是周公之命故又云𢦔其事篇皆申明代王誥則下不嫌乃錄周公之言也若楙傳甯老子

曰不可以間成王周公之命祀明雒誥之作成王周公命之也間吉莧反【疏】繇作釋詁文正義云鄭注以繇爲作言周公作成王誥茲用鄭注亦稍增潤之聲聞之師者聞之惠先生也引春秋傳者僖三十一年左傳云衞成公夢康叔曰相奪予享公命祀相甯武子不可曰鬼神非其族類不歆其祀杞鄫何事相之不享于此久矣非衞之辠也不可以間成王周公之命祀請改祀命是其文也此衞之臣子偁其先君受封之命豈或不審是可據以證此篇之誥出于成王周公以申鄭君周公作成王誥之說故云明雒誥之作成王周公命之也

王若曰孟侯【注】大傳曰天子太子年十八曰孟侯孟侯者于四方諸侯來朝迎于郊者問其所不知也鄭康成曰孟迎也孟侯呼成王也時成王年十八聲謂呼成王與侯誥康叔使誥詞若曰成王出朝直遥反【疏】引大傳者略說文鄭注孟迎也者大傳之注也正義謂鄭依略

說以太子十八爲孟侯而呼成王詩豳譜正義引鄭注金縢云惟康誥時成王年十八故鄭注云孟侯呼成王也時成王年十八案伏生者傳尚書者之鼻祖其大傳所說是未經秦火之時所受于先師之遺說蓋自七十子以來願爲師承者不可疑也故鄭君以其說以孟侯爲呼成王也禮記文王世子云仲尼曰昔者周公攝政踐阼而治抗世子灋于伯禽所以善成王也又云成王幼不能涖阼以爲世子則無爲也是故抗世子灋于伯禽使之與成王居欲令成王之知父子君臣長幼之說也是周公居攝時以世子禮教成王則呼成王爲孟侯不足疑也

朕其弟小子封（注）康叔周公弟也封康叔名（疏）史記管蔡世家云武王同母兄弟十人母曰太姒文王正妃也其長子曰伯邑考次曰武王發次曰管叔鮮次曰周公旦次曰蔡叔度次曰曹叔振鐸次曰成叔武次曰霍叔處次曰康叔封次曰冄季載是康叔爲周公之同母弟封則康叔之名也

惟乃丕顯考文王克明德慎罰（注）丕大顯明考父也春秋傳申公巫臣

克明悳昚罰文王所以誥周也【疏】丕大釋詁文釋詁云顯光也光明同詮故云顯明亭象釋言文引萅秌傳者成二秊左傳文申公巫臣者楚之大夫也時莊王將討陳夏氏欲內夏姬巫臣欲止之偁此經以說且云明悳務崇之之謂也昚罰務去之之謂也案此巫臣斷章取詮非此經正解故節去之

不敢侮鰥寡庸庸祗祗威威顯民用肇造我區夏越我一二邦以修我西土惟時怙矜古頑反肇治小反俗作鰥鰥皆俗字矣【注】庸用祗敬也威讀當爲畏肇始怙賴也言文王不敢侮鰥寡之乃用可用敬可敬畏可畏明悳顯著于民用是始造我區域于中夏于我一二友邦以修治我西土岐周惟是怙賴治直吏反【疏】庸用說文用部文祗敬釋詁文下經惟文王敬忌鄭注云祗祗威威是也則威威爲畏畏忌故云威讀當爲畏徐

幹中論法象篇云文王祗畏而誥彼區夏大讀威爲畏也爾雅釋詁文怙賴韓詩蓼莪傳詮也見詩蓼莪釋文云用可用敬可敬畏可畏者宣十五年傳云周書所謂庸庸祗祗者杜解已爲用可用敬可敬案杜未見僞孔傳其解必依漢詮爲說故依用之庸庸祗祗孔爲用可用敬可敬則威威爲畏可畏矣

冒聞于上帝帝休天乃大命文王殪戎殷誕受厥命冒矛報反

注 冒猶上進也書古文讀乃古文鹵書者聲或誕皆大也文王之德上聞于天天用休美乃大命文王殪伐大商大受其命大命者非諱諱號令音聲也聖人動作毀天合同荅天命之矣上時賞反殪丁計反者名景反諱之純反

疏 云冒猶上進也者說文卯部云卯冒也二月萬物冒地而出又氾勝之農書云土上冒橛是冒爲上進之詮也云書古文讀皆說文鹵部文說文鹵部云鹵古文鹵書乃鹵故云乃古文鹵云書者聲皆取書字之聲而

者其文以配歺成字此于六書爲諧聲也釋詁戎誕同訓大故云戎誕皆大也大命者以下用伏生大傳及王充論衡之說也大傳云天之命文王非諄諄然有聲音也文王在位而天下大服施政而物皆聽令則行禁則止動搖而不逆天之道故曰天乃大命文王論衡初稟篇云所謂大命者非天乃命文王也聖人動作天命之意也與天合同若天使之矣是其證也

粵氒邦氒民惟旹敘【注】于其國其民惟是順敘

乃寡兄勖肆女小子封在茲東土【注】寡兄寡有之兄言賢也肆故今也女寡有之兄武王勉行文王之道故今女小子封得在此東土爲諸侯【疏】思齊詩云刑于寡妻鄭箋云寡妻寡有之妻言賢也且引此寡兄以證則此寡兄與詩寡妻同證故云寡兄寡有之兄言賢也傍鄭君詩箋證以爲解也釋詁云肆故也又云肆故今也是訓肆爲故又訓肆故皆爲今非以故今訓肆也茲訓肆爲故今者詩思齊毛傳及大雅鄭箋皆如是以訓云

王曰於戲封女念哉今民將在祗遹乃文考紹聞衣德言遹余律反注在視也上所為民所視也詩云小人所視馬融曰遹述也聲譌為讀當為殷與乃言殷聲如衣故為衣也今民將視女之敬述乃文考紹文考所聞殷之德言也當以民為念疏云在視也者義禮聘禮記云賄在聘于賄鄭注云賄財也于讀曰為言主國禮賓當視賓之聘禮而為之財也是解在為視也禮記文王世子云食上必在視寒煖之節是在為視證也引詩者大東篇文其詩云周道如砥其直如矢君子所履小人所視如砥謂貢賦平均如矢謂賞罰不偏言天子之政令君子皆遵效而履之小人皆視之以共職焉茲節引之止取證上之所為輒為民所視也馬注見釋文遹述釋言文云衣讀當為殷與乃言殷聲如衣故為衣也者禮記中庸云壹戎衣而有天下鄭注云衣讀為殷聲之誤也與乃言殷聲如衣虞夏商周氏者多

矣今雖多亦皆殷之書與高誘注呂氏春秋慎大篇夫云沇州人謂殷氏皆曰衣尚書先多棘下之之傳後則泲南伏生皆齊人也古人書字聲同則輒段借齊語殷亦同聲故或以衣爲殷如中庸壹戎衣是其證矣此下文言學求殷先哲王又言丕遠惟商耇成人則此必讀亦爲殷乃與下文意相貫也云紹文考所聞殷之德言者遂周書世俘解云古朕聞文考修商人典是文考當聞商先王之德言而奉行之者茲率祗遹乃文考之下而言紹聞衣德言則是紹繼文考所聞于殷者矣云汝當以民爲念者謂當念民之在視汝也

往敷求于殷先哲王用保乂民注汝往之國其徧求商先哲王之道以安治斯民疏敷之言布〻則有徧故解敷爲徧求

汝丕遠惟商耇成人宅心知訓注惟思耇老也商耇成人商之遺賢耆所謂殷獻民也宅讀當爲度訓道也欲汝求商先王之道必由商之耇成人也

大遠惟商耇成人之道度之于心則可以知商先王之道度伐洛反〔疏〕惟恩釋詁文說文老部云耇老人面凍黎若垢从老省句聲故云耇老也云若所謂殷獻民也耆耇洛誥所云其大惇典殷獻民是也云宅讀當爲度者古者宅度同字文王有聲詩云宅是鎬京礼記坊記引作度是鎬京堯典宅嵎夷宅南交宅西宅朔匚今文宅皆作度是宅度同字此經宅字解作度語乃爲允協故讀从度訓道釋詁文商耇成人是字商家舊濤皆故云欲承商先王之道必惠商之耇成人謂商耇成人乃可藉以考知商先王之道也故因解知訓爲知商先王之道

別求聞繇古先哲王用康保民〔注〕繇道也文雖而上之別求聞道于虞夏先王以安保其民鄭康成曰古先哲王虞夏也上時賞反〔疏〕繇道釋詁文鄭注見正義上言殷先哲王此又別言古先哲王則是從殷而逆溯其前故鄭君云虞夏也

御名于天若德裕乃身不廢在

王命偽孔本无覆字，乎作于，兹从荀子富國篇所引。覆，芳賈反。【注】若，如；在，存也。承古先哲王之道以保民，有宏覆乎天之德，德足以裕民，如德裕乎女身，斯則不廢弛而存在王命矣。弛，式氏反。【疏】下經若保赤子，禮記大學引作如保赤子，儀禮鄉飲酒禮云公如大夫入，鄭注云如讀若今之若，則如若同誼，故云若，如。在，存，釋詁文。云承古先哲王之道以保民，有宏覆乎天之德者，承上別求聞繇古先哲王用康保民之文以爲說也。荀子富國篇云足國之道，節用裕民而善臧其餘。又云故知節用裕民，則必有仁誼聖良之名，而且有富厚丘山之積矣。其下反覆推言之，乃後引康誥曰宏覆乎天，若德裕乃身，此之謂也。然則宏覆乎天以裕民，言若德裕乃身，言裕民如所以裕女身也，故云德足以裕民，如德裕乎女身。王曰：於戲！

小子封，恫鰥乃身。恫，土紅反。鰥，古頑反，从魚眔聲，俗書从疒眔，非。【注】恫，痛；鰥，病也。鄭康成曰：刑罰及己爲痛病。聲謂言當視民如傷若痛病之在女身〔疏〕恫痛釋言文也瘝病釋詁文鄭注見正義其詳不可得聞聲竊下己意申說之云言當視民如傷若痛病之在女身未知當鄭君意否敬哉天威棐諶民情大可見小人難保往盡乃心毋康好逸豫乃其乂民偽孔本威作畏諶作忱下倣此引作天威棐諶見風俗通誼五義鄭樵注爾疋引作天威棐忱茲以漢人所引〔注〕棐輔諶誠也其敬之哉天之明威惟誠是輔于民情大可見矣顧小民不易保也女往臨民其盡女心毋苟安而好逸豫乃其治民也謂易夫枝反〔疏〕棐輔說文木部文諶誠釋詁文咎繇謨云天聰明自我民聰明天明威自我民明威孟子萬章篇引太誓曰天視自我民視天聽自我民聽此謂天意惟民是從所謂善言天者必有驗于人也則此言天威棐諶民情大可見者謂于民情可見天之輔誠也故云天之明威惟誠是輔于民情

康誥

大可見矣我聞曰怨不在大亦不在小惠不
惠懋不懋【注】偁我聞昔蓋古有是言引之以證小
人之離保也言民之怨不在于大亦不在于小亞起于不
意此其所以離保也惠順懋勉也當順擾其不順者勸
勉其不勉者擾乃周反【疏】云偁我聞昔蓋古有是言者以言我聞則是聞之古訓也云亞起于
不意此其所以離保也者怨不在大亦不在小則不可意度是離保之故也惠順釋言文懋勉說文心部文釋
詁云茂勉也茂與懋通也云順擾其不順者：擾謂敎擾之言順擾之使順也已女惟小
子乃服惟御名王應保殷民【注】已詞應咊也
衛有殷民七族言女字乃服惟宏大王道咊安殷民蓋
殷民未盡服于周容有不咊故以咊安言之【疏】已詞謂語詞也

說文云味相應也故云應味也云衛爲殷民七族者定四年左傳云分康叔以大路少帛綪茷旃旌大呂殷民七族陶氏施氏繁氏錡氏樊氏饑氏終葵氏是其文也云殷民未盡服于周容爲不服者此篇後文云今惟民不靜未戾厥心迪屢未同是爲不服者也

亦惟助王宅天命作新民〔注〕亦皆亦惟宏王也宅讀亦當爲度謂助王圖度天命也民被紂化○久當作新斯民毀之更始度大洛反更公衍反〔疏〕亦皆舉上之詞上言惟宏王此言亦惟則是舉上惟字而言亦惟故云亦皆亦惟宏王也云宅讀亦當爲度者亦上宅心知訓之宅也古宅度字同說以詳上經宅之說爲厥天命不可以厥宅言則宅天命云者當如天總言天命自度多亡言圖天之命之詮了爲免怙故讀宅爲度謂助王圖度天命也云民被紂化○久者康叔于殷虛其民習紂之民也被紂化○久則漸染惡俗當革故更新故云當作新斯民毀之更始

王曰嗚呼封敬明乃罰〔注〕康叔封于衛又

人爲周司寇故以明罰敕民也【疏】云又人爲周司寇者定四年左傳云武王之母弟八人周公爲太宰康叔爲司寇聃季爲司空五叔無官豈尚年哉是康叔爲周司寇也人有小罪非眚乃惟終自作不典式爾有厥罪小乃不可不殺【注】典法式用也言人有小罪非以過差爲之乃欲終身行之自爲不法故用如此則其罪雖小不可不殺也堯典所謂怙終賊刑是也眚或爲省省所景反【疏】釋詁典法同訓常也故云典法式用釋言文云言人有小罪非以過差爲之乃欲終身行之者王符潛夫論述赦篇引此經亦說之云言惡人有罪雖小然非以過差爲之也乃欲身行之故雖小不可不殺也茲用其說云堯典所謂怙終賊刑是也者鄭注堯典云怙其姦宄終身以爲殘賊則用刑之則怙其賊刑正是此經之諠故引之也云眚或爲省者潛夫論引此非眚及下文乃惟眚災皆作省蓋

古字書者誦也乃有大辠非終乃惟眚災適爾既道極厥辜時乃不可殺 注 言乃雖有大辠非終己身爲惡乃過誤適然爾開道之極盡其辠狀審其過誤是不可殺雖赦之可也堯典所謂眚災肆赦是也 疏 潛夫論說此經云言乃雖有大辠非終己身爲惡乃過誤爾是不殺也若此者雖曰赦之可也茲用其說而稍增潤之云堯典所謂眚災肆赦是也者鄭注堯典云過失雖有害則赦之則眚災肆赦大正是此經之詮也

王曰嗚呼封有敘時乃大明服惟民其勑懋和若有疾惟民其畢棄咎勑力代反與敕字不同正義本輒以勑爲敕如咎繇謨敕我五典多士敕殷命告敕于帝皆作勑字誤也輒改正之惟此經不可作敕正詮當作勑字爲是 注 敘順時是勑勤也皆

亦順也疾謀畢盡棄捐也言為順是毅然敢青之濬則罰大明而民服惟民其勤勉于和順是疾謀矣惟民其盡捐去欲惡矣去丘呂反疏釋詁云順敍也茲云敍順轉相訓也時是勑勤竝釋詁文釋言云若順也茲舉敍順之訓故云若亦順也釋詁云謀疾也茲云疾謀亦轉相訓也畢盡亦釋詁文棄捐說文華部文云言為順是毅然敢青之濬者讀經時字屬上為敍為句也知當然者據僖二十二年公羊傳善上狀引此為乃大明服文荀子富國篇引乃大明服云云皆不聯引時字當屬為敍讀也上文言非者惟然不可不毅者哉不可毅此舉上文而云為敍時則是謂為順是毅然敢青之濬也荀子富國篇云君國長民者欲趨時遂功則和調累解速乎急疾其下引書曰乃大明服惟民其勑懋和若疾此之謂也據此則經和若之詮為和順為疾之詮為急疾故云惟民其勤勉于和順是疾謀矣

若保赤子惟民其康乂注赤子無知或觸陷于刑惟在保之者

安全之小民大猶是也保民如保赤子則民其安治矣

疏 孟子滕文公篇墨者夷之求見孟子偁儒者之道古之人若保赤子以爲愛無差等施由親始孟子解曰彼有取爾也赤子匍匐將入井非赤子之辠也詳孟子之意謂愚民无知與赤子同其或入于井辟猶赤子之入井非其辠也保赤子者必扶持救護之使不至于入井保民者當圖其政教以教道之使不陷于辠戾是之謂若保赤子此孟子說書之意正此經之指也故云赤子无知或觸陷于阱陷所謂匍匐將入井正用孟子說也王光祿鳴盛嘗以康誥若保赤子須用孟子說予始允合聲肄其言故依孟子爲說

非汝封刑人殺人無或刑人殺人 注 刑殺皆專天討非汝封所得專無或擅刑殺人也 疏 咎繇謨云天討有辠五刑五用哉故云刑殺皆專天討

非汝封又曰劓刵人無或劓刵人 劓牛器反刵如置反 注 劓割鼻刵斷耳雖刑之輕者非

女封又曰得專之也無或劓刵人也斷多管反疏劓或作劓劓从刀鼻故云割鼻易睽六三云其人天且劓虞翻注云割鼻爲劓刵云刵斷耳者說文刀部文刵从刀耳斷耳也云雖刑之輕者：劓刵皆非死刑比殺爲輕也案呂刑劓罰二百鍰大辟之罰千鍰是劓爲輕刑則刵與劓等介

王曰外事女敶旹臬司師茲殷罰有倫又曰要囚服念五六日至于旬旹丕蔽要囚臬牛列反要一遙反蔽必世反注外事聽獄之事也聽獄在外朝故曰外事臬者射準的以譬法也倫理也要囚謂其辠法之要辭蔽斷也若秋傳曰蔽辠邢侯言外朝之事女敶列是法使爲司師法此殷罰之有倫理者又曰之曰爲辠人之要辭既具當服膺思念五六日

至于挾日至于三月乃大斷之須旬時者徐察其情頡實可以出之亦容其自反覆刑者一成而不可變故君子盡心焉周禮小司寇云以五刑聽萬民之獄訟附于刑用情訊之至于旬乃蔽之鄉士云辨其獄訟異其死刑之辠而要之旬而職聽于朝遂士二旬而職聽于朝縣士三旬而職聽于朝司寇聽之斷其獄蔽其訟于朝方士三月而上獄訟于國司寇聽其成于朝夫此意也朝直遙反旳丁翟反斷多亂反挾子牒反須相俞反頡吉屑反覆方木反縣于絹反上時賞反注云外事聽獄之事也聽獄在外朝故曰外事者周禮朝士掌建邦外朝之灋左九棘孤卿大夫位焉羣士在其後右九棘公侯伯子男位焉羣吏在其後面三槐三公位焉州長眾庶在其後左嘉石平罷民焉右肺石達窮民焉

是外朝爲聽獄之處故鄭于夏官稾人注云外朝司寇斷獄蔽訟之朝也此經言聽獄而云外事何是以其在外朝而謂之外事也云臬䠶準的者說文木部文準的猶準則故云以譬法也云侖理說文龠部文云要因爲其辠法之要辭者周禮鄉士云異其死刑之辠而要之鄭注云要之爲其辠法之要辭茲依用其詮云蔽斷也者周禮太宰云八曰官計以蔽治小宰云以聽官府之六計蔽羣吏之治鄭注皆云蔽斷也引春秋傳者昭十四年左傳云晉邢侯與雍子爭鄐田久而无成士景伯如楚尗魚攝理韓宣子命斷舊獄辠在雍子雍子內其女亏尗魚尗魚蔽辠邢侯是其文也引之以證蔽之詮爲斷也云至亏挾日者鄭注周禮太宰云從甲至甲謂之挾日凡十日此言挾日解經旬字也云至亏三月者三月爲一時解經時字也云須旬時者徐求其情須多可以出之者據要辭以論辠恐不詳慎而誤入人亏辠服膺思念五六日至亏旬時反覆詳求或可得減死論是須多可以出之也云大容其自反覆者恐因多不勝挫楚而虛舉其辠者其情必不甘舉任亦必反覆辭至旬時須之也是不但須多以出之兼大容其自反覆也云刑者一成而不可變故君子盡心焉者茲用禮記王

杉文漢書路溫舒傳溫舒上書曰獄者天下之大患也死者不可復生絕者不可復續是之謂一成而不可變也引周禮小司寇及鄉士遂士縣士方士諸文皆彼文也或言旬或二旬或三旬或三月皆是重刑之意正與此至于旬時同故云亦此意也

王曰女陳時臬事罰蔽殷彝誼刑誼殺勿庸以即女惟曰未有順事荀子致仕篇引書曰誼刑誼殺勿庸以即女惟曰未有順事又宥坐篇引之但女惟作予維爲異尒餘悉同是古尚書原文也僞孔本作用其誼刑誼殺勿庸以次女封乃女盡遜曰時敍惟曰未有遜事蓋僞孔氏妄增以亂經也吾从荀子

【注】彝常也灋也誼之言宜也女陳是灋以經事于罰斷以殷之常灋雖宜刑宜殺勿用以即刑殺女惟曰未有順導民之事言當先敎後罰也女惟或爲予維予字蓋誤也當爲女也斷多亂反

【疏】釋詁云彝常也鄭注周禮司寇

彝敘官云彝灋也此經彝字當兼是二誼乃完足故云彝常也灋也禮記中庸云誼者宜也說文言部云誼人所宜也故云誼也言宜也云已從事于罰斷已殷出常灋者于經臬字讀絕已事罰蔽殷彝作一句也知當然者上文云汝陳時臬茲大當同若已事字屬上則罰蔽殷彝為不詞矣故已事字屬下為誼荀子兩引此經而說之皆云言先教也先教則後罰故解勿庸以即為勿用以即刑殺未為順事謂未為順導民之事且申之云言當先教後罰也云汝惟或為予維者荀子致仕篇引作汝惟曰宥坐篇引之則作予維曰據文周公誥康叔云汝者汝康叔也不當作予故云予字蓋誤也當為汝然而猶存予維于注者以皆引自荀子故兼存而辯之

已汝惟小子未其有若汝封之心朕心朕惪惟乃知朕心屬上讀

注　心朕心言以我心為心也大姒之子唯周公康叔為相睦故以未有如汝封之心我心者我之惪惟汝知之也周公推心致誠欲康

叔深念己訓【疏】若己發心向下為說則發心發直語以重深心非周公語意故己發心屬上讀之云太姒之子唯周公康叔為相睦者定六年左傳文據此可見康叔與周公一心則此經當聯讀心發心為說也云推心致誠者言周公推己心致誠于康叔

凡民自得辠寇攘姦宄殺粵人于貨暋不畏死凡民罔不憝暋眉殞反憝徒對反凡民罔不憝僞孔本作罔弗憝无凡民字茲從孟子萬章篇及說文心部所引

【注】自由粵于也于猶取也暋冒憝怨也凡民所由得辠以寇攘姦宄殺人取貨也殺于人取其貨冒〻死不畏死凡民无不怨之此言不待教而誅者也【疏】釋詁云由自也茲云自由轉相訓也粵于釋詁文七月詩云一之日于貉毛傳云于貉謂取狐貍皮也故云于猶取也暋冒憝怨說文攴部心部文云殺于人者趙岐孟子注也孟子萬章篇引作殺越人趙氏以為殺于人據其解越

爲亏則越乃叚借字當以寧爲正也云此言不待教而誅者也者孟子說此經云是不待教而誅者也茲用其說上文說刑說殺勿庸以次云云言當先教後罰此言殺人取貨則彊暴之人不可教訓者固不在先教之列故用孟子說謂不待教而誅者下三條同此從

王曰封元惡大憝矧惟不孝不友子弗祗服厥父事大傷厥考心于父不能字厥子乃疾厥子于弟弗念天顯乃弗克恭厥兄兄亦不念鞠子哀大不友于弟惟弔茲不于我政人得罪天惟與我民彝大泯亂曰乃其速由文王作罰刑茲無赦

傷式羊反憝徒對反弟多翟反得多勒反泯米忍反俗作泯說文无泯字古通用泯

注元首也善語文母

爲孝善兄弟爲友鞠稺從至政正是取也渳讀爲泯泯
滅也言皆惡大可疾惡況惟不孝不友之人乎子不敬
服其父事大傷其父心爲父者不能愛己字其子乃疾
惡其子爲弟者不念天之顯道乃不能恭其兄兄亦不念
稺子之可哀大不友于弟君上所已正人也民至此而
孝不慈不恭不友而不于我正人者取而辠之則天所
與我民之彝倫大滅亂矣也其速行文王所作之罰刑
此也　稺直利反泯米忍反敇反疾惡竝烏路反　疏元皆釋詁文善父母爲孝善兄弟爲友釋訓文鞠稺
釋言文也從至政正是取說文正部攴部見部攴也云渳讀爲泯泯皆隸古定書作泯據說文無泯字則泯非古
字周禮小宗伯云王崩大肆以秬鬯渳杜子春讀渳爲泯二鄭皆從之然則渳乃古泯字故字作渳而讀爲泯
康誥

泯滅毛詩桑柔傳說也經言于父不能字氒子注云爲父者不忍性以字其子者以爲解于以忍性解能也義禮聘禮記曰賄在聘于賄鄭注云于讀曰爲言視賓之聘禮而爲之財是古書多以于似爲說者故此解于文言爲文者下句于弟大解云爲弟者長能耐二字古今反易古讀能奴代反耐奴登反今則反是今乃所云忍耐古則爲忍能故解能爲忍性下文不能氒家乃同此音說**不率大戛矧惟外庶子訓人惟氒正人越小臣諸卪乃別播敷造民大譽弗念弗庸鰥氒君時乃引惡惟朕憝已女乃其速繇茲義率殺**戛己力反注率循戛常也庶子言外者對小臣近君者而言故爲外也庶子周禮謂之諸子其職掌國子之倅使之修悳學道而攷其埶以進退之者故曰

訓人鄭兼成己訓人爲師長是也小臣掌君之小命者
其傳命于外或受之以出故曰小臣諸之肅亦常也鄭
病也言不循大常之謂殊惟外庶子訓人之官及訓人
惟其正人者也乃毀小臣受之者所別播敷也以誥作
民之大譽而怨歸于君是不顧念不庸常以病其君是
乃引長其惡惟我所深惡己也其速由此誼率殺之其
蘄反交七內反師長中賞反所貧畀反深惡烏路反【疏】率循莫常釋詁文云庶子言外者對小臣近君者
而言故爲外也者庶子之官見于禮記燕誼未嘗言外此言外庶子外是對內之言故云對小臣近君者而爲
外近君則在內矣據周禮小臣正王之燕服位王之燕出入則前驅則是近君者諸侯之小臣當大僕也云庶
子周禮謂之諸子者禮記燕誼云古者周天子之官有庶子官庶子官職諸侯卿大夫士之庶子之卒掌其戒

康誥　尚書集注音疏　卷六　四七

令與其教治云：與周禮諸子職同文是庶子即周禮之諸子故鄭君注周禮敘官諸子云或曰庶子是也云其職掌國子之倅使之修德學道而攻其藝以進退之者故曰訓人者周禮云諸子掌國子之倅又云凡國之政事國子存游倅使之修德學道春合諸學秋合諸射以攷其藝而進退之蓋詮偁庶子官職大云然：則庶子主訓教國子者自為訓人以此故也正義云鄭以訓人為師長故云鄭兼成之訓人為師長是也云小臣掌君之小命者：周禮小臣職云掌王之小命周禮紀天子之官故言王之小命此則謂諸侯之小臣故變王言君也云其傳命于外或受節以出故曰小臣諸節者節所以為瑞信持節以傳命節非矯命故小臣傳命或受節以出言此者欲見諸節非別一官乃是小臣諸受節者也釋詁庸戛同詁常也此注先為戛常之訓故云庸大常也瘝病大釋詁文云訓人惟其正人者也者訓遵乃使歸于正則是正人者解經惟乎正人則據庶子訓人而言也云乃與小臣受節者从別播敷數者段小臣所受之節得擅播作為故知識小臣諸節謂與小臣受節者从段其節以別播敷數也云以造作民之大譽而怨歸于君者樹之恩以說于民以譽民譽則己任

其悳君必任其怨慕誅之事迺患此起經所謂縣厥君也亦惟君惟長不能厥家人越厥小臣外正惟威惟虐大放王命乃非悳用乂長中賞反能奴代反注同【注】亦者亦肰惟也君長謂邦國諸侯康叔爲牧伯得征諸侯之有辠者故及之不能不相能也萅秌傳曰閼伯實沈不相能也外正謂正長之官亦誥小臣亦言外也亦惟邦國之君長不能其家人及其小臣外正惟爲威虐于下大放棄其王命乃非悳教可用以治也言當征討之閼烏葛反沈直深反【疏】云亦者亦肰惟也者亦是承上之詞上文兩言肰惟此承上肰惟而言亦惟則是亦上肰惟也此誥康叔之詞上文不孝不友之民及外庶子小臣之官蓋皆就衛言若君長于衛者則康叔也則君長必不

康誥　尚書集注音疏卷六　四八

敘衛言也故云君長謂邦國諸侯弟諸侯各治其國諸蕃未而及邦國諸侯故申說之云蕃未為牧伯得征諸侯之有皇者故及之詩旄丘敘云衛不能脩方伯連率之職則衛之先世為方伯也方伯一州之長是為州伯周禮大宗伯職所謂八命作牧者故以牧伯鄭注八命作牧云謂侯伯有功德者加命得專征伐于諸侯是牧伯得征諸侯也云不能不相能也者謂不相忍能也引春秋傳者昭元年左傳云昔高辛氏有二子伯曰閼伯季曰實沈居于曠林不相能也日尋干戈以相征討是其文也又文十六年左傳宋昭公曰不能其大夫至于君祖母以及國人正與此經語意相似亦謂不忍能也云外正謂正長之官者正之言長也云亦對小臣而言外也者上文外庶子是對小臣在內者而言外此小臣外正茲言則外正亦是對小臣而言外故云亦也云言當征討之者經言非德用乂則是謂不可以德化者也不可以德化則必刑罰譴之故推經意以為當征討也

女亦网不克敬典乃繇裕民惟文王敬忌予乃以懌僞孔本改作惟文王之敬忌乃裕民曰我惟有及則予一人以

懌不詞也是其據荀子所引物正也【注】典常也灋也惟思也鄭康成曰敬忌祗祗威威是也聲謂一人以擇言擇一人而用之所謂讀讀也一人指師尚父是與言欲正人當先正己也亦無不能敬常灋能敬常灋乃所繇以寬裕其民也當思念文王祗祗威威肅肅之道而灋之也威宛胃反父分雨反與弋諸反

【疏】釋詁典灋竝訓常故云典常也灋也惟思也亦釋詁文鄭注見正義云敬忌祗祗威威是也者祗之言敬威讀曰畏忌祭畏也聲謂一人以擇言擇一人而用之所謂讀讀也者荀子君道篇云君主急得其人而闇主急得其埶急得其人則身佚而國治功大而名美上可以王下可以霸不急得其人而急得其埶則身勞而國亂功廢而名辱社稷必危故君人者勞于索之而休于使之書曰惟文王敬忌一人以擇此之謂也據此則一人以擇謂擇人而用也肯文言文王肅肅祗祗威威謂用所當用也此言文王敬忌一人以擇敬忌繇是祗

康誥

祗威威則一人以擇謂肅肅矣云一人者師尚父是與者用賢多多益善豈一人之足云茲言一人以擇必推德望最隆之一人于衆賢中尤傑出者毛詩大雅傳云尚父可尚可父劉向別錄云師之尚之父之故曰師尚父又君奭偁文王五臣鄭注云不及呂望者太師也教文王以大德周公不敢以自比是則文王賢臣雖多師尚父乃其德望尤隆者故推擬之不敢質言故云與以疑之

王曰封爽惟民迪吉康我時其惟殷先哲王德用康乂民作求

注 爽貳吉善也爲求安也言爽貳者惟民道之善則安靜我是以思惟殷先哲王之德以安治民庶爲安成殷先王之道道之徒報反下注道之道民道同

疏 氓詩云女也不爽士貳其行故云爽貳賈侍中注國語實爽德亦云爽貳也下文云今惟民不靜未戾厥心迪屢未同則此爽惟民謂民心爽貳也吉善說文口部文作爲釋言文求安釋詁文下武詩云世德作求鄭君箋詩亦云作爲

承只也況今民罔迪不適不迪則罔政扗厥邦注況今民无道之者則不適于善政所以治民也不承以道民則无政以扝其國矣疏扗扝釋詁文扗扝也王曰封予惟不可不監告女德之說于罰之行注監視也言我思不可不視灋文王故告女以明德之說于昚罰之行疏監視釋詁文云言我思不可不視灋文王者篇皆以文王明德昚罰告康尗以下文告以祗遹乃文考又告以惟文王敬忌一乃以擇則此云不可不監謂不可不視灋文王也上詳告以明德昚罰則云德之說謂明德之說罰之行謂昚罰之行也今惟民不靜未戾厥心迪屢未同屢力具反注戾止也屢數也今惟民不安靜未定止其心道之者數矣猶未

昧同數色角反〔疏〕尸止釋詁文釋言云屢亟也鄭注云亟亦數也故云屢數鄭君箋巧言詩君子屢盟亦云屢數也爽惟天其罰殛我我其不怨惟氒辠無在大亦無在多矧曰其尚顯聞于天〔注〕民之所欲天必從之民心爽貣惟天其罰殛我乎我其不敢怨天怨民祗自思惟其辠辠無在乎大也亦無在乎多也況曰其名箸而上顯聞于天乎尚之言上也箸中慮反〔疏〕云民之所欲天必從之者太誓文也引見左傳及國語皆再引之云民心爽貣者經承紬屢來同而言爽則是謂民之爽貣毀上爽惟民同詮也云我其不敢怨天怨民者承爽惟天其罰殛我而言我其不怨則是謂不怨天不怨民也云尚之言上也者鄭君叅成書贊云尚者上也王曰烏虖封敬哉無作怨勿用非謀非彝

蔽時忱，丕則敏德，用康乃心，顧乃德，遠乃猷裕，乃以民寧，不女瑕殄。【注】蔽，塞；忱，誠也。敏德，仁誼順時者，行之本也。以，猶與也。戒康叔其敬之哉，毋造怨以怨，勿用非謀之謀、非常之灋以蔽塞是誠，大則效敏德以康定女心，顧省女德，遠大女之謀猶寬裕以臨民，乃與民相安，不女疵瑕，不女殄絕也。行，下孟反。【疏】蔽塞，鄭君論語注誼也，見文選辯命論注。忱誠，說文心部文。周禮師氏職以三德教國子，二曰敏德以爲行本。鄭注云：「敏德，仁誼順時者也。」故云敏德仁誼順時者，行之本也。仁誼順時，謂春夏生長安行仁，秋冬嚴肅安行誼，此所以爲行本也。云以猶與也者，義禮鄉射禮曰「主人以賓揖」，鄭君注云「以，猶與也」，是其誼。

王曰：「烏戲！肆女小子封，惟命不于常。

注命天命也天命不于常言不專右一家也大學曰道善則得之不善則失之矣道徒報反疏禮記大學引此經其說之云道善則得之不善則失之矣鄭注云天命不于常言不專右一家也是皆正說此經之詮故采彼書鄭注及大學文以爲說

女念哉亡我殄亯明乃服命高乃聽用康辥民注亯祭祀也凡對諸侯必命之祭其封內之山川社稷所謂命祀國亡則絕其祀故言女其念天命之无常毋殄絕我之命祀服七章之服命七命也侯國服命以七爲之高乃聽毋偏聽也疏說文亯部云亯獻也从高省曰象進孰物形故云亯祭祀也案周禮大宗伯掌天神人鬼墬祇之禮天神言祀墬祇言祭人鬼言亯言各有當所以異詞今云亯祭祀也皆蓋對文則異散文則通易隨上六云王用亯于西山又鼎彖云聖人亯以亯

上帝是天神地祇亦得言享則祀享祭通也云凡封諸侯必命之祭其封內之山川社稷者禮記王制云諸侯祭社稷又云諸侯祭名山大川之在其地者是山川社稷諸侯之所當祭周禮太祝云禁督逆祀命者鄭注云督正也正王之所命諸侯之祀是王于諸侯必命之祭其所當祭也云所謂命祀者所謂左傳文左傳僖三十一年衛遷于帝丘成公夢康叔曰相奪予享公命祀相甯武子曰不可以間成王周公之命祀是其文也侯國之享祀亦言典我殷其祀命于王故誥詞言我則享謂命祀審矣周禮典命云侯伯七命其國家宮室車旗衣服禮儀皆以七爲節又大行人職言諸侯之禮冕服七章康叔侯故云服七章之服命七命也七章者鷩冕之服自華蟲而下其衣三章華蟲也火宗彝也其裳四章藻也粉米也黼也黻也云高乃聽典偏聽也者偏聽謂聽一偏之言漢書鄒陽傳陽上書所謂偏聽生姦也高乃聽則聽之是矣康叔典偏聽也

王若曰往哉封勿替敬典聽朕誥女乃以殷民世享敬字誥字皆絕句誥正義本作告茲从唐石經本注往

叔所封也典常也言康叔持敬乃德常聽我誥則女乃用是殷民世世享其國康叔封于殷虛故以殷民爲言虛丘魚反

疏康叔是時始封于衞既受封自當之國故知往謂叔所封也典常繹誥文云言康叔持敬乃德常聽我誥者讀乃德敬作一句典聽朕誥作一句也蓋以敬典自然不德不須以乃德發言自當讀敬字絕之言乃爽德其敬也酒誥末云女典聽朕毖正與此典聽朕誥文同皆是言宜重丁寧之語以彼文況此自當讀典聽朕誥爲句也云康叔封于殷虛者定四年左傳衞祝佗說成王封康叔之事云命以康誥而封于殷虛是其證

父不慈子不孝兄不友弟不龔不相及也

疏僖三十三年左傳晉臼季引康誥文如此蓋炑正義以臼季所引即康誥子弗祗服厥父事云云之文但引其意非全文也聲案子弗祗服厥父事云云未有辠不相及之意則所引自是異文而逸者

故錄于此又昭二十年左傳齊苑何忌引康誥曰父子兄弟辠不相及乃是隱括此文非別一篇故不別錄周禮族師疏引鄭志趙商問族師之誼鄰比相坐康誥之說門内尚寬書禮是錯未違恉趣鄭荅云族師之職周公新制禮使民相共救之康誥之時周禮未定又新誅三監務在尚寬以安天下先後異時各有云爲乃謂是錯據此則以康誥文不慈云云在漢時尚未闕逸豈僞孔氏刪之與今无攷其弟次姑附篇末云

酒誥弟七十九

周書十九　尚書十五

成王若曰僞孔本无成字據正義則馬鄭王本及三家今文竝有成字又據馬注則衞賈本亦皆有之吾從衆可也注馬融曰言成王者未聞也俗儒以爲成王骨節始成故曰成王或曰以成王爲少成二聖之功生號曰成王沒因爲謚衞賈以爲戒成康叔以慎酒成

就人之誥也故曰成此三者吾無取焉吾以爲後錄書者加之未敢專從故曰未聞也聲謂馬言後錄書者加之是也蓋此篇之誥成王親之史氏從後加成字以小異于康誥之周公作誥也少式照反小彼肖反馬注見釋文是

〔疏〕書記王言皆之云王若曰或云王曰未有偁謚者蓋生存未有謚也此特偁成王當自有說不得其說故云言成王者未聞也正義引三家說云王年長骨節成太號則馬言俗儒以爲成王骨節始成以歐陽大小夏侯三家爲俗儒也偁衛賈者東海衛宏字敬仲扶風賈徽之子逵字景伯皆傳古文者也說文酒部云酒就也所以就人性之善惡故云戒成康叔以慎酒成就人之道也云此三者吾無取焉者三者謂俗儒說或說及衛賈說也三說皆迂回故馬君皆不取云吾以爲後錄書者加之者馬君自錄己說以爲成王殁後錄此篇者加成字也云未敢專從故曰未聞也者不敢專從己說以爲必是故先曰未聞斯亦疑事毋質之謚也但馬君之言後錄書者加之未

推究其所以加之故〻聲是馬說而更推求之康誥篇首言乃洪大誥治洪之言作是繼以周公作王誥矣此篇與康誥竝是誥康尗者史官竝臧其書後世或不知容或疑此亦是周公作誥不容不及以小之故偁成王命故云史氏於後加成字以別於康誥之周公作誥也

明大命于沬邦

沬莫貴反僞孔本作妹桑中詩作沬鄭注引詩爲說以鄭本實作沬

注 大命嗣尒股厷以下是也使康尗明是命于沬邦鄭康成曰沬邦者紂之所都処于詩國屬鄘故其居多沬之鄉其民尤化紂嗜酒今祿父見誅康尗爲其連屬之監聲謂蓋依傳吳公子札請觀周樂工爲之歌邶鄘衛而曰吾聞衛康尗武公之惪如是然則康尗兼爲邶鄘沬邦固其封內之壄也處昌慮反耆仁至反又方長反爲之于僞反

疏 云大命嗣尒股厷以下是也者謂下文沬土嗣尒股

又云云皇永不忘在王家也以其特舉沬土而言之故知即是將以于沬邦之大命也鄭注見詩桑中正義及邶鄘衛譜正義云沬邦紂之所都處者紂都朝歌沬邦在朝歌南畔也云于詩國屬鄘故其風為沬之鄉者桑中詩云爰采唐矣沬之鄉矣桑中詩在鄘風也詩輯歌其土風沬見于鄘風之詩故知屬鄘也云其民久化紂嗜酒者紂沈酗于酒庶民化之都邑之民其被化久深也云康叔為其連屬之監者礼記王制云五國以為屬屬有長十國以為連連有帥則連帥屬長兼統數國者鄭必言此者案鄭君詩譜云自紂城而北謂之邶南謂之鄘東謂之衛又云更于此二國建諸侯以殷餘民封康叔于衛使為之長後世子孫稍并彼二國是鄭君以康叔未為邶鄘沬邦在鄘則非康叔所治而使之以大命于其所故說其得統之專以為其連屬之監故也又案鄭必以康叔為不為邶鄘者鄭君詩譜說以邶鄘衛為商畿方千里之地嫌其太大不可盡以封康叔故言更于此二國建諸侯是說聲不从之者蓋知鄭說邶鄘衛居紂城之三面卽不必盡商畿方千里之地以周制攷之王城之外盡鄉遂之地面為二百里四面相距為方四百里邶鄘衛之大當不是過也周制封侯方四

百里蔡未侯霍寔見仍衞不以封蔡未受若云後世辨彼二國則二國實封何乃云何時爲衞所并皆未爲據鄭說似非故聲不取之而引春秋傳以證蔡未兼爲衞蔡以言沬封固其封內之陲也春秋傳者襄二十九年左傳文

乃穆考文王肇國在西土注周家世次文王弟當穆故稱穆考肇始開也文王遷豐故言始開國弟高辰反疏云周家世次文王弟當穆者鄭注周禮小宗伯云自始祖之後父曰昭子曰穆僖五年左傳云太伯虞仲太王之昭虢仲虢叔王季之穆蓋太王爲穆故其子爲昭則王季亦爲昭矣王季爲昭故其子爲穆則文王亦爲穆矣云肇始開也者說文戶部文云文王遷豐者文王有聲之詩云作邑于豐文王烝哉是正其證也

厥誥毖庶邦庶士越少正御事朝夕曰祀茲酒惟天降命肇我民惟元祀少詩召反注毖慎也文王誥慎衆國衆士及少正之

酒誥

尚書集注音疏卷六　五五

官治事之臣朝夕敕之曰祭祀則用此酒惟天之下教命始開導我民皆惟始于祀也文王爲雝州伯率兼梁荊故得誥告衆國下行嫁反雝於用反【疏】毖古慎字也[illegible]慎說文心部文云文王爲雝州伯率兼梁荊皆鄭注西伯戡黎云然也說已見西伯戡黎疏

天降威我民用大亂喪悳亦罔非酒惟行雩小大邦用喪亦罔非酒惟辜喪息浪反行下孟反【注】天降嚴威罰臨于下我民所以大亂喪其悳性皆亦无非以酒爲亂行也于小大之國所用喪亡皆亦无非以酒取辠也

文王誥教小子有正有事無彝酒【注】正長也小子有長上之人有服勞之事常酒則必慢上亢

廢事故爲令毋彝酒韓非子曰彝酒常酒也常酒者天子失天下匹夫失其身長中賞反令力因反【疏】正長釋詁文小子是字幼者故云有長上出入有服勞之事論語爲政篇云有事弟子服其勞引韓非子者說林篇文越庶國飲惟祀德將無醉【注】于是衆國用文王教飲酒惟于祭祀必以德將之无有醉者惟曰我民迪小子惟土物愛厥心臧【注】臧善也惟是我民相率用文王教道其小子惟土物是愛其心甚善王制曰志淫泆辟道徒報反愛恩槩反俗輒佚婁音同詮別辟卑亦反【疏】臧善釋詁文王制者禮記篇名也鄭注王制云民之志淫泆則其所好者不正引之以證土物是愛則所好不辟斯其心善矣聽祖考之彝訓越小大德小子惟一【注】其

酒誥　尚書今古文注音疏卷六　五十六

小子聽祖文王常訓于是其所誥教爲小惪爲大惪小子惟皆純一矣誥七報反沬土嗣爾股肱純其藝黍稷奔走事厥考厥長長中賞反注純專也敕康叔告沬土之民嗣續爾股肱之力專其種埶之事服勞奔走以事其父兄五穀惟言黍稷者沬土所宜也

疏純專賈逵國語注詁也見文選七發注云服勞奔走者奔走是勤勞之事故云服勞云五穀惟言黍稷者沬土所宜也者五穀者黍稷尗麥稻皆當種埶此惟言黍稷故決之鄭君詩譜云邶鄘衛在冀州太行之東周禮職方氏云河內曰冀州其穀宜黍稷則沬土宜黍稷也

肇牽車牛遠服賈用孝養厥父母肇治小反賈國戶反養弋向反注肇謀服事也賈之言固也爲其用物以待民來以求其利故曰賈用

其爲商者謀牽車牛遠從事于賈用以其貿易生物孝養其父母　商式陽反从貝商省聲行賈也俗輒作商非其證矣貿莫漱反　〔疏〕肇謀服事竝釋詁文云賈之言固固各其用物以待民來以求其利者白虎通商賈篇文也彼文且引尚書曰肇牽車牛遠服賈用則此用字當上屬賈讀故云遠從事于賈用

厥父母慶自洒腆致用酒　洒心典反此古音也今俗音先禮反且或作洗字非也　〔注〕慶善洒滌也腆大善也其父母善子之行自是乃可洒慶善致酒于父母善孝養父母乃得用酒　滌徒歷反行下孟反　〔疏〕慶善毛詩皇矣傳詁也洒滌說文水部文鄭注義禮士昏記云腆善也茲學慶善之訓故云腆大善也云其父母善子之行者農藝黍稷商服賈用勤力以事其父母則爲父母所善矣

庶士有正越庶伯君子其爾典聽朕教爾大克羞耇惟君

爾乃飲食醉飽飽古文𩚲注典常羞進也耇謂老成多悳皆耆三老五更是也若衆士及衆臣爾其常聽我教命爾大克羞耇者于君助君養老者爾乃得飲食醉飽長更公行反疏典常羞進並釋詁文云耇謂老成多悳皆耆三老五更是也皆禮記樂記云食三老五更、于大學鄭注云三老五更互言之爾皆老人更知三悳五事者也則三老五更是老成多悳皆耇皆老人之稱故知耇謂是也云若衆士及衆臣皆上文言埶黍稷服賈用是若沬土之民此言庶士多正越庶伯君子則是若沬土士大夫大命秉未往若之者也云助君養老者皆古者天子諸侯皆多養老者之禮百官與執事長此言羞耇惟君爾乃飲食醉飽則助君養老者可知矣丕惟曰爾克永觀省作稽中悳爾尚克羞饋祀爾乃自介用逸注稽合也尚庶幾也饋祀助祭于君逸游醧也詩曰舉醻逸逸尒永羞耇惟君則君必謂尒永居觀省灋則所爲合乎中悳則尒庶幾與乎助祭之選永雖不助祭亏君尒乃自介與亏助祭之乃以次相醻斯大得飲酒矣哉者酒而示以飲酒之則則乃易加而大不至亏酗酒矣幾今亦反醻上流反與爰茹反易羊豉反

注鄭仲師注周禮小宰云稽猶計也合也茲无取計訓故云稽合也釋言云庶幾尚也故云尚庶幾也云饋祀助祭亏君者正義偁鄭注諡號也知饋祀是助祭亏君者君之祭祀必擇羣臣之賢者使之助祭茲以永觀省灋則所爲合中悳之故而亯羞饋祀則是爲君所擇取而得與亏君之祭祀故以爲助祭亏君也云逸於醻也詩曰舉醻逸逸者所引詩是賓之初筵文彼毛傳云逸逸往來次敘也案義禮鄉飲酒禮云司正升相旅曰某子受醻鄭注云旅敘也亏是介醻眾賓眾賓又以次敘相醻則逸與旅皆有次敘之證故云逸於醻也但詩之言舉醻謂獻時今引以證此用逸爲於醻者

酒誥

禮記中庸說宗廟之禮而云旅酬下爲上是祭時亦有旅酬之禮也云戒者酒而示之飲酒之則則乃易於而失不至于酗酒矣皆畜酒是乃之性不必禁絕示之以則則不絕其欲故乃易於且使知分乃度則當知自節節則不縱酒矣

茲乃允惟王正事之臣茲亦惟天若元德永不忘在王家【注】允信也正讀當爲政若元德善語也言所爲合乎中德此乃信惟王者任政事之臣此亦惟天善語其善德將存在王家爲不忘矣自洓土至此使康叔可于洓耕之大命也下文乃正告康叔【疏】允信釋詁文鄭注周禮小宰云凡其字或作政或作正或作征又注從乃云故書正爲政則古字正政通此言正事乃以正爲政介故云正讀當爲政釋詁云若善也易文言云元者善之長也故云若元善也云下文乃正告康叔者以上未名呼康叔下文乃輒呼康叔名而言是正告康叔也**王曰**

封我西土棐徂邦君御事小子尚克用文王教不腆于酒故我至于今克受殷之命注棐輔徂往腆多也我西土之輔左者往日之邦君御事小子庶幾克用文王教不務多于酒故我今克受殷之命也勸勵康叔或者沬邦則長享福於永保其國矣左則坐反胙才故反疏棐輔說文木部文徂往釋詁文腆多說文肉部文云者往日之邦君御事小子者經之徂字與至于今相應故以徂之言往為往日也云勸勵康叔或者沬邦者王言我周受命繇西土克用文王教之故以說勸勵康叔克使沬邦之人聽从其教則大當獲受多福是勸勵之也

王曰封我聞惟曰在昔殷先哲王迪畏天顯小民經德秉哲自成湯咸至

于帝乙成王畏相紬字屬上讀悊知列反本或作嚞或作哲案說文口部云哲知也从口折聲古文作嚞从三吉或作悊从心又心部云悊敬也从心折聲然則哲嚞悊雖三文同字而誼爲敬者專寧作悊相心匠反【注】經常悊敬也我聞杜荅殷先哲王之

蹈上畏天之命下畏小民經常其悳秉持其敬咸徧也自成湯徧至于帝乙也帝乙紂父也以或咸字當杜帝乙下屬下讀咸皆也言自湯至于帝乙皆成就王悳敬畏輔相也國語曰成王不敢康敬百姓也誼同此也以因紀反屬之欲反【疏】經常者易屯象曰君子以經論荀爽注云經者常也悊敬說文心部文云我聞杜荅殷先哲王之蹈者讀紬字屬上爲句也國語魯語云小賜不咸不咸民弗歸也莊十年左傳云小惠未徧民弗從也二文實一事而或作咸或作徧故云咸徧也史記殷本紀云帝乙崩子辛立是爲帝辛天下謂之紂故云

帝乙紂父也案易卦泰與歸妹之六五皆云帝乙歸妹
乾鑿度云孔子曰泰者正月之卦也陽氣始通陰道執
順故因此以見湯之嫁妹順天墜之道立斅戒之誼
也至于歸妹八月卦也陽氣下陰方盛故得以見
湯妹之嫁以天子貴妹而能自卑順從變卪而欲承陽
者以執湯之長是以因時變一用見帝乙之道所以彰
湯之美與陰陽之誼也據此則帝乙即湯也而茲不謂
號者此言成湯咸至于帝乙則帝乙與湯非一人矣故
乾鑿度又云孔子曰自成湯至于帝乙帝乙湯之元孫
之孫也此帝乙即湯也殷錄質以生日爲名順天性也
元孫之孫外絕恩矣同以乙日生疏可同名湯以乙生
嫁妹本天墜正夫婦夫婦正則王教興矣故曰易之帝
乙爲成湯書之帝乙六世王同名不害以明功案殷本
紀商家世數不數兄弟相及者從湯至帝乙十有六世
而云元孫之孫又云六世王者蓋言元孫以見恩所殺
此更言之孫則无恩見矣孫者誦遠延言之雖百世大
孫也六世王者謂六世後之王以恩絕于六世故以六
世言之非謂湯至帝乙爲六世學者多執泥可也云列
或咸字當在帝乙下屬下讀者謂當讀咸成王畏相爲
句也咸皆釋詁文此正訓也自成湯皆至于帝乙則化

酒誥

不詞當讀咸字在帝乙下向下爲說文作句順但毀經文韋異不敢已爲正解故先訓咸爲徧順經文言自成湯徧至于帝乙以後言引或當然疑事不敢質言也引國語周語文譬叔嚮說昊天有成命之詩之說也成王不敢康者詩詞也言文王武王以自勤已成其王功毀此言成王說同敬百姓也者叔嚮說詩之說也韋昭注云百姓百官然則敬百姓大猶此經畏相之說雖詩所云謂文考此則謂殷先王言各異指而說不異故云說同此也

惟御事厥棐有龔不敢自暇自逸

矧曰其敢崇飲【注】崇充也惟是治事之臣其輔治爲龔慤慤不敢自寬暇自逸豫況曰敢充其飲酒之欲乎治直吏反慤苦角反【疏】崇充釋詁文

越在外服侯甸男衛邦伯越在內服百僚庶尹惟亞惟服宗工越百姓里居罔敢湎于酒湎米沇反【注】

外亓眾服之諸侯牧伯內亓眾臣工及百官族姓之封

仕家亓者皆无敢湎亏酒鄭康成曰飲酒齊色曰湎【疏】鄭注見詩蕩正義云飲酒齊色曰湎湎皆謂飲酒酡貌圖盡紅表顏色齊一也蕩詩云天不湎尒以酒鄭君箋云天不同尒顏色以酒解湎爲顏色齊同也亦

不惟不敢亦不暇惟助成王德顯越尹人祗辟辟房益反【注】尹正辟灋也非徒不敢且亦不暇惟助其君成就王德使之顯箸亏以正人亏以敬灋箸中庶反从竹俗書从艸非【疏】尹正釋言文辟灋釋詁文

我聞亦惟曰在今後嗣王酣身酣戶甘反【注】後嗣王紂也飲酒合樂曰酣【疏】說文酉部云酣酒樂也是謂飲酒而作樂也呂氏春秋分職篇云令召客者酒酣歌舞鼓瑟炊龡竽高誘注云飲酒合樂曰酣

厥命罔顯

于厥祗保越怨不易祗之是反又中是反注祗詞也其命令无所顯示于民祗安于能怨之事而不改易疏祗詞皆謂語詞句此祗不能敬解也易復初九云无祗悔易釋文引馬融注祗詞也誕惟厥縱淫泆于非彝用燕喪威儀縱子用反喪息浪反儀牛奇反注紂為酒池肉林使男女倮而相逐其閒故言大放縱淫泆于非彝以燕飲喪其威儀詩云既從尒止池直離反俗作池水偏也非女乃呂反倮郎可反疏云紂為酒池肉林使男女倮而相逐其閒者史記殷本紀言紂大冣樂戲于沙丘以酒為池縣肉為林使男女倮相逐其閒為長夜之飲是其事也劉向列女傳亦云然引詩者大疋蕩篇文其詩刺厲王无道而託于文王之詠殷商則所謂既從尒止正謂紂湎于酒從其頌止則知此用燕喪威儀之謂故引以為證厥罔不衋傷心惟荒腆于酒

不惟自息乃泆衋喜力反惕式羊反【注】衋痛也民无不痛傷其心而紂惟荒多于酒不思自止息乃縱淫泆之言乃也【疏】衋痛說文血部文云乃之言乃也皆鄭注周禮司几筵云故書乃爲乃則乃乃同字釋詁云乃乃也轉相訓則乃爲乃也厥心疾很不克畏死辜在商邑越殷國滅無罹很庚懇反【注】很盭也罹憂也紂厥心疾很恃有命在天不知畏死惟爲虐已積辜于商邑于殷國之滅亡曾无所憂盭力系反曾徂登反【疏】很盭說文彳部文罹憂釋詁文云恃有命在天者西伯戡黎云王曰於戲我生不有命在天是紂恃有命在天也恃有天命故不畏死弗惟德馨香祀登聞于天誕惟民怨庶羣自酒腥聞在上故天降喪于殷

罔㤅于殷惟逸馨肸形反腥息形反喪色葬反注馨香之遠聞者紂不惟以可德之馨香薦祀升聞于天誕惟民之怨于庶羣臣之酒臭腥聞于上故天降喪亡于殷无㤅于殷惟以紂淫泆故逸讀聞亡律反疏云馨香之遠聞者說文香部文天非虐惟民自速辜注民之言冥也速召也言天降喪亡天非虐也惟冥冥昏亂自召辜耳疏孝經援神契云民者冥也鄭箋靈臺詩亦云然故云民之言冥也釋言云速徵也徵召也則速亦召也王曰封予不惟若茲多誥注言不徒如此多誥欲肅未孟所濡義古人有言曰人無于水監當于民監監工陷反下同注監視也湯曰人視水見形視民知治

不治直吏反 疏 監視釋詁文湯曰云云商書湯征文也治不猶治亂也此申說典監民之意則典于水監之言猶杜其肯矣故引湯言已見經之所已稱古人也

今惟殷隊厥命

我其可不大監撫于時 隊直類反 注 今惟殷已隕隊其命矣我其可不大監于是撫于是乎監監紂也撫循也謂循商先王之道也時是也稽謂殷 隕爰閔反 疏 撫循說文手部文上篇言殷先哲王及後嗣王此言監撫于是故知監謂監紂撫之言循謂循商先王之道也時是釋詁文

予惟曰劼毖殷獻臣侯甸男衛矧大史友內史友越獻臣百宗工矧惟爾事服休服采矧惟若疇圻父薄違農父若保宏父定辟矧汝剛制于酒

僞孔本劼從上有也字據徐鍇本繫氏說文所引无有茲从之劼起頡反爲依注直畱反圻求沂反友云久反辟必益反

注　劼固從者獻賢也鄭康成曰太史內史掌記言記行服休燕息之近臣服采朝祭之近臣若順也爲讀曰疇圻父謂司馬主封圻之事馬融曰違行也疇謂太史內史在君之友故曰友〻从二又謐猶又也越踰薄迫也農父司徒也保安也宏父司空也辟君也我思念曰固者殷之賢臣在侯甸男衛之服者況太史內史常在君友踰賢臣百尊官而密近者乎況惟女之執事服職于燕息及朝祭之臣乎況惟順疇萬民之圻父迫行萬民之農父順安萬民之宏父三卿所以匡定其君者

乎況汝自爲教令剛制于酒者乎言皆當固者也行下孟反

劼直佶反【疏】劼固毖者竝釋詁文鄭注論語八溢云獻猶賢也故云獻賢也鄭注太史內史掌記言記行見禮記玉藻正義周禮云內史掌書王命宣二年左傳云太史書曰趙盾弒其君然則內史記言太史記行也故云服休燕息之近臣服采朝祭之近臣見正義說文木部云休息止也故云服休燕息之近臣采之言事朝祭皆大事故云服采朝祭之近臣若順釋言文也詩祈父正義引鄭注云順疇畿民之圻父圻父謂司馬主封圻之事則鄭君訓若爲順讀疇爲壽發爲補其誼而用其注焉案毛詩祈父傳云祈父司馬也職掌封圻之兵甲此鄭君所本也馬注見釋文釋詁云違遠也毛詩殷其靁傳云違去違遠太史之誼故發余也聲謂太史內史在君之又故曰友者閔二年左傳云成季之將生也桓公使卜楚丘之父卜之曰男也其名曰友在公之右及生有文在其手曰友是其字在公又而己手文著其誼則友爲在又之誼故又申之云友右二又誼猶又也友右二又說文又部文也越踰說文走部文薄迫者國語晉語云設微薄而觀之韋昭注云薄迫也周禮大司徒辨

十又二壤之物而知其種以教稼穡樹埶與農事屬司徒故云農父司徒也保安常訓也詩毛傳鄭箋皆輒爲是訓也諸侯三卿司徒司馬司空圻父農父既是司馬司徒則宏父自是司空可知故云宏父司空也辟君釋詁文鄭君以若屬爲順書萬民故大以薄違爲民若保爲順安萬民也司徒主教故以迫行萬度地尻民故以順安萬民也此承劼毖之文林告以所當劼毖者故云言皆當固者也

厥或誥曰羣飲女勿佚盡執抲獻以歸于周予其殺僞孔本抲作拘無獻字茲从徐鍇本說文所引抲火河反

〔注〕佚縱抲撝也獻當爲讞讞壞字也讞議辠也从水獻聲水取其平也其又告女以羣聚飲酒者女勿縱佚盡執抲而平議其辠以歸于周其當殺者我其殺之或兼未得專殺撝虛爲反讞牛列反

〔疏〕說文手部云失縱也失者古佚字也故云佚縱抲撝亦說文手部文南唐徐鉉及其弟鍇皆肆習說

文凡有所不解者，鉉輒以意增損改竄，鍇則雖有未達，仍字舊文，不敢改易。鍇本說文手部抲字下引周書曰「盡執抲獻」，鉉本所引書无獻字。蓋說文引此經于抲字下，故鉉不得據偽孔書而改抲為拘，獻字則據之以削去。吾从鍇本可也。惟是獻者進于上也，即是歸于周也，不應重累其文，故云獻當為𤅢壞字也。蓋書字容有所壞而損其偏傍者，𤅢字水傍磨滅則為獻矣，故曰壞字，若鄭注禮記檀弓云「今當為紟，壞字也」。云「𤅢，議辠也，从水獻聲」者，說文水部文。云「水取其平也」者，案說文申說𤅢字从水之意云「與灋同意」，其廌部解灋字云「平之如水，从水」，是𤅢與灋之从水，皆有取乎平誼也。云「其當殺者，我其殺之」者，周家寬辠，成王又是賢王，經言「予其殺」，雖蒙「盡執」之文，必不謂盡殺之，正謂擇其當殺者殺之尒。

又惟殷之迪諸臣惟工，乃湎于酒，勿庸殺之，姑惟教之。

有斯明享。注惟工之惟，衍字也。有讀當為又。鄭康成曰：斯，析也。享，謂言獻也。又惟殷之為紂所道之諸臣

工乃湎于酒是其久染惡俗故非不可化道者勿用殺之姑且教之又分別與明用我教者獻之古者諸侯爲獻士于天子之制道徒報反

疏 云惟工之惟從字也者諸臣惟工之云不辭不若云諸臣工爲明順故以惟爲從字僞孔傳說雖爲惟字僞孔傳固不可信且甚支離不足據也但相沿久不辭前古詁訓之亦目爲從字可也云爲讀當爲文者古文或以爲爲文大誥敉皆其爲矣栝知天命名誥敉皆其爲矣叶謀自天以及詩亦屋云不曰爲噫皆是也此文爲字亦作文讀乃合經意墓門詩云斧以斯之毛傳云斯析也詩釋文引鄭注尚書云斯析也之證已證所引鄭注未明言何篇之注疑釋二十九篇之中䜌韓金縢皆爲兩斯字皆不可訓爲析唯此經斯字必作析辭乃合故以鄭注屬于此耳享獻釋詁文云又分析其明用我教者獻之者上言爲皋者以歸于周則賢者大當獻之于上下言不用教者我弗恤之則用教者自當錄用參之上下文以合爲獻其證確矣禮記射義云古者天子之制諸侯歲獻貢士于天子故云古者諸侯爲獻士

于天子之教言此者以證成合爲獻士之證

乃不用我教辭惟我弌人弗恤弗蠲乃事時同于殺蠲古音古巂反時俗音古崩反

注 恤收蠲絜也言教之而乃不用我教詞惟我不收恤之此其乃將不絜于厥之政事言其傷化也是當同于誅殺之辜絜今皐反

疏 恤收說文心部文蠲絜也詩天保傳證也云言其傷化也者不絜蠲謂濁亂也濁亂乃事則是傷害教化也

王曰封汝典聽朕毖勿辯乃司民湎于酒

注 勿猶弗也辯古徧字上綜林告以所當劼毖者此舉上而言汝常聽我之告汝替弗徧汝之有司則民宜湎于酒不可化矣

疏 勿是禁止之詞于此則不可作禁止之證詩王風云君子于役如之何勿思言如何弗思也是古文有以勿爲弗者

酒誥　尚書集注音疏卷六

故云勿猶弗也鄭注義不從飲酒不及蔡不留云今文辯當作徧故云辯古徧字云上從系告乃所當劼毖者皆謂上文劼毖殷獻臣云云也此言汝典聽朕毖是承上劼毖而言也

王曰封唯曰若圭璧〔疏〕此酒誥逸文引見尚書大傳案漢書藝文志云劉向以中古文校歐陽大小夏侯三家經文酒誥脫簡一疑此文在脫簡中與

梓材弟十七

周書十七　尚書十九

王曰封以氒庶民暨氒臣達大家以氒臣達王惟邦君〔注〕達通也大家卿大夫及采邑者之家鄭康成曰于是言達大家于國言達王與邦君王謂二王之後諸侯謂如鄭君說則經惟字蓋誤也當

爲臮=與也以臣民達大家則聯上下之情以臣達王與邦君則聯邦交之誼采倉代反

【疏】說文辵部云通達也茲云達通轉相爲訓也鄭注周禮載師云家邑大夫之采墬小都卿之采墬則家邑不兼卿此云大家卿大夫有采墬者之家者禮記王制云諸侯之上大夫卿鄭注云上大夫曰卿是卿亦大夫也孟子萬章篇云孟獻子百乘之家也是卿亦稱家故總言卿大夫有采墬者之家鄭注周禮家司馬敘官云家卿大夫采墬亦總言卿大夫也鄭注見正義云于都邑言達大家者大家留有采邑故云于邑謂國中之都邑也云于國言達王與邦君者王與邦君各君其國故云于國是通也國言也云王謂二王之後者以王與邦君茲言則王非謂天子故以爲二王後聲謂如鄭君說則經惟字蓋誤也當爲臮=與也者惟字无訓與者若經是惟字鄭君必不云達王與邦君據鄭言達王與邦君則鄭本尚書必作以厥臣達王臮邦君臮之言了爲與也僞孔氏改經字以釋其說故作惟介今僞孔書單行天下本以校正其誤故不敢于經文改惟爲臮但于注中辯之故云蓋誤也當爲臮云蓋者謙不質言

也暨與釋詁文孟子離婁云爲政不難不得罪于巨室巨室之所慕一國慕之大家卽巨室也以臣民逮大家則一國之情皆通故云聯上下之情以臣逮王與邦君謂使其臣往來聘問故云聯邦交之誼

女若亙粵曰我有師師〔注〕亙常也聯上下之情聯邦交之誼是常典也必順此常典聯邦交之誼則與諸侯朝聘會同攷禮正刑一德以尊天子于是曰我有以相師灋矣朝直遙反娉匹正反經典相承作聘案說文聘訪也娉問也則當作娉〔疏〕亙常釋詁文周禮大行人云凡諸侯之邦交歲相問也殷相聘也世相朝也鄭注云此皆所以習禮攷義正刑一德以尊天子也故云聯邦交之誼則與諸侯朝聘會同攷禮正刑一德以尊天子攷禮正刑一德以尊天子皆禮記王制文攷禮正刑一德是與諸侯相講習以攷正得失故云有以相師灋矣

司徒司馬司空

尹旅曰予罔厲殺人亦厥君先敬勞

勞力報反注及下同【注】司徒司馬司空諸侯之三卿尹正也正大夫也旅眾也謂眾士也厲虐也亦古挾字也順常典聯上下之情則臣下皆自敕戒曰予毋虐殺人于是挾助其君以敬勞民為先務【疏】云司徒司馬司空諸侯之三卿者鄭注禮記內則云諸侯幷六卿為三或兼職焉案兼職者禮王制正義引崔靈恩疏云三卿者依周制而言謂太司徒兼冢宰之事太司馬兼宗伯之事太司空兼司寇之事故昭四年傳云季孫為司徒叔孫為司馬孟孫為司空此是三卿也以此推之故知諸侯不立冢宰宗伯司寇之官也尹正釋言文旅眾釋詁文舉三卿之下而言尹旅故以尹為大夫旅為士也逸周書謚法解云殺戮無辜曰厲故云厲虐也云亦古挾字者說見卻䜌蔡疏云以敬勞民為先務者務趣也先務謂以為先而趣務之若孟子盡心云堯舜之知而不徧物急先務也是

肆徂

厥敬勞肆往姦宄殺人歷人宥肆息利反殺八

屬上絕句。注 肆遂徂往也遂往敬勞民遂往詳察姦宄殺人之人詰姦所以安民也于是閱秝辠人爲所寬宥 疏 說文肆部引堯典肆類于上帝史記五帝本紀作遂類于上帝故云肆遂杜子春注周禮鐘師職引呂叔玉注國語肆夏云肆遂也肆肆古今字也徂往釋詁文云詰姦所以安民也者欲見詳察姦宄殺人之人即是敬勞民之事也

肆亦見厥君事戕敗人宥見大燕反注同

注 遂挾持而見于君以事謂以閱秝辠人之事獻于君也戕殺也敗微字戕人宥者辠人爲殺爲宥也縱獻于君獄了成戕人宥今文作彊人爲獻牛尚反 疏 云遂挾持而見于君以事謂以閱秝辠人之事獻于君也者舉上秝人宥而言肆亦見厥君事是持所閱秝之事以白于君也禮記文王世子云獄成有司獻于公鄭注云獻之言白也是斷獄以白于君故解此經云獻也釋文引馬注云戕殘也案殘是加虐

殺之仁者之言當止言殺必不謂如虐殺之鄭注周禮大司馬職訓戕爲殺故云戕殺也不用馬注也云敗衍字者據今文作彊人有戕彊宥有皆聲相近宥有且字相似由是而誤以相似況則不應有敗字但不更有也證故、不、辭削洽、斷存之而目爲衍字可也云戕人宥者辠人有殺有宥也者以人廱于戕宥之閒言之是以戕與宥茲此人字殺見人有戕有宥之意若義禮士冠禮云若殺則特豚載合升鄭注云鬻于鑊曰亨在鼎曰升在俎曰載〻合升者明亨與載皆合左右胖是以中之合字通毌上下爲證又如周禮漿人職云清醴醫酏糟鄭注云三物有清有糟是亦以醴醫酏通毌上下爲解是古書文詞輒有斯者故此亦以人字通毌戕宥爲解也云既讞于君獄已成者上雖言林人宥未逮宥之猶待浚于君此戕人宥則既讞于君而後應殺應宥已定也云戕人宥今文作彊人有者見王充論衡詳下經

王啟監厥亂爲民監古嚴反下故同爲于僞反注同

注 監謂諸侯監一國亂治也言王者開置諸侯使監其國其治爲民也今文作王開賢厥率化

民聯上彊乃為讀說云言賢乃大壯彊于爾詮故為辟

賢其率化民是舉遜字而誤解不詞之甚治直吏反周禮太宰

云立其監鄭注云監謂公侯伯子男各監一國書曰王启監厥亂為民故云監謂諸侯監一國用鄭君周禮注詮也亂治釋詁文引今文及其說者王充論衡效力篇云梓材云彊乃為王開賢厥率化民此言賢乃大壯彊于爾詮故為開賢其率化民案然聲近彊宇聲同為而字大相似启則己孝景諱而改為開監則己乃傳臣而誤為賢乎此疑厥古今字古亂字或作䜌故誤化率為化大聲相近此留致誤之患因此謬字而為為謬解支離肅偽說不可曉故云是舉遜字而誤解不詞之甚莫烋饗五孝書吳乃鄭乃公羊傳云吳何己偁乃吳鄭乃云則不詞不詞之云出云此也知此是今文說皆鄭君習古文鄭注周禮引作王启監厥亂為民是古文矣則云彊乃為王開賢厥率化民自是今文矣堯典篇首正義引鄭君書贊云歐陽氏失其本誼今疑此蔽冒猶復疑惑未悛據此經之說則今文說大繇可知定其為鄭君所譏也

曰無胥戕無胥虐

虐至于矜寡至于嬬婦合繇以容矜古昏反僞孔本作敬不詞案呂刑云哀矜折獄僞孔本作哀敬以彼例此則此敬字乃僞孔氏所改當作矜嬬子蘆反正義本作屬茲从說文所引【注】胥相也矜讀曰鰥嬬婦孕婦也王者居監之命曰無相戕殺無相暴虐至于鰥寡至于嬬婦皆繇以包容之使不失職孕于[illegible]反【疏】胥相釋詁文云嬬婦孕婦也者孕是褢妊說文女部云嬬婦人妊身也則是孕婦也王其效邦君越御事厥命害以引養引恬害河葛反正義本作曷茲从隸古定本恬狄拈反【注】引長恬安也王者效國君及其治事者其命何以哉惟欲其長養民長安民而以【疏】引長釋詁文恬安說文心部文云其命何以哉者害之害何也自古王若茲監罔攸辟辟必益反注同【注】自古

王者如此，居監无所任矣。斯辭

惟曰若稽田既勤敷菑惟其陳修為厥疆畎【注】稽猶計也。計其廣袤為之經制也。菑，發土也。疆，畔也。畎，古文字。言為國如稽田然，勤力以布發其土，當思陳列修治為其疆畎，以諭為國當先太綱紀。廣古況反　袤門瀨反【疏】鄭注周禮宮正職云：稽猶攷也，計也。故云稽猶計也。云計其廣袤為之經制也者，東西曰廣，南北曰袤，謂計度其墬，使經緯分數，若一而規畫之，若方里而井，井閒為之溝，方十里為成，成閒為之洫，方百里為同，同閒為之澮是也。云菑發土也者，鄭箋大田詩云：民以利耜熾菑，發所受之墬。是菑為發土也。畺畍，說文畕部文：畺介畕，三其畍畫，故為畍也。說文𡿨部云：畎，篆文𡿨。則𡿨為古畎字矣。云以諭為國當先太綱紀者，此以下凡三段，論當各從此言稽田而云為厥疆畎者，止是正其經畍，但大段規模初定，譬猶為國之先太綱紀也。

若作室家

旣勤垣墉惟其斁墍茨垣于元反墉余封反此及下兩斁字正義本皆作塗茲仍隸古定本斁讀若杜茲皆以爲涂則音同都反墍許既反茨夕私反（注）馬融曰牆卑曰垣高曰墉墍堊色聲謂斁猶涂也斁墍以堊涂牆也茨以茅葦蓋屋也此諭政事修舉乃爲其成堊阿各反

（疏）馬注見釋文說文土部云垣牆也釋宮云牆謂之墉書大傳云天子賁墉賁大也言大則高可知國語吳語云君爲短垣而自踰之則垣是卑者矣故云牆卑曰垣高曰墉云墍堊色者釋宮云牆謂之堊說文土部云堊白涂也然則堊色白色也謂以蜃灰飾牆使白以堊周禮掌蜃職所謂白盛之蜃也聲謂斁猶涂也斁墍以堊涂牆也者斁之言開茲斁墍聯文不可訓斁爲開說文土部云墍仰涂也斁涂聲相近蓋叚借字也故云斁猶涂下文斁丹雘謂以丹雘涂器物則斁之爲涂益審矣云茨以茅葦蓋屋者說文艸部文云此諭政事修舉乃爲其成者爲國者必庶政具舉乃幾其成功猶作室者必斁墍茨然後成室

若作梓材

旡勤樸斲惟其斁丹雘梓即里反樸匹角反斲中角反斁字从說文丹部所引隸古定本同雘乙郭反

注 梓材木材之美者樸木素也斲斫也馬融曰雘善丹也鄭康成說之山海經曰青丘之山多有青雘竊謂然則雘有丹有青也言治梓材之爲器既所治其素質當加之采色之諭國既治理更須修明制度典章使條然可觀也梓字或作杍竊聞之師古杍者子諧也樸斲丹雘諭父子繼業故篇名取諸是斫之若反治理直吏反杍即里反

疏 國語楚語云如杞梓皮革自楚實遺之韋昭注云杞梓良材也故云梓材木材之美者云樸木素也者說文木部文木素謂木之素質未所治者釋文引馬注云未成器也意略同也斲斫說文斤部文馬注見釋文云雘善丹也者說文丹部亦云然也鄭注見正義引山海經者案南山經云青丘

之山其陽多玉其陰多青雘是其文也據馬注及鄭君所引則雘爲丹青二色故云然則雘爲丹青也云以諭國既治理需須修飾以法度典章使煥然可觀也者國既乎治須爲法度典章以潤色其治以發國藝猶治器既成須加采色了藝美然最後之諭故及乎文飾之事也云梓字或作杍者伏生大傳作杍故釋文云梓本亦作杍云聲聞之師曰者聲聞之惠先生也云杍者子道也者大傳杍材傳文也樸斲丹雘事爲相須猶父之業待子而成故云諭父子繼業云故篇名取證焉者杍材是段諭之言而以名篇是正必爲取乎父子相繼之意也

今王惟曰先王既勤用明德懷爲夾庶邦享作兄弟方來亦既用明德夾合陝反

注 自此以下不似成王之言意庶未答成王故聯合于此段參觀上下文亦可知矣享來言獻也兄弟謂同姓婚姻甥舅爲親者方茲也言今王當思念曰先

王㠯勤用明悳褱來諸侯㠯爲夾輔于是眾國來獻作
勤其兄弟之國竝來朝獻亦既㠯視灋先王用明其悳

[illegible]爰[illegible]反朝直佁反 疏 此言今王及下言肆王惟王曰不應出于成王當是臣下所偁述其詞意亦似臣者
君之語且上文取諭梓材是此篇之所繇名當則成王誥詞之所宎止故云自此㠯下不似成王之言夫然非
成王之言自當別爲一篇乃聯合于此故推求其故而云意康未荅者成王故聯合于此與㠯是推測之詞故
云與㠯疑之蓋史官因是荅者成王之言緣與王之誥詞同錄而未皇識小荅康王之誥與顧命異篇因是康
王報誥之詞今文家緣㠯合于顧命同爲一篇矣云爾觀上下文亦可知矣者上言逢王惟邦君是誥康未聯
邦文之證此下勉王咊今庶邦上誥康未養民安民此下勉王咊懌先後迷民上宎之㠯杍林意取父子相繼
世字其國此下宎之㠯惟王子〻孫〻永保民㠯此上下兩文合以觀之荅重規疊榘无不合者亦可知是荅
者之詞矣褱來釋言文亯獻釋詁文云兄弟謂同姓蓋婚姻甥舅爲親者〻鄭君注義不娉不記云發要業成

二年左傳云晉與魯衞兄弟也是同姓爲兄弟釋親云
母與妻之黨爲兄弟又云婦之黨爲婚兄弟壻之黨爲
姻兄弟又韓非子說難鄭武公以女妻胡君而以胡兄
弟之國也是婚姻甥舅爲兄弟也鄭注義亦與然亦云
方猶併也文云竝併也故云方竝也后式典亼庶邦丕亯亼齊十反
經典相承作集〔注〕后繼體君也后之言後對先王言故曰后式
用也亼讀若集后盡用先王之常典以咊亼諸侯則衆
國大來朝亯矣朝直佋反〔疏〕云后繼體君也者說文后部文云后之言後者鄭君注禮記
禮謚也后大王也上偁先王兹不言王而曰后蓋取後謚故云對先王言故曰后式用釋言文亼讀若集說文
亼部文皇天既付中國民越厥疆土于先
王肆王惟德用和懌先後迷民用懌
先王受命肆僞孔本作肄釋文云肄馬本作肆音肆从馬斁正義本作懌釋文云字又作

斁當从斁先後上悉薦反下河豆反 注 肄今也龢斁龢說也謂寧集之先後謂教道之迷惑也迷民未服从之民也斁安也皇天既付中國之民與其畺土于先王矣今王惟惪之用以龢說先後此迷惑之民用安先王受命之功也說于旻反道徒報反 疏 肄今釋詁文釋詁斁說同訓樂故云龢斁龢說也毛詩緜傳云相道歬後曰先後故云先後謂教道之迷惑釋言文云迷民未服从之民也者康誥云今惟民不靜未戾厥心迪屢未同是民猶多未服从于周者繇其迷惑不知向化故未服从則迷民是謂未服从之民矣斁安說文攴部文

已若茲監惟曰欲至于萬年惟王子子孫孫永保民

注 已詞監臨也言如此臨民惟欲至于萬年无畺惟王子子孫孫長保其民矣 疏 已詞謂語詞也說文臥部云監臨下也故云監臨也

金縢至梓材檃題凡百名注二十四字

金縢經文四百七十四名彙文三凡四百七十七

言注千三百二十一字釋音辯字五百六十九言

疏八千四百四十八字

大誥經文六百五十九名彙文三凡六百六十二

言注千六百九十五字釋音辯字四百六十七言

疏四千九百六十八字

嘉禾逸文二十名注百八十字釋音辯字三十三

言疏六百九十二字

康誥經文八百九十四名彙文六凡九百言注二

千八百一十六字釋音辯字六百八十言疏八千

三百八十四字

康誥逸文十六名疏二百四十字

酒誥經文六百七十三名注千八百八十三字釋音

辯字五百五十九言疏四千六百六十七字

酒誥逸文八名疏四十八字

梓材經文二百五十一名重文三凡二百五十四

言注九百二十三字釋音辯字三百四十三言疏

三千三十七字

尚書集注音疏卷六　完